全国中等职业技术学校汽车类专业教材

汽车电工识图

（第 三 版）

人力资源和社会保障部教材办公室组织编写

中国劳动社会保障出版社

简介

本书主要内容包括投影制图基础知识、机械图样的画法与识读、汽车电路图识读基础、汽车电路图的表达方式与识读、典型车系电路图的识读等。

本书由王希波主编，叶录京副主编，王雪、张伟、韩淑刚参加编写，金君堂主审。

图书在版编目(CIP)数据

汽车电工识图/王希波主编. —3 版. —北京：中国劳动社会保障出版社，2013
全国中等职业技术学校汽车类专业教材
ISBN 978-7-5167-0155-3

Ⅰ.①汽… Ⅱ.①王… Ⅲ.①汽车-电路图-识图-中等专业学校-教材 Ⅳ.①U463.62

中国版本图书馆 CIP 数据核字(2013)第 039394 号

中国劳动社会保障出版社出版发行
(北京市惠新东街 1 号 邮政编码：100029)
出 版 人：张梦欣
*
国铁印务有限公司印刷装订 新华书店经销

787 毫米×1092 毫米 16 开本 17.5 印张 362 千字
2013 年 4 月第 3 版 2022 年 5 月第 12 次印刷
定价：31.00 元

读者服务部电话：(010) 64929211/84209101/64921644
营销中心电话：(010) 64962347
出版社网址：http://www.class.com.cn
http://jg.class.com.cn

前 言

为了更好地适应中等职业技术学校汽车类专业教学要求，全面提升教学质量，人力资源和社会保障部教材办公室组织有关学校的骨干教师和行业、企业专家，在充分调研企业生产和学校教学情况、广泛听取教材用户反馈意见的基础上，对全国中等职业技术学校汽车类专业教材进行了修订和补充开发。

本次教材修订和补充开发工作的重点主要体现在以下几个方面：

第一，完善教材体系，更好地满足教学需求。

结合职业院校汽车类专业设置和办学特点，调整并完善了教材体系，与专业通用基础教材相衔接，开发了汽车维修、汽车电器维修、汽车钣金与美容、汽车检测、汽车营销等专业方向教材，构建了“通用基础平台＋不同专业方向平台”的教材体系。此外，还针对学校对电控技术、车载网络技术、新能源汽车等高新技术的教学需求，开发了相应的教材。

第二，反映技术发展，适应岗位职业能力需求变化。

随着汽车制造水平的不断提高，汽车维修的内容和工艺发生了相应变化；伴随着私家车保有量的不断增长，汽车营销、汽车美容等相关从业人员的职业能力要求也在发生相应变化。因此，本次修订工作注重在教材中增加新知识、新技术、新材料、新工艺等方面的内容，体现教材的先进性。同时，根据中级工从事相关岗位工作的实际需要，合理确定学习目标，对教材内容的深度、难度做了适当调整，同时注重综合职业能力的培养。

第三，融入先进教学理念，创新教材表现形式。

专业通用基础教材的编写以汽车及其零部件为载体，充分体现专业特色；专业方向教材的编写根据学校教学实际，充分体现一体化教学思路，增加了实训内容在教材中的比重。为了增强教材的表现效果，提高学生的学习兴趣，教材中使用了大量高质量的实物图片，部分教材采用双色或彩色印刷。

第四，开发辅助产品，提供教学服务。

为了方便教学，配套开发了习题册、教学参考书和电子课件。电子课件可通过中国人力资源和社会保障出版集团网站（http：//www.class.com.cn）免费下载。

本次教材修订工作得到了河北、江苏、浙江、山东、山西、广东、广西、陕西等省、自治区人力资源和社会保障厅及有关学校的大力支持，在此表示诚挚的谢意。

人力资源和社会保障部教材办公室

2012 年 7 月

目　录

绪　论

现代汽车是集机、光、电、液压、自动控制和检测、计算机应用等多学科于一身的机电一体化技术的综合体，主要由发动机、底盘、车身和电气设备四部分组成，某汽车的结构透视如图 0—1 所示。汽车电气维修的根本任务是恢复及维持汽车的良好技术状况和使用性能，这就要求从事汽车电气维修的人员必须具有本专业所需的机械、材料、电工、电子、液压等基础知识。而在汽车技术领域，常采用机械图样和电气简图来表达汽车电气系统、装置或设备的功能、用途、原理、装接和使用等信息，因此，汽车电气维修人员需要能熟练识读本专业的机械图样和电气简图。

图 0—1　汽车的结构透视

一、本课程的研究对象

1. 机械图样

机械图样是指按照投影原理绘制的，准确表达机械及零部件的形状、结构和大小的图样，图 0—2 所示为某汽车发动机中气门零件图，图 0—3 所示为双气门弹簧气门组件的立体图。在图 0—2 中详细地表达了进气门的形状、大小和零件的制造要求，在图 0—3 中可以看到气门组件的基本构成及各零件之间的装配次序。

2. 电气简图

电气简图是一种采用图形符号和带注释的框绘制的示意图，其种类很多。在汽车电路图中，常用的电气简图主要有汽车电路原理框图、汽车电路原理图、汽车电路布线图和汽车电路线束图等。如图 0—4 所示为丰田卡罗拉轿车喇叭控制电路原理图，要想读懂它，就必须了解图中各电气符号、线条和图形的含义。

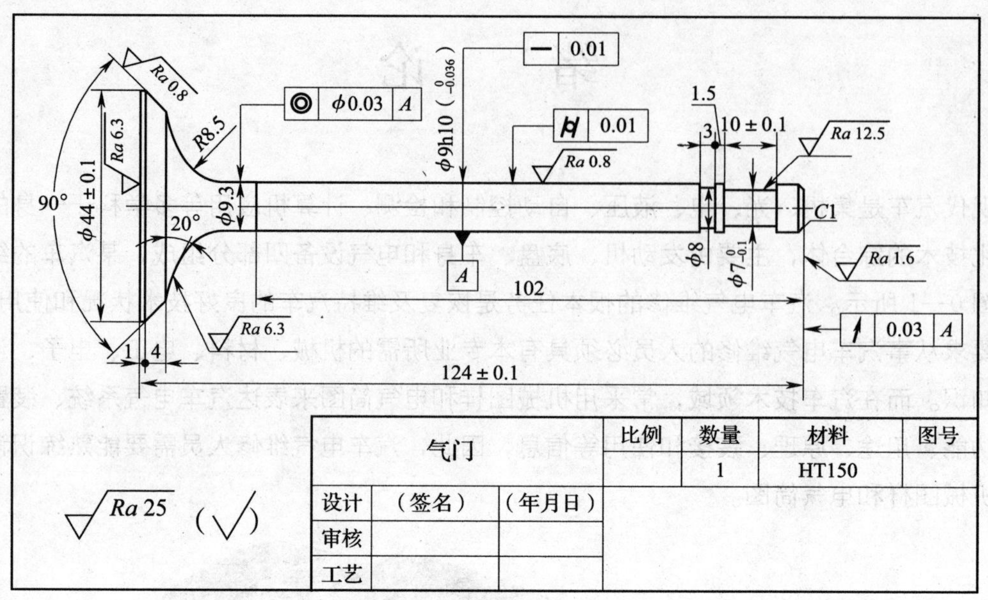

气门			比例	数量	材料	图号
				1	HT150	
设计	（签名）	（年月日）				
审核						
工艺						

图 0—2　气门零件图

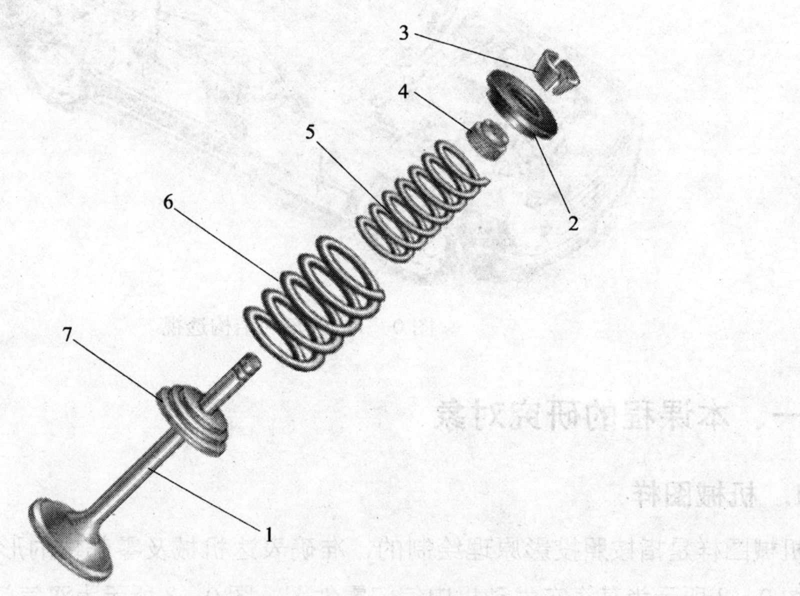

图 0—3　双气门弹簧气门组件的立体图

1—气门　2—上气门弹簧座　3—气门锁夹　4—气门油封　5—内气门弹簧　6—外气门弹簧　7—下气门弹簧座

汽车电路图是现代汽车制造、装配和维修等实际工作中必不可少的工具，是检修汽车电气系统时必须参考的基本资料。能否准确、快速地识读各类汽车电路图，弄清楚其内在联系，找出其中的特点和规律，是快速、准确判断汽车故障点和进行故障排除的关键。借助资料能够读懂汽车电路图，并能进行电路分析是对从事现代汽车维修专业技术人员的基本要求。

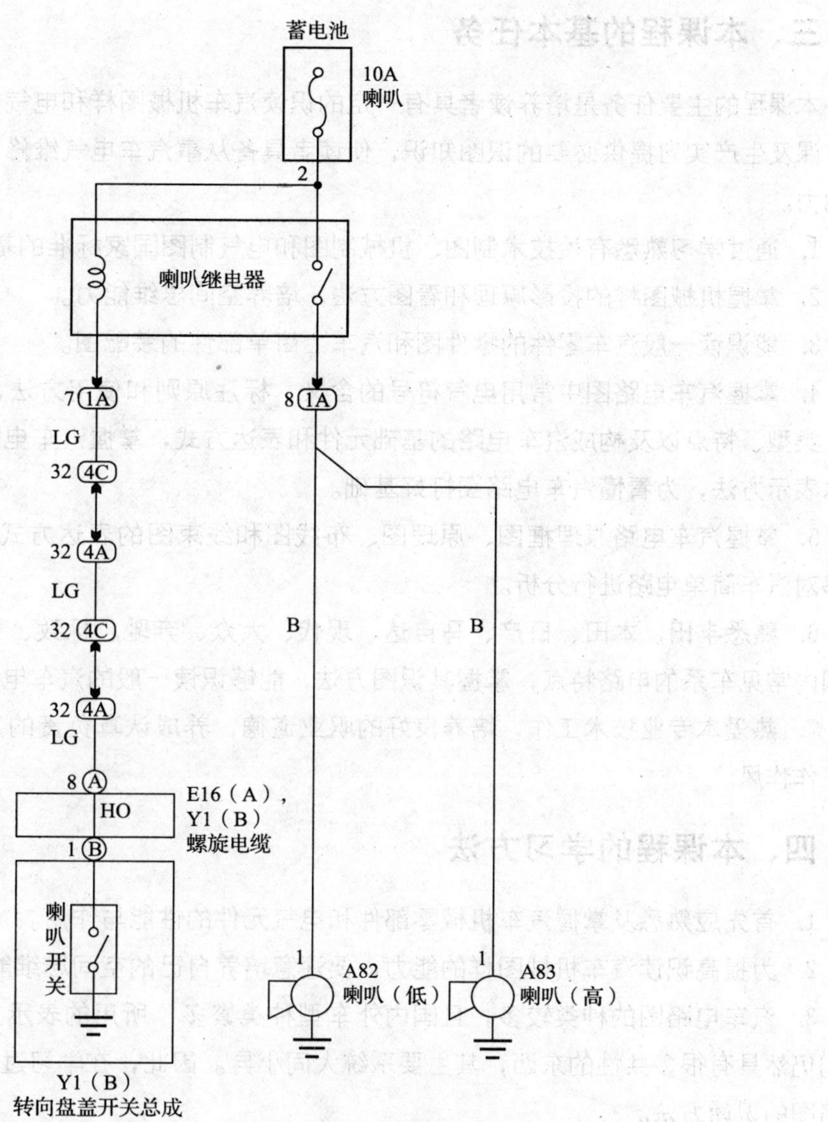

图 0—4　丰田卡罗拉轿车喇叭控制电路原理图

二、本课程的主要内容

《汽车电工识图》是汽车电气维修专业的一门综合性专业技能课。主要内容包括投影制图基础知识、机械图样的画法与识读、汽车电路图识读基础、汽车电路图的表达方式与识读、典型车系电路图的识读等。

本书从实际出发，本着由浅入深的原则，并通过读图实例说明问题，简单明了，具有较强的针对性和实用性，能使读者更好地掌握汽车机械图样和电路图的识读方法。为易于理解和便于维修人员使用，本课程的机械图例尽量选自汽车零部件，电路图选自实际汽车电路。

三、本课程的基本任务

本课程的主要任务是培养读者具有一定的识读汽车机械图样和电气简图的能力，为学习专业课及生产实习提供必要的识图知识，使读者具备从事汽车电气维修工作所必需的基本识图能力。

1. 通过学习熟悉有关技术制图、机械制图和电气制图国家标准的基本规定。

2. 掌握机械图样的投影原理和看图方法，培养空间思维能力。

3. 能识读一般汽车零件的零件图和汽车上简单部件的装配图。

4. 掌握汽车电路图中常用电气符号的含义、标注原则和使用方法，熟悉汽车电路的组成、类型、特点以及构成汽车电路的基础元件和表达方式，掌握汽车电路制图的一般规则和基本表示方法，为看懂汽车电路图打好基础。

5. 掌握汽车电路原理框图、原理图、布线图和线束图的表达方式及识图的一般方法，能够对汽车简单电路进行分析。

6. 熟悉丰田、本田、日产、马自达、现代、大众、奔驰、标致、雪铁龙、通用和福特等国内常见车系的电路特点，掌握其识图方法，能够识读一般的汽车电路图。

7. 热爱本专业技术工作，培养良好的职业道德，养成认真负责的工作态度和严谨细致的工作作风。

四、本课程的学习方法

1. 首先应熟悉及掌握汽车机械零部件和电气元件的性能与作用。

2. 为提高识读汽车机械图样的能力，要注意培养自己的空间思维能力和空间想象能力。

3. 汽车电路图的种类较多，且国内外车型种类繁多，所用的表示方法也各有不同，但它们仍然具有很多共性的东西，其主要系统大同小异。因此，在学习过程中应注意总结一般电路图的识读方法。

4. 学习中应注意理论联系实际，将零部件的机械图样与实际零部件相结合，电路图与电气线路实物相结合，进行对比分析，以快速提高识图能力，从而提高分析、解决实际问题的能力。

第一章　投影制图基础知识

§1—1　绘图工具和制图基本规定

一、常用绘图工具

1. 铅笔

铅笔的笔杆上标有型号标记，如 2H、H、B、HB 等。标记中 B 前的数字越大，表示铅芯越软，绘出的图线颜色越深；H 前的数字越大，表示铅芯越硬，绘出的图线颜色越浅；HB 型铅笔的铅芯硬度和颜色浓淡适中。一般将 2H、H、HB 型铅笔修磨成图 1—1a 所示形状，将 B 型铅笔修磨成图 1—1b 所示形状。图中所注尺寸 d 为粗实线宽度。

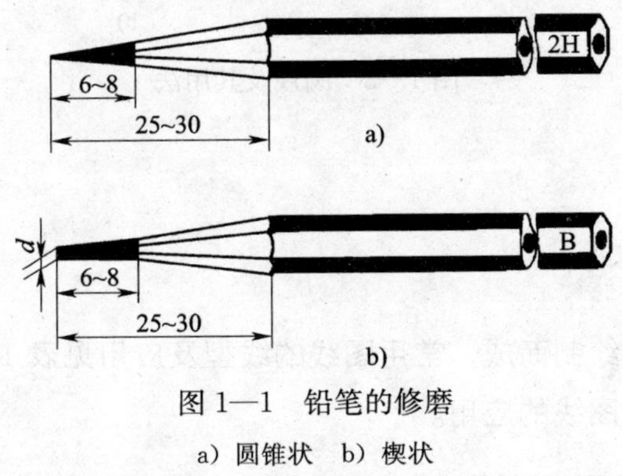

图 1—1　铅笔的修磨

a）圆锥状　b）楔状

一般可用 H 型铅笔描深细型图线（如细虚线、细点画线等），用 HB 型铅笔描深粗实线中的直线或写字，用 B 型铅笔描深粗实线中的圆。

2. 三角板

三角板的形状如图 1—2 所示，两块三角板配合使用，可画出已知直线的平行线或垂直线。

图 1—2　三角板及其使用

a）画平行线　b）画垂直线

3. 圆规

圆规的结构如图 1—3 所示，使用前应先调整好针脚，使针尖（带台阶端）稍长于铅芯，如图 1—3a 所示。画图时，先将两腿分开至所需的半径尺寸，并尽量使针尖和铅芯同时与图面垂直，按顺时针方向一次画成圆或圆弧，如图 1—3b、c 所示。绘图时要注意用力均匀，并向前进方向稍微倾斜。

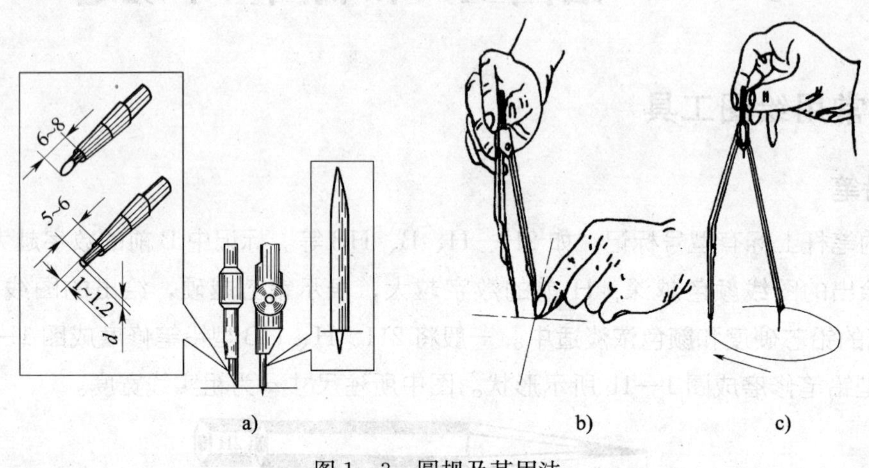

图 1—3 圆规及其用法

二、图线

1. 图线的种类

机械图样由各种图线绘制而成，常用图线的线型及应用见表 1—1。通过图 1—4 所示的偏心轮夹紧机构具体介绍图线的应用。

表 1—1 常用图线的线型及应用（摘自 GB/T 4457.4—2002）

名称	线型	线宽	一般应用
粗实线	———— (d)	d（优先采用 0.5 mm 和 0.7 mm）	可见轮廓线
细实线	————	d/2	尺寸线、尺寸界线、指引线、短中心线、剖面线、重合断面的轮廓线
细点画线	—·—·—	d/2	轴线、对称中心线
细虚线	- - - -	d/2	不可见轮廓线
波浪线	～～～	d/2	断裂处边界线；视图与剖视图的分界线
双折线	—√\—√\—	d/2	断裂处边界线；视图与剖视图的分界线
细双点画线	—··—··—	d/2	相邻辅助零件的轮廓线、可动零件的极限位置的轮廓线、中断线

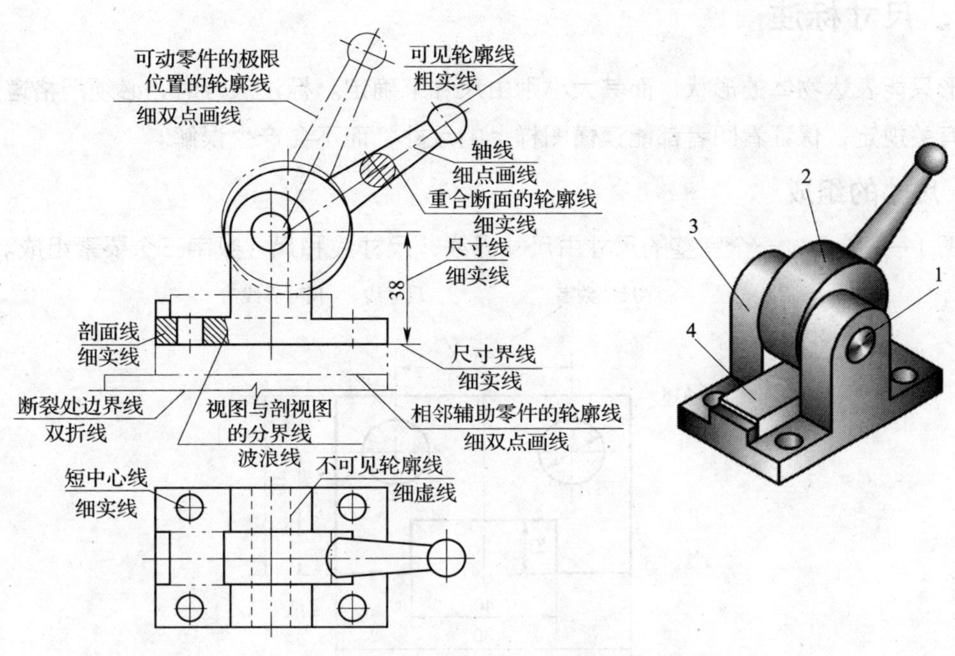

图 1—4 偏心轮夹紧机构

1—小轴 2—偏心轮 3—座体 4—工件

2. 图线的画法规定

(1) 同一图样中同类图线的宽度应保持一致。细虚线、细点画线、细双点画线、双折线等的线段长度和间隔应各自大致相等。

(2) 细点画线和细双点画线的起止两端一般为线段而不是点 (见图 1—5①)。细点画线超出轮廓线 2～5 mm (见图 1—5②)。

(3) 当图形较小时，较短的中心线可用细实线代替细点画线 (见图 1—5③)。

(4) 细点画线、细虚线与其他图线相交或自身相交时，应是线段相交 (见图 1—5④)。

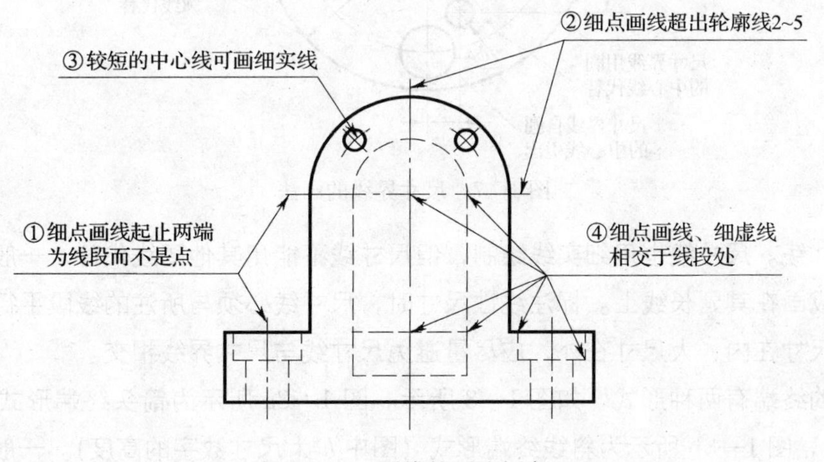

图 1—5 图线的画法规定

三、尺寸标注

图形只能表达物体的形状，而其大小则由尺寸来确定。标注尺寸时，必须严格遵守国家标准的有关规定，保证看图者都能读懂图样上的尺寸，而不会产生误解。

1. 尺寸的组成

如图 1—6 所示，一个完整的尺寸由尺寸界线、尺寸线和尺寸数字三个要素组成。

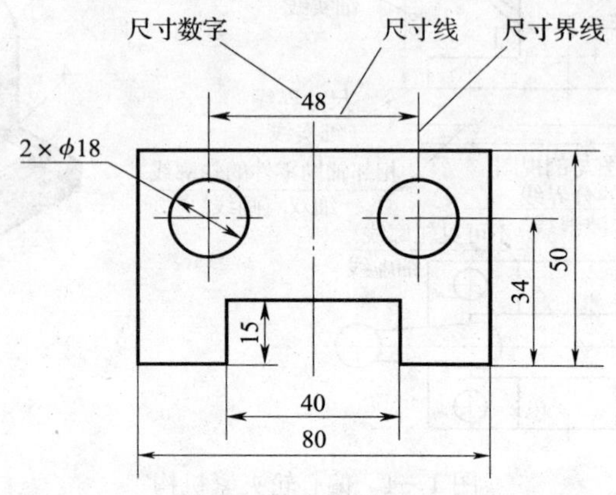

图 1—6 尺寸的组成

(1) 尺寸界线。尺寸界线用细实线绘制，它从图形的轮廓线、对称中心线、轴线等处引出，也可利用轮廓线、轴线、对称中心线作为尺寸界线，其画法如图 1—7 所示。

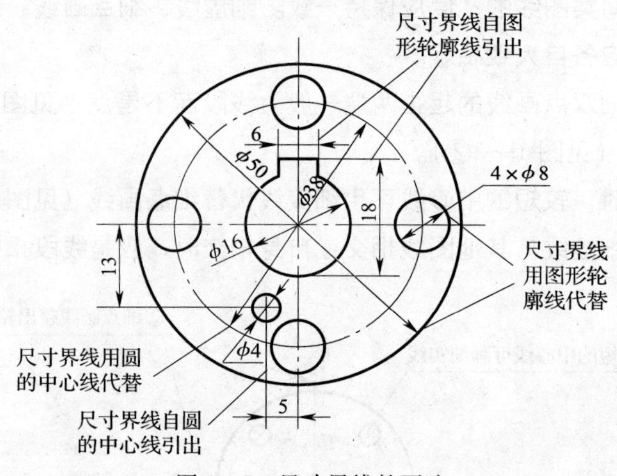

图 1—7 尺寸界线的画法

(2) 尺寸线。尺寸线也用细实线绘制，但尺寸线不能用其他图线代替，一般也不得与其他图线重合或画在其延长线上。标注线性尺寸时，尺寸线必须与所注的线段平行。标注并列尺寸时，小尺寸在内，大尺寸在外，应尽量避免尺寸线与尺寸界线相交。

尺寸线的终端有两种形式，如图 1—8 所示。图 1—8a 所示为箭头终端形式（图中 d 为粗实线宽度），图 1—8b 所示为斜线终端形式（图中 h 为尺寸数字的高度）。一般情况下多采用箭头终端形式。

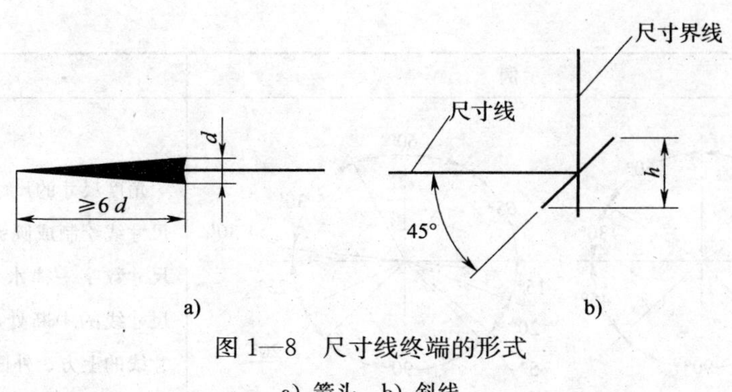

图 1—8 尺寸线终端的形式

a）箭头 b）斜线

（3）尺寸数字。尺寸数字分为线性尺寸数字和角度尺寸数字两种。线性尺寸一般以毫米（mm）作为尺寸单位，在图中不标单位代号，如图 1—9 所示；角度尺寸一般以“°”和“″”为单位，需要标注单位代号。尺寸数字不允许被任何图线穿过，当无法避免时，可将图线在尺寸数字处断开。

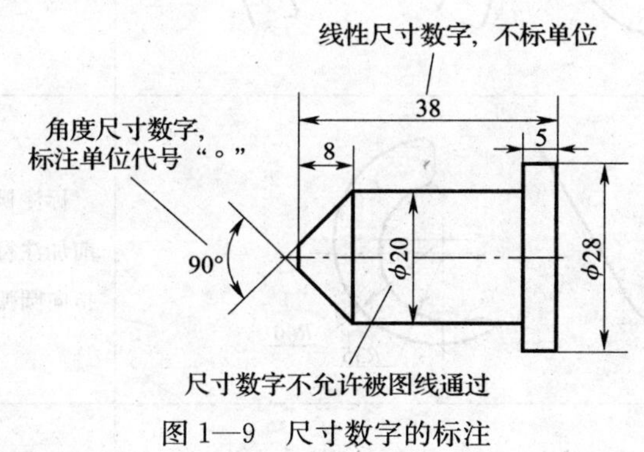

图 1—9 尺寸数字的标注

2. 常见尺寸注法

在图样上经常需要标注的尺寸有线性尺寸、角度尺寸、圆、圆弧、小尺寸等，国家标准对其标注的方法有严格规定，常用尺寸注法见表 1—2。

表 1—2 **常用尺寸注法示例**

标注内容	示例	说明
线性尺寸	30° 20 20 20 20 20 20 20 20 20 20 30° a) 20 20 b)	线性尺寸的尺寸数字应按图 a 所示的方向书写，并尽量避免在图示 30°范围内标注尺寸。当无法避免时，可按图 b 所示的形式标注

续表

标注内容	示例	说明
角度尺寸	60° 60° 30° 75° 45° 90° a)　60° 65° 55°30′ 4°30′ 15° 25° 20° 5° 90° 20° b)	角度尺寸的尺寸界线应沿径向引出，尺寸线绘制成圆弧，圆心是角的顶点。尺寸数字一律水平书写，一般注写在尺寸线的中断处，必要时可标注在尺寸线的上方、外面，或引出标注
圆	$\phi30$　$\phi50$ $\phi40$	标注圆的直径时，应在尺寸数字前加注符号“ϕ”，尺寸线的终端应绘制成箭头。大于半圆的圆弧应标注直径
圆弧	$R15$　$R35$ $R40$	标注圆弧的半径时，应在尺寸数字前加注符号“R”，尺寸线上的单箭头指向圆弧
小尺寸	5　2　5 3 5　3 4 3　$\phi5$　$\phi5$　$R3$　$R3$　$R3$	小尺寸的箭头可绘制在尺寸线外面，或用小圆点或斜线代替箭头。尺寸数字也可注写在图形外面或引出标注

四、比例

1. 比例的概念

在绘制机械图样时，需要根据机件的复杂程度将测量到的尺寸进行缩小、放大（或按原值）。图形与其实物相应要素的线性尺寸之比称为比例。

2. 比例的种类

比例分为原值比例、放大比例和缩小比例。比值为 1 的比例称为原值比例，比值大于 1

的比例称为放大比例，比值小于 1 的比例称为缩小比例。绘图时可根据需要选择表 1—3 中所列的比例，尽量采用原值比例。图 1—10 所示为用不同比例绘制的图形，从图中可以看出，相应尺寸的数值都相同。

表 1—3　　绘图比例（摘自 GB/T 14690—1993）

原值比例	1∶1				
放大比例	2∶1	5∶1	1×10^n∶1	2×10^n∶1	5×10^n∶1
	(2.5∶1)	(4∶1)	(2.5×10^n∶1)	(4×10^n∶1)	
缩小比例	1∶2	1∶5　1∶10	1∶1×10^n	1∶2×10^n	1∶5×10^n
	(1∶1.5)	(1∶2.5)	(1∶3)	(1∶4)	(1∶6)
	(1∶1.5×10^n)	(1∶2.5×10^n)	(1∶3×10^n)	(1∶4×10^n)	(1∶6×10^n)

注：1. n 为正整数。

2. 括号内的比例尽量不采用。

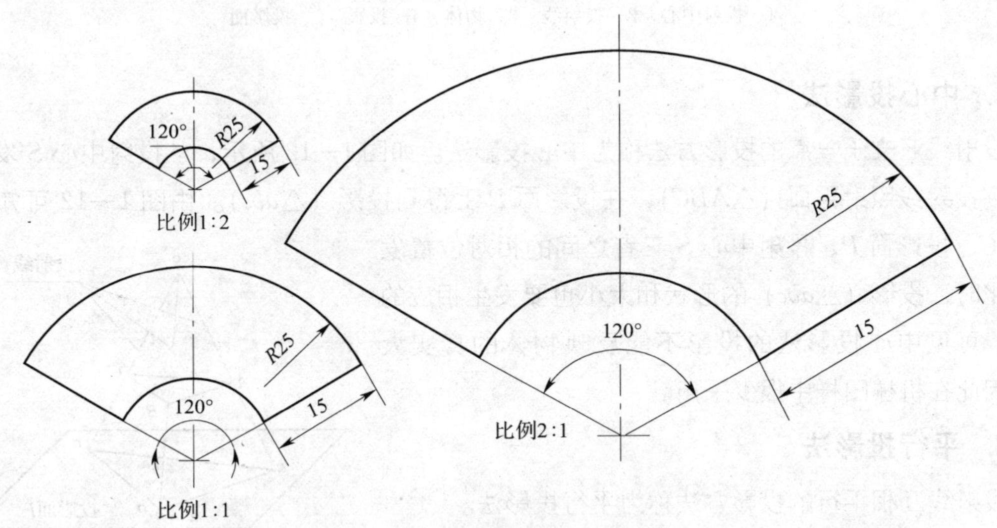

图 1—10　用不同比例绘制的图形

§1—2　三　视　图

一、投影法

如图 1—11 所示，太阳光照射在人身上，在地面上产生影子。影子在某些方面反映了人的形状特征，这种现象称为投影现象，将其加以抽象和总结就形成了投影法。投影法就是指用一组射线通过物体射向预定平面而得到图形的方法。在投影时，光源（太阳）称为投射中心，光线称为投射线，地面称为投影面，影子称为投影。工程上常用的投影法分为中心投影法和平行投影法。

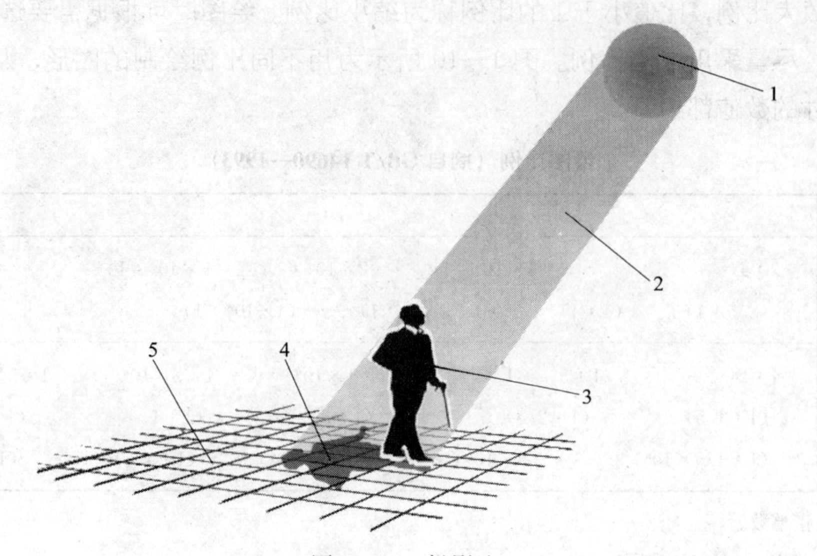

图 1—11 投影法

1—投射中心 2—投射线 3—物体 4—投影 5—投影面

1. 中心投影法

投射线汇交于一点的投影方法称为中心投影法。如图 1—12 所示，从投射中心 S 发出的一系列投射线照射平面（$\triangle ABC$），在投影面 P 上得到投影（$\triangle abc$）。由图 1—12 可知，当 $\triangle ABC$、投影面 P、投射中心 S 三者之间的相对位置发生变化时，投影（$\triangle abc$）的形状和大小也要发生相应的变化。可见中心投影法的投影不能反映物体的真实大小，因此在机械图样中很少采用。

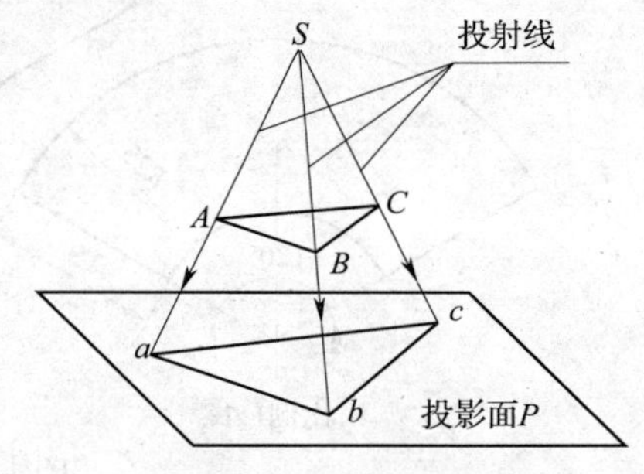

图 1—12 中心投影法

2. 平行投影法

投射线互相平行的投影方法称为平行投影法。

根据投射线与投影面所成角度的不同，平行投影法又分为正投影法和斜投影法，如图 1—13 所示。正投影法是最常用的一种投影方法，正投影法得到的图形称为正投影图或视图。

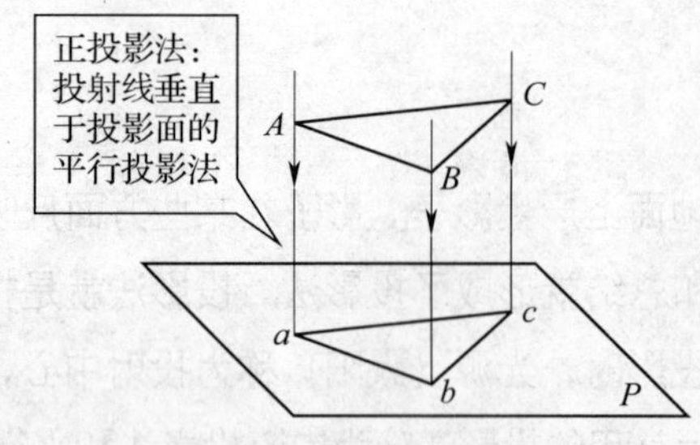

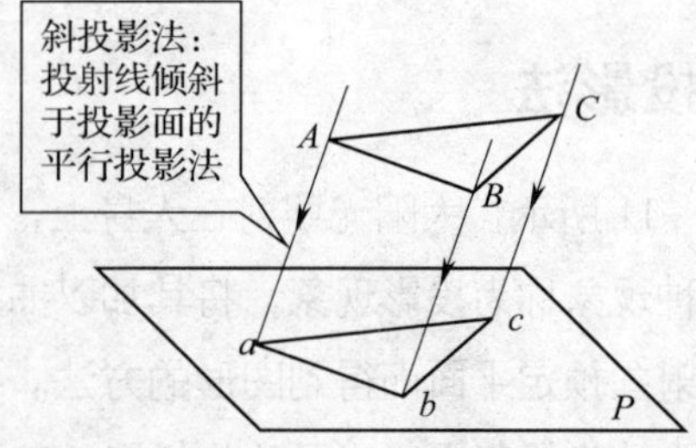

图 1—13 平行投影法

a）正投影 b）斜投影

二、三视图及投影规律

如图1—14a所示为沙发，使沙发的前面与投影面平行，用互相平行且与投影面垂直的投射线照射物体，在投影面上得到投影图，如图1—14b所示。沙发的正投影图如图1—14c所示，该图能准确地反映沙发前面两个平面的形状和大小。

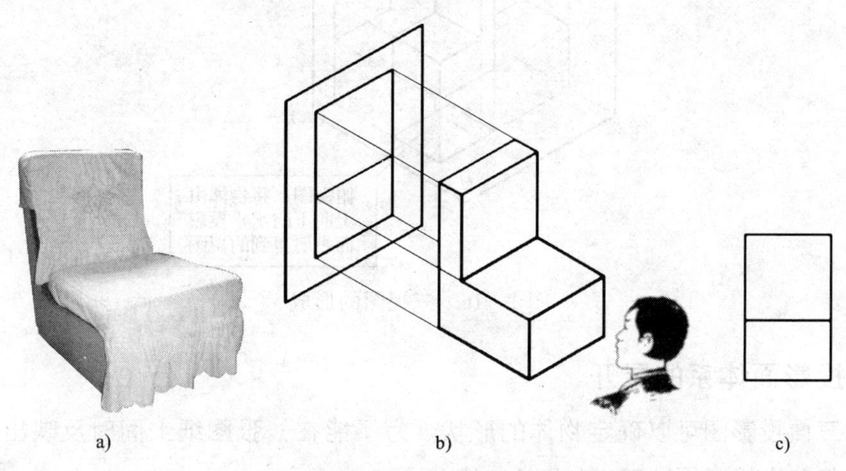

图1—14　沙发的正投影

a）沙发　b）沙发正投影图的形成　c）沙发的正投影图

图1—14c只能表达沙发前面两个平面的形状，但不能完整地表达沙发的全部形状，如沙发上面两个平面和侧面的形状则无法反映。要想表达沙发的完整形状，就必须从沙发的几个方向进行投射，绘制出几个视图。

1. 三投影面体系

通常在物体的后面、下面和右面放置三个投影面，一般把正对着观察者的投影面称为正投影面（用V表示），水平放置的投影面称为水平投影面（用H表示），右边侧立的投影面称为侧投影面（用W表示）。这三个投影面的组合称为三投影面体系，如图1—15所示。

在三投影面体系中，两投影面的交线称为投影轴。其中V面与H面的交线为X轴，H面与W面的交线为Y轴，V面与W面的交线为Z轴。三条投影轴构成了一个空间直角坐标系，三轴的交点称为坐标原点(用O表示)。

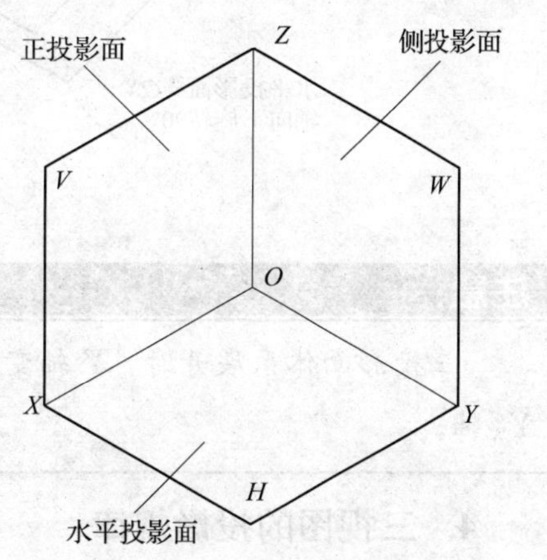

图1—15　三投影面体系

2. 三视图的概念

将物体放在三投影面体系中，用正投影法分别向三个投影面投射，得到物体的三视图，如图1—16所示。

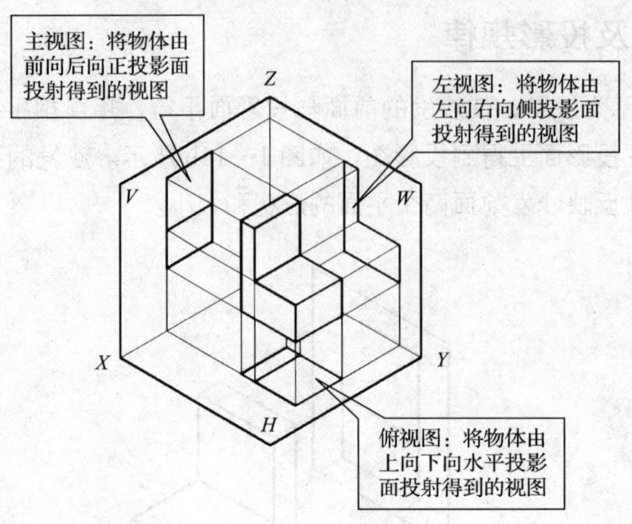

图 1—16 三视图的形成

3. 三投影面体系的展开

物体的三面投影图可以确定物体的形状。为了能在一张图纸上同时反映出这三个投影图，还需要将三个投影面展开，如图 1—17 所示。

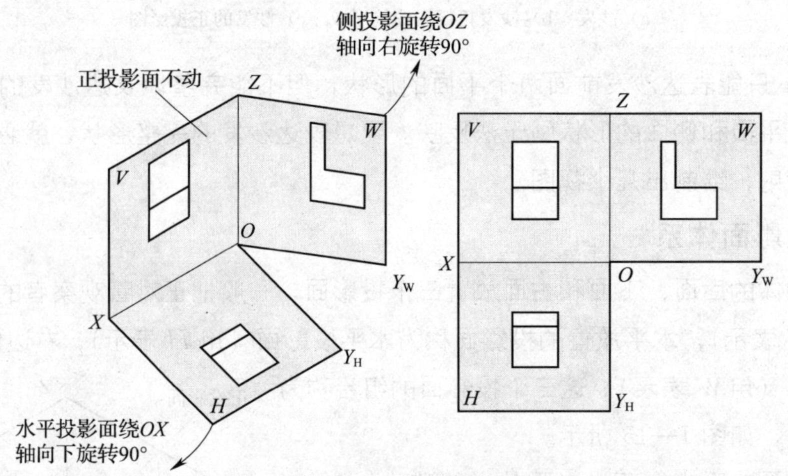

图 1—17 三视图的展开

注意：

三投影面体系展开时，Y 轴变成了两条，随着 H 面的称为 Y_H 轴，随着 W 面的称为 Y_W 轴。

4. 三视图的投影规律

空间物体有前、后、左、右、上、下六个方位，如图 1—18a 所示。物体的六个方位在三视图中的位置如图 1—18b 所示。立体图与三视图的方位对照如图 1—18 所示。

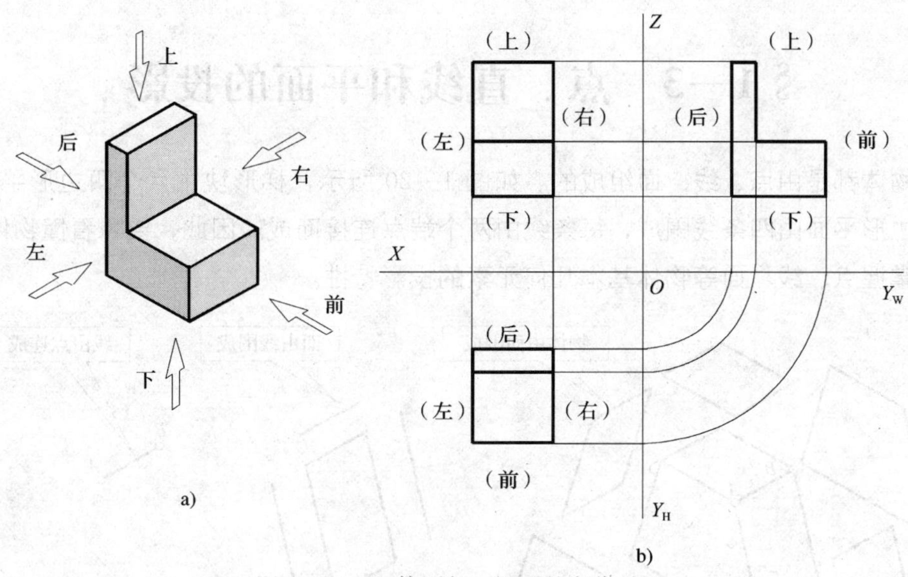

图 1—18 立体图与三视图的方位对照

a）立体图 b）三视图

注意：

（1）在俯视图上，前、后表现为纵向；在左视图上，前、后表现为横向。

（2）在绘制三视图时，可不画投影面，只画投影轴；也可以省略投影轴，如同 1—19 所示。

对比分析图 1—19a、b 可知，主视图反映了物体的长和高，俯视图反映了物体的长和宽，左视图反映了物体的高和宽，三视图的投影规律可归纳为：主、俯视图长对正；主、左视图高平齐；俯、左视图宽相等。

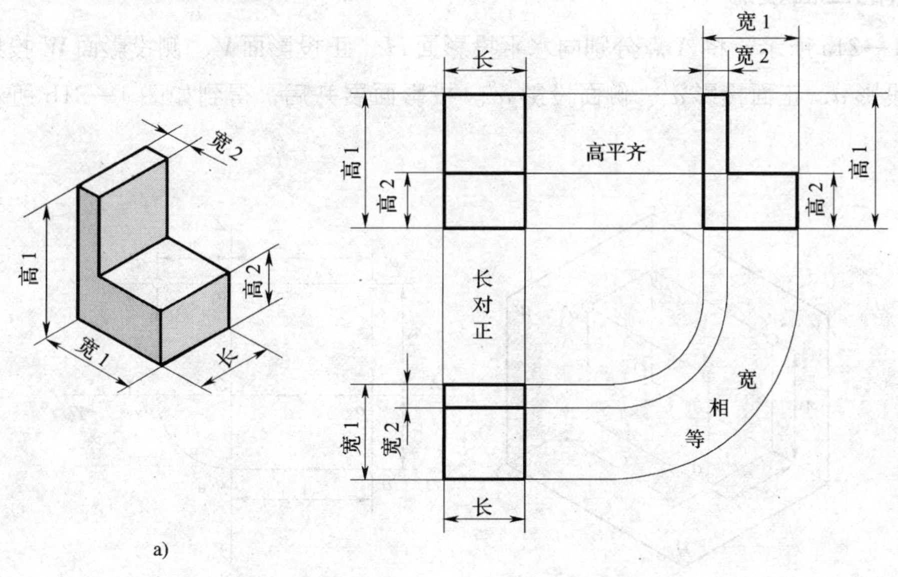

图 1—19 三视图的投影规律

a）立体图 b）三视图

§1—3 点、直线和平面的投影

任何物体都是由点、线、面组成的。如图 1—20 所示，梯形块由六个四边形平面围成，而每个四边形平面由四条线围成，每条线由两个端点连接而成。因此，要想看懂物体的三视图，必须掌握点、线、面等物体基本几何元素的投影特性。

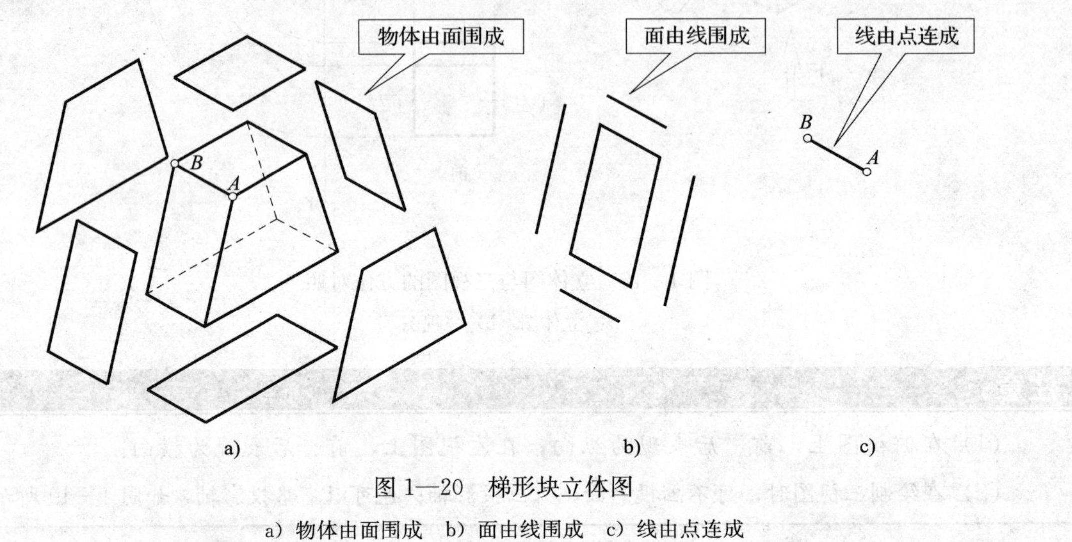

图 1—20 梯形块立体图

a) 物体由面围成 b) 面由线围成 c) 线由点连成

一、点的投影

1. 点的三面投影

如图 1—21a 所示，将 A 点分别向水平投影面 H、正投影面 V、侧投影面 W 投射，分别得到水平投影 a、正面投影 a'、侧面投影 a''。投影面展开后，得到如图 1—21b 所示的点的三面投影。

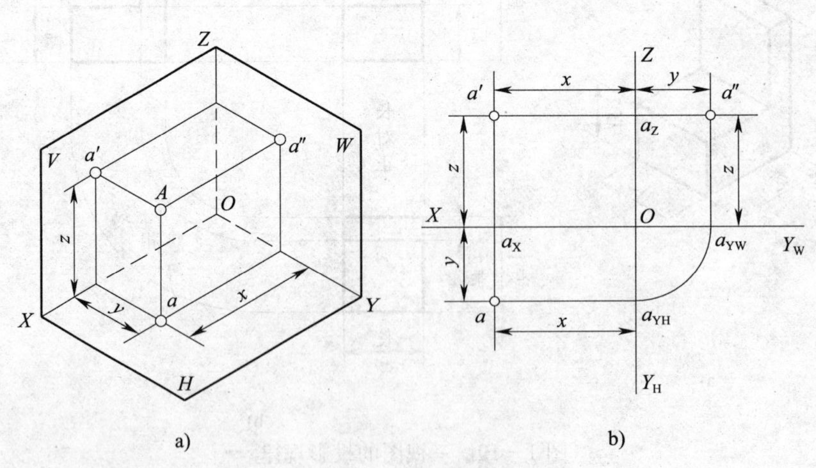

图 1—21 点的三面投影

一般情况下，空间点用大写拉丁字母表示，如 A 和 B 等；点的水平投影用相应的小写字母表示，如 a 和 b 等；点的正面投影用相应的小写字母加“$'$”表示，如 a'和 b'等；点的侧面投影用相应的小写字母加“$''$”表示，如 a''和 b''等。

2. 点的投影规律

如图 1—21b 所示，$a'a \perp OX$；$a'a'' \perp OZ$；$aa_X = a''a_Z$。

不难看出，点的投影规律与物体三视图的投影规律是一致的。

二、直线的投影

根据直线相对于投影面的不同位置，可将直线分为投影面垂直线、投影面平行线和一般位置直线三种，其概念、种类及性质见表 1—4。

表 1—4　　直线的概念、种类及性质

类别	概念	种类及性质
投影面垂直线	垂直于某一投影面的直线	正垂线：$\perp V$、$/\!/H$、$/\!/W$ 铅垂线：$\perp H$、$/\!/V$、$/\!/W$ 侧垂线：$\perp W$、$/\!/V$、$/\!/H$
投影面平行线	平行于某一投影面，倾斜于另外两个投影面的直线	正平线：$/\!/V$、$\angle H$、$\angle W$① 水平线：$/\!/H$、$\angle V$、$\angle W$ 侧平线：$/\!/W$、$\angle V$、$\angle H$
一般位置直线	与三个投影面都倾斜的直线	一般位置直线：$\angle V$、$\angle H$、$\angle W$

①“∠”表示与某一投影面倾斜。

1. 投影面垂直线

观察图 1—22 所示长方体的立体图可知，其上的三条棱线 AB、AC、AD 分别垂直于正投影面、水平投影面和侧投影面。因此 AB 是正垂线，AC 是铅垂线，AD 是侧垂线，其投影图及投影特性见表 1—5。

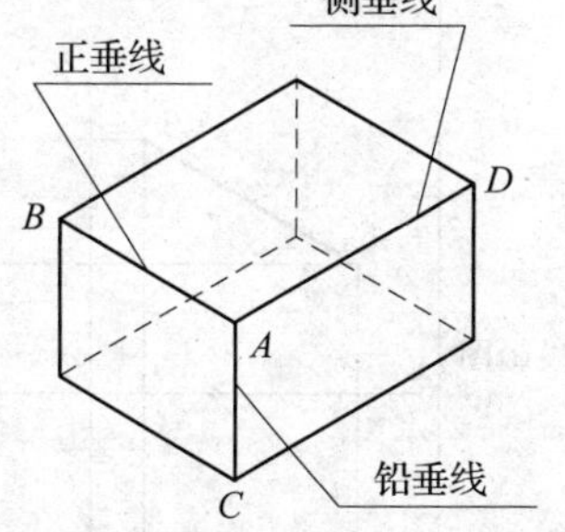

图 1—22　投影面垂直线

2. 投影面平行线

观察图 1—23 所示割角长方体的立体图可知，其上三条棱线 CD、BD、BC 分别平行于正投影面、水平投影面和侧投影面。因此 CD 是正平线，BD 是水平线，BC 是侧平线，其投影图及投影特性见表 1—6。

3. 一般位置直线

一般位置直线 AB 的立体图如图 1—24a 所示，其三面投影如图 1—24b 所示。

表 1—5　　　　投影面垂直线的投影图及投影特性

直线	AB	AC	AD
名称	正垂线	铅垂线	侧垂线
投影图	Z, a′(b′), b″, a″, X, O, Y_W, b, a, Y_H	Z, a′, a″, c′, c″, X, O, Y_W, a(c), Y_H	Z, a′, d′, a″(d″), X, O, Y_W, a, d, Y_H
投影特性	1. 在所垂直的投影面上的投影积聚为一点 2. 在两个所平行的投影面上的投影为反映实长的横线或竖线		

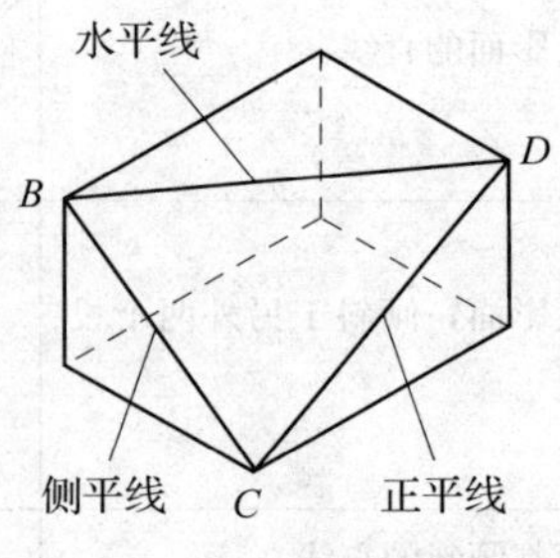

图 1—23　投影面平行线

表 1—6　　　　投影面平行线的投影图及投影特性

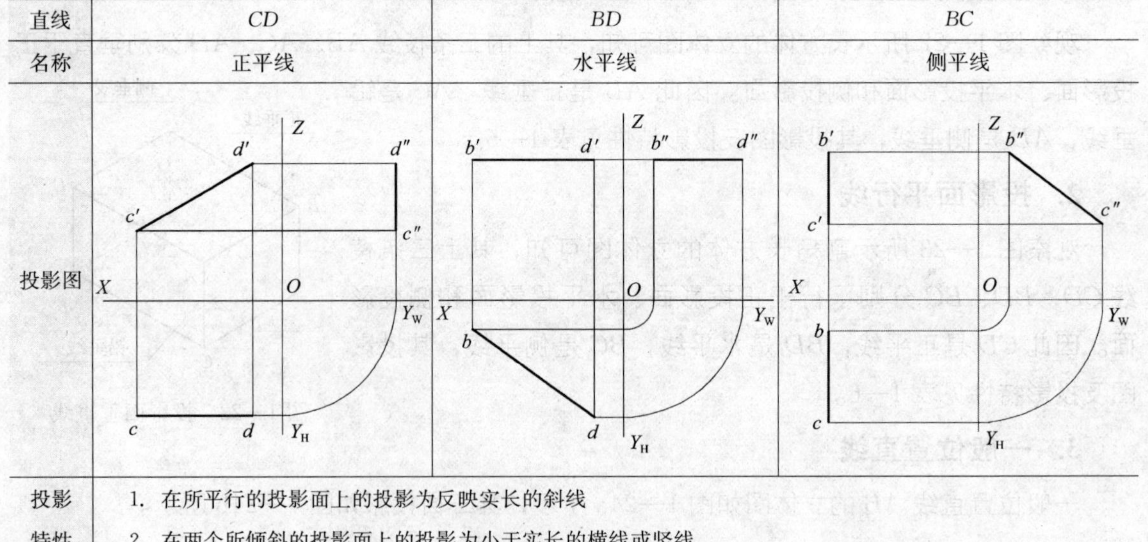

直线	CD	BD	BC
名称	正平线	水平线	侧平线
投影图	Z, d′, d″, c′, c″, X, O, Y_W, c, d, Y_H	Z, b′, d′, b″, d″, X, O, Y_W, b, d, Y_H	Z, b′, b″, c′, c″, X, O, Y_W, b, c, Y_H
投影特性	1. 在所平行的投影面上的投影为反映实长的斜线 2. 在两个所倾斜的投影面上的投影为小于实长的横线或竖线		

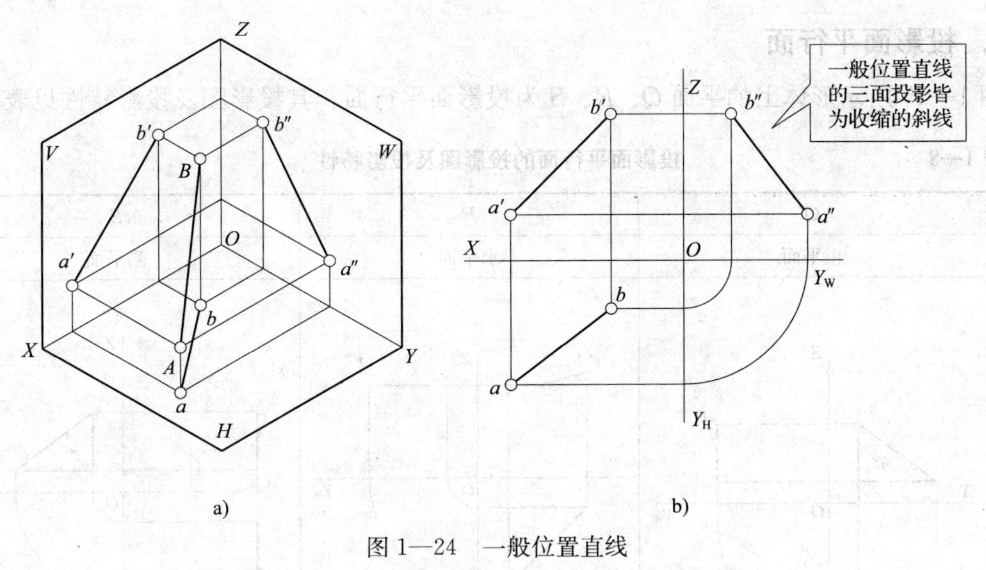

图 1—24 一般位置直线

a）立体图 b）三视图

三、平面的投影

根据平面相对于投影面的不同位置，可将平面分为投影面平行面、投影面垂直面和一般位置平面三种，其概念、种类及性质见表 1—7。平面的种类如图 1—25 所示。

表 1—7 **平面的概念、种类及性质**

类别	概念	种类及性质
投影面平行面	平行于某一投影面的平面	正平面：//V、⊥H、⊥W 水平面：//H、⊥V、⊥W 侧平面：//W、⊥V、⊥H
投影面垂直面	垂直于某一投影面，倾斜于另外两个投影面的平面	正垂面：⊥V、∠H、∠W 铅垂面：⊥H、∠V、∠W 侧垂面：⊥W、∠V、∠H
一般位置平面	与三个投影面都倾斜的平面	一般位置平面：∠V、∠H、∠W

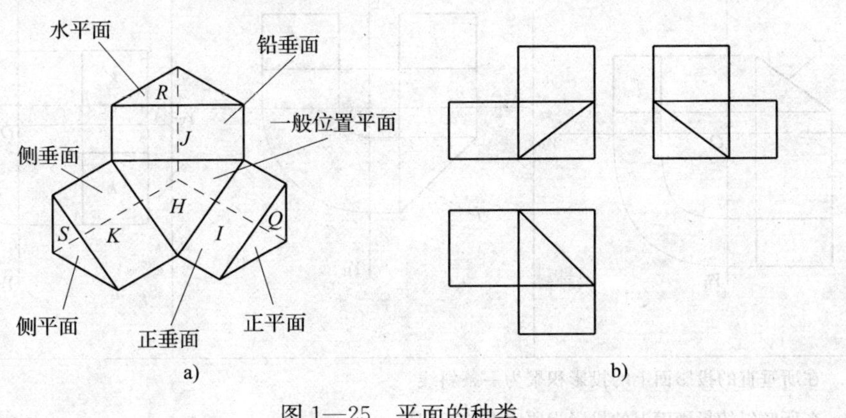

图 1—25 平面的种类

a）立体图 b）三视图

1. 投影面平行面

图 1—25 所示形体上的平面 Q、R、S 为投影面平行面，其投影图及投影特性见表1—8。

表 1—8　　投影面平行面的投影图及投影特性

平面	Q	R	S
名称	正平面	水平面	侧平面
投影图	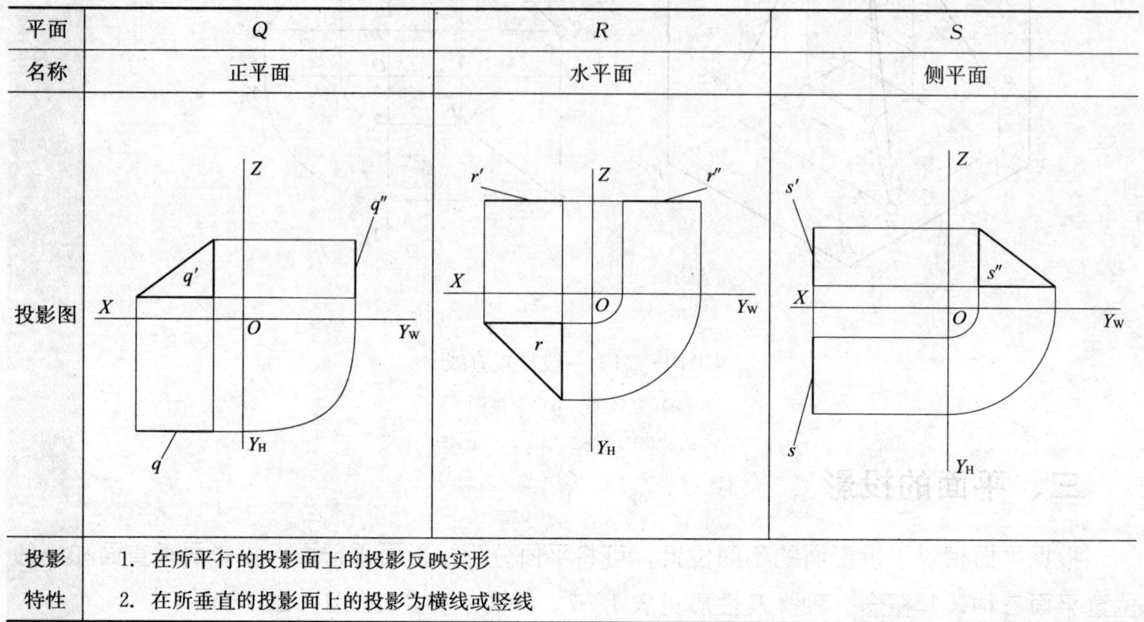		
投影特性	1. 在所平行的投影面上的投影反映实形 2. 在所垂直的投影面上的投影为横线或竖线		

2. 投影面垂直面

图 1—25 所示形体上的平面 I、J、K 为投影面垂直面，其投影图及投影特性见表 1—9。

表 1—9　　投影面垂直面的投影图及投影特性

平面	I	J	K
名称	正垂面	铅垂面	侧垂面
投影图	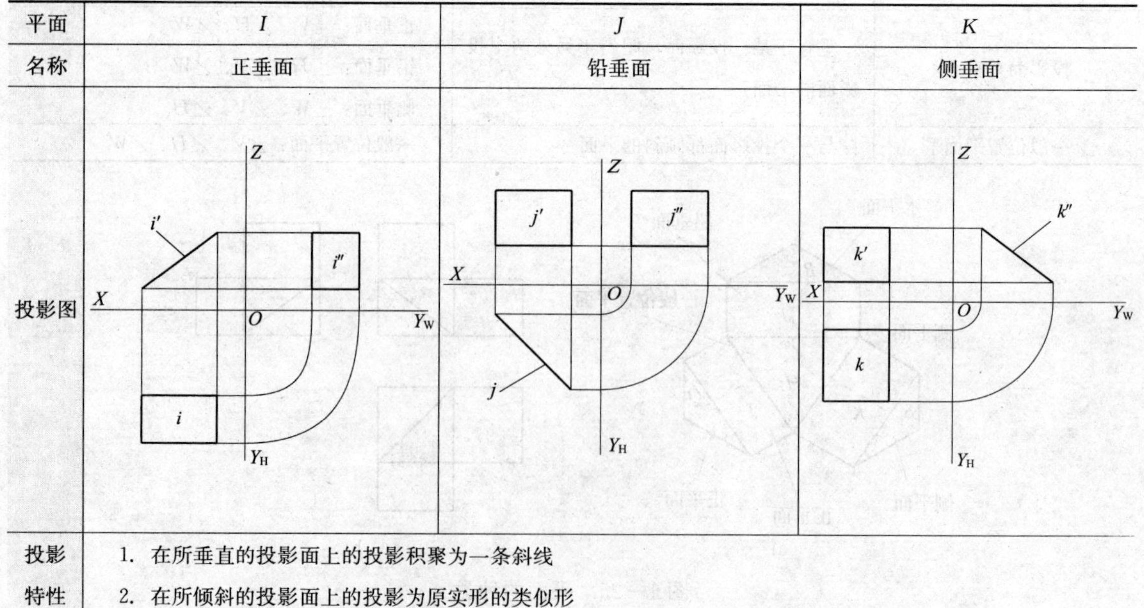		
投影特性	1. 在所垂直的投影面上的投影积聚为一条斜线 2. 在所倾斜的投影面上的投影为原实形的类似形		

3. 一般位置平面

如图 1—26 所示，平面 H 为一般位置平面，其空间实形为三角形，投影也为三角形。

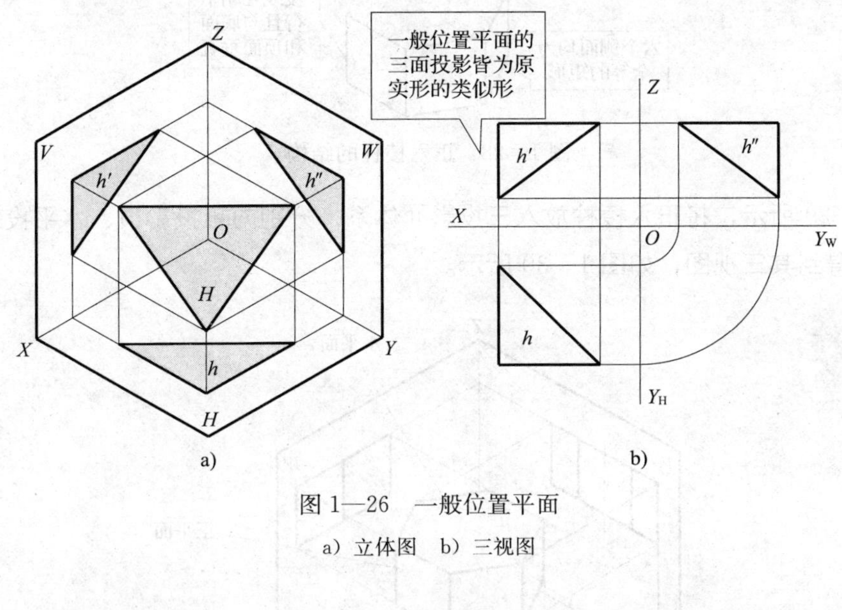

图 1—26　一般位置平面

a）立体图　b）三视图

§1—4　基本几何体的三视图

任何复杂的物体都可以认为是由一些基本、简单的形体所组成的，图 1—27 所示为几种常见的基本形体，一般称其为基本几何体。本节重点分析棱柱、棱锥、圆柱、圆锥、球等基本几何体的三视图。

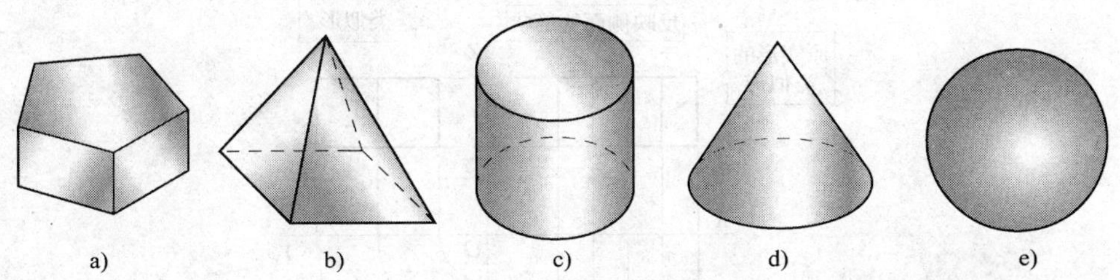

图 1—27　基本几何体

a）六棱柱　b）四棱锥　c）圆柱　d）圆锥　e）球

一、正六棱柱

1. 正六棱柱的三视图

正六棱柱的结构如图 1—28 所示，它由顶面、底面和六个侧面组成。

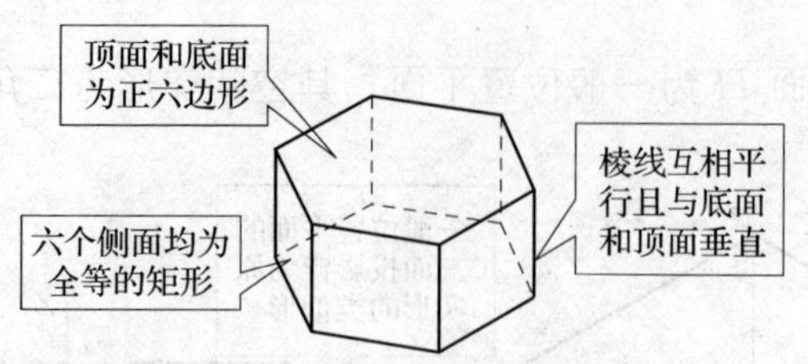

图 1—28　正六棱柱的结构

如图 1—29 所示，将正六棱柱放入三投影面体系，分别向正投影面、水平投影面和侧投影面投射，得到其三视图，如图 1—30 所示。

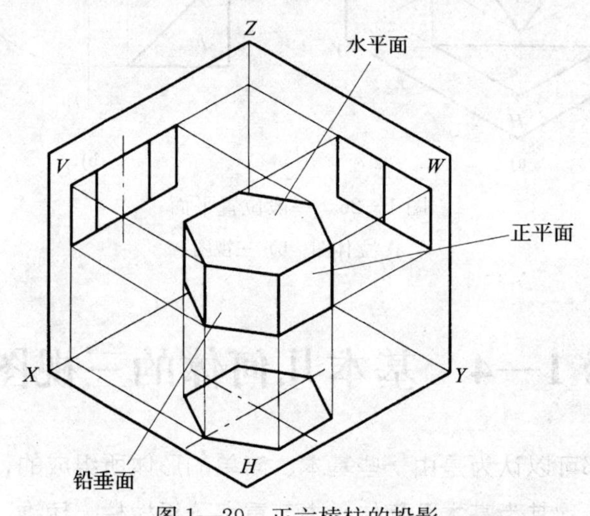

图 1—29　正六棱柱的投影

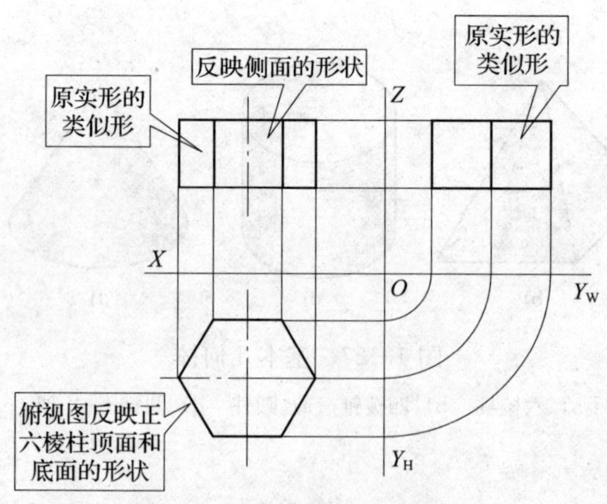

图 1—30　正六棱柱的三视图

2. 正六边形的画法

如果正六边形的外接圆直径为 D，使用圆规、三角板作图的步骤见表 1—10。

表 1—10　　正六边形作图步骤

步骤	1. 辅助圆直径为 D	2. 分别以 1、4 点为圆心，$D/2$ 为半径画弧，交圆周于 2、6、3、5 点	3. 顺次连接圆周各点得到正六边形
图例	D	6 5 1 D/2 4 2 3	6 5 1 4 2 3

二、正四棱锥

正四棱锥的结构如图 1—31 所示，它由一个底面和四个侧面组成。

如图 1—32 所示，将正四棱锥放入三投影面体系，分别向正投影面、水平投影面和侧投影面投射，得到其三视图，如图 1—33 所示。

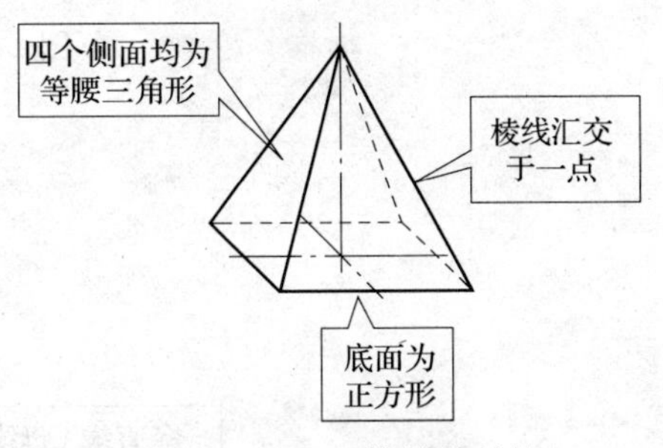

图 1—31　正四棱锥的结构

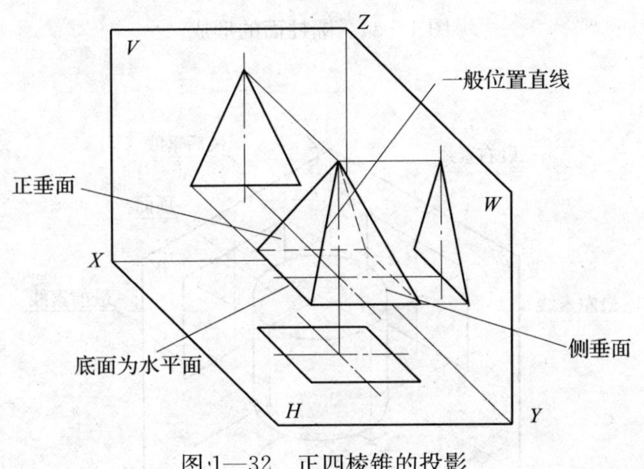

图 1—32　正四棱锥的投影

三、圆柱

圆柱面的形成如图 1—34 所示，圆柱体的结构及投影如图 1—35 所示，它由一个圆柱面、圆形的顶面和底面组成，在该圆柱面上有四条特殊位置素线，分别是最前素线、最后素线、最左素线、最右素线。将圆柱向三个投影面投射，得到的三视图如图 1—36 所示。

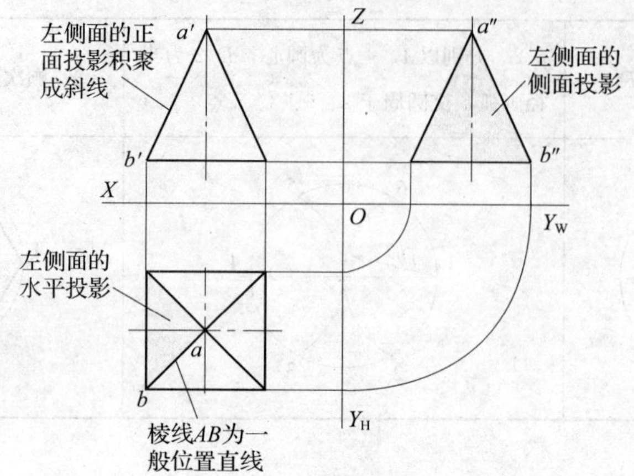

图 1—33　正四棱锥的三视图

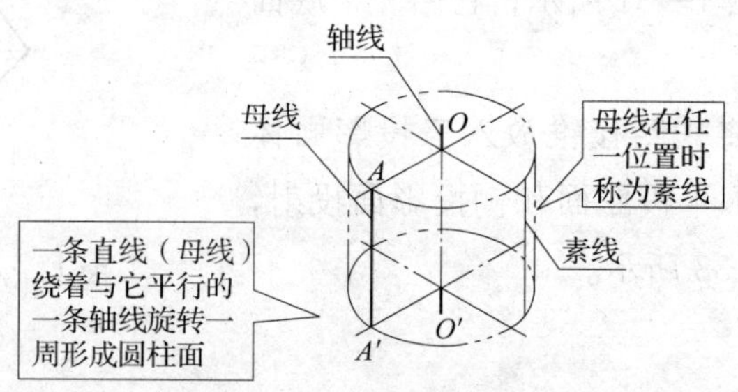

图 1—34　圆柱面的形成

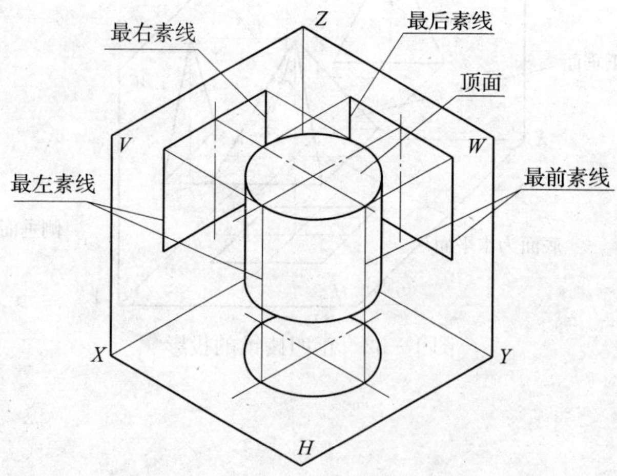

图 1—35　圆柱体的结构及投影

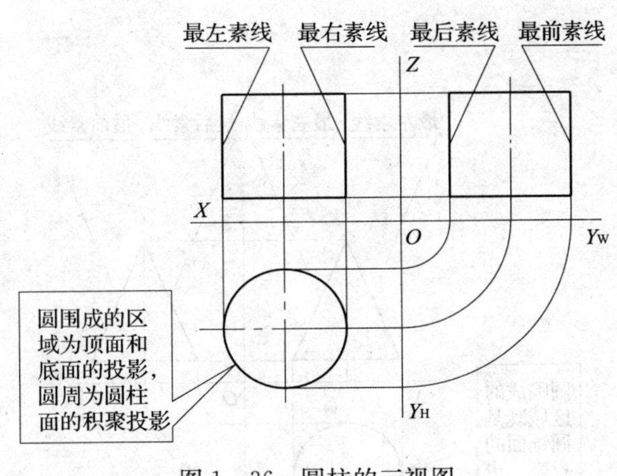

图 1—36　圆柱的三视图

四、圆锥

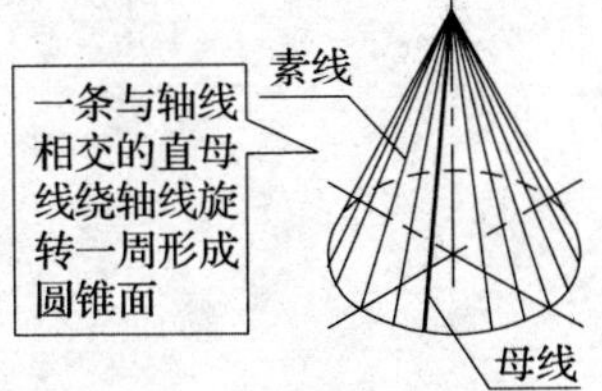

图 1—37　圆锥面的形成

圆锥面的形成如图 1—37 所示，圆锥体的结构及投影如图 1—38 所示，它由一个圆锥面和一个圆形的底面围成。在该圆锥面上同样有四条特殊位置素线，分别是最前素线、最后素线、最左素线、最右素线。将圆锥体向三个投影面投射，得到其三视图，如图 1—39 所示。

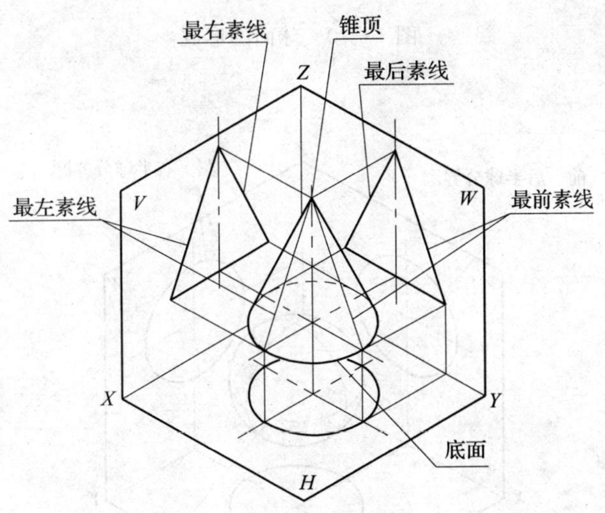

图 1—38　圆锥体的结构及投影

五、球

球面的形成如图 1—40 所示，在球面上有三个特殊位置的素线圆，分别是前、后半球分界圆，左、右半球分界圆，上、下半球分界圆，球的结构及投影如图 1—41 所示。将球向三投影面体系投射，得到球的三视图，如图 1—42 所示。球的三面投影分别为三个特殊位置素线圆的投影。

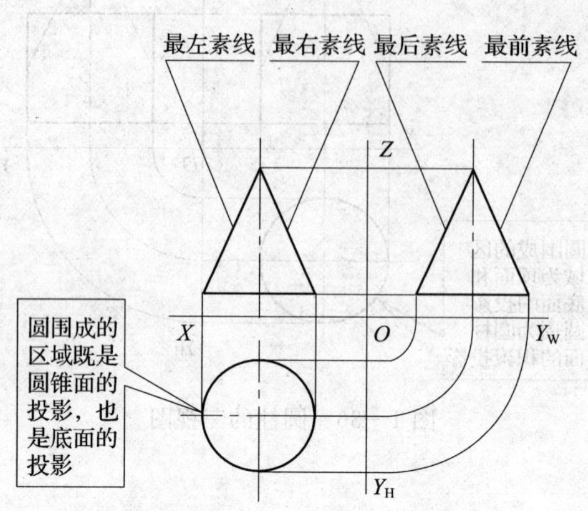

图 1—39　圆锥体的三视图

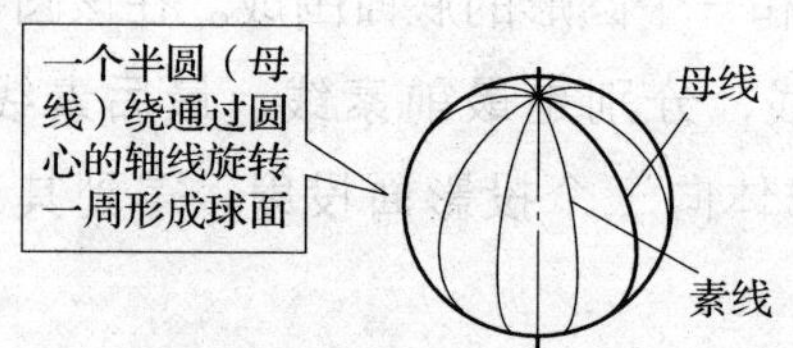

图 1—40　球面的形成

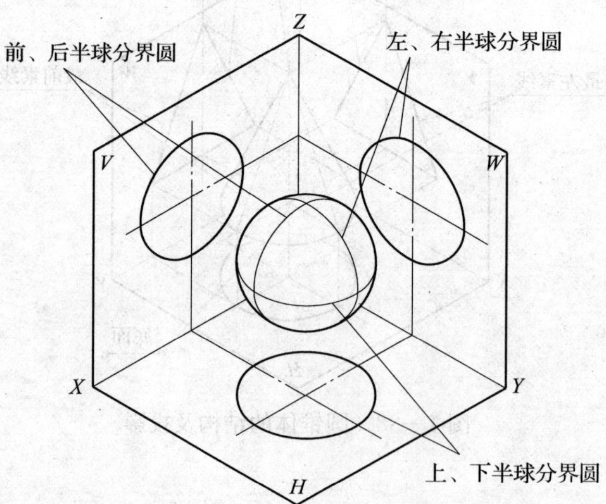

图 1—41　球的结构及投影

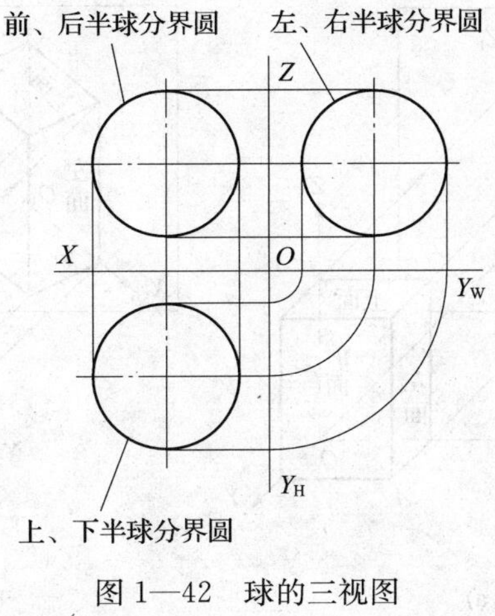

图 1—42　球的三视图

§1—5　轴　测　图

轴测图就是立体图，是物体在平行投影下形成的一种单面投影图。它能在一个图形上同时反映物体长、宽、高三个方向的形状，具有较好的直观性。机械制图中常用的轴测图有正等测图和斜二测图。长方体的正等测图和斜二测图如图 1—43 所示。

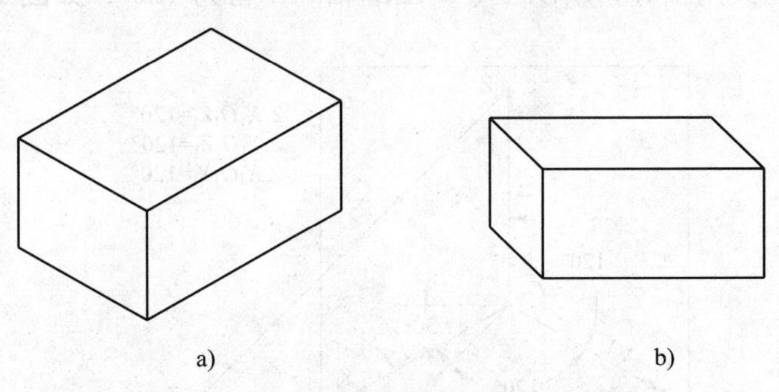

图 1—43　长方体的正等测图和斜二测图

a）正等测图　b）斜二测图

一、正等测图

1. 正等测图的形成

如图 1—44a 所示，在长方体上建立空间直角坐标系 *OXYZ*，当长方体的前面与正投影面平行时，用正投影的方法得到主视图。如果将长方体旋转至图 1—44b 所示的位置，使空间直角坐标系的三个坐标轴 *OX*、*OY*、*OZ* 与正投影面成一个相同的夹角（35°16′），再进行正投影，即得到正等测图。很显然，在正等测图中可以同时看到前面、上面和左面的形状。

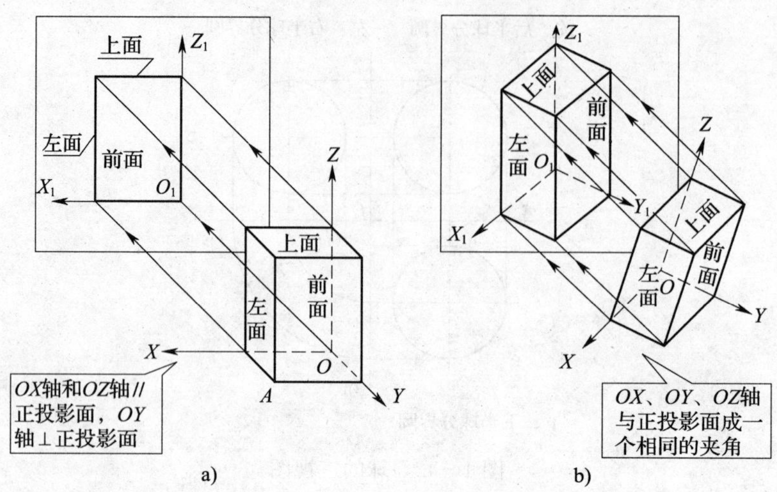

图 1—44 正等测图的形成

a）视图 b）正等测图

2. 正等测图的轴间角和轴向变形系数

在进行正等测投影时，物体上空间直角坐标轴 OX、OY、OZ 在投影面上的投影 O_1X_1、O_1Y_1、O_1Z_1 称为轴测轴，轴测轴之间的夹角称为轴间角。由于在形成正等测图时各空间直角坐标轴与投影面的夹角相等，所以正等测图的轴间角皆为 120°，如图 1—45 所示。

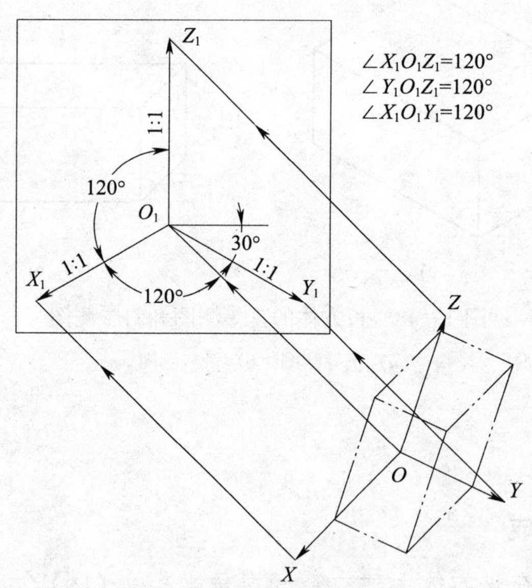

图 1—45 正等测图的轴间角和轴向变形系数

由于各空间直角坐标轴与投影面倾斜，所以与空间直角坐标轴平行的线段在正等测图上要收缩。通过计算可得，三个轴测轴的轴向变形系数为 0.82。为了作图方便，将正等测图的轴向变形系数简化为 1，如图 1—45 所示。

3. 长方体正等测图的画法

长方体的三视图如图 1—46 所示，其正等测图的作图步骤见表 1—11。

图 1—46 长方体

表 1—11 长方体正等测图的作图步骤

步骤	图例	步骤	图例
1. 确定坐标原点及坐标轴 选取长方体的后、下、右顶点为坐标原点，在三视图中绘制出坐标轴 OX、OY、OZ 的投影	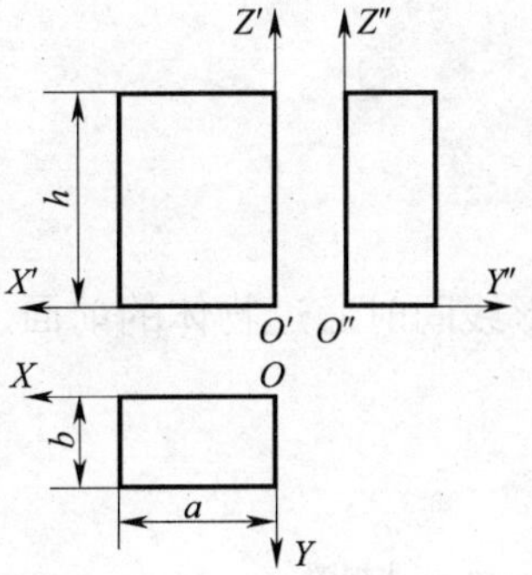	4. 绘制竖棱 过底面四个顶点绘制平行于 O_1Z_1 轴的四条平行线，并按 1∶1 的比例截取长方体的高度 h	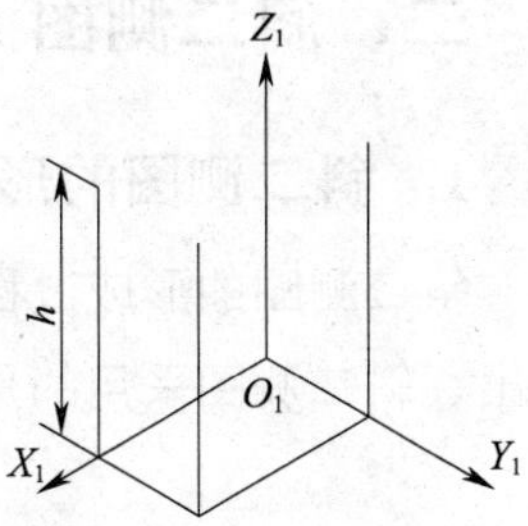
2. 绘制轴测轴 O_1X_1、O_1Y_1、O_1Z_1 将 O_1Z_1 轴画成铅垂线，O_1X_1 轴和 O_1Y_1 轴与水平方向成 30°角	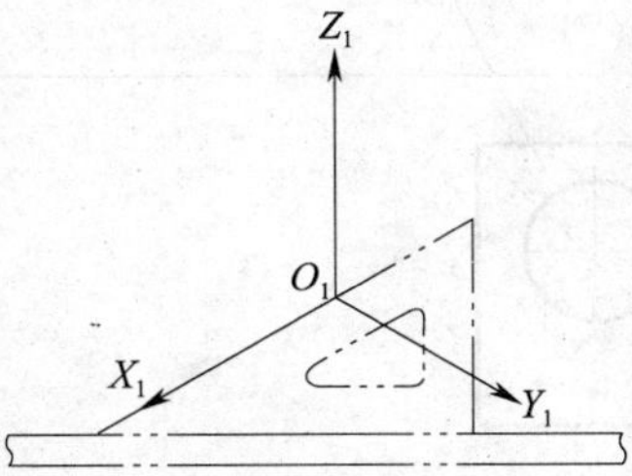	5. 绘制顶面的正等测图 连接竖棱上端点的投影，完成顶面的正等测图	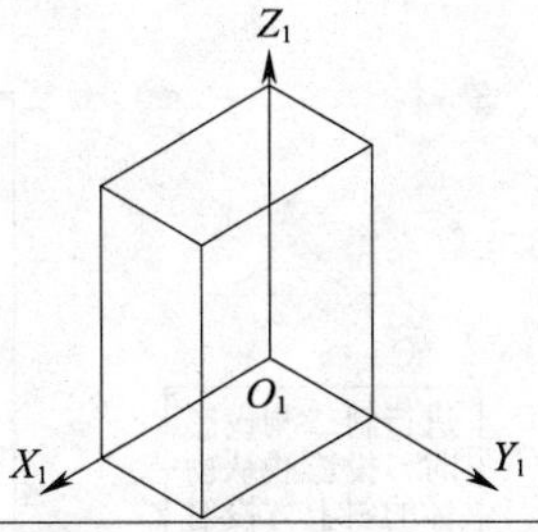
3. 绘制底面的正等测图 量取长方体的长度尺寸 a 和宽度尺寸 b，按 1∶1 的比例在轴测轴上截取，绘制出长方体底面的正等测图	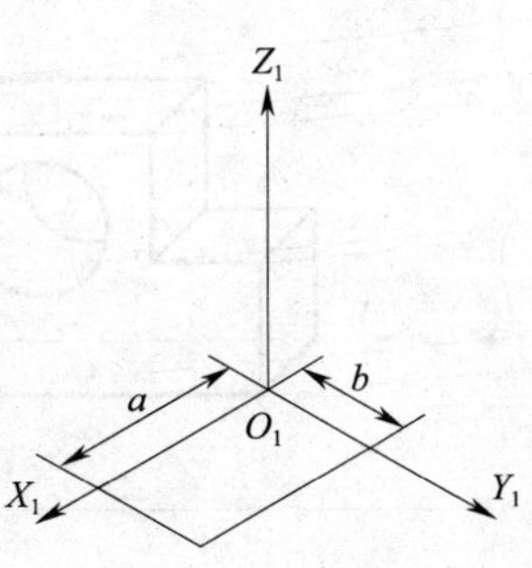	6. 完成长方体的正等测图 擦去不必要的图线，加深可见轮廓线(轴测图一般只绘制物体的可见部分)，即得到长方体的正等测图	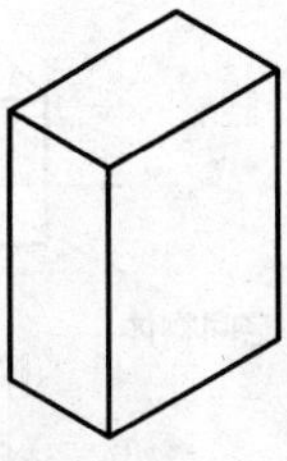

4. 圆柱正等测图的画法

在三视图上平行于坐标面的正方形，在正等测图中的投影为菱形；在三视图上平行于坐标面的圆，在正等测图中的投影为内切于菱形的椭圆，如图 1—47 所示为三个不同方向圆柱的正等测图。

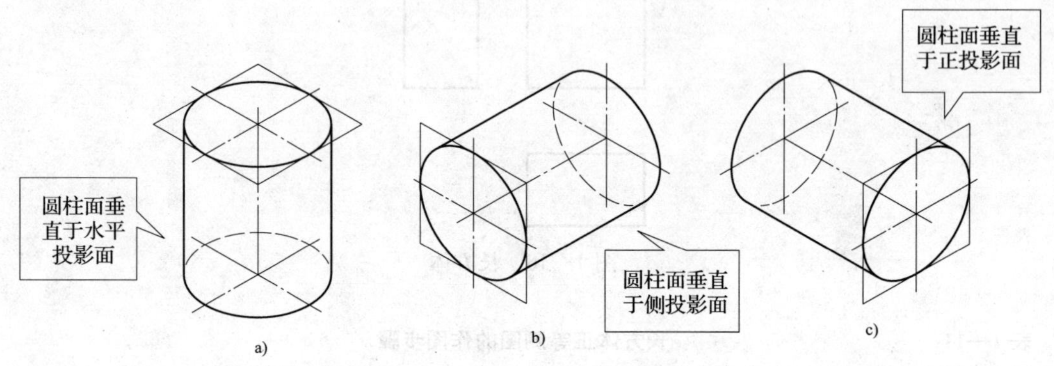

图 1—47 圆柱的正等测图

二、斜二测图

1. 斜二测图的形成

斜二测图的形成过程如图 1—48 所示，投影线同时通过物体的前面、左面、上面。不难看出，斜二测图采用的是斜投影法。

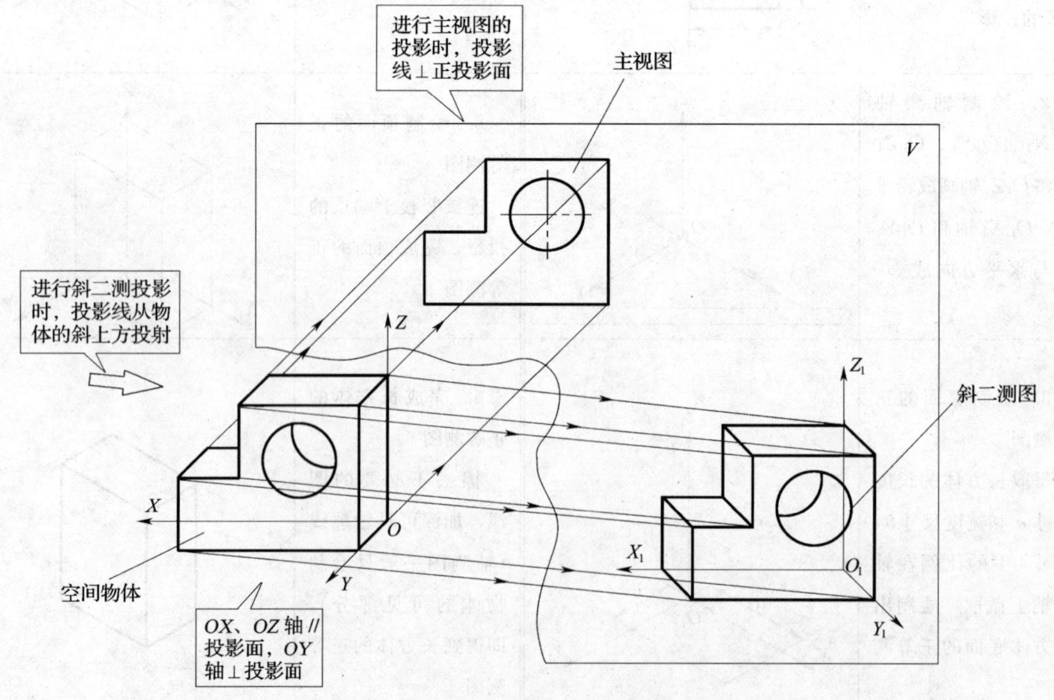

图 1—48 斜二测图的形成过程

2. 斜二测图的轴间角和轴向变形系数

在进行斜二测投影时，由于 OX 轴、OZ 轴与投影面平行，所以斜二测图的轴间角 $\angle X_1O_1Z_1=90^\circ$，且 O_1X_1、O_1Z_1 轴的轴向变形系数都为 1。调整投影方向，可使 $\angle X_1O_1Y_1=\angle Y_1O_1Z_1=135^\circ$，且使 O_1Y_1 轴的轴线变形系数为 1/2，如图 1—49 所示。因此，在三视图宽度方向（Y 轴方向）上量取的尺寸，在画斜二测图时应减半。

3. 斜二测图的绘制

挡块的主、俯视图如图 1—50 所示，其斜二测图的作图步骤见表 1—12。

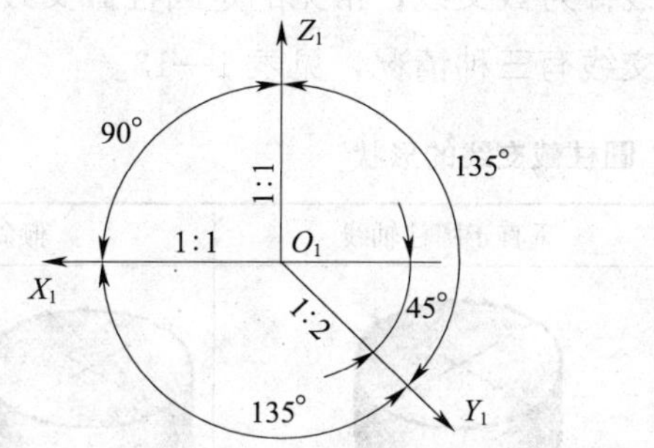

图 1—49　斜二测图的轴间角和轴向变形系数

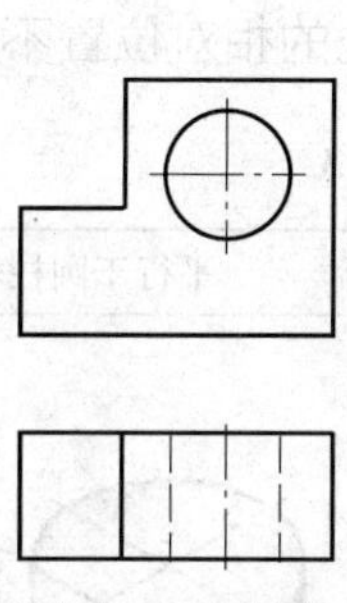
图 1—50　挡块

表 1—12　　挡块斜二测图的作图步骤

步骤	图例	步骤	图例
1. 在两视图中绘制出坐标轴 OX、OY、OZ 的投影	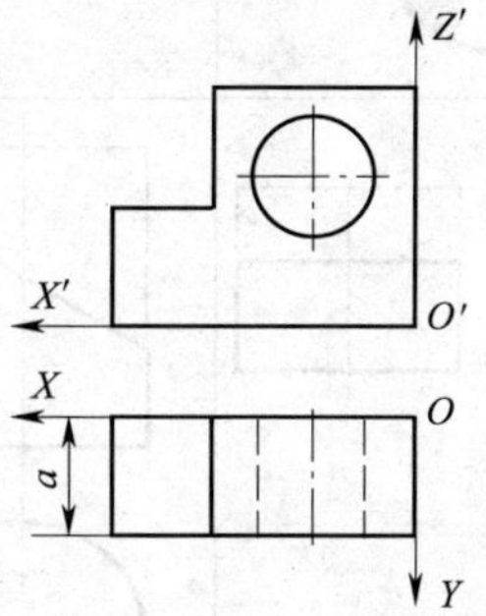	4. 从前面的各个顶点绘制平行于 O_1Y_1 轴的直线，并按 $a/2$ 量取其宽度	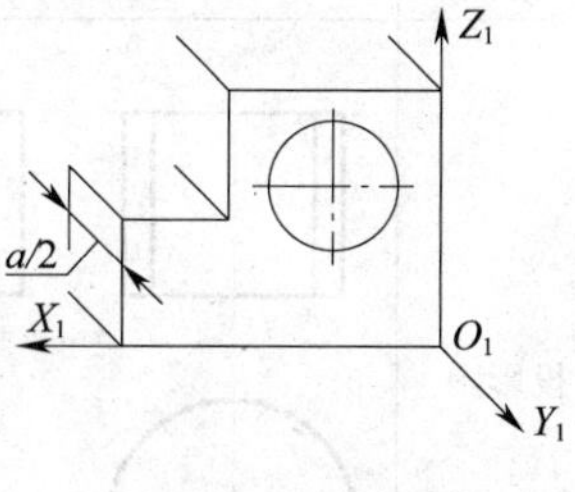
2. 绘制轴测轴 O_1X_1、O_1Y_1、O_1Z_1	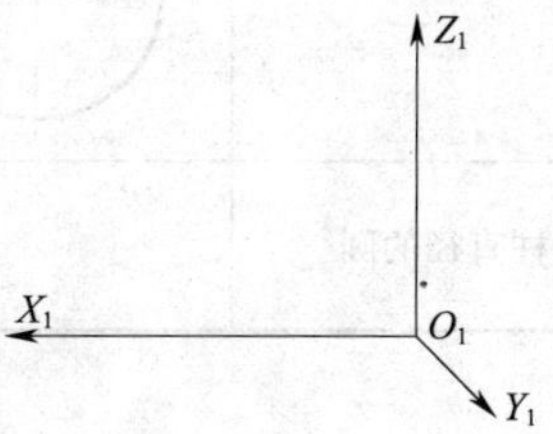	5. 依次连接后面各可见顶点，绘制圆孔后面轮廓圆可见部分的投影	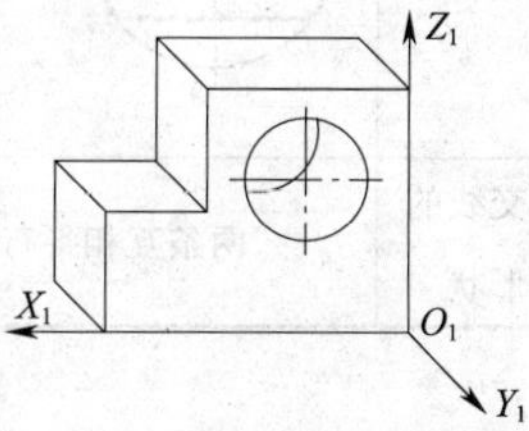
3. 绘制挡块前面的斜二测图	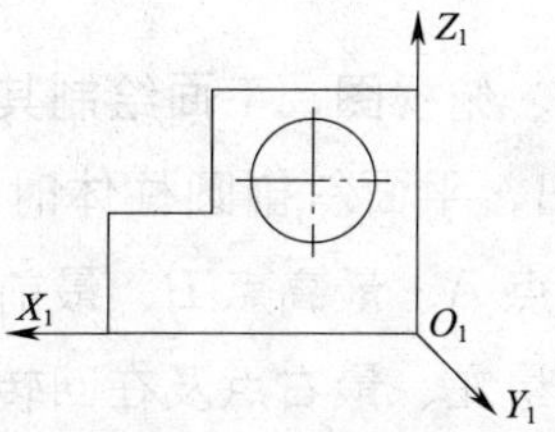	6. 擦去不必要的图线，加深可见轮廓线，即得到挡块的斜二测图	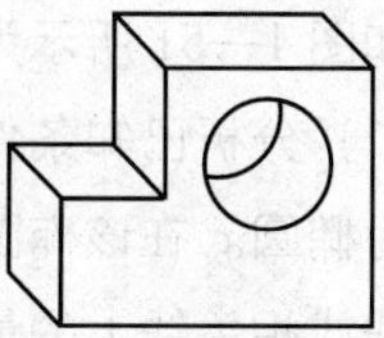

§1—6 圆柱的截割与相贯

一、圆柱的截割

1. 圆柱截交线的种类

用平面截割曲面立体而产生的交线称为截交线，常见的是圆柱截交线。根据截割平面与圆柱面轴线的相对位置不同，圆柱截交线有三种情况，见表 1—13。

表 1—13 圆柱截交线的形状

截平面位置	平行于圆柱轴线	垂直于圆柱轴线	倾斜于圆柱轴线
立体图	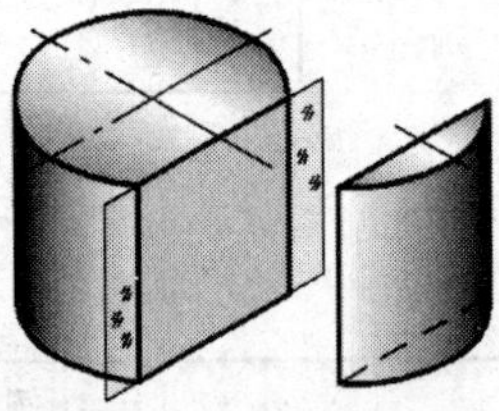	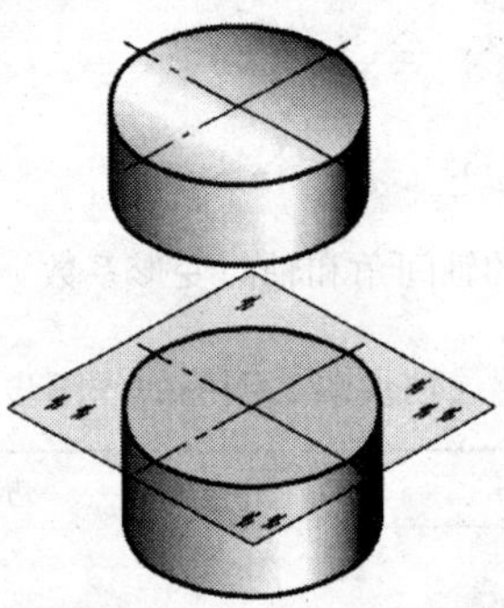	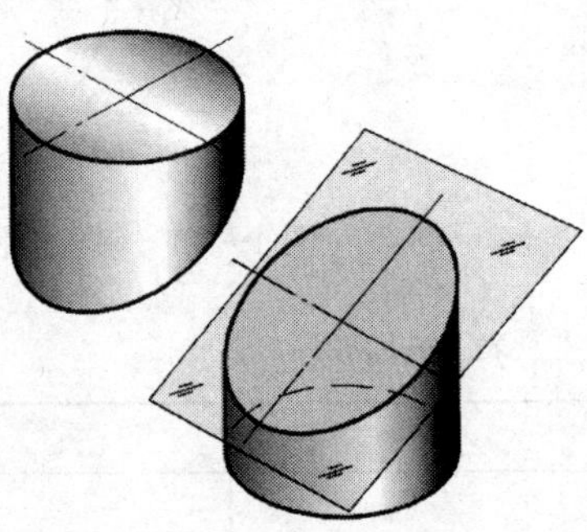
投影图	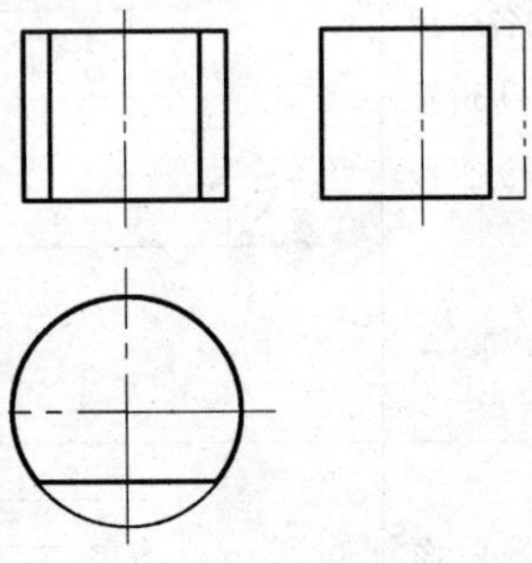	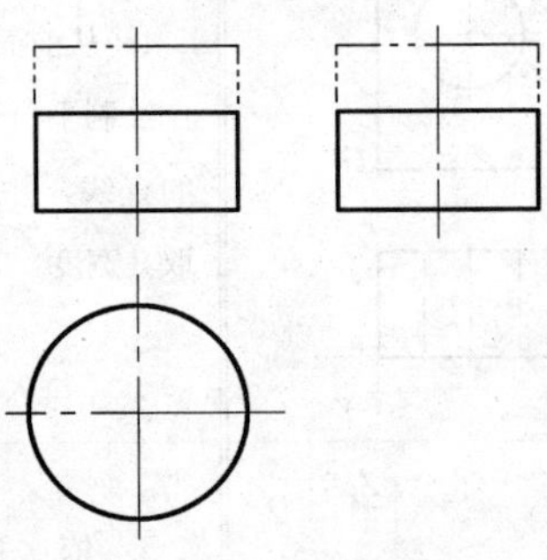	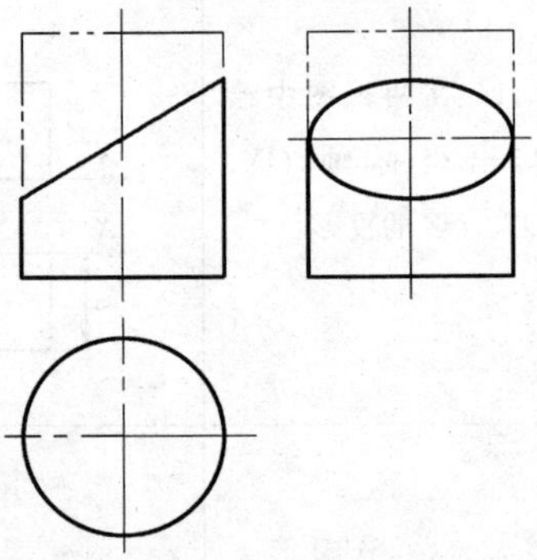
截交线的形状	两条互相平行的素线	直径等于圆柱直径的圆	椭圆

2. 平面斜割圆柱体截交线的画法

如图 1—51 所示为斜割圆柱体的立体图和主、俯视图，下面绘制其左视图。

(1) 分析已知条件。观察图 1—51a 不难看出，平面斜割圆柱体时，平面与圆柱面的截交线为椭圆。在该椭圆上有四个特殊点，即最低点 A、最高点 B、最前点 C、最后点 D。在截交线或相关线上的最高、最低、最前、最后、最左、最右点及在回转体最外素线上的点称

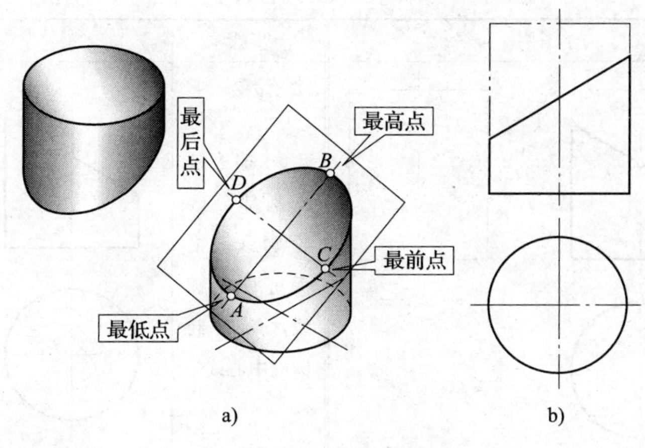

图 1—51　斜割圆柱体

a）立体图　b）两视图

为特殊点，在其他位置的点称为一般点。

由于椭圆（见图 1—51a）是圆柱面和截割平面的共有线，因此它具有两个性质：一是该椭圆在圆柱面上，具有圆柱面的投影特性——水平投影为圆；二是该椭圆在正垂截割平面上，具有正垂面的投影特性——正面投影积聚成直线。因此，该截交线的正面投影和水平投影都是已知的。

（2）作图。已知椭圆的两个投影求第三投影时，可先求椭圆上多个点的第三投影，再依次连接各点的投影，具体作图步骤见表 1—14。

表 1—14　　斜割圆柱体截交线的作图步骤

步骤	图例	步骤	图例
1. 绘制斜割前圆柱体的左视图 2. 求特殊点的投影 找出椭圆四个特殊位置点的正面投影和水平投影，求作其侧面投影		3. 求一般点的投影 在俯视图适当位置找四个一般点的水平投影，按投影规律求出其正面投影，再求出其侧面投影	

续表

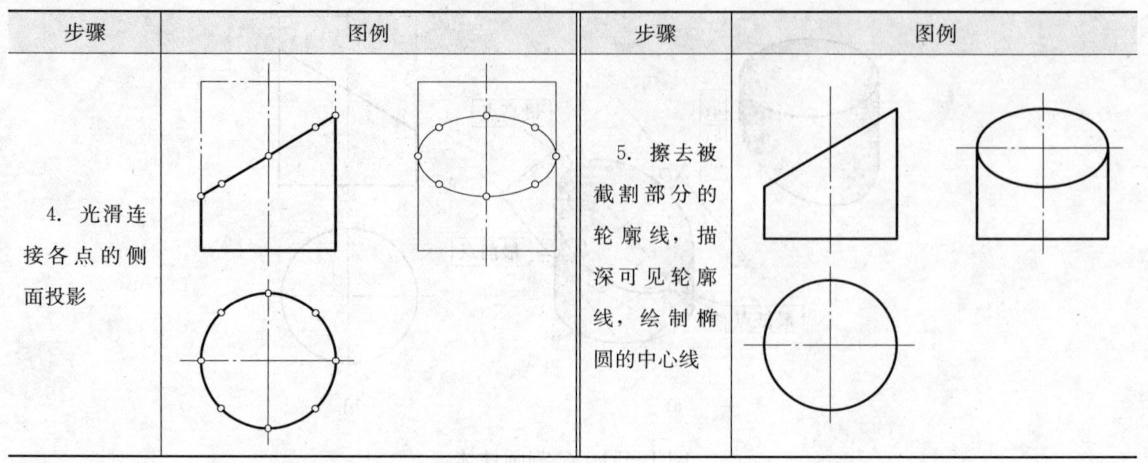

步骤	图例	步骤	图例
4. 光滑连接各点的侧面投影		5. 擦去被截割部分的轮廓线，描深可见轮廓线，绘制椭圆的中心线	

3. 专用垫圈上截交线的画法

专用垫圈如图 1—52 所示，下面补画左视图上的截交线。

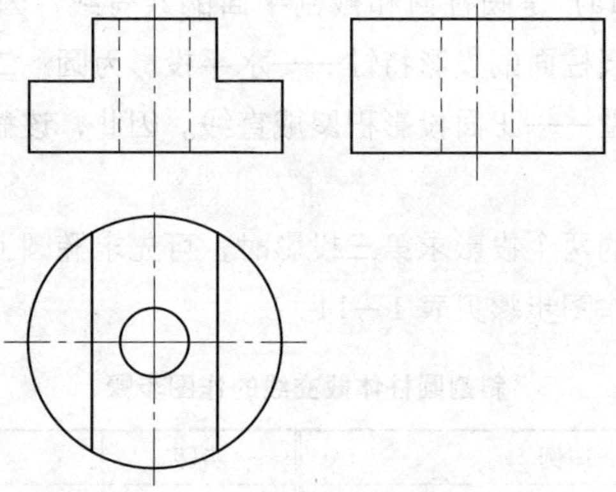

图 1—52 补画专用垫圈的截交线

(1) 形体分析。专用垫圈的基本结构是一个带有圆孔的圆柱体，其左、右两侧被平面截割，如图 1—53 所示。

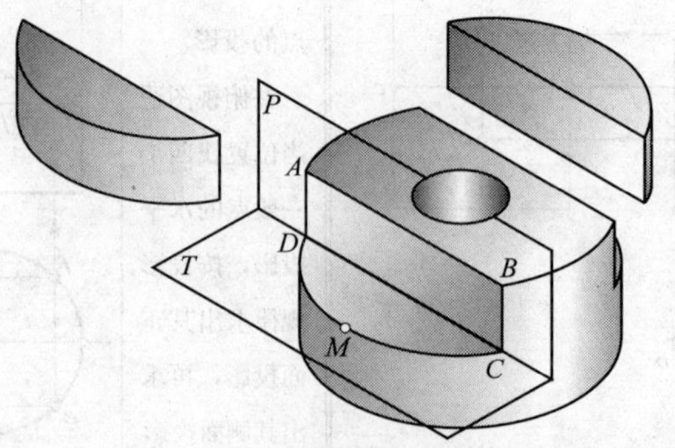

图 1—53 专用垫圈形体分析

专用垫圈结构左右对称，现重点分析左侧截割情况。左侧被一个平行于圆柱轴线的侧平面 P 和一个垂直于圆柱轴线的水平面 T 截割。截平面 P 与圆柱面的截交线为 AD 和 BC。截平面 T 与圆柱面的截交线为圆弧 CMD，其水平投影反映其实形，正面投影和侧面投影积聚成直线。

(2) 作图。求专用垫圈左视图上截交线的方法见表 1—15。

表 1—15　求专用垫圈左视图上截交线的方法

步骤	1. 绘制平面 P 与圆柱面截交线的侧面投影	2. 绘制平面 T 与圆柱面截交线的侧面投影
方法	找出截交线的正面投影（b′c′或 a′d′）和水平投影［b（c）或a（d）］，利用投影规律求作侧面投影，即 b″c″或 a″d″	截交线 CMD 为一段圆弧，其水平投影为圆弧，正面投影为直线，侧面投影也为直线
图例	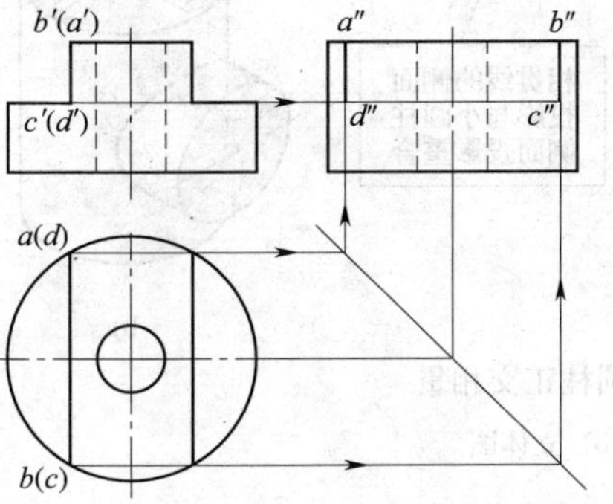 b′(a′) a″ b″ c′(d′) d″ c″ a(d) b(c)	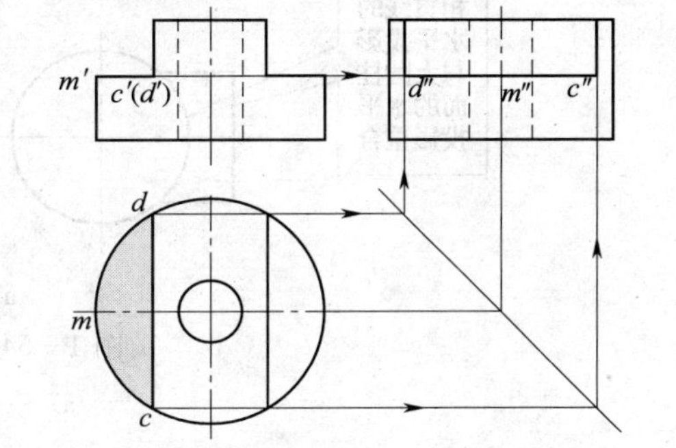 m′ c′(d′) d″ m″ c″ d m c

二、圆柱的相贯

1. 圆柱相贯线的类型

曲面和曲面的交线称为相贯线，常见的是圆柱相贯线。两圆柱正交相贯的相贯线的形状见表 1—16，一般情况下，相贯线是一条空间曲线。

表 1—16　两圆柱正交相贯的相贯线的形状

尺寸变化	$D_1>D_2$	$D_1=D_2$	$D_1<D_2$
三视图	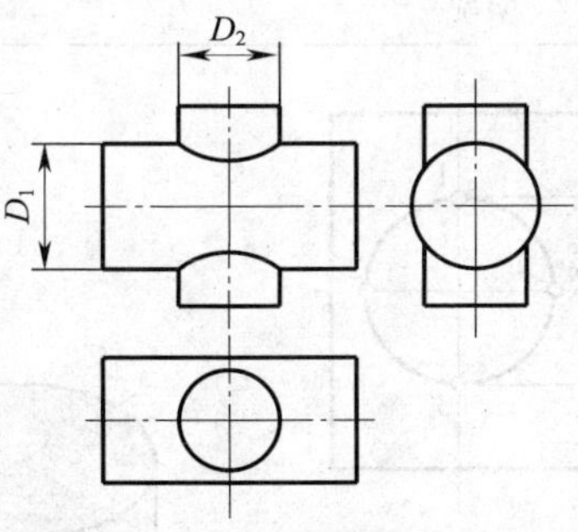 D_2 D_1	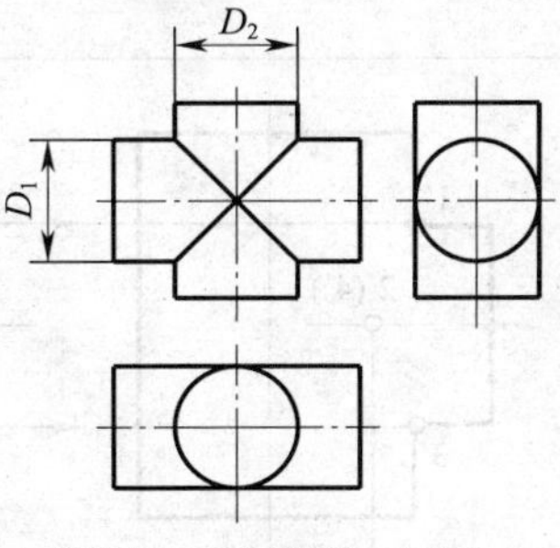 D_2 D_1 相贯线为平面曲线（椭圆）	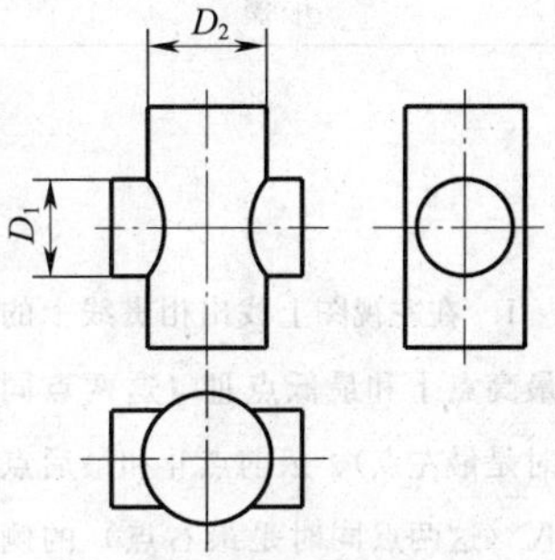 D_2 D_1
立体图	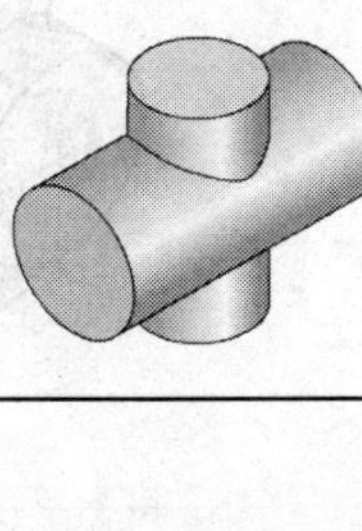	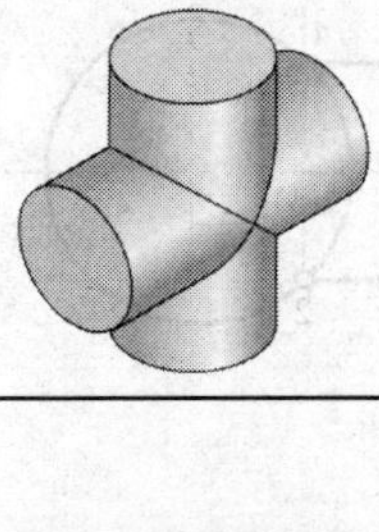	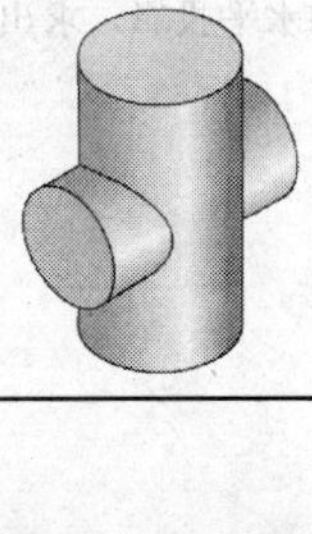

2. 圆柱相贯线的画法

如图 1—54 所示，补画主视图上相贯线的投影。

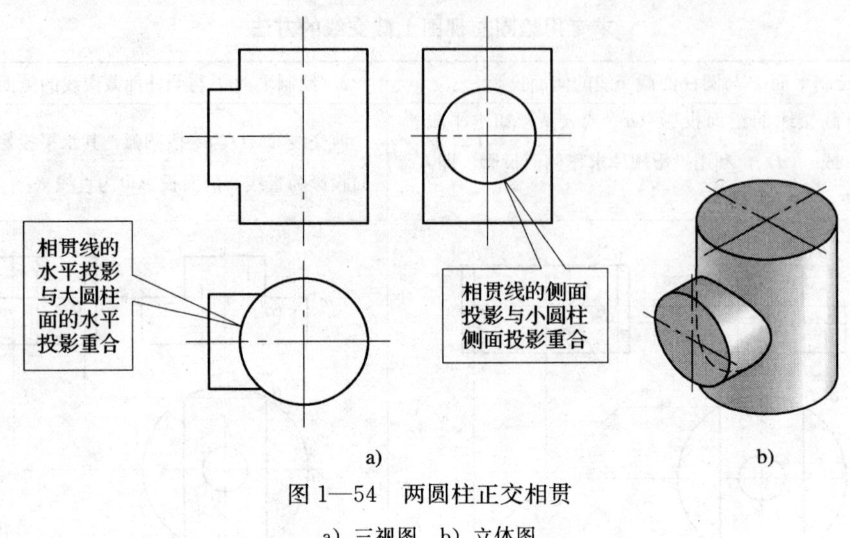

图 1—54 两圆柱正交相贯

a）三视图 b）立体图

(1) 分析。由图 1—54 可知，两圆柱直径不同，轴线垂直相交（正交），其中大圆柱的轴线垂直于水平投影面，故大圆柱面的水平投影为圆；小圆柱的轴线垂直于侧投影面，故小圆柱面的侧面投影为圆。相贯线（空间封闭曲线）是两圆柱面的交线，也是两圆柱面的共有线，因此具有两圆柱面的投影特性，即相贯线的水平投影与大圆柱面的投影重合（为一部分圆弧），相贯线的侧面投影与小圆柱面的侧面投影重合（为整圆）。

(2) 作图。图 1—54 所示圆柱相贯线的水平投影和侧面投影是已知的。在作图时，可以先找出相贯线上的特殊点，再在适当位置选取一般点，并根据点的投影规律求作其未知投影，最后光滑连接各点即得相贯线的未知投影，具体作图步骤见表 1—17。

表 1—17　　正交相贯两圆柱相贯线的作图步骤

步骤	图例
1. 在左视图上找出相贯线上的最高点Ⅰ和最低点Ⅲ（这两点同时是最左点）、最前点Ⅱ和最后点Ⅳ（这两点同时是最右点）的侧面投影和水平投影，求出其正面投影	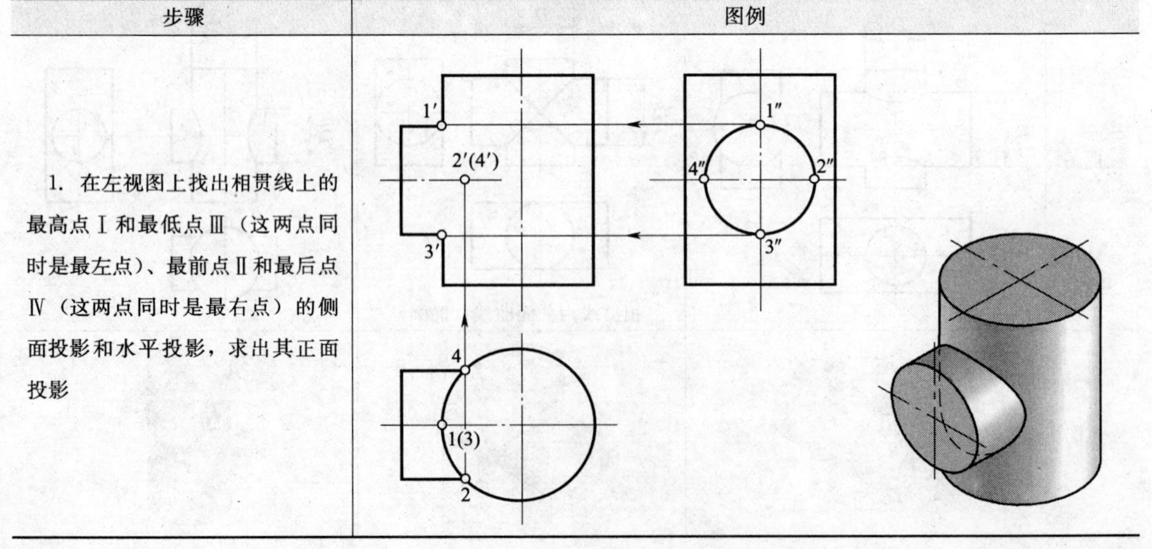

续表

步骤	图例
2. 在适当位置选取一般点Ⅴ、Ⅵ、Ⅶ、Ⅷ，找出其侧面投影，利用点的投影规律和相贯线上点的水平投影在大圆上这两个条件，求出其水平投影，然后根据点的两面投影求作其正面投影	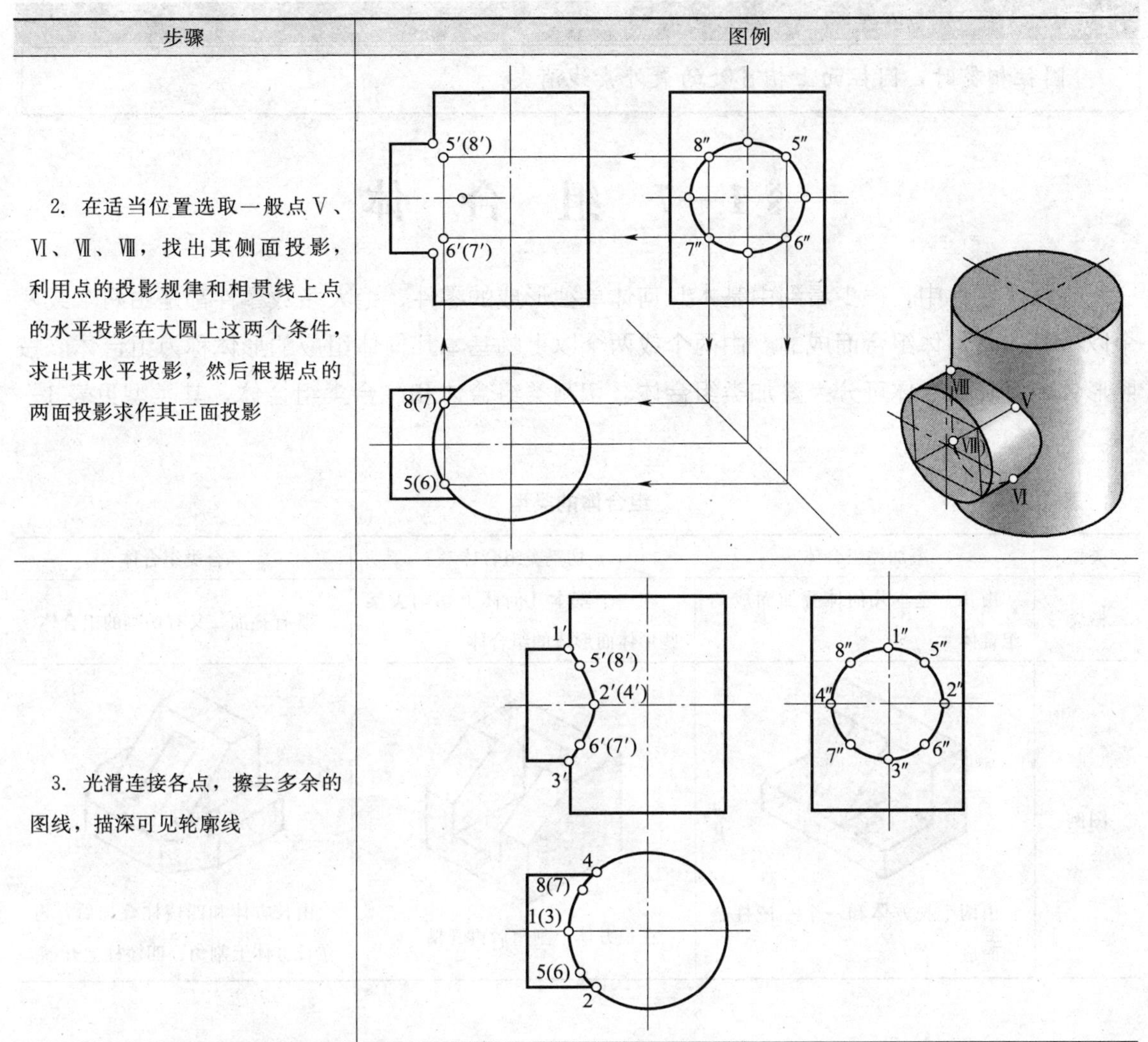
3. 光滑连接各点，擦去多余的图线，描深可见轮廓线	

3. 常见圆柱穿孔的相贯线

圆柱穿孔的相贯线的画法见表 1—18。

表 1—18 **圆柱穿孔的相贯线的画法**

形式	轴上圆柱孔	不等径圆柱孔	等径圆柱孔
三视图			

注意：

圆柱相贯时，圆柱面上相贯处的最外素线消失。

§1—7 组 合 体

在汽车零件中，很少看到由基本几何体单独形成的零件，绝大多数零件都是由两个或两个以上基本几何体组合而成的。由两个或两个以上的基本几何体组成的形体称为组合体。按照形体特征，组合体可分为叠加类组合体、切割类组合体和综合类组合体，其类型见表1—19。

表1—19 组合体的类型

类型	叠加类组合体	切割类组合体	综合类组合体
概念	由几个基本几何体叠加而成的组合体	在一个基本几何体上切割去某些形体而形成的组合体	既有叠加，又有切割的组合体
图例	由两个长方体和一个三棱柱叠加而成	在长方体上割角后再开槽	由长方体和四棱柱叠加后，再在长方体上割角、四棱柱上开槽

一、绘制组合体的三视图

绘制组合体的三视图时，首先要对组合体进行形体分析，然后逐个画出各个基本形体的三视图，最后分析各形体之间的相对位置和连接关系，擦去不必要的图线，完成三视图。下面以图1—55所示的支撑座为例分析叠加类组合体的作图步骤。

1. 形体分析

首先要分析形成叠加类组合体的各基本形体的形状，然后分析各基本形体间的相对位置关系和表面连接形式。图1—55所示的支撑座可分解为平板、肋板、连接板和竖板（两块）共五个基本形体，如图1—56所示。支撑座的结构特点是前后对称，各形体之间的位置关系是：平板和连接板同

图1—55 支撑座

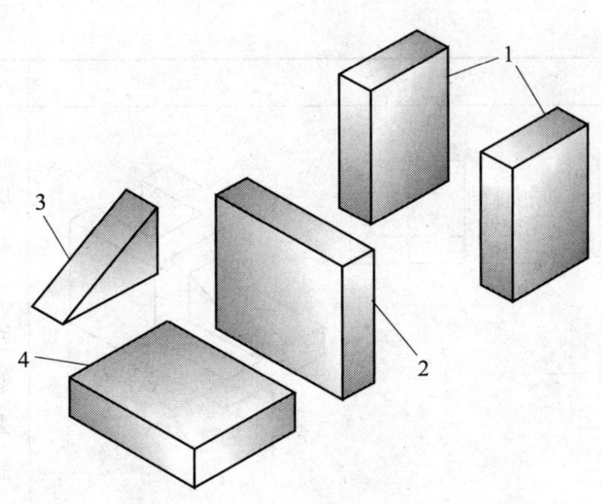

图 1—56　支撑座的组成

1—竖板　2—连接板　3—肋板　4—平板

宽，连接板和竖板同高，平板、连接板和竖板的前、后面共面，肋板下靠平板，右靠连接板。

2. 绘制视图

在绘制支撑座三视图时，应先绘制三视图的基准线，然后逐一绘制连接板、平板、竖板和肋板的三视图，最后检查、校核、描深图形。支撑座三视图的绘图方法和步骤见表 1—20。

表 1—20　　　　支撑座三视图的绘图的方法和步骤

步骤	图例	方法
1. 绘制基准线		绘制主、左视图的高度基准线，绘制俯、左视图的前后对称中心线，绘制连接板左侧平面在主、俯视图上的投影线，并以此作为绘图基准线
2. 绘制连接板的三视图	长1 高1 宽1 宽1 长1 高1	测量连接板的长、宽、高，先绘制其主视图，然后绘制其俯视图和左视图

续表

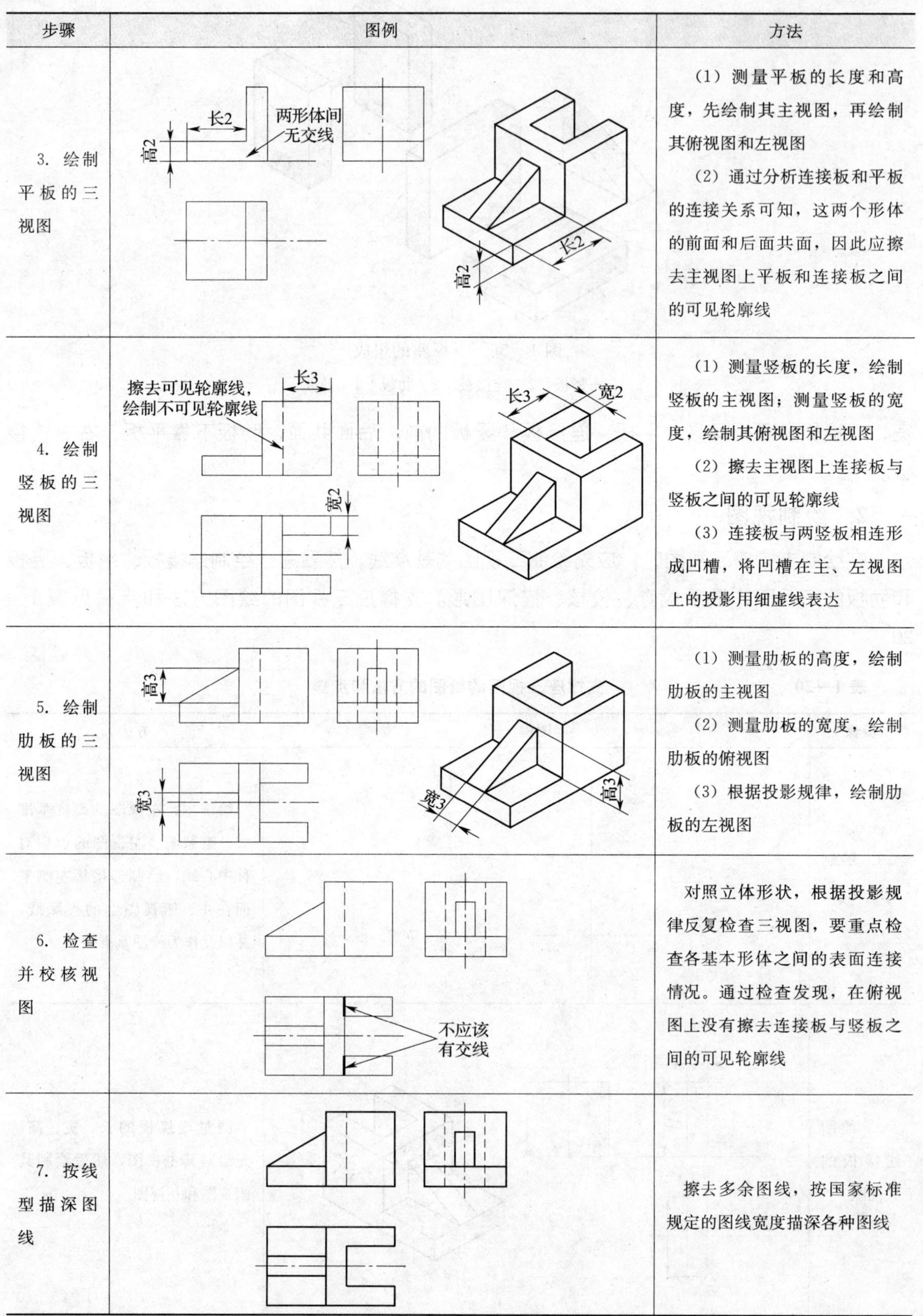

步骤	图例	方法
3. 绘制平板的三视图		(1) 测量平板的长度和高度，先绘制其主视图，再绘制其俯视图和左视图 (2) 通过分析连接板和平板的连接关系可知，这两个形体的前面和后面共面，因此应擦去主视图上平板和连接板之间的可见轮廓线
4. 绘制竖板的三视图		(1) 测量竖板的长度，绘制竖板的主视图；测量竖板的宽度，绘制其俯视图和左视图 (2) 擦去主视图上连接板与竖板之间的可见轮廓线 (3) 连接板与两竖板相连形成凹槽，将凹槽在主、左视图上的投影用细虚线表达
5. 绘制肋板的三视图		(1) 测量肋板的高度，绘制肋板的主视图 (2) 测量肋板的宽度，绘制肋板的俯视图 (3) 根据投影规律，绘制肋板的左视图
6. 检查并校核视图		对照立体形状，根据投影规律反复检查三视图，要重点检查各基本形体之间的表面连接情况。通过检查发现，在俯视图上没有擦去连接板与竖板之间的可见轮廓线
7. 按线型描深图线		擦去多余图线，按国家标准规定的图线宽度描深各种图线

二、识读组合体的视图

1. 读图的基本要领

(1) 要把几个视图联系起来识读。表 1—21 列出了几种两视图相同，但物体的结构和形状不一样的情况。很显然，在某些情况下，两个视图也不能确定物体的形状，因此看图时一定要将三视图联系起来分析。

表 1—21　　视图相近的物体

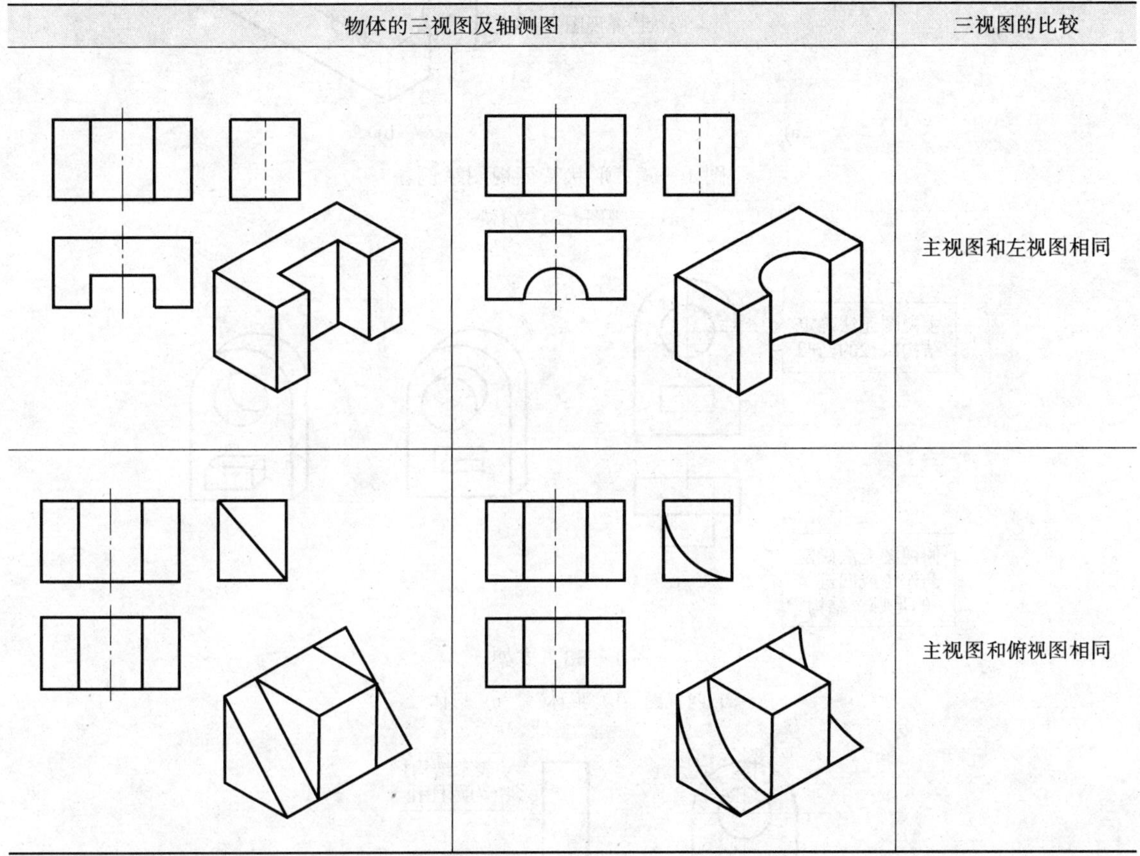

物体的三视图及轴测图		三视图的比较
		主视图和左视图相同
		主视图和俯视图相同

(2) 看图时要抓特征视图。抓特征视图就是要抓住物体的形状特征视图和位置特征视图。

形状特征视图是指最能反映物体形状特征的视图。如图 1—57 所示底板的俯视图是形状特征视图。

位置特征视图是指最能反映组合体各形体间相互位置关系的视图。通过图 1—58a 所示支架的主、俯视图无法确定结构 1 和 2 的位置，它表示的可能是图 1—58b 所示的形体，也可能是图 1—58c 所示的形体。图 1—59 给出形体的主、左视图，在左视图上结构 1 和 2 的凸凹表达得十分清楚，所以该物体的左视图就是位置特征视图。

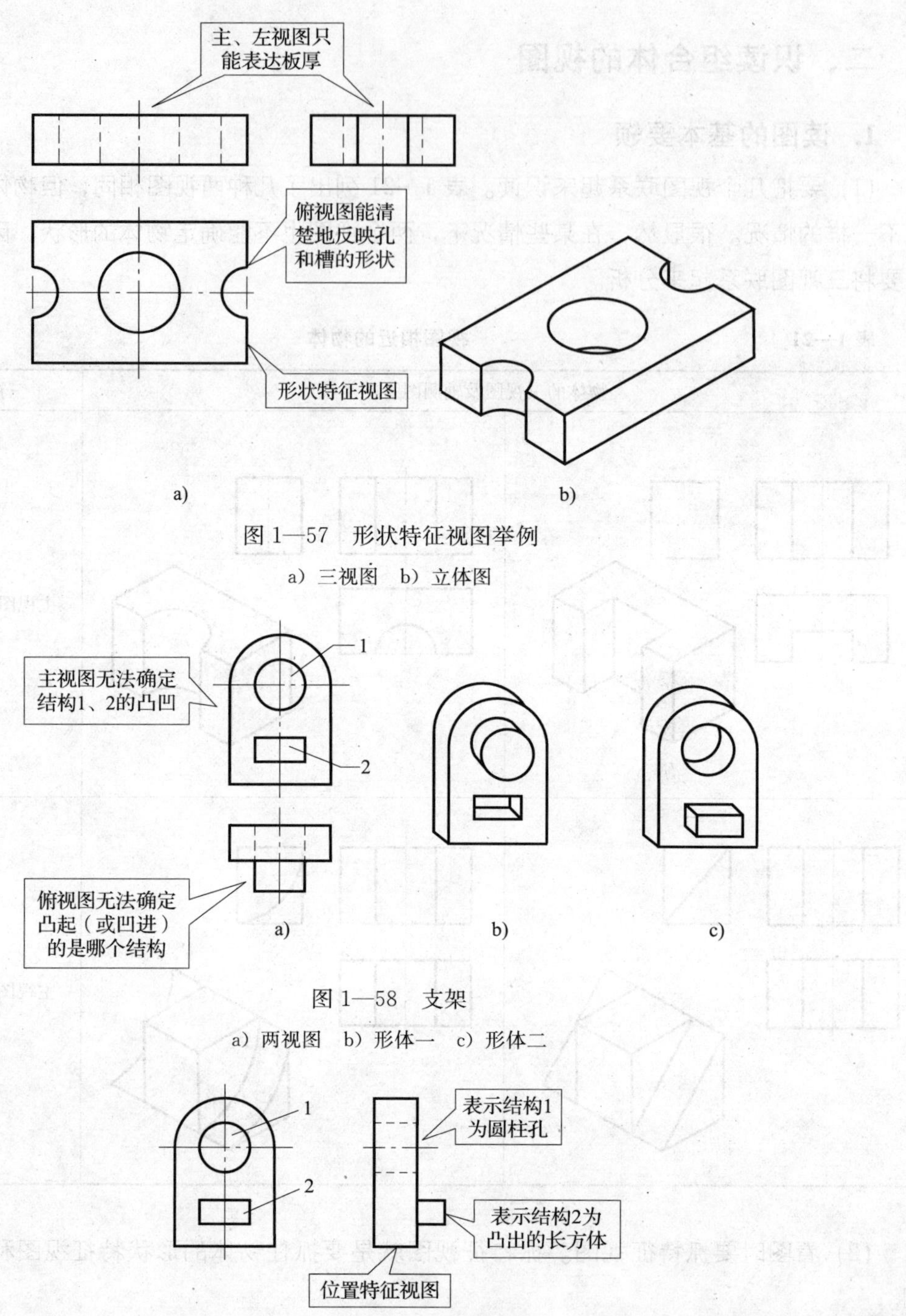

图 1—57　形状特征视图举例

a）三视图　b）立体图

图 1—58　支架

a）两视图　b）形体一　c）形体二

图 1—59　支架的位置特征视图

注意：

看图时，应抓住反映物体主要形状特征和位置特征的视图，运用三视图的投影规律，将几个视图联系起来进行识读。在看组合体的三视图时，要把表达物体形状的三视图作为一个整体来看待，切忌只抓住其中的一个视图不放，或把三个视图孤立看待。

2. 识读叠加类组合体的视图

由几个基本几何体叠加而成的组合体称为叠加类组合体，如图 1—60 所示为支撑座的主视图和俯视图。下面以识读两视图并补画左视图为例，学习叠加类组合体的看图方法。

形体分析法是指：从最能反映物体形状、位置特征的主视图入手，将复杂的视图按线框分成几个部分；然后运用三视图的投影规律，找出各线框在其他视图上的投影，从而分析各组成部分的形状和它们之间的位置；最后综合起来想象组合体的整体形状。

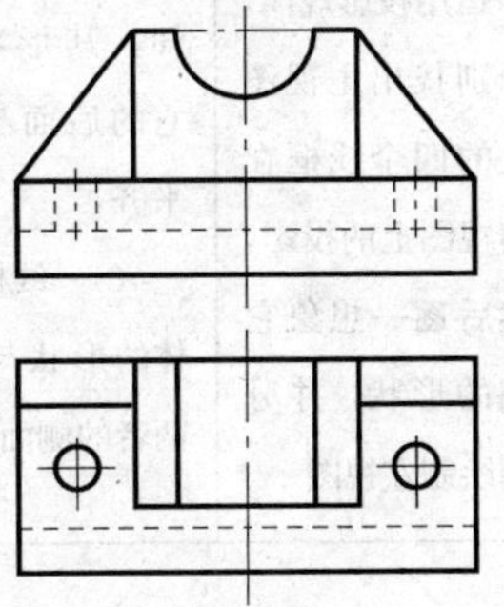

图 1—60　支撑座的两视图

形体分析法主要用于识读叠加类组合体的视图。运用形体分析法看图时，要把视图上的每一个线框都看成是一个基本形体的投影。下面以识读支撑座的主视图和俯视图并补画左视图为例，学习运用形体分析法识读叠加类组合体视图的方法与步骤，见表 1—22。

表 1—22　　支撑座的识图方法与步骤

方法与步骤		图例
1. 按线框分部分 从最能反映该组合体形状特征的主视图入手，将其划分成Ⅰ、Ⅱ、Ⅲ、Ⅳ四个部分		
2. 对投影，想形状 运用投影规律，分别找出主视图上的四个线框在俯视图上的投影，然后逐一想象它们的形状，并分别绘制左视图	（1）分析线框Ⅲ所对应的主视图和俯视图可知，形体为在长方体底板的下面后部割去一个小长方体，并在左、右各钻了一个小孔	
	（2）分析线框Ⅰ所对应的主视图和俯视图可知，它是一个带有半圆槽的长方体。在底板Ⅲ的上面中间位置，后面与底板平齐	

方法与步骤		图例
2. 对投影，想形状 运用投影规律，分别找出主视图上的四个线框在俯视图上的投影，然后逐一想象它们的形状，并分别绘制左视图	(3) 分析线框Ⅳ所对应的主视图和俯视图可知，其形状为三棱柱，它的后面与形体Ⅰ和Ⅲ平齐 (4) 线框Ⅱ所表达的形体的形状与线框Ⅳ对称，两者的侧面投影重合	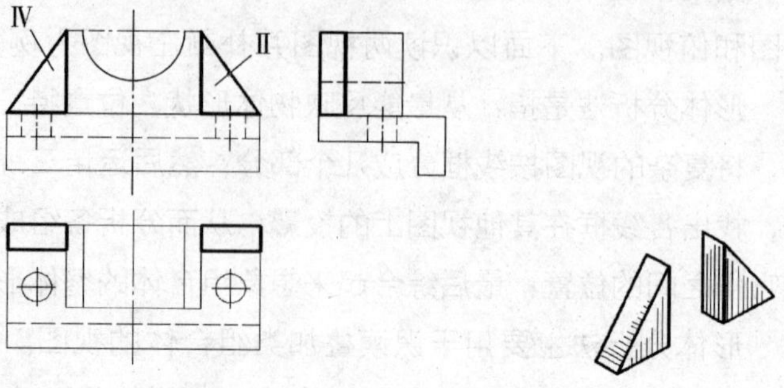
3. 综合起来想象整体形状 在看懂每个基本形体的基础上，想象它们的相互位置，逐渐形成一个整体的形象		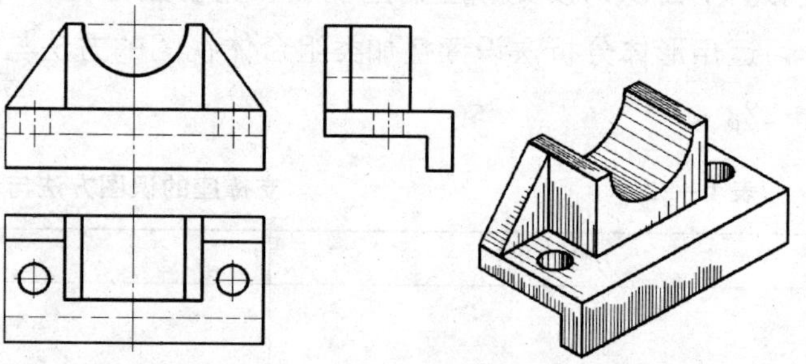

3. 识读切割类组合体的视图

如图 1—61 所示为定位挡块的主视图和左视图，该形体是对一个长方体进行切割而形成的形体，这种在一个基本几何体上切割去某些形体而形成的组合体称为切割类组合体。下面以识读定位挡块的主视图和左视图并补画俯视图为例，分析切割类组合体的识图方法与步骤。

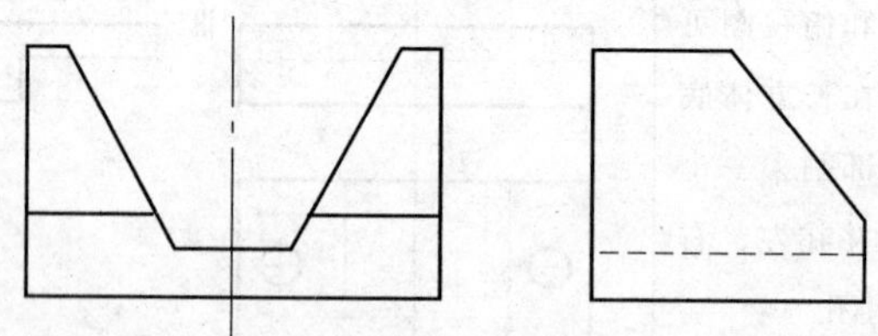

图 1—61 定位挡块的主视图和左视图

线面分析法是指假想把物体分解成点、线、面，运用点、线、面的投影规律，分析视图中线条、线框的含义和空间位置，以达到看懂视图的目的。

识读切割类组合体的视图一般应采用线面分析法。由于定位挡块左视图的前上方有一条斜线，可以设想该形体的前上方经侧垂面切割，通过对投影，可知在主视图上的相应位置有一条横线（见图 1—62①），因此设想成立。在主视图上有一个 V 形槽，可以设想在形体的中间用两个正垂面和一个水平面开槽，通过对投影，可知在左视图上的相应位置有一条横线

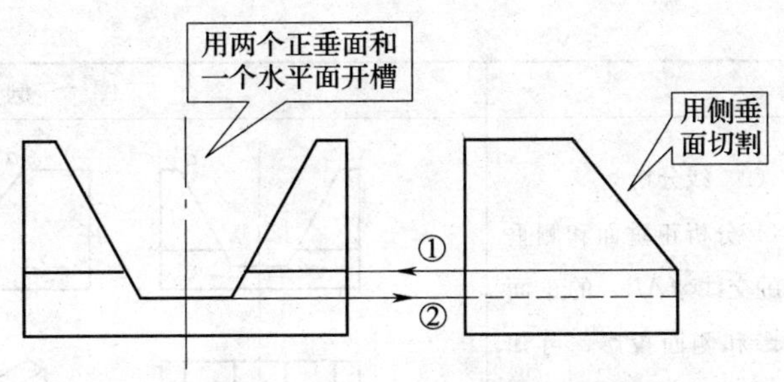

图 1—62 对投影，分析切割情况

（见图 1—62②细虚线），因此该设想也成立。识读定位挡块的主视图和左视图，补画俯视图的具体方法与步骤见表 1—23。

表 1—23 **定位挡块三视图的识读方法与步骤**

方法与步骤		图例
1. 首先想象出未切割前的形体 主视图和左视图的外围轮廓以矩形为主，因此该形体由长方体切割而成。绘制切割前长方体的俯视图		
2. 在形体前上方用侧垂面割去一个三棱柱 分析切割后侧垂面 P 的正面投影和侧面投影，求作其水平投影		p' p' p'' p P
3. 绘制用两个正垂面和一个水平面开槽后的俯视图	（1）面分析 1）分析水平面 Q 的正面投影和侧面投影，可知该平面为水平面，其形状为长方形 2）根据水平面 Q 的两面投影，求作其水平投影 3）擦去多余图线	q' q'' q Q

续表

方法与步骤		图例
3. 绘制用两个正垂面和一个水平面开槽后的俯视图	(2) 线分析 1) 分析正垂面和侧垂面的交线（AB）的正面投影和侧面投影，可知该直线为一般位置直线 2) 根据直线 AB 的两面投影求作其水平投影	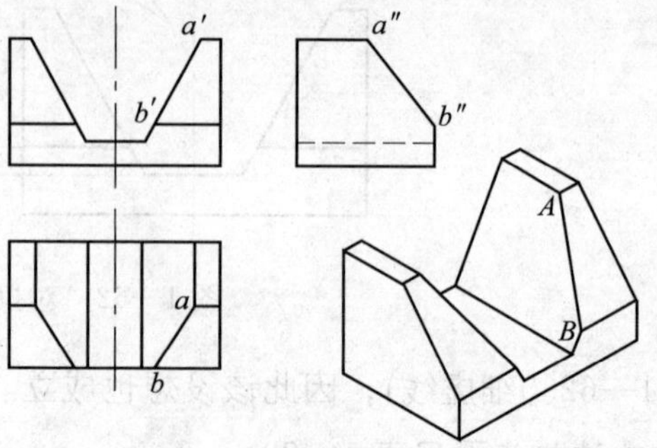
4. 检查并校核 (1) 分析直线 BC。通过分析直线 BC 的三面投影可知，该直线为正平线，它与直线 AB 不是一条直线 (2) 分析正垂面 ABCDE。该平面是五边形，其正面投影为斜线，水平投影和侧面投影都是五边形 5. 综合想象定位挡块的整体形状，检查并校核俯视图，按线型标准描深图线		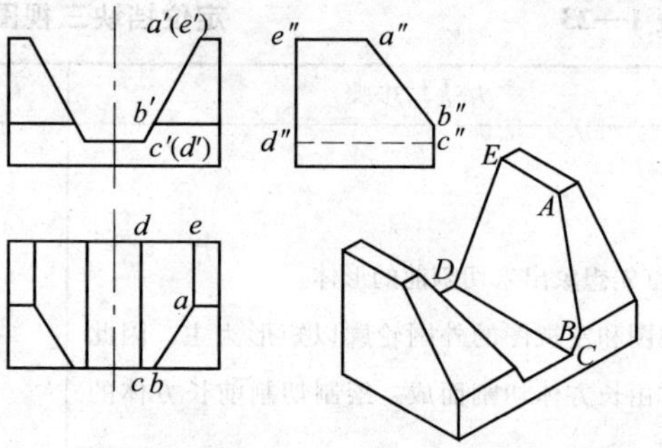

在用线面分析法看图时，并不是形体上所有的线、面都要进行分析，而是重点分析看不懂的线、面。需要分析的平面大都是投影面垂直面或一般位置平面，需要分析的直线一般为投影面平行线或一般位置直线。

4. 识读综合类组合体的视图

如图 1—63 所示为某汽车发动机的前悬置支架，该形体是“既有叠加，又有切割”的综合类组合体，下面以看懂其主视图和俯视图并补画左视图为例，分析综合类组合体的识图方法与步骤。

(1) 形体分析。图 1—63 所示的前悬置支架是既有叠加，又有切割的综合类组合体。前悬置支架可分为底板和竖板两部分，底板为长方体，在底板的前面和下面加工了不同宽度的槽，在底板的左、右加工了小孔；竖板由半圆柱和梯形块组成，在竖板上加工了大孔。

(2) 补画左视图。补画汽车发动机前悬置支架左视图的方法与步骤见表 1—24。

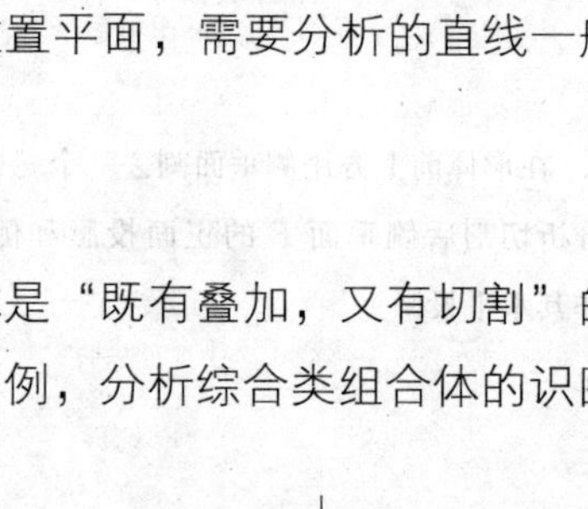

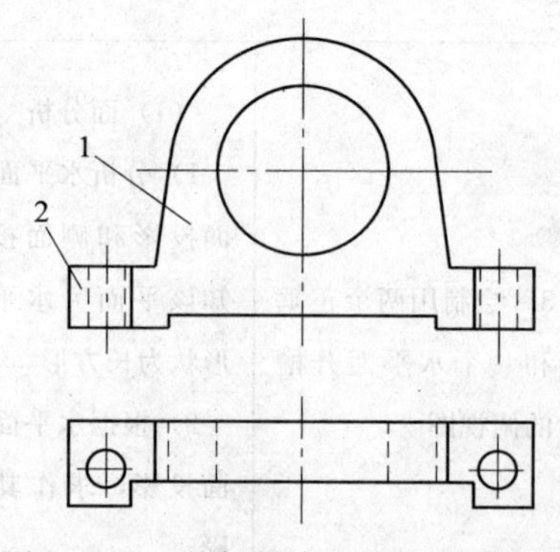

图 1—63　汽车发动机的前悬置支架

1—竖板　2—底板

表 1—24 补画前悬置支架左视图的方法与步骤

方法与步骤	图 例
1. 补画底板的左视图 底板的外形在主视图和俯视图中都是矩形线框，显然其形状是长方体 2. 补画竖板的左视图 竖板的主视图上方为圆弧，下方为梯形，俯视图为矩形，所以竖板为半圆柱与梯形块的组合体	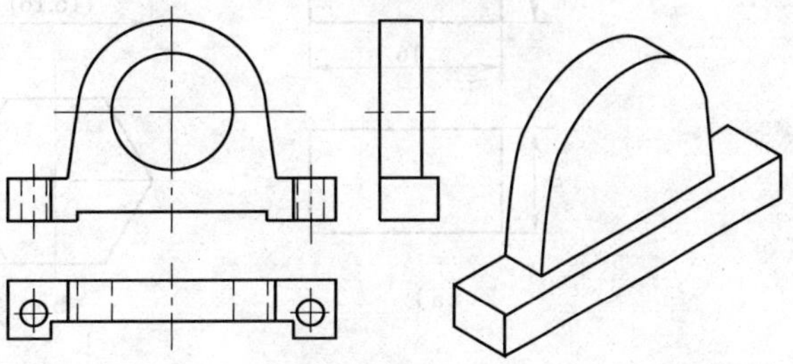
3. 补画在竖板上加工大孔的侧面投影 4. 补画在底板的前面加工竖槽的侧面投影 注意：底板上竖槽的槽底与竖板的前面在同一个平面上	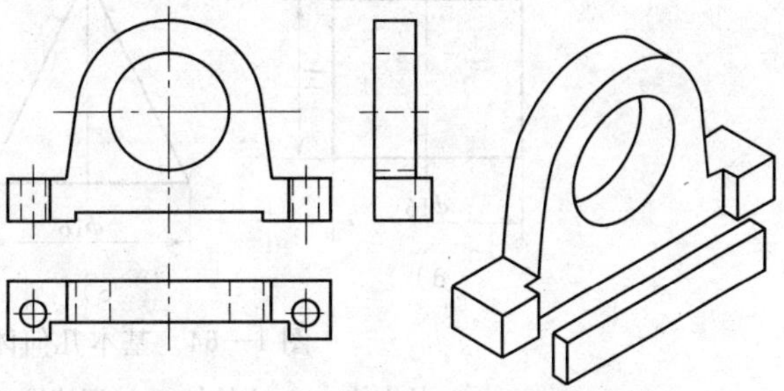
5. 补画在底板下方加工矩形槽的侧面投影 6. 补画在底板左、右加工小孔的侧面投影 7. 综合想象前悬置支架的整体结构 8. 检查并校对	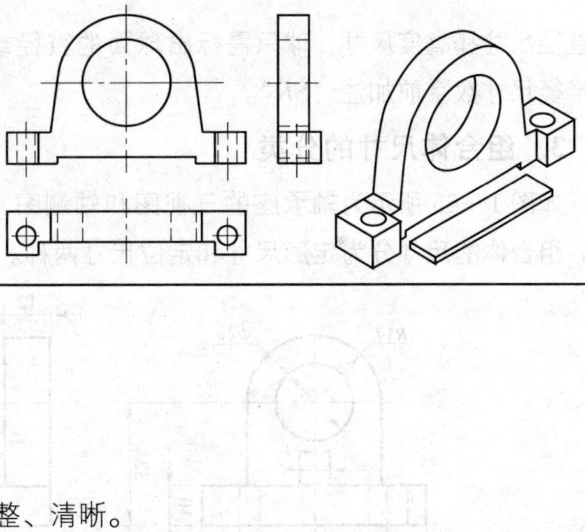

三、组合体的尺寸标注

1. 尺寸标注的基本要求

标注组合体尺寸时必须做到正确、完整、清晰。

(1) 正确。所谓正确，就是所注的尺寸数值要正确无误，注法要严格遵守国家标准的有关规定。

(2) 完整。要求所注的尺寸必须能完全确定组合体的形状、大小及各部分之间的相对位置，不遗漏、不重复。

(3) 清晰。清晰就是尺寸要恰当布局，便于查找和看图，不至于发生误解和混淆。

2. 基本几何体的尺寸标注

如图 1—64 所示，长方体应标出其长、宽、高三个尺寸；六棱柱应标出其高度尺寸和底面尺寸，底面为正六边形时一般标注其对边尺寸，并标注对角尺寸作为参考尺寸（尺寸数字加括号）；四棱锥必须标注底面的长、宽尺寸和棱锥的高度尺寸；圆柱、圆锥等必须标出底

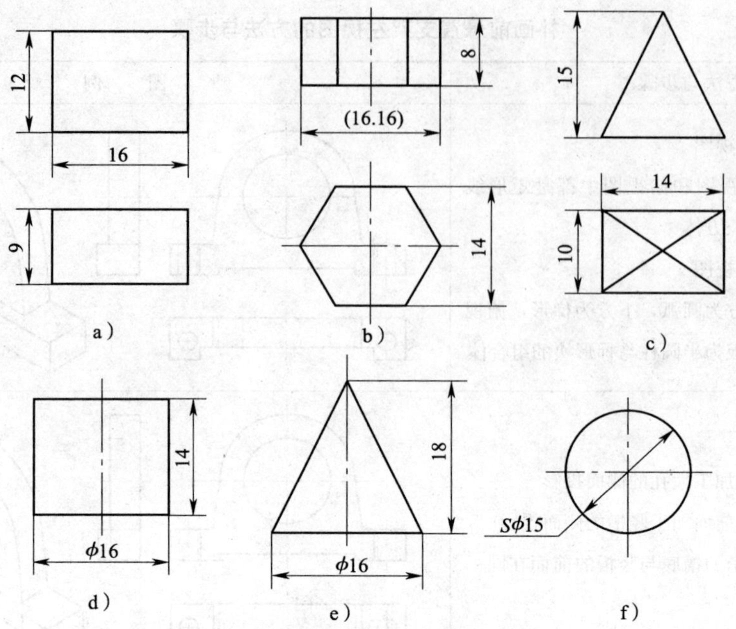

图 1—64　基本几何体的尺寸标注

a）长方体　b）六棱柱　c）四棱锥　d）圆柱　e）圆锥　f）球

圆直径尺寸和高度尺寸；球只需标出球面的直径或半径，并在直径尺寸数字前加注“$S\phi$”，在半径尺寸数字前加注“SR”。

3. 组合体尺寸的分类

如图 1—65 所示为轴承座的三视图和轴测图，为确定形体大小，在三视图上标注了尺寸。组合体的尺寸分为定形尺寸和定位尺寸两种。

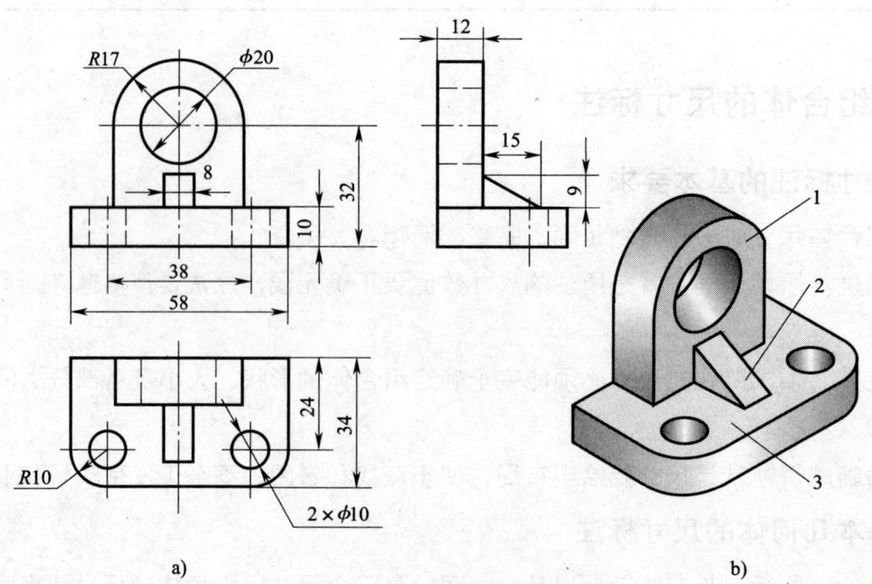

图 1—65　轴承座的尺寸标注

a）三视图　b）轴测图

1—支撑板　2—肋板　3—底板

(1) 定形尺寸。确定各基本形体大小的尺寸称为定形尺寸。

图 1—65 中的轴承座由底板、支撑板、肋板三部分组成，各部分的定形尺寸包括：

底板的长“58”、宽“34”、高“10”，底板圆角半径“$R10$”，底板上两个小圆孔的直径尺寸“$2\times\phi10$”。

支撑板的圆弧半径“$R17$”、轴孔直径“$\phi20$”以及支撑板的宽度尺寸“12”。

肋板的长度尺寸“8”、高度尺寸“9”和宽度尺寸“15”。

(2) 定位尺寸。确定形体间相对位置的尺寸称为定位尺寸。

在图 1—65 中标注的定位尺寸包括：确定底板上两个小圆孔中心位置的尺寸“38”和“24”，确定支撑板上轴孔中心位置的尺寸“32”。

第二章 机械图样的画法与识读

§2—1 机件的表达方法

在实际生产中，汽车零件的结构和形状是多种多样的。有些零件的结构比较简单，仅需一个或两个视图，再标注上尺寸就可以将其表达清楚，而有些零件的形状和结构比较复杂，即使用三个视图也难以清楚地表达其内部和外部的结构，还需采用一些其他的表达方法，如视图、剖视图、断面图和局部放大图等。

一、视图

视图有基本视图、向视图、局部视图和斜视图四种。

1. 基本视图

物体在三投影面体系中得到三视图，如果在原有三投影面体系的三个投影面的基础上再增设三个互相垂直的投影面，使其构成一个正六面体，这六个投影面统称为基本投影面。如图 2—1 所示，将物体放入六个基本投影面体系中，分别由前、后、左、右、上、下六个方向，向六个基本投影面投射，即得到六个基本视图。除主视图、俯视图、左视图外，新增加的三个基本视图为：

右视图——由右向左投射所得的视图；

仰视图——由下向上投射所得的视图；

后视图——由后向前投射所得的视图。

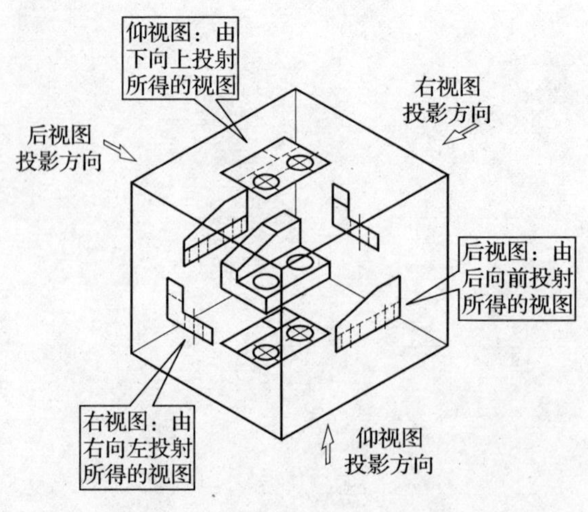

图 2—1 六个基本视图的形成

将六个基本投影面按照图 2—2 所示展开，得到如图 2—3 所示的六个基本视图，六个基本视图之间仍然符合“长对正，高平齐，宽相等”的投影规律，即主视图、俯视图、仰视图、后视图“长对正”，主视图、左视图、右视图、后视图“高平齐”，俯视图、左视图、右视图、仰视图“宽相等”。

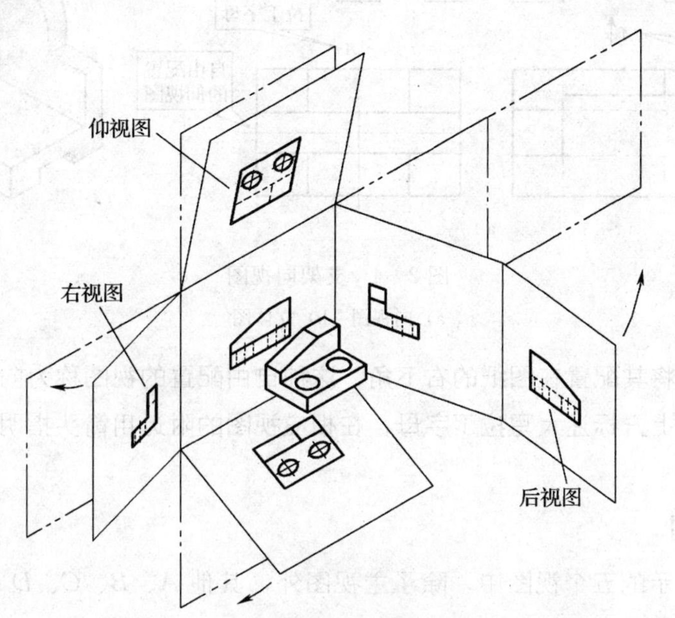

图 2—2 六个基本投影面的展开

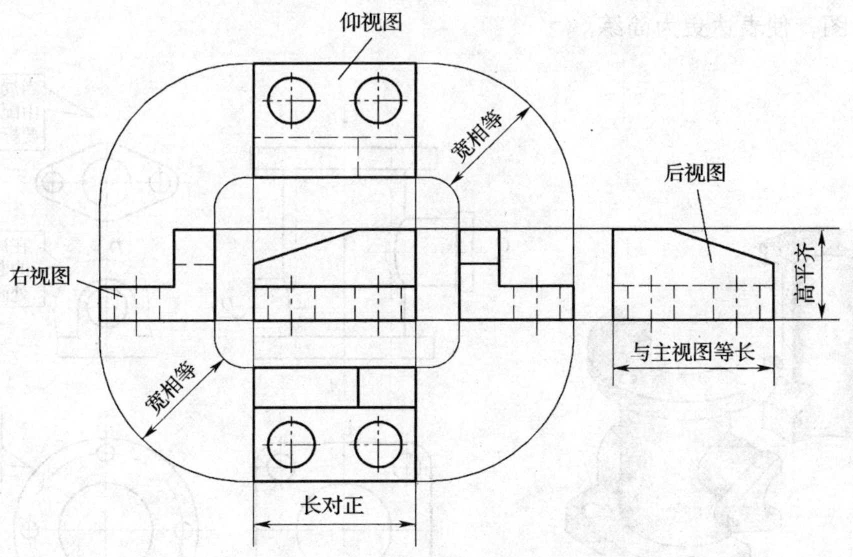

图 2—3 六个基本视图及其投影规律

2. 向视图

如图 2—4 所示，在支架底板的下方有四个凸台，在俯视图上用细虚线表达其结构时，粗实线与细虚线相互重叠，给看图带来很大的困难，因此用仰视方向的视图表达。为了合理

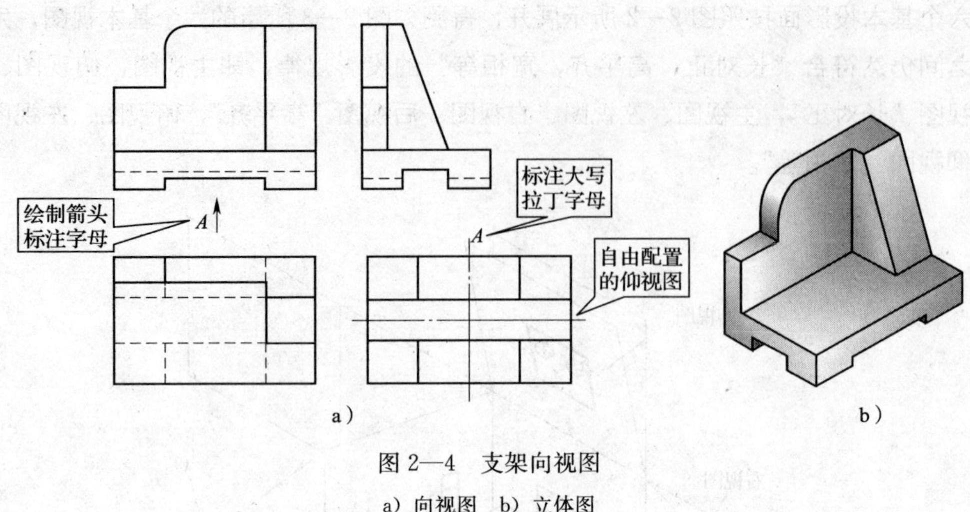

a） b）

图 2—4　支架向视图

a）向视图　b）立体图

地利用图纸幅面，将其配置在图纸的右下角，这种自由配置的视图称为向视图。国家标准规定，需要在向视图上方标注大写拉丁字母，在相应视图的附近用箭头指明投影方向，并标注相同的字母。

3. 局部视图

在图 2—5b 所示的五个视图中，除了主视图外，其他 A、B、C、D 各个视图都仅仅绘制了机件的一部分结构。这种将机件的某一部分向基本投影面投射所得的视图称为局部视图。当机件在某个方向仅有部分结构和形状需要表达，又没有必要画出整个基本视图时，可采用局部视图，使表达更为简练。

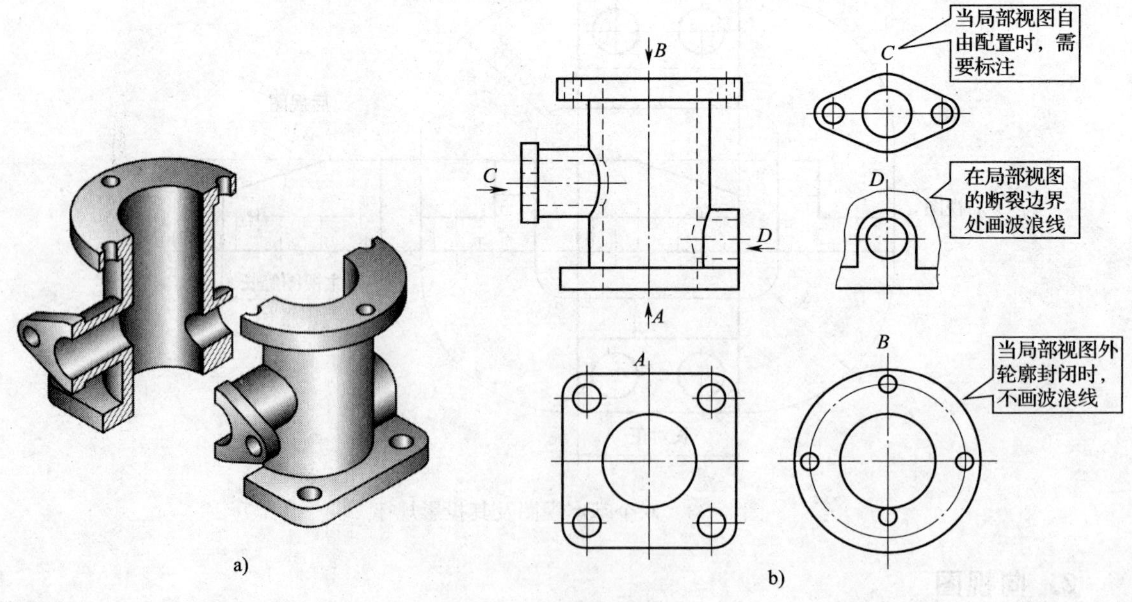

a) b)

图 2—5　阀体的视图

a）立体图　b）视图

注意：

当局部视图按照向视图的配置形式自由配置时，则需要按向视图的标注方法进行标注。

4. 斜视图

将机件的局部向不平行于任何基本投影面的平面投射所得的视图称为斜视图，如图 2—6 所示。

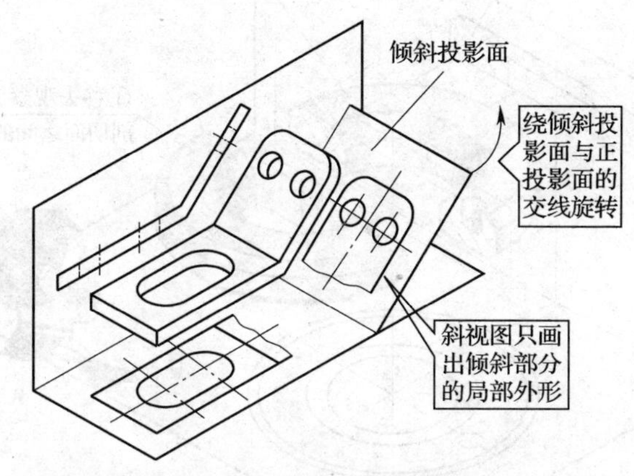

图 2—6　弯板斜视图的形成

斜视图要按向视图的配置形式配置和标注，如图 2—7a 所示。必要时，允许将斜视图旋转摆正配置，如图 2—7b 所示。

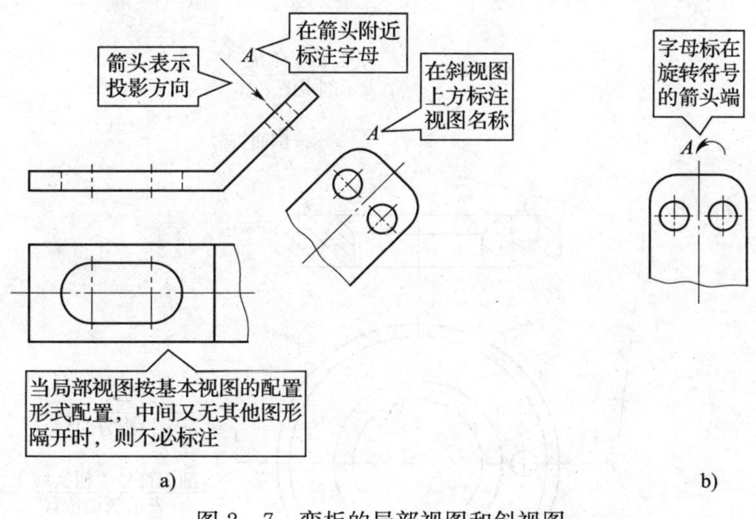

图 2—7　弯板的局部视图和斜视图

二、剖视图

1. 剖视图的形成与标注

(1) 剖视图的形成。当物体的内部结构较复杂时，在视图中用细虚线表达内部结构将给画图和看图带来很大的困难，为了解决这一问题，可采用剖视图表达。如图 2—8 所示，假想用剖切面剖开物体，将处于观察者和剖切面之间的部分移去，将其余部分向投影面投射，所得的图形就是剖视图，简称剖视。如图 2—9 所示，汽车前轮毂油封内座圈的主视图采用了剖视图。

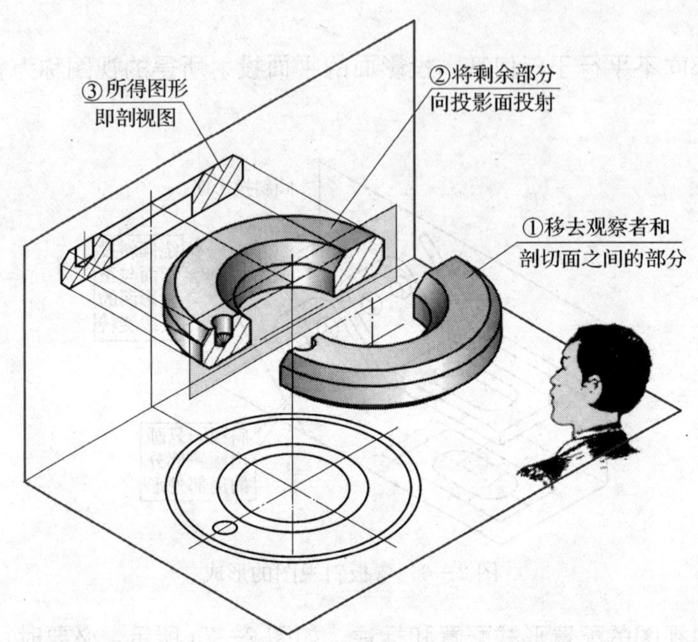

图 2—8 剖视图的形成

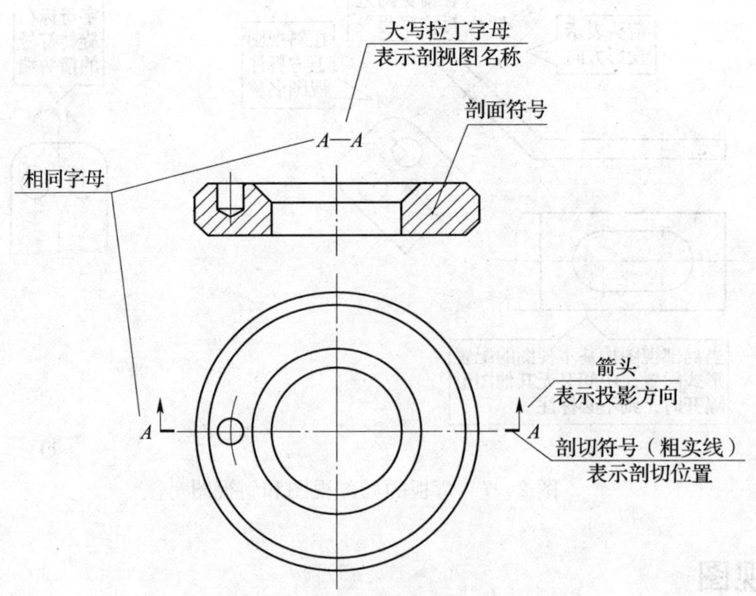

图 2—9 汽车前轮毂油封内座圈的剖视图

注意：

1）在画剖视图时，剖切平面后的可见轮廓应全部画出，不可只画剖切断面的形状。

2）由于剖视图是假想剖开机件得到的，当机件的一个视图画成剖视图时，其他视图仍应完整画出。

(2) 剖面符号。在剖视图中，剖切面与机件接触的部分应画出表示材料类别的剖面符号，常用材料的剖面符号见表 2—1。当不需在剖面区域中表示材料的类别时，可采用通用剖面符号（又称剖面线）。剖面线应以适当角度的细实线绘制，最好与图形的主要轮廓线或剖面区域的对称线成 45°角，且互相平行、间隔均匀，如图 2—9 所示。

表 2—1　　常用材料的剖面符号（摘自 GB/T 4457.5—1984）

材料名称	剖面符号	材料名称	剖面符号
金属材料（已有规定剖面符号者除外）	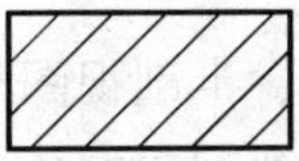	木质胶合板（不分层数）	
线圈绕组元件	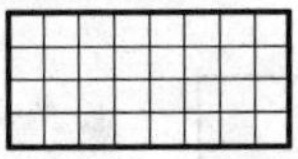	基础周围的泥土	
转子、电枢、变压器和电抗器等的叠钢片	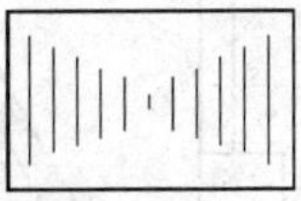	混凝土	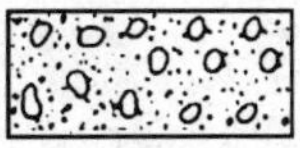
非金属材料（已有规定剖面符号者除外）	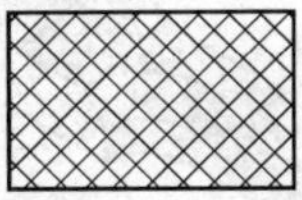	钢筋混凝土	
型砂、填砂、粉末冶金、砂轮、陶瓷刀片、硬质合金刀片等	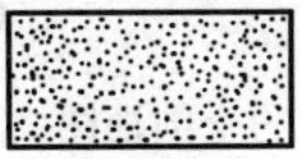	砖	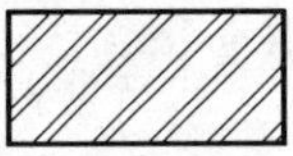
玻璃及供观察用的其他透明材料		格网（筛网、过滤网等）	

续表

材料名称		剖面符号	材料名称	剖面符号
木材	纵剖面		液体	
	横剖面			

(3) 剖视图的标注。为反映剖切关系，需要对剖视图进行标注。剖视图的标注如图2—9所示，一般应在剖视图的上方用大写拉丁字母标出剖视图的名称“×—×”，在剖切面的起止处用剖切符号（粗实线）表示剖切位置，在剖切符号两端用箭头表示投影方向，并在附近注上与剖视图名称相同的大写拉丁字母。在某些情况下，剖视图的标注可以简化和省略。

2. 剖视图的种类及画法

根据剖切范围的不同，剖视图可分为全剖视图、半剖视图和局部剖视图三种。

(1) 全剖视图。用剖切面完全地剖开物体所画的剖视图称为全剖视图。如图2—10所示为汽车备胎架，其剖切平面通过机件的前后对称面将机件剖成两半。

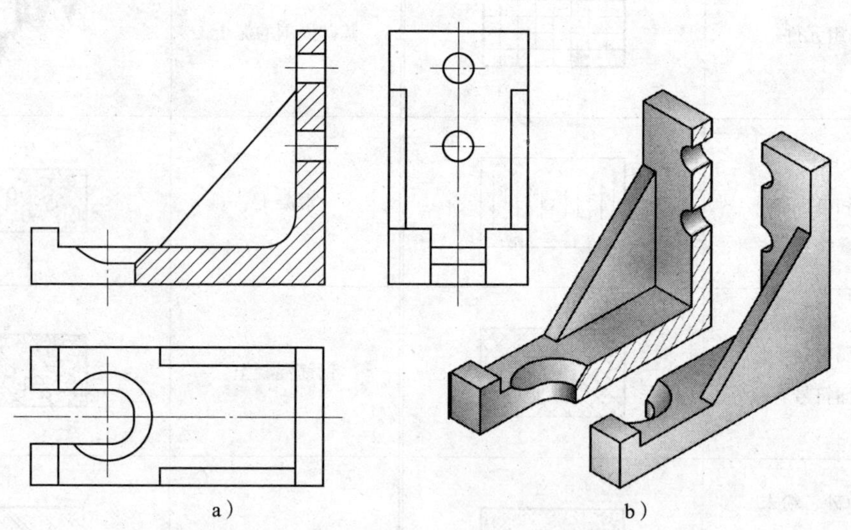

图2—10 汽车备胎架的全剖视图

a）立体图 b）全剖视图

(2) 半剖视图。当物体具有对称平面时，向垂直于对称平面的投影面上投射所得的图形，可以对称中心线为界，一半画成剖视图，另一半画成视图，这种图形称为半剖视图。如图2—11所示为某汽车牵引钩弹簧衬套的半剖视图，这种表达方式既可以表达内部结构，又可以表达外部形状。

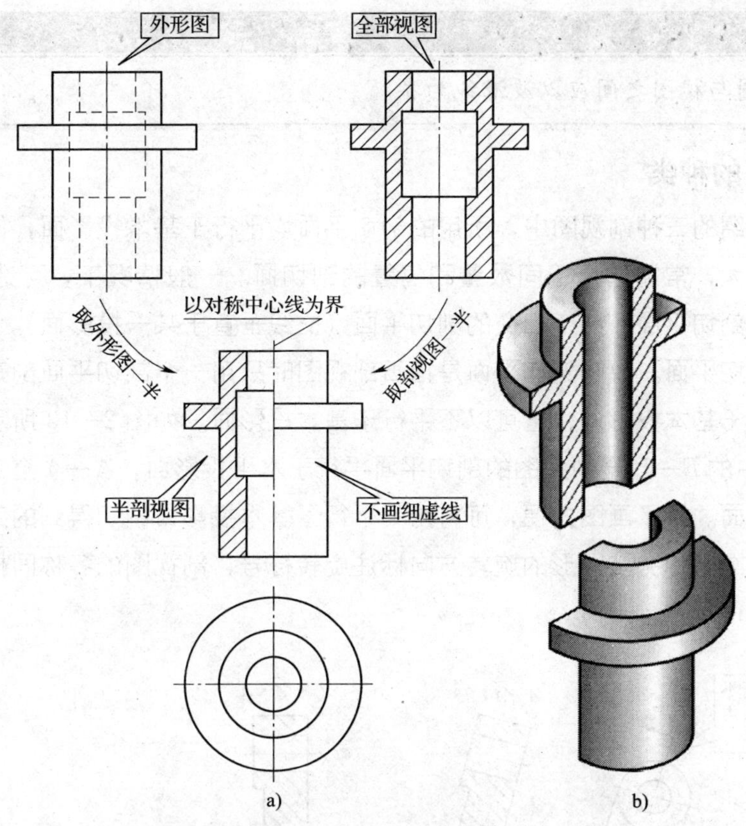

图 2—11 汽车牵引钩弹簧衬套的半剖视图

a）视图 b）立体图

注意：

1）半剖视图的半个视图与半个剖视图的分界线应画细点画线，而不能画成粗实线。

2）外形图上表达内部结构的细虚线应省略。

（3）局部剖视图。为了在一个不对称的视图上同时表达内形和外形，可用剖切面局部地剖开物体而绘制剖视图，如图 2—12 所示为某汽车后钢板弹簧吊耳的局部剖视图。这种用剖切面局部地剖开物体所画出的剖视图称为局部剖视图。

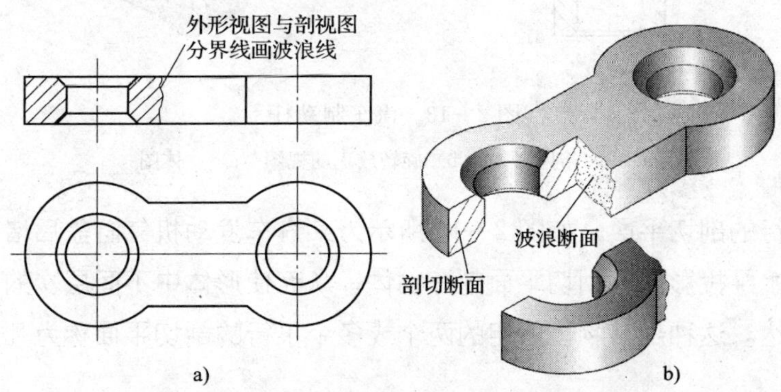

图 2—12 汽车后钢板弹簧吊耳的局部剖视图

a）局部剖视图 b）立体图

注意：

局部剖视图与视图之间应以波浪线为界。

3. 剖切面的种类

在前面所介绍的三种剖视图中，所用的剖切平面均平行于基本投影面，但机件的内部结构和形状差异甚大，常需选用不同数量和位置的剖切面。一般情况下，可选择单一剖切平面、几个平行的剖切平面、几个相交的剖切平面（交线垂直于某一投影面）。

（1）单一剖切平面。单一剖切平面是指画剖视图时只用一个剖切平面剖开物体。单一剖切平面可以平行于基本投影面，也可以不平行于基本投影面。如图 2—13 所示为某汽车制动杆，图 2—13a 中的 $B—B$ 全剖视图的剖切平面平行于水平投影面，$A—A$ 全剖视图的剖切平面垂直于正投影面。为了画图方便，可将用不平行于基本投影面剖切得到的剖视图旋转放正配置，并在剖视图名称旁按图形的旋转方向标注旋转符号，剖视图的名称同样应注写在箭头端，如图 2—13b 所示。

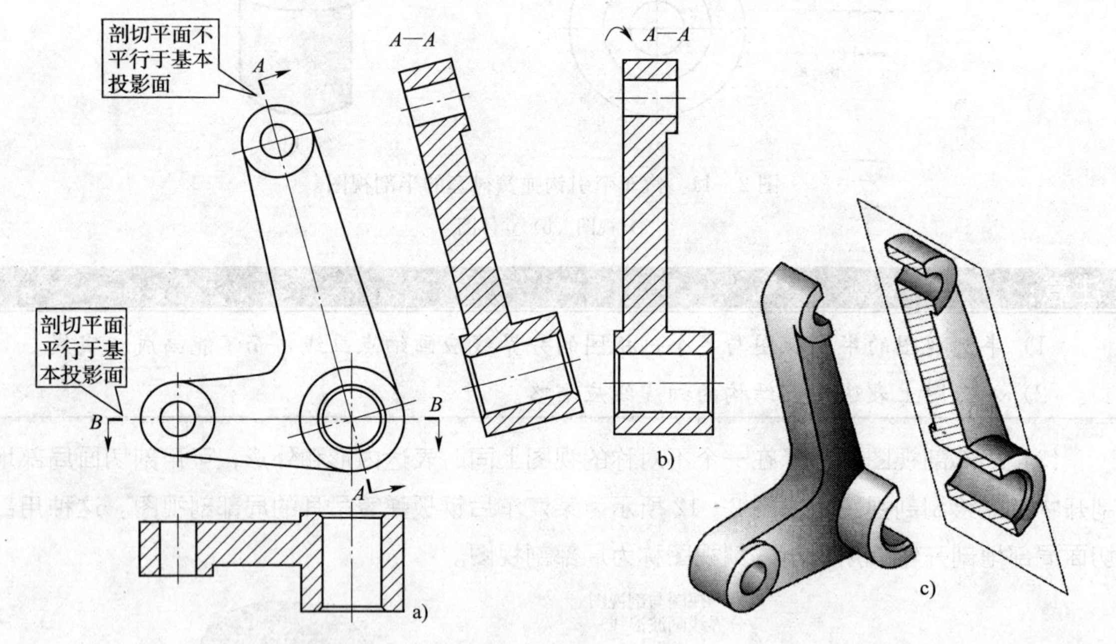

图 2—13　汽车制动杆

a）单一剖切平面　b）旋转放正的视图　c）立体图

（2）几个平行的剖切平面。如图 2—14 所示为某汽车发动机气缸盖后堵盖板，其俯视图用了三个平行于水平投影面的剖切平面剖开物体，从而使形体中不同层次的内部结构在一个剖视图中得到表达。这种剖开物体所用的两个或多个平行的剖切平面称为几个平行的剖切平面。

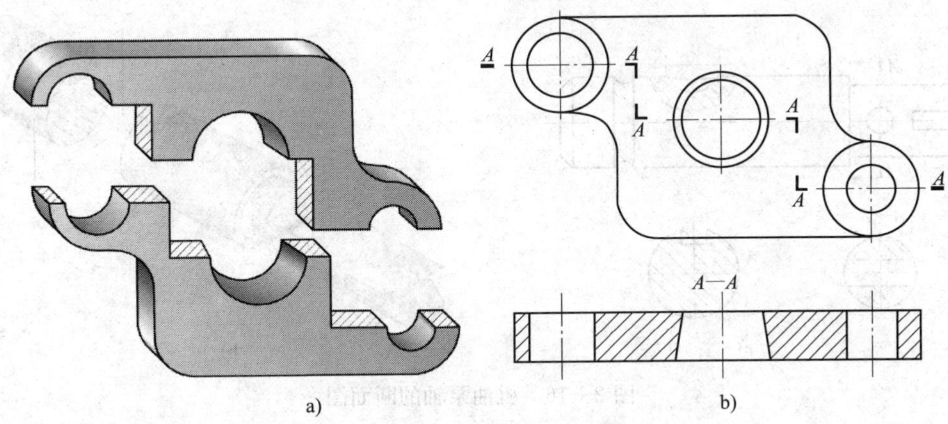

图 2—14　汽车发动机气缸盖后堵盖板

a）立体图　b）几个平行剖切平面的全剖视图

(3) 几个相交的剖切平面。图 2—15 所示端盖的主视图用了一个正平面和一个侧垂面作为剖切平面，两剖切平面的交线与回转体的轴线重合。这种剖开物体所用的剖切平面称为两相交的剖切平面，一般情况下剖切平面的交线垂直于某一个基本投影面。

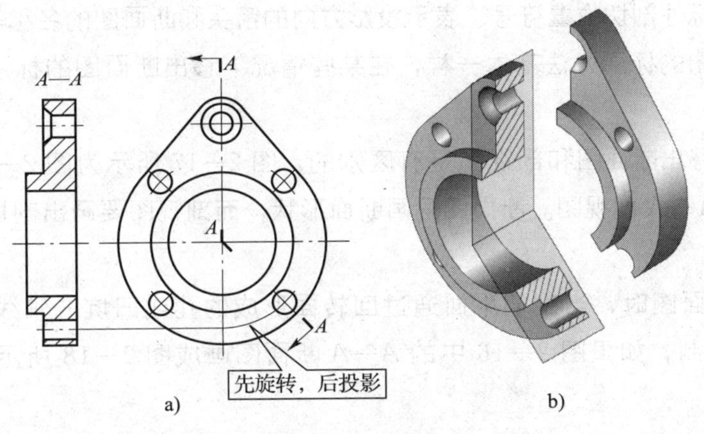

图 2—15　端盖

a）两相交剖切平面的全剖视图　b）立体图

注意：

在采用几个相交的剖切平面剖开物体后，倾斜剖切平面所剖到的结构应旋转到与选定的投影面平行后再进行投射（见图 2—15）。此时，旋转部分的某些结构不再符合直接的投影关系。

三、断面图

假想用剖切面将机件的某处切断，仅画出剖切面与物体接触部分的图形，称为断面图。如图 2—16b 所示为机油泵轴，为了表达键槽的深度，假想在键槽处用垂直于轴线的剖切平

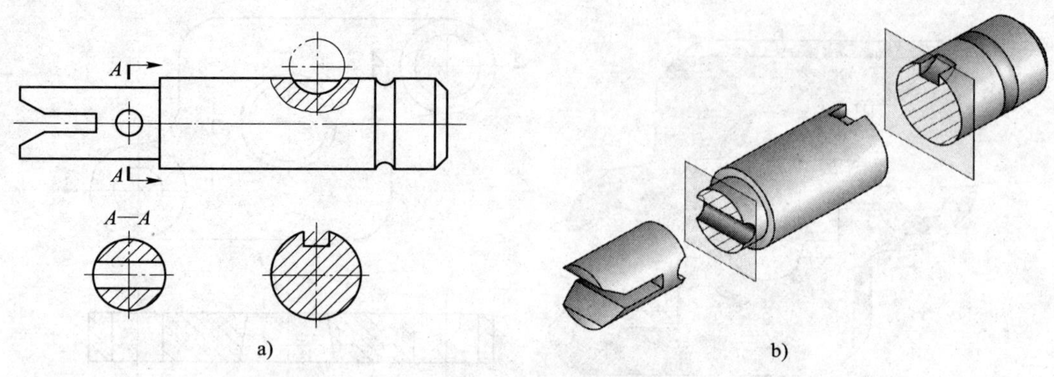

图 2—16　机油泵轴的断面图

a）立体图　b）断面图

面将轴切断，只画出断面的形状，并在断面上画出剖面线，如图 2—16a 所示。断面图分为移出断面图和重合断面图两种。

1. 移出断面图

画在视图轮廓之外的断面图称为移出断面图。图 2—16 中的断面图即为移出断面图。移出断面图也需要标注剖切位置符号、表示投影方向的箭头和断面图的名称等。移出断面图的标注方法与剖视图的标注方法基本一样，在某些情况下移出断面图的标注也可以简化或省略。

应当注意，移出断面图和剖视图是有区别的，图 2—17 所示为图 2—16 中机油泵轴的 A—A 断面图和 A—A 剖视图。断面图只画断面形状，而剖视图要画出剖切平面后面所有结构的投影。

绘制移出断面图时，当剖切平面通过回转面形成的孔或凹坑的轴线时，这些结构应按剖视图要求绘制，如果图 2—16 中的 A—A 断面图画成图 2—18 所示的形状就是错误的。

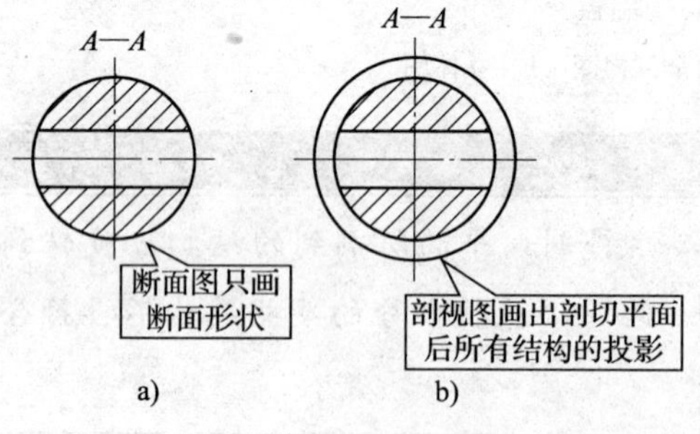

图 2—17　移出断面图与剖视图的比较

a）移出断面图　b）剖视图

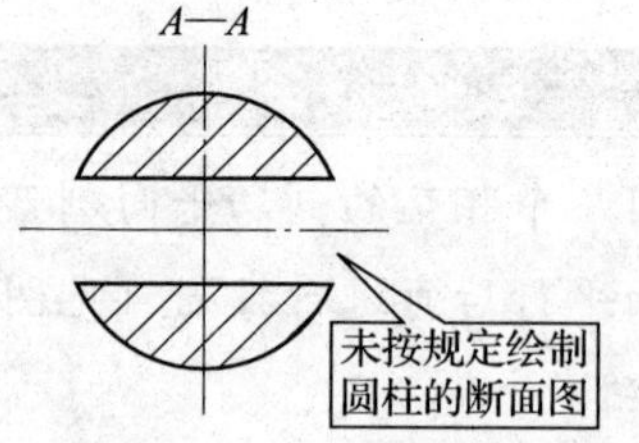

图 2—18　移出断面图的错误画法

2. 重合断面图

如图 2—19 所示的断面图绘制在视图轮廓线之内，将其称为重合断面图。

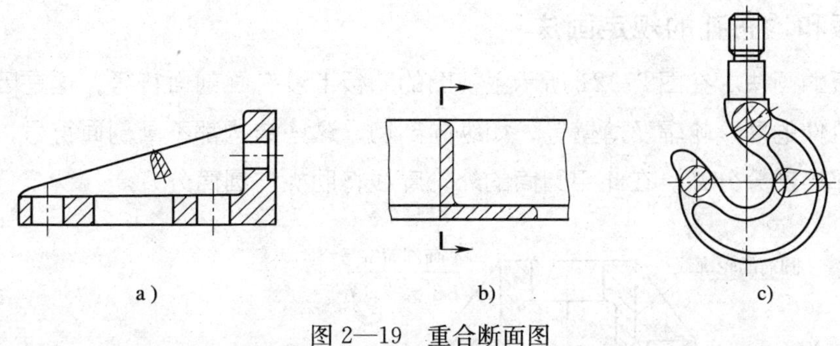

图 2—19　重合断面图

注意：

（1）重合断面图的轮廓线用细实线绘制。

（2）当视图中的轮廓线与重合断面图的轮廓线重叠时，视图的轮廓线完整画出，不能间断。

四、其他表达方法

1. 局部放大图

将机件的局部结构用大于原图形所采用的比例画出的图形称为局部放大图，如图 2—20 所示。

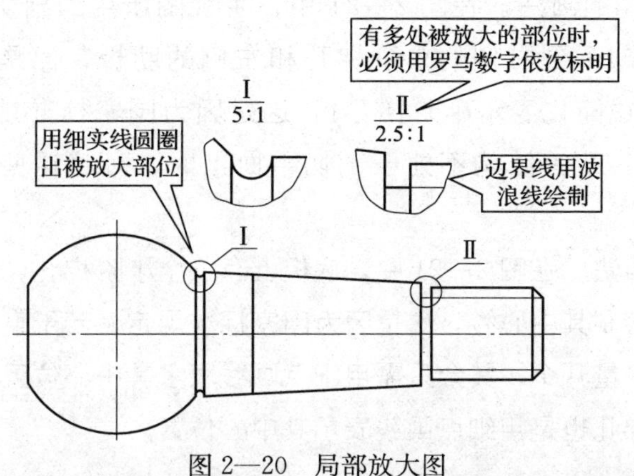

图 2—20　局部放大图

注意：

（1）绘制局部放大图时，一般用细实线圆圈出被放大部位（见图 2—20 中的细实线圆）。

（2）局部放大图断裂处的边界线用波浪线绘制。

（3）当物体上有多处被放大部位时，必须用罗马数字依次标明，并在相应局部放大图上方标出相同的罗马数字和放大比例，如图 2—20 所示；仅有一个放大图时，只需标注绘图比例即可。

（4）局部放大图可画成视图、剖视图和断面图。

2. 肋板和均布孔的规定画法

(1) 肋板的画法。在图 2—21 所示主视图的肋板上没有画剖面符号，这是因为国家标准规定：对于机件的肋、轮辐及薄壁等，如纵向剖切，这些结构都不画剖面符号，而用粗实线将它与其相邻接部分分开。在此用圆筒的外轮廓线将肋板与圆筒分开。

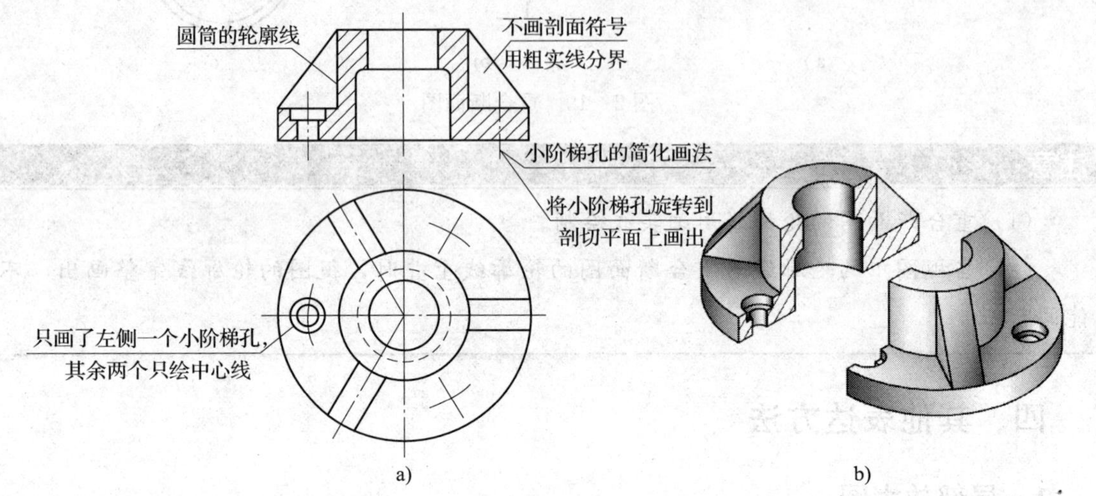

图 2—21 肋板和均布孔的规定画法

a) 主视图和俯视图 b) 立体图

(2) 均布肋板和孔的画法。在图 2—21 中，主视图所用的剖切平面为通过大阶梯孔轴线的正平面，因此剖不到右侧的小阶梯孔和左侧的肋板，但是在主视图上都按照剖切到绘制（用细点画线简化表示小阶梯孔），这是因为国家标准规定：当零件回转体上均匀分布的肋、轮辐、孔等结构不处于剖切平面上时，可将这些结构旋转到剖切平面上画出。

(3) 重复要素的画法。在图 2—21 中，底板上有三个小阶梯孔，而俯视图上只画了左侧一个，其他两个只是绘制其中心线，这是因为国家标准规定：若干直径相同且成规律分布的孔，只需画出一个或少量几个，其余只需用细点画线表示其中心位置。在图 2—21 所示的主视图上，右侧的小阶梯孔也是用细点画线表示其中心位置。

§2—2 标准件与常用件的画法

在各种汽车中，经常需要用到螺栓、螺母、齿轮、键、销、滚动轴承、弹簧等标准件和常用件。这些零部件用途广泛，用量大，且结构与尺寸都已全部或部分标准化。为简化作图，对上述零部件的某些结构和形状不是按其真实投影画出，而是根据相应的国家标准所规定的简化画法进行绘图。

一、螺纹及螺纹紧固件的画法

1. 螺纹直径

在圆柱（或圆锥）外表面上形成的螺纹称为外螺纹（见图 2—22a）；在圆柱（或圆锥）内表面上形成的螺纹称为内螺纹（见图 2—22b）。螺纹直径主要有螺纹大径、螺纹小径、公称直径等，如图 2—22 所示。

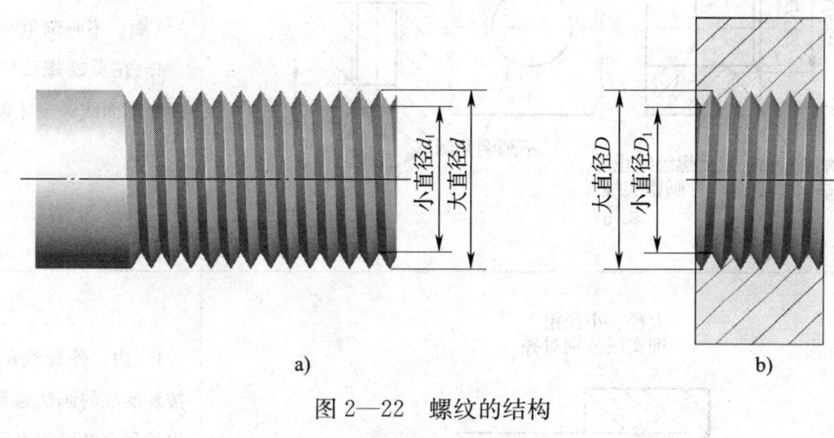

图 2—22　螺纹的结构

a）外螺纹　b）内螺纹

(1) 螺纹大径。是指与外螺纹牙顶或内螺纹牙底相切的假想圆柱的直径。外螺纹大径用 d 表示，内螺纹大径用 D 表示。

(2) 螺纹小径。是指与外螺纹牙底或内螺纹牙顶相切的假想圆柱的直径。外螺纹小径用 d_1 表示，内螺纹小径用 D_1 表示。

(3) 公称直径。是代表螺纹尺寸的直径。除管螺纹外，公称直径是指螺纹的大径。

外螺纹的大径和内螺纹的小径又称顶径，外螺纹的小径和内螺纹的大径又称底径。

2. 螺纹的画法

螺纹的规定画法见表 2—2。

表 2—2　　**螺纹的规定画法**

名称	图例	画法规定
外螺纹	螺纹终止线画粗实线 牙底细实线圆只画3/4圈 大径d 小径d_1 小径用细实线绘制 大径用粗实线绘制 不画倒角圆	1. 牙顶用粗实线绘制，牙底用细实线绘制，外螺纹的小径尺寸取 $d_1 \approx 0.85d$，内螺纹小径尺寸取 $D_1 \approx 0.85D$ 2. 在反映螺纹轴线的视图中，螺纹终止线用粗实线绘制，表示螺纹牙底的细实线画入倒角

续表

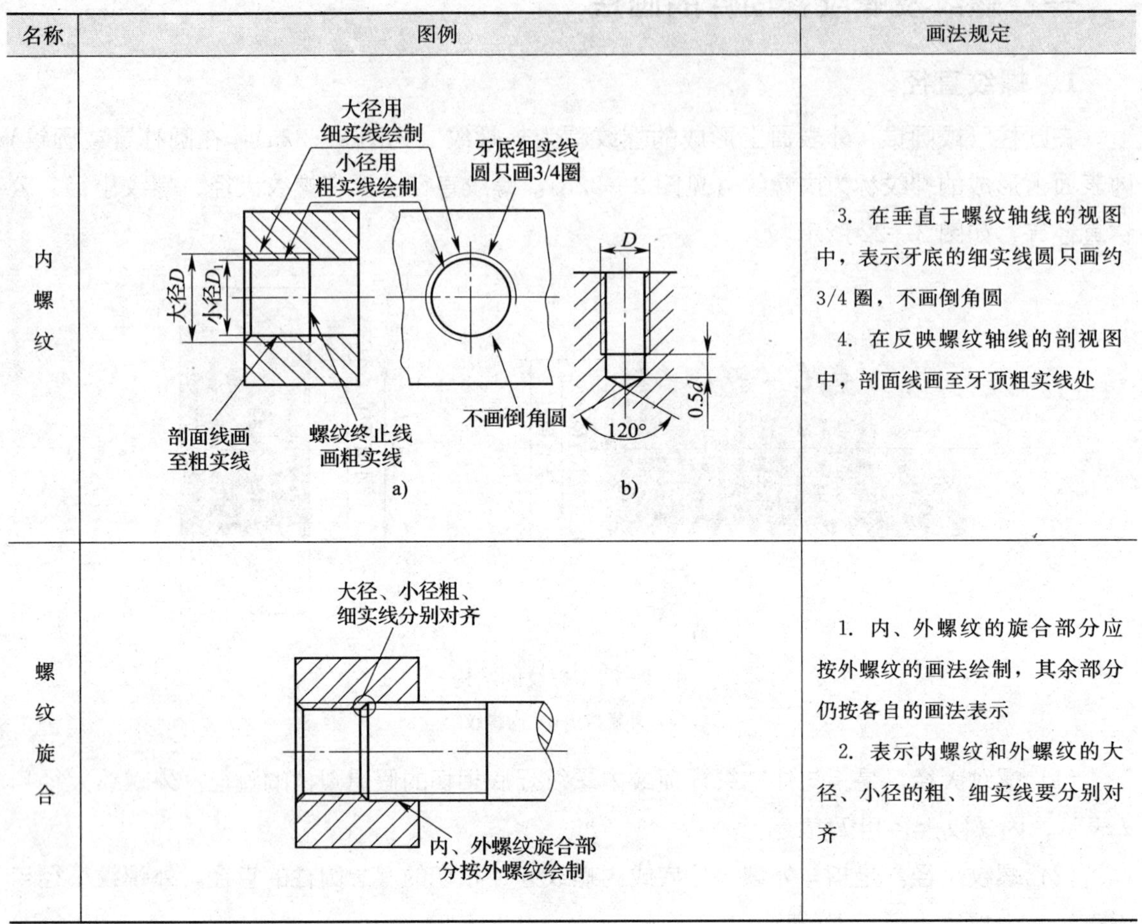

名称	图例	画法规定
内螺纹		3. 在垂直于螺纹轴线的视图中，表示牙底的细实线圆只画约3/4圈，不画倒角圆 4. 在反映螺纹轴线的剖视图中，剖面线画至牙顶粗实线处
螺纹旋合		1. 内、外螺纹的旋合部分应按外螺纹的画法绘制，其余部分仍按各自的画法表示 2. 表示内螺纹和外螺纹的大径、小径的粗、细实线要分别对齐

3. 螺纹紧固件及其画法

常用的螺纹紧固件有螺栓、双头螺柱、螺钉、螺母和垫圈等，其结构及画法见表 2—3。

表 2—3　　常用螺纹紧固件的结构及画法

名称	结构	视图及画图比例
六角头螺栓		30°　d/4　r（由作图确定）　1.5d　d　2d　0.7d　l　2d　由作图确定　d

续表

名称	结构	视图及画图比例
双头螺柱	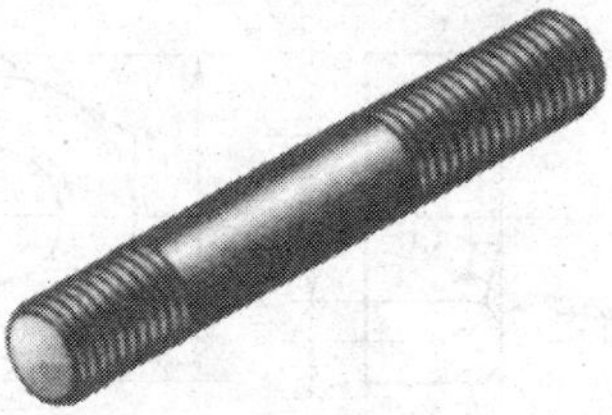	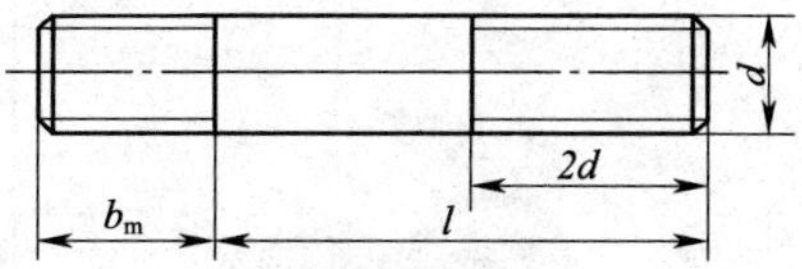
开槽圆柱头螺钉	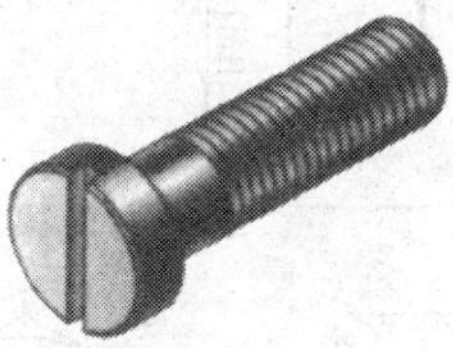	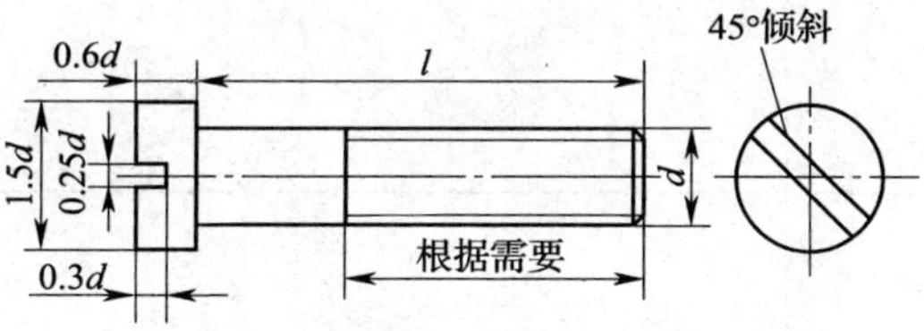
十字槽沉头螺钉	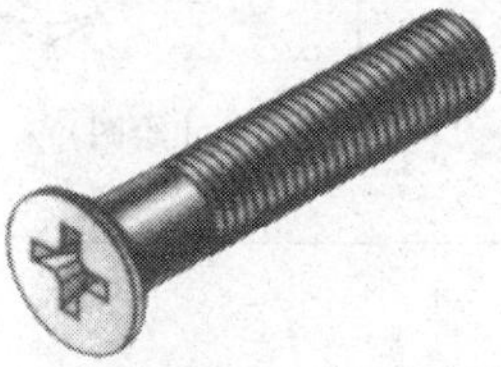	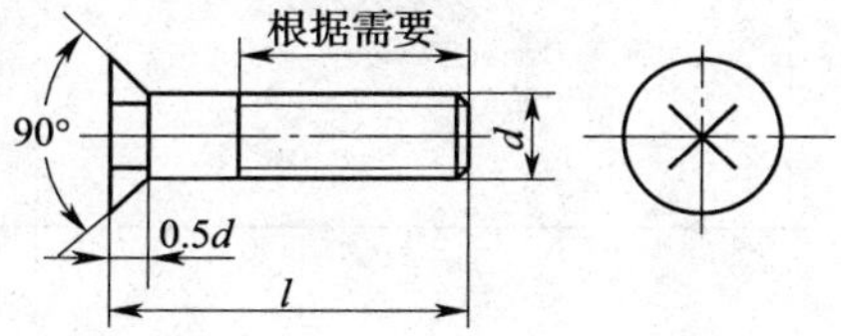
内六角圆柱头螺钉	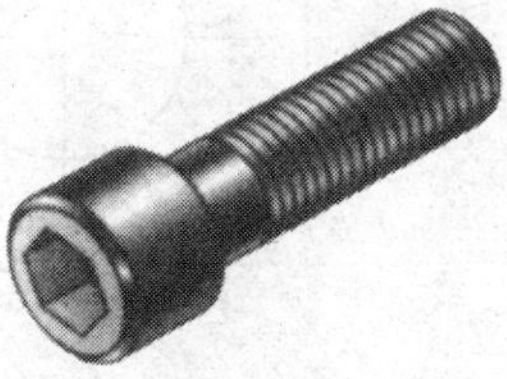	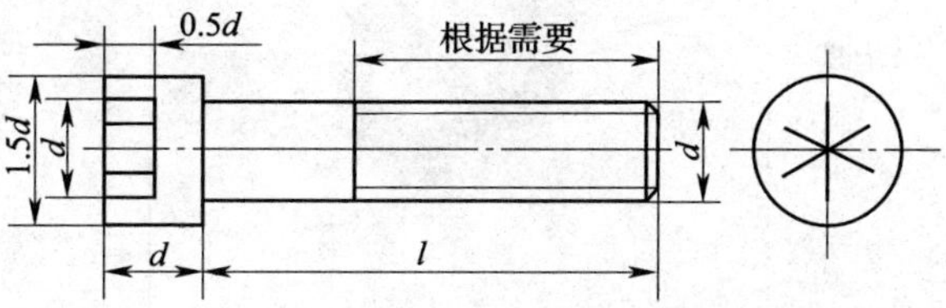
开槽锥端紧定螺钉	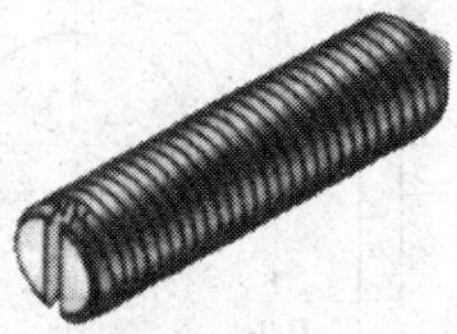	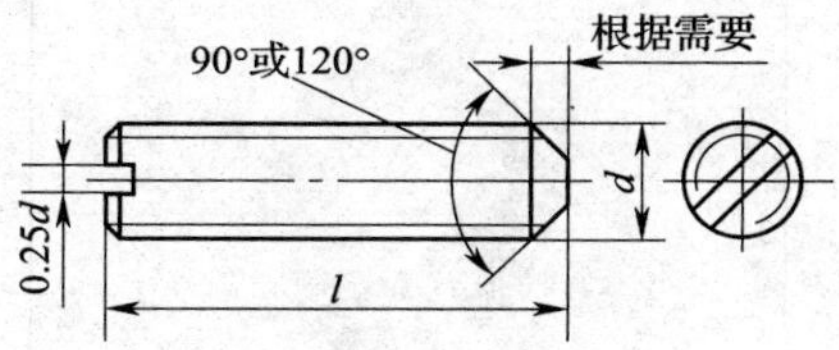

续表

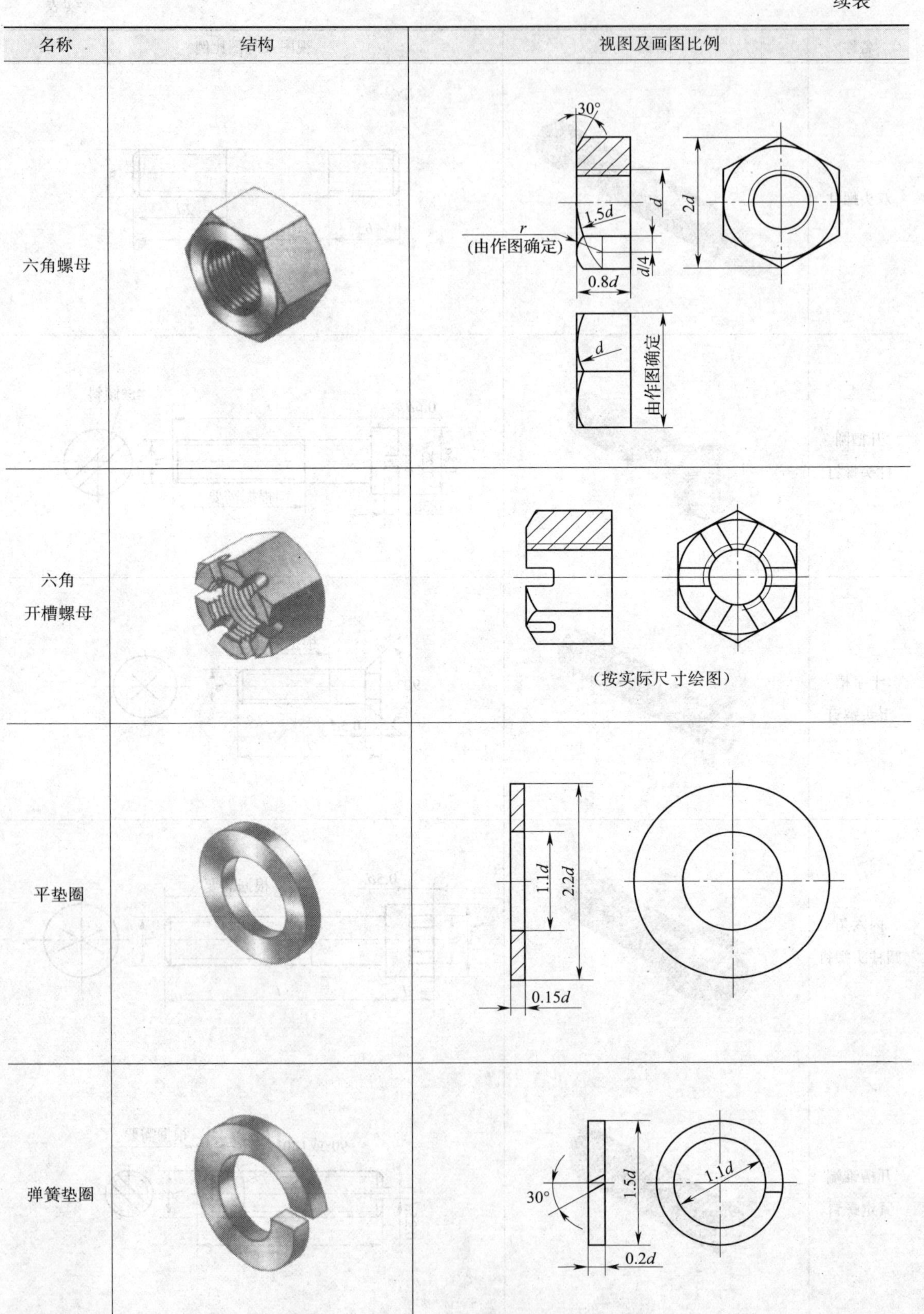

名称	结构	视图及画图比例
六角螺母		
六角 开槽螺母		(按实际尺寸绘图)
平垫圈		
弹簧垫圈		

4. 螺纹连接的画法

常用的螺纹连接有螺栓连接、螺钉连接和双头螺柱连接。

(1) 螺栓连接。螺栓连接图的画法如图 2—23 所示。

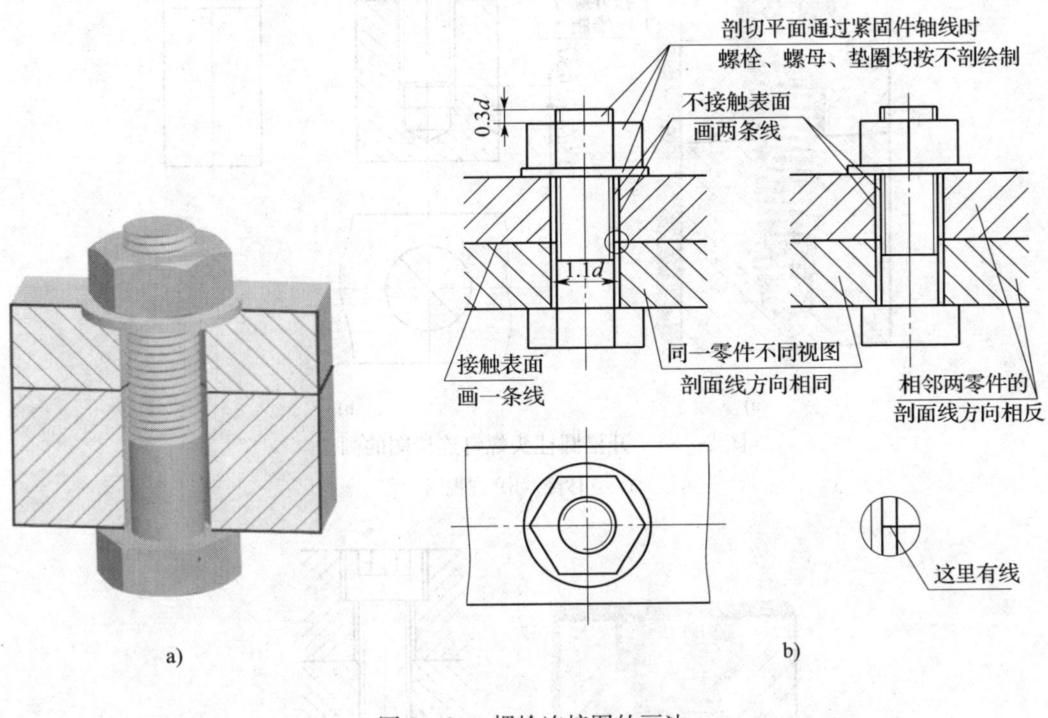

图 2—23 螺栓连接图的画法

a) 立体图 b) 比例画法

注意:

1) 当剖切平面通过螺栓、螺钉、螺母及垫圈等紧固件的轴线时，则这些零件应按未剖切绘制，即只画外形。

2) 两相邻零件接触面处只画一条粗实线，不得将轮廓线特意加粗；凡不接触的表面，不论间隙多小，在图上均应画出两条轮廓线。

3) 在剖视图中，相互接触的两个零件的剖面线方向应相反。而同一个零件在各剖视图中剖面线的倾斜方向和间隔应相同。

(2) 螺钉连接。开槽圆柱头螺钉连接图的画法如图 2—24 所示，内六角圆柱头螺钉连接图的画法如图 2—25 所示。

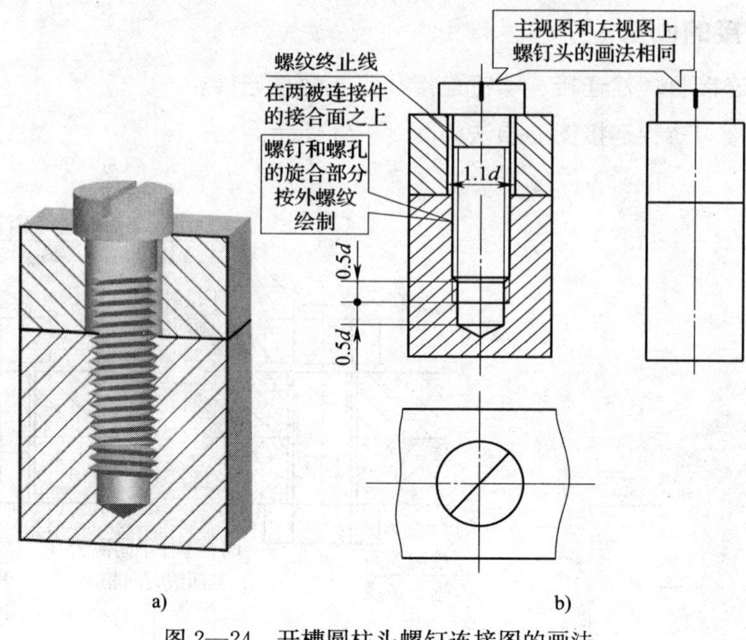

图 2—24 开槽圆柱头螺钉连接图的画法

a）立体图 b）三视图

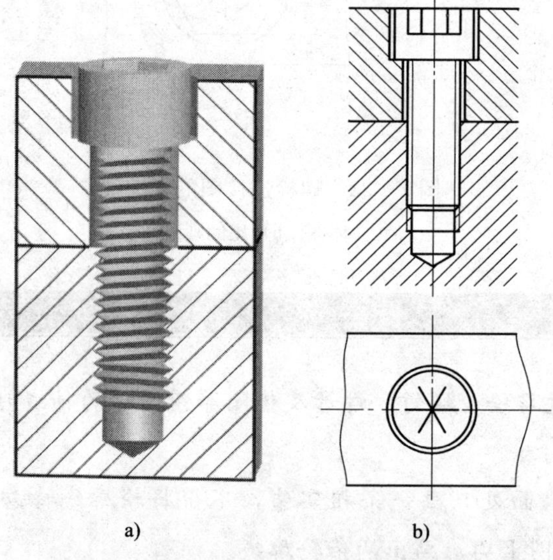

图 2—25 内六角圆柱头螺钉连接图的画法

a）立体图 b）三视图

注意：

1）开槽圆柱头螺钉头部的槽可以用粗线（宽度为粗实线的两倍）表示。

2）螺钉和螺孔的旋合部分按外螺纹绘制，其余部分仍按各自的画法绘制。

3）螺钉的螺纹终止线应画在两被连接件的接合面之上。

4）左视图上螺钉头的画法与主视图相同。

(3) 双头螺柱连接。双头螺柱连接图的画法如图 2—26 所示。

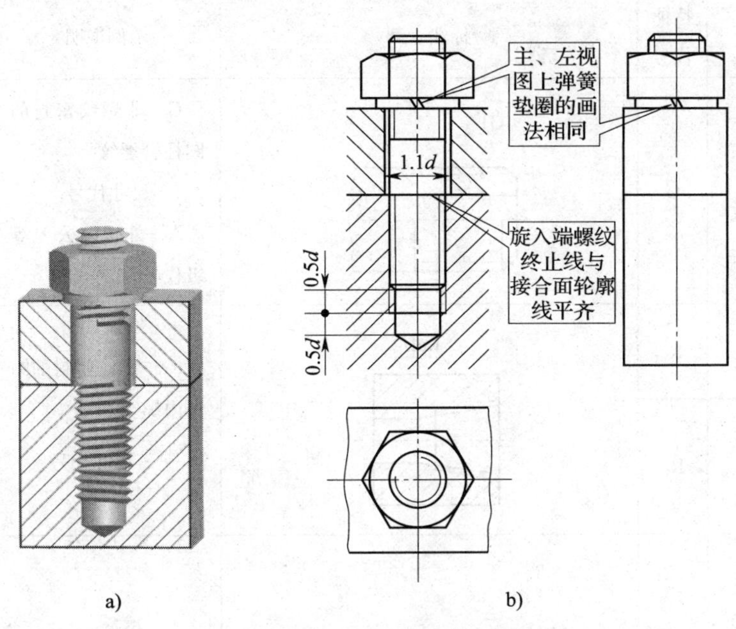

图 2—26　双头螺柱连接图的画法

a) 立体图　b) 三视图

注意：

1) 为了保证连接牢固，双头螺柱的旋入端应全部旋入螺孔内，所以旋入端的螺纹终止线应与螺孔件的孔口平齐。

2) 在左视图上，弹簧垫圈开口的画法与主视图相同。

5. 螺纹标记在图样上的标注

常见的普通螺纹和管螺纹的标注方法见表 2—4。

表 2—4　　普通螺纹和管螺纹的标注方法

螺纹类别		特征代号	标注示例	示例说明	标注方法
普通螺纹	粗牙普通螺纹	M	M16	M—粗牙普通螺纹 16—公称直径（大径）为 16 mm	普通螺纹的标记应标注在螺纹大径上
	细牙普通螺纹		M16×1	M—细牙普通螺纹 16—公称直径为 16 mm 1—螺距为 1 mm	

续表

螺纹类别			特征代号	标注示例	示例说明	标注方法
管螺纹	非螺纹密封的圆柱管螺纹		G	G1A	G—非螺纹密封的圆柱管螺纹 1—尺寸代号 A—外螺纹公差等级代号	管螺纹的标记标注在从大径或中心引出的横线上
	螺纹密封的管螺纹	圆锥内螺纹	Rc	Rc1/2	Rc—螺纹密封的圆锥内螺纹 $\frac{1}{2}$—尺寸代号	
		圆柱内螺纹	Rp			
		与圆柱内螺纹配合的圆锥外螺纹	R_1	$R_2$3/4	R_2—与圆锥内螺纹配合的圆锥外螺纹 $\frac{3}{4}$—尺寸代号	
		与圆锥内螺纹配合的圆锥外螺纹	R_2			

二、齿轮的画法

齿轮是汽车中应用最广泛的一种传动零件，它们成对使用，可用来传递动力，改变转速和运动方向，常用的齿轮传动形式有圆柱齿轮传动、锥齿轮传动等，如图 2—27 所示。

a)　　b)

图 2—27　常见的齿轮传动形式

a）圆柱齿轮传动　b）锥齿轮传动

1. 直齿圆柱齿轮的画法

(1) 直齿圆柱齿轮主要几何要素的名称和尺寸计算。直齿圆柱齿轮的结极及各部分的名称如图 2—28 所示，各主要几何要素的概念见表 2—5，标准直齿圆柱齿轮主要几何要素的尺寸计算公式见表 2—6。

(2) 单个直齿圆柱齿轮的画法。直齿圆柱齿轮的画法如图 2—29 所示。

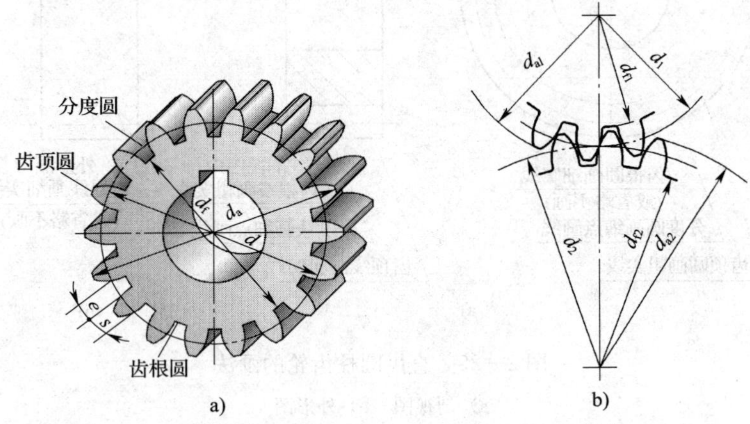

图 2—28 直齿圆柱齿轮的结构及各部分的名称

a) 单个齿轮 b) 齿轮啮合

表 2—5 直齿圆柱齿轮主要几何要素的概念

序号	要素名称	概念	代号
1	齿顶圆	过齿轮各轮齿顶部的圆	直径 d_a
2	齿根圆	过齿轮各齿槽底部的圆	直径 d_f
3	齿厚	一个轮齿两侧齿廓间的弧长	s
4	齿槽宽	齿槽两齿廓间的弧长	e
5	分度圆	齿厚与齿槽宽相等的圆	直径 d
6	齿数	齿轮的轮齿数量	z
7	模数	计算分度圆直径的一个重要参数，已标准化，具体可查阅有关手册	m

表 2—6 直齿圆柱齿轮主要几何要素的尺寸计算公式

名称	代号	公式
分度圆直径	d	$d=mz$
齿顶圆直径	d_a	$d_a=m(z+2)$
齿根圆直径	d_f	$d_f=m(z-2.5)$
中心距	a	$a=\frac{1}{2}d_1+\frac{1}{2}d_2=\frac{1}{2}m(z_1+z_2)$

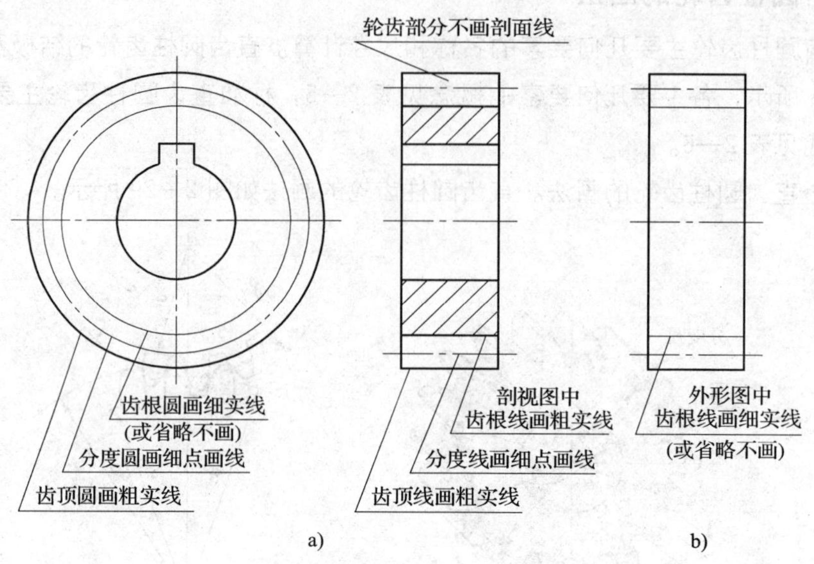

图 2—29　直齿圆柱齿轮的画法

a）剖视图　b）外形图

注意：

1）齿顶圆和齿顶线用粗实线绘制。

2）分度圆和分度线用细点画线绘制。

3）齿根圆和外形图中的齿根线用细实线绘制，也可省略不画。

4）在剖视图中的齿根线用粗实线绘制。

（3）两直齿圆柱齿轮啮合图的画法。如图 2—30 所示，两齿轮啮合时，除啮合区外，其余部分均按单个齿轮绘制，齿根圆和齿根线全部省略不画。

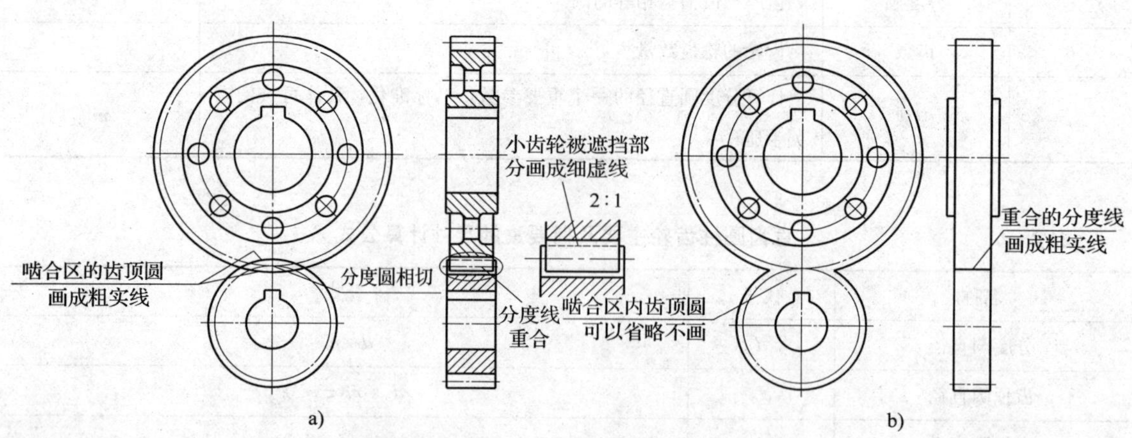

图 2—30　直齿圆柱齿轮啮合图的画法

注意：

1）两齿轮的分度圆相切。

2）剖切平面通过两齿轮的轴线剖切时（见图 2—30a 左视图），在啮合区将一个齿轮的轮齿用粗实线绘制，另一个齿轮的轮齿被遮挡的部分用细虚线绘制，也可省略不画。

3）在反映齿轮轴线的外形图中（见图 2—30b 左视图），啮合区的齿顶线不需画出，分度线用粗实线绘制。

2. 直齿锥齿轮的画法

（1）锥齿轮的画法。锥齿轮的齿形是在圆锥体上加工而成的，所以锥齿轮一端大、另一端小，它的齿厚是逐渐变化的，单个直齿锥齿轮的画法如图 2—31 所示。

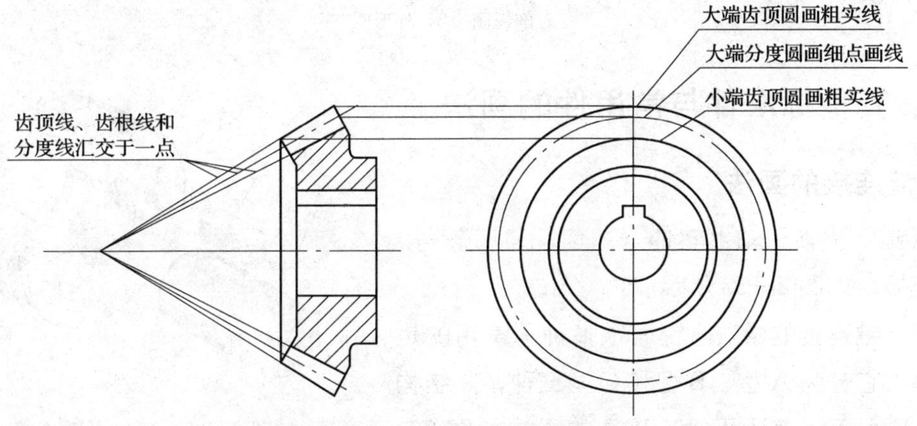

图 2—31 单个直齿锥齿轮的画法

注意：

在投影为圆的视图中用粗实线画出大端和小端的齿顶圆，用细点画线画出大端的分度圆，齿根圆及小端的分度圆不画。

（2）直齿锥齿轮啮合图的画法如图 2—32 所示。

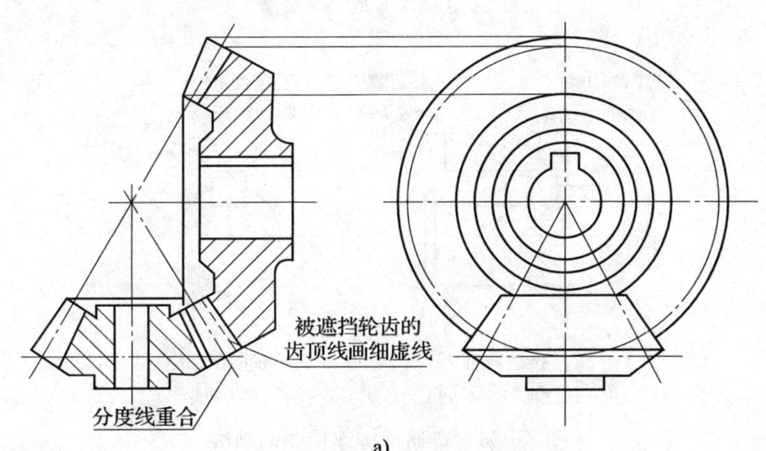

a)

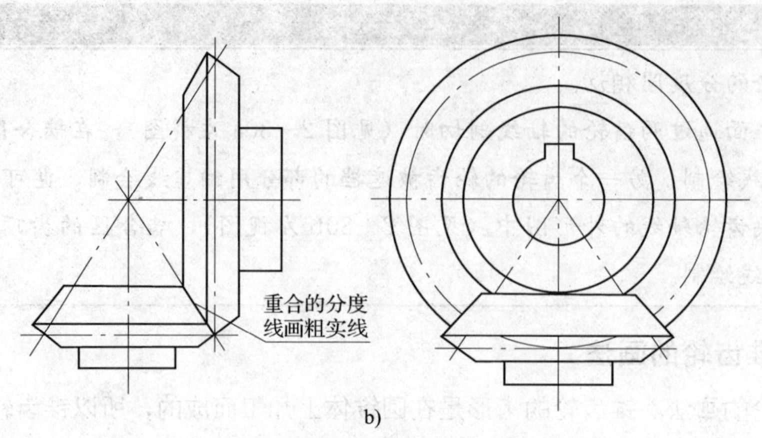

图 2—32 直齿锥齿轮啮合图的画法

a) 剖视图 b) 外形图

三、其他标准件与常用件的画法

1. 键连接的画法

键主要用于轴和轴上零件（如齿轮、带轮等）之间的连接，如图 2—33 所示。

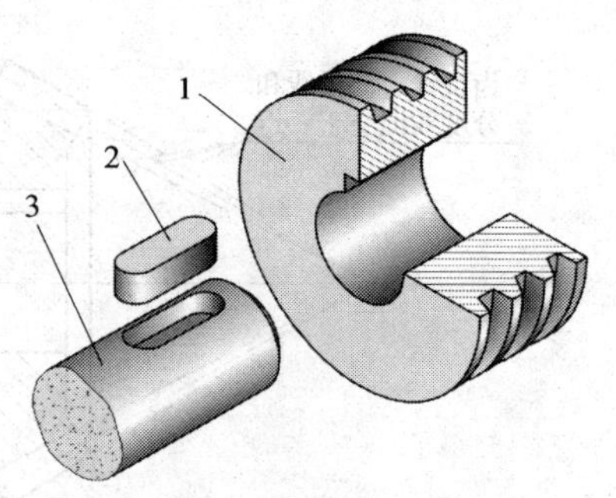

图 2—33 普通平键连接

1—V 带轮 2—普通平键 3—轴

(1) 平键连接的画法。键有很多种，常用的是普通平键，它分为 A 型、B 型和 C 型三种，其结构如图 2—34 所示，普通平键连接图的画法如图 2—35 所示。

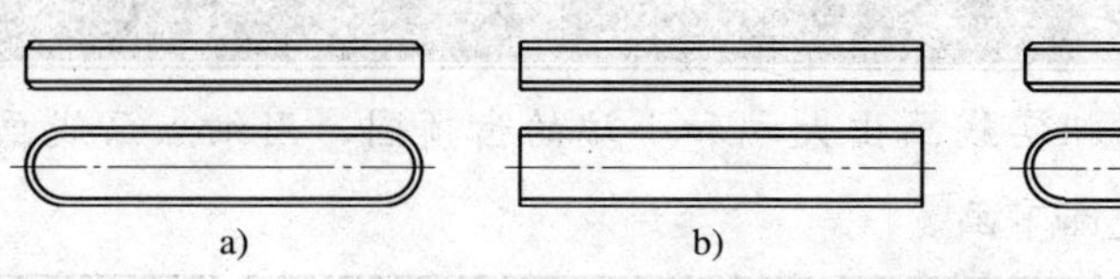

图 2—34 键的类型和结构

a) A 型 b) B 型 c) C 型

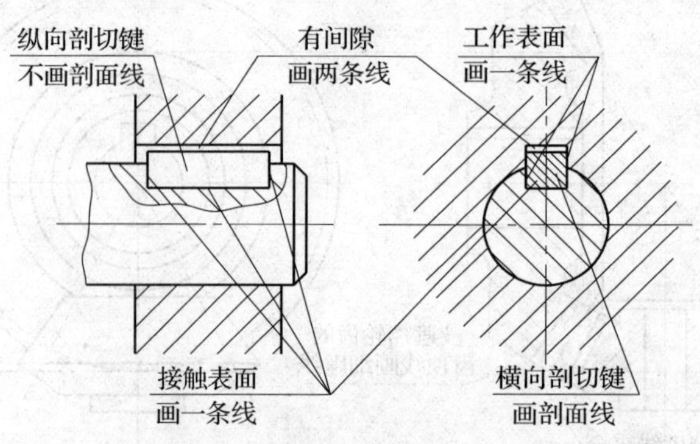

图 2—35 普通平键连接图的画法

注意：

1）由于普通平键的侧面是工作表面，连接时与键槽接触，接触表面应画一条线。

2）键在安装时应首先嵌入轴上的键槽中，因此，键与轴上键槽的底面之间也是接触表面，也应画一条线。

3）键的顶端与V带轮上键槽的底面之间有间隙，应画两条线，即分别画出它们的轮廓线。

4）纵向剖切键时，键按不剖处理；横向剖切键时，键上应画剖面线。故在图2—35中，主视图上的平键按不剖处理，左视图上的平键按剖切到处理。

（2）半圆键连接的画法。半圆键也是一种常用的连接键，半圆键的结构如图2—36a所示，半圆键连接图的画法如图2—36b所示，其画法原理与普通平键相同。

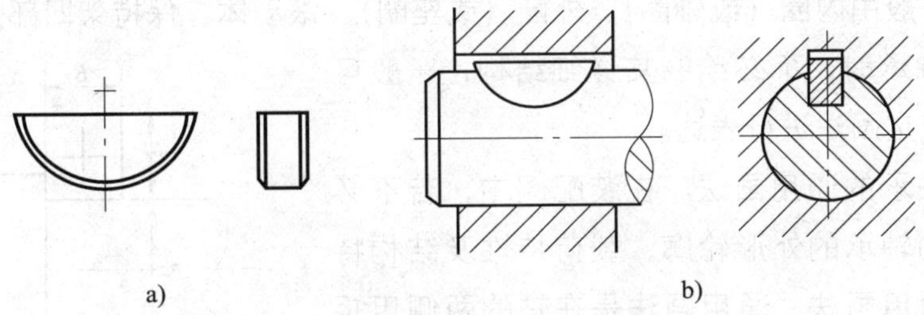

图2—36　半圆键及其连接图的画法

a）半圆键　b）半圆键连接图

2. 销连接的画法

销是标准件，常用的销有圆柱销和圆锥销。它们常用做零件间的连接和定位，图2—37所示为圆柱销和圆锥销连接图。销在装配图中的画法应遵循机械制图的有关规定，当剖切平面通过销的轴线剖切时，销按未剖切绘制。

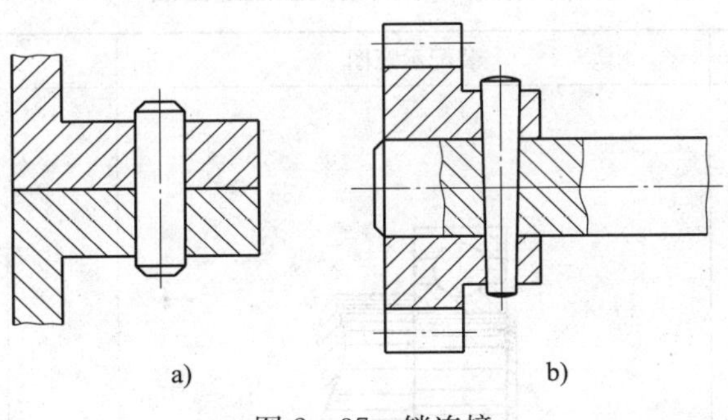

图2—37　销连接

a）圆柱销连接图　b）圆锥销连接图

3. 滚动轴承的画法

滚动轴承是一种支撑传动轴的标准件，由于它能大大减小轴与孔之间的摩擦力，因而得到广泛使用。如图2—38所示为几种最常用的滚动轴承的结构。

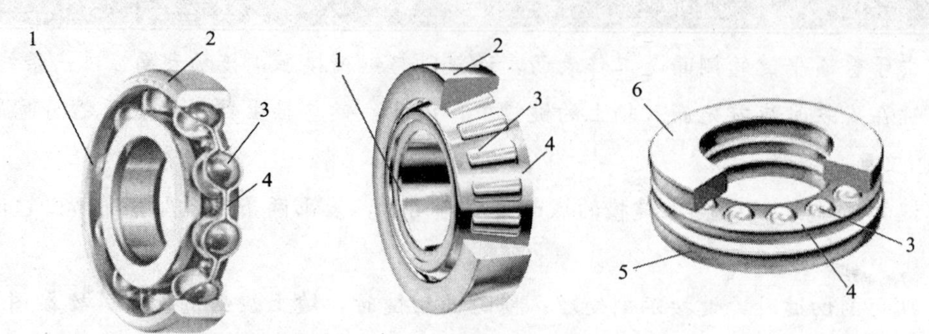

图 2—38 常用滚动轴承的结构

a）深沟球轴承 b）圆锥滚子轴承 c）推力球轴承

1—内圈 2—外圈 3—滚动体 4—保持架 5—座圈 6—轴圈

滚动轴承一般由内圈（或轴圈）、外圈（或座圈）、滚动体、保持架四部分组成。在装配图中绘制滚动轴承时，不必绘制其详细结构，一般可用通用画法和规定画法进行表达。

（1）滚动轴承的通用画法。在装配图中，若不必确切地表示滚动轴承的外形轮廓、载荷特性及结构特征时，可采用通用画法。通用画法是在轴的两侧用矩形线框（为粗实线）及位于线框中央正立的十字形符号（为粗实线）表示，如图 2—39 所示。通用画法适用于表达各种类型的滚动轴承。

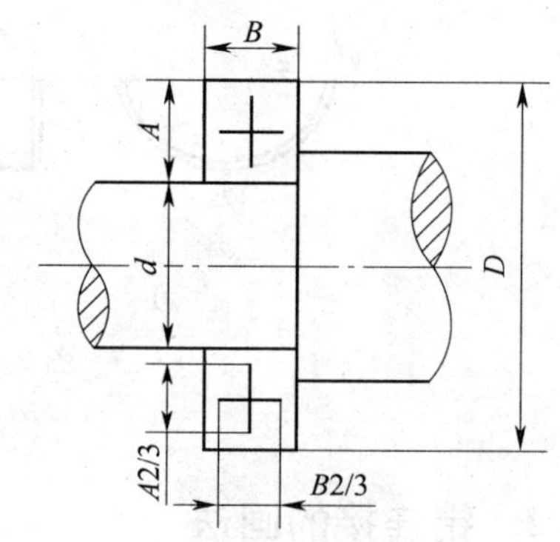

图 2—39 滚动轴承的通用画法

（2）滚动轴承的规定画法。当需要表达滚动轴承的主要结构时，可采用规定画法，常用滚动轴承的结构及规定画法见表 2—7。

表 2—7 常用滚动轴承的结构及规定画法

名称和标准号	装配示意图	规定画法
深沟球轴承 （GB/T 276—1994）		B/2 A/2 A/2 A D d 60° B

续表

名称和标准号	装配示意图	规定画法
圆锥滚子轴承 (GB/T 297—1994)		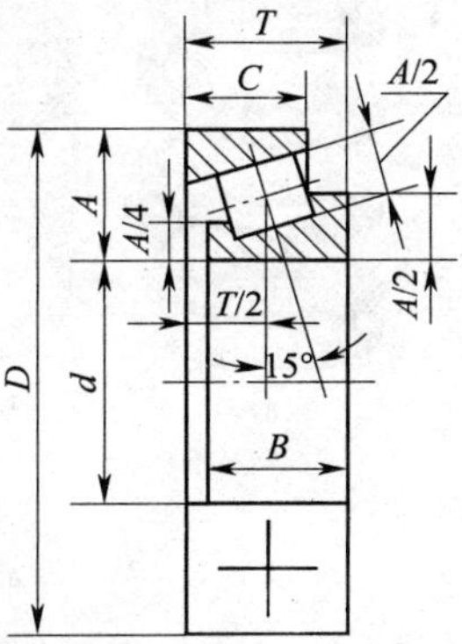 T C A/2 A A/4 A/2 T/2 15° D d B
推力球轴承 (GB/T 301—1995)	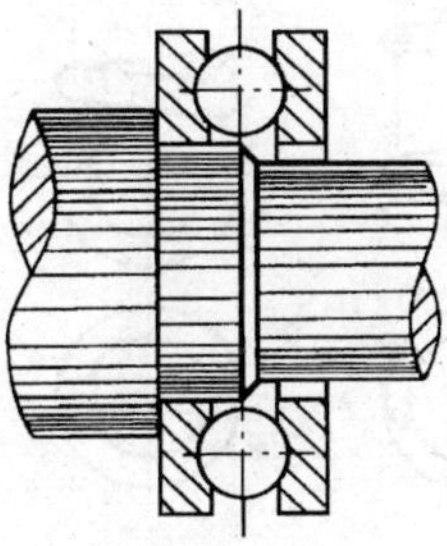	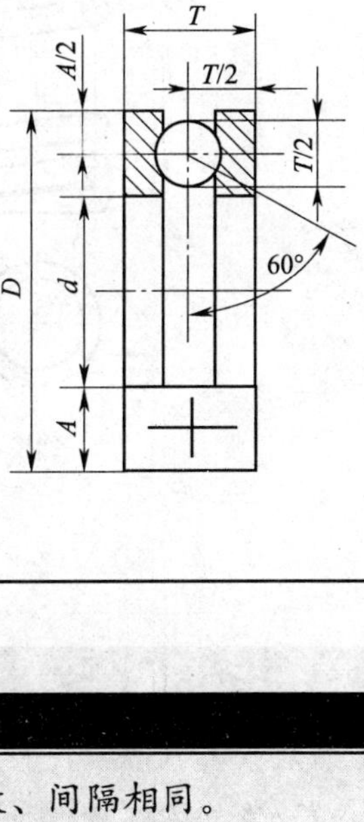 T A/2 T/2 T/2 60° D d A

注意：

1）在用规定画法绘制轴承时，内、外圈的剖面线应方向一致、间隔相同。

2）规定画法一般只用在图的一侧，在图的另一侧应按通用画法绘制。

4. 弹簧的画法

弹簧是用途很广泛的常用零件，主要用于减振、夹紧、储能和测力等。弹簧的种类很多，按其用途不同可分为压缩弹簧、拉伸弹簧、扭转弹簧和钢板弹簧等，如图 2—40 所示。

(1) 圆柱螺旋弹簧的画法。圆柱螺旋弹簧的视图如图 2—41 所示。

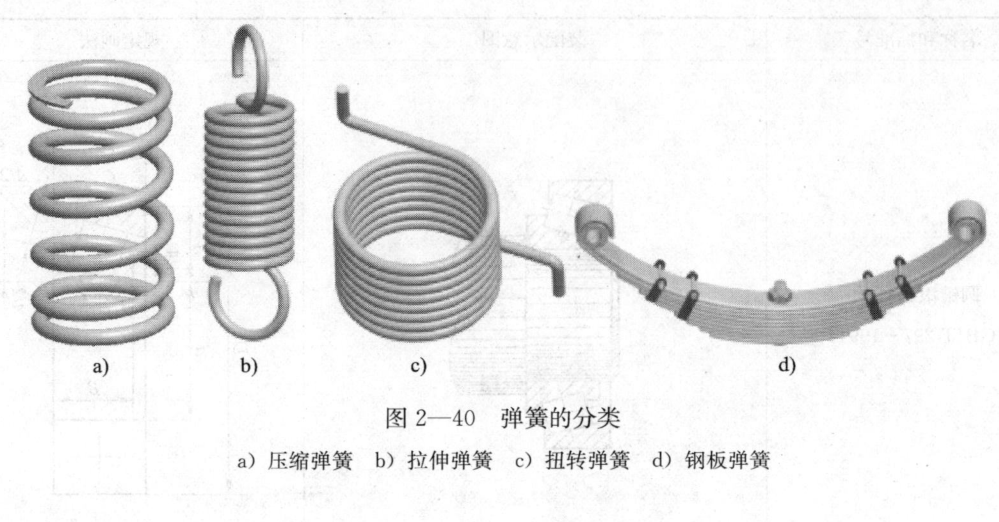

图 2—40　弹簧的分类

a）压缩弹簧　b）拉伸弹簧　c）扭转弹簧　d）钢板弹簧

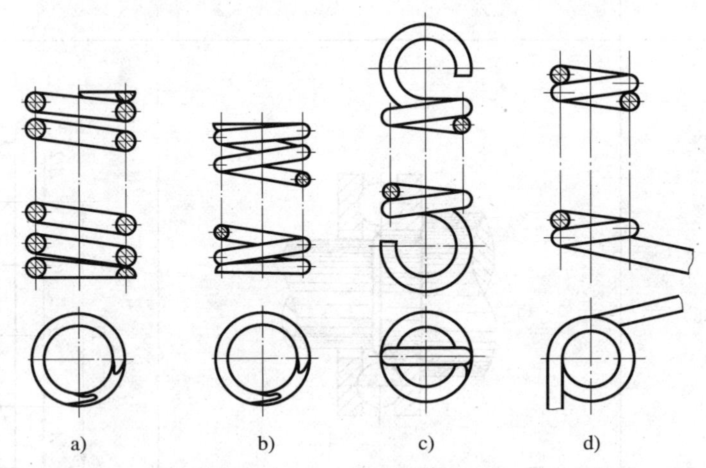

图 2—41　圆柱螺旋弹簧的视图

a）、b）压缩弹簧　c）拉伸弹簧　d）扭转弹簧

注意:

1）在反映螺旋弹簧轴线的视图中，各圈的轮廓线画成直线。

2）左、右螺旋弹簧均可画成右旋，但左旋弹簧无论画成左旋或右旋，一律要注明旋向。

3）对于有效圈数在 4 圈以上的螺旋弹簧，可只画出其两端的 1～2 圈，中间用通过簧丝断面中心的细点画线相连，且可适当缩短图形长度。

(2) 圆柱螺旋弹簧在装配图中的画法。圆柱螺旋弹簧在装配图中的画法如图 2—42 所示。

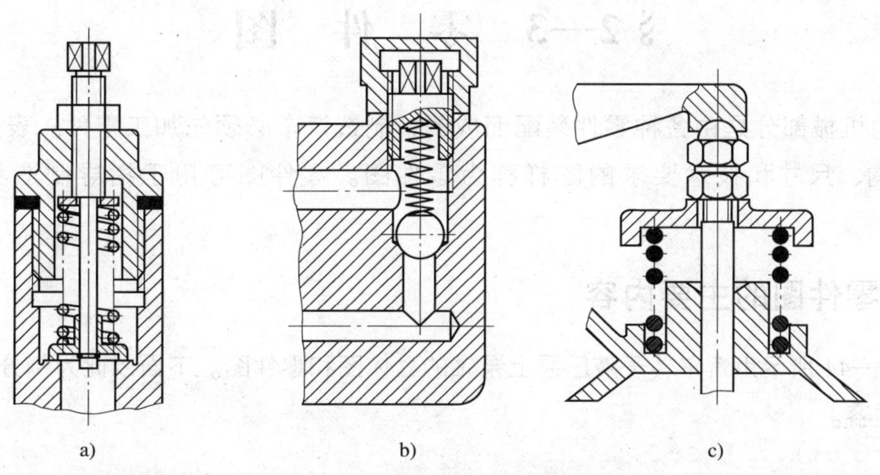

图 2—42　弹簧在装配图中的画法

a）普通画法　b）示意画法　c）涂黑表示法

注意：

1）被弹簧遮挡的结构一般不画出，可见部分的轮廓线画至弹簧外轮廓线或钢丝断面中心线。

2）当弹簧钢丝的断面直径在图形上小于等于 2 mm 时，可用示意画法或涂黑表示法。

（3）钢板弹簧的画法。钢板弹簧是汽车悬架中应用最广泛的弹性组件，它由若干片不等长但等宽、等厚的合金钢弹簧片组成，如图 2—43 所示为某汽车前悬架钢板弹簧的结构。

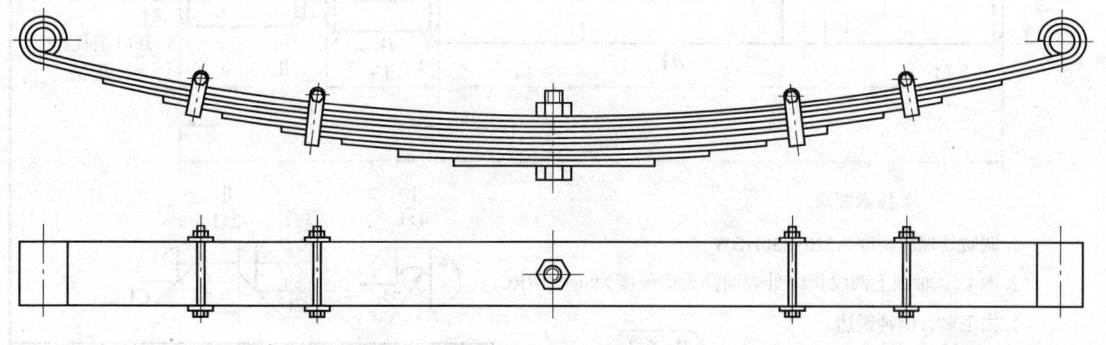

图 2—43　汽车前悬架钢板弹簧的结构

注意：

钢板弹簧一般按照自由状态下的形状绘制。

§2—3 零 件 图

汽车的机械部分是由各种零件装配而成的，制造汽车必须先加工零件。表达零件的形状、结构、尺寸和技术要求的图样称为零件图。零件图可用于指导制造和检验零件。

一、零件图的主要内容

如图 2—44 所示为汽车转子液压泵上泵轴的立体图和零件图。下面以此为例分析零件图上的主要内容。

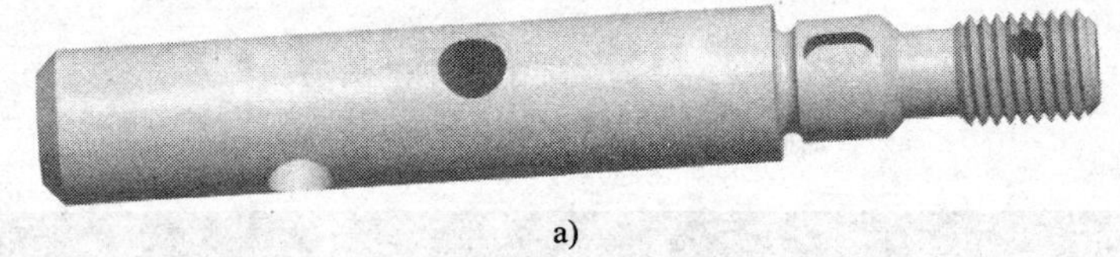

a)

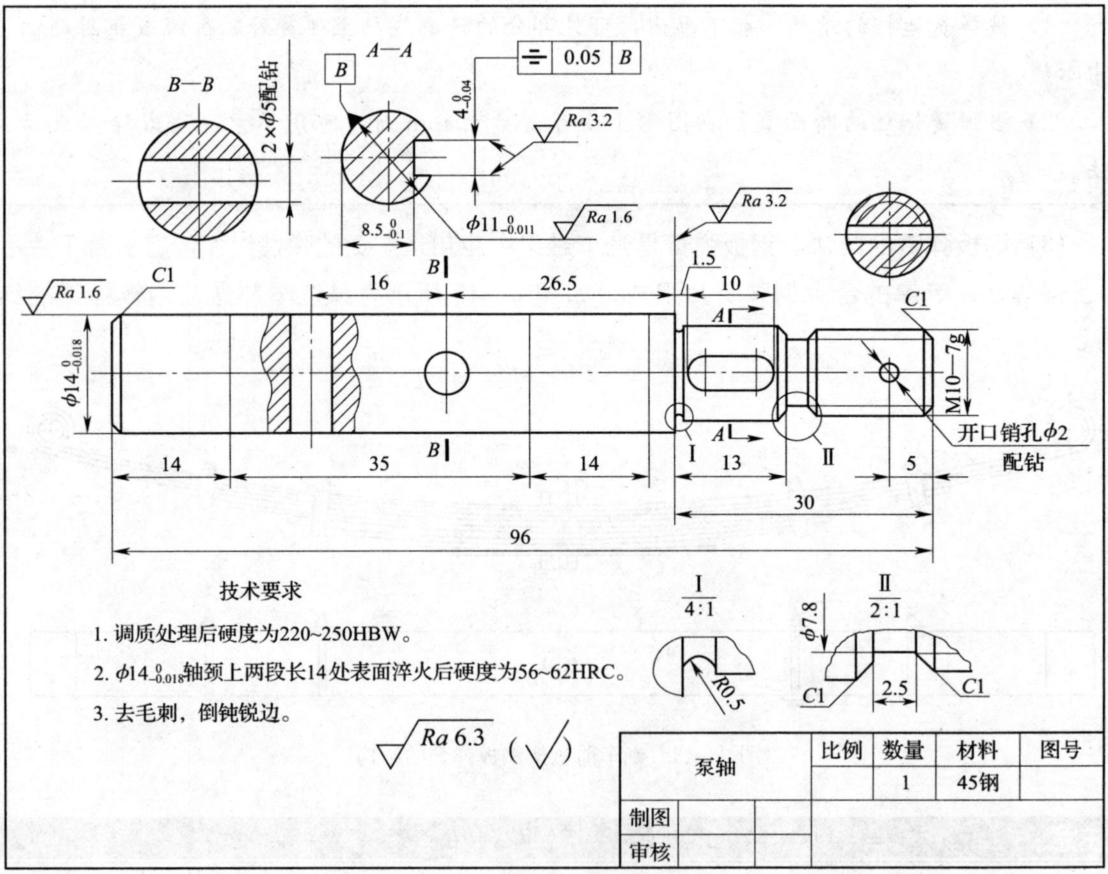

技术要求

1. 调质处理后硬度为220~250HBW。
2. $\phi14_{-0.018}^{\ 0}$轴颈上两段长14处表面淬火后硬度为56~62HRC。
3. 去毛刺，倒钝锐边。

$\sqrt{Ra\ 6.3}$ ($\sqrt{}$)

泵轴		比例	数量	材料	图号
			1	45钢	
制图					
审核					

b)

图 2—44 泵轴

a）立体图 b）零件图

1. 一组图形

在零件图中，可以采用适当的视图、剖视图、断面图等表达方法，以一组图形正确、完整、清晰地表达零件各部分的形状和结构。

零件图的视图应根据零件的结构和形状合理选择，图 2—44 所示的零件图上有六个图形，分别是一个基本视图（主视图）、三个移出断面图、两个局部放大图，其中主视图采用局部剖视。通过分析视图可以看出，该零件外形由不同直径的圆柱体组成，在左侧的大圆柱体上加工了两个 $\phi5$ mm 的圆柱孔，在中间的圆柱上加工了平键槽，在右侧的圆柱上加工了螺纹和开口销孔，在各轴颈之间加工了退刀槽，其形状用局部放大图表示。

2. 一组尺寸

为表达零件各部分的形状、大小和相对位置关系，在零件图上标注了一组尺寸，以满足零件制造和检验的需要。零件图上尺寸的类型与组合体上的尺寸类型相同，即零件图上的尺寸也分为定形尺寸和定位尺寸两类。

在图 2—44 中，标注了反映泵轴各结构大小、位置的定形尺寸和定位尺寸。如标注了零件的总长 96 mm，标注了反映圆柱外形的定形尺寸 $\phi14_{-0.018}^{\ 0}$ mm 和 $\phi11_{-0.011}^{\ 0}$ mm，标注了螺纹的尺寸 M10—7g。左侧圆柱上有两个圆柱孔，图中标注了定形尺寸“2×$\phi5$ 配钻”，定位尺寸 26.5 mm、16 mm。键槽的定形尺寸有 $4_{-0.04}^{\ 0}$ mm、$8.5_{-0.1}^{\ 0}$ mm 和 10 mm，定位尺寸为 1.5 mm。其他尺寸请读者自行分析。

3. 技术要求

在零件图上可以用规定的代号、数字、字母或另加文字注解，简明、准确地给出零件在制造和检验时应达到的质量要求，如尺寸公差、表面结构要求、几何公差、热处理以及零件性能要求等。有关技术要求的知识将在后面做简要介绍。

在图 2—44 中，重要的尺寸标注了尺寸公差，如 $\phi14_{-0.018}^{\ 0}$ mm、$\phi11_{-0.011}^{\ 0}$ mm、$4_{-0.04}^{\ 0}$ mm和 $8.5_{-0.1}^{\ 0}$ mm 等。重要的结构标注了几何公差，如 [≑ | 0.05 | B] 为键槽对称面相对于 $\phi11_{-0.011}^{\ 0}$ mm 轴线的对称度要求。符号 √Ra 3.2 和 √Ra 1.6 为表面结构要求。热处理要求标注在图样的左下角。

4. 标题栏

在零件图的右下角也绘制了标题栏。在标题栏中需要注明单位名称、图样名称、图样代号、材料、比例，以及设计、审核、工艺、批准人员签名和签名时间等内容。看图 2—44 的标题栏可知，该零件的名称是泵轴，制造零件所用的材料是 45 钢。

二、机械图样上的技术要求

在汽车零部件的生产过程中，由于机床精度、刀具磨损、测量误差、工人技术水平等因素，所加工零件的尺寸、几何形状和表面结构总是存在着一定的误差，为保证零件能够使用，就必须将其控制在一定的范围内。

1. 尺寸公差

(1) 公称尺寸。设计时给定的尺寸称为公称尺寸，如图 2—45 中的 ϕ75 mm。

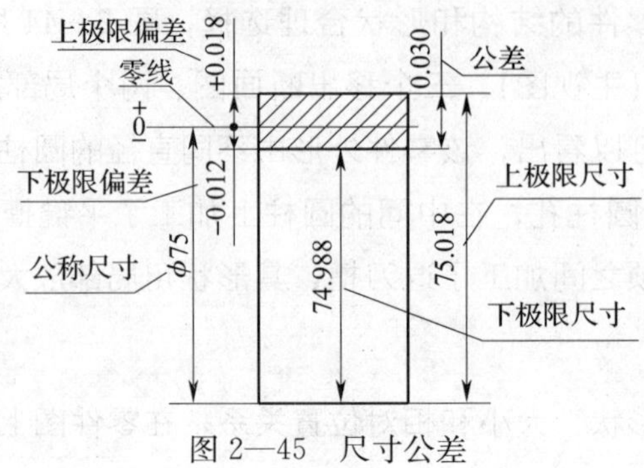

图 2—45 尺寸公差

(2) 极限尺寸。允许尺寸变化的两个界限值称为极限尺寸。加工时允许的最大尺寸称为上极限尺寸，加工时允许的最小尺寸称为下极限尺寸。在图 2—45 中，尺寸“75.018”为上极限尺寸，尺寸“74.988”为下极限尺寸。

(3) 极限偏差。极限偏差分为上极限偏差和下极限偏差。在加工时允许超出公称尺寸的最大量称为上极限偏差，在加工时允许小于公称尺寸的最大量称为下极限偏差。在图 2—45 中，“＋0.018”是上极限偏差，“－0.012”是下极限偏差。其计算公式为：

上极限偏差＝上极限尺寸－公称尺寸

下极限偏差＝下极限尺寸－公称尺寸

(4) 公差。允许尺寸的变动范围称为尺寸公差，简称公差。

尺寸公差＝｜上极限尺寸－下极限尺寸｜＝｜上极限偏差－下极限偏差｜

图 2—45 所示尺寸的公差为：＋0.018－（－0.012）＝0.030 mm。

尺寸公差在图样中的标注形式如图 2—46 所示，一般标注其上、下极限偏差。

(5) 公差带代号。零件图上标注的尺寸极限偏差数值可以用公差带代号来代替。如图 2—47 所示，尺寸 ϕ75j7 即用公差带代号表示极限偏差，尺寸 ϕ75j7 中“j7”称为公差带代号，其中“7”为公差等级代号，“j”为基本偏差代号。

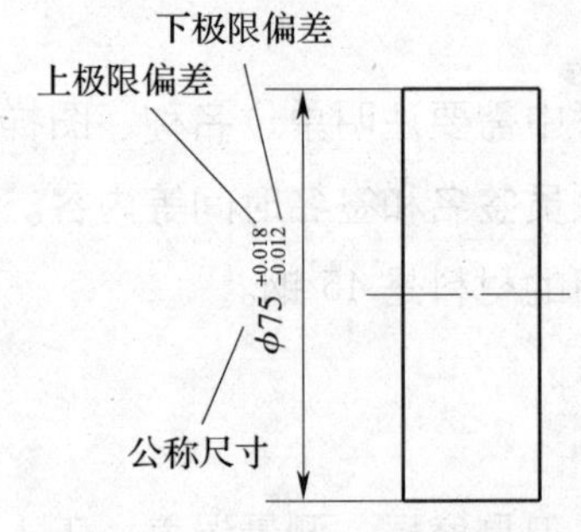

图 2—46 尺寸公差的标注形式

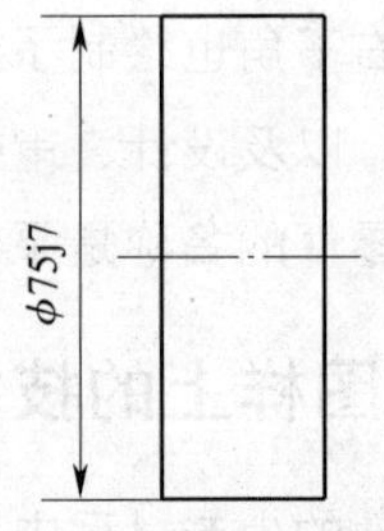

图 2—47 公差带代号

查有关国家标准可知，公称尺寸为 75 mm 的轴，基本偏差代号为“j”（IT7）时，其基本偏差（下极限偏差）为−0.012 mm。则该尺寸的上极限偏差为 0.030＋（−0.012）＝＋0.018 mm。

很显然，“$\phi75\,^{+0.018}_{-0.012}$”和“$\phi75j7$”的含义是一样的。

2. 几何公差

汽车零件在加工以后，其实际几何形状相对于理想几何形状总存在着一定的误差。几何公差是限制零件的某些结构的形状误差和位置误差的技术参数。

（1）几何公差的类型、名称及符号见表 2—8。

表 2—8　　几何公差的类型、名称及符号

公差类型	特征项目	符号	有无基准	公差类型	特征项目	符号	有无基准
形状公差	直线度	—	无	方向公差	面轮廓度	⌓	有
	平面度	▱	无	位置公差	位置度	⌖	有或无
	圆度	○	无		同心度（用于中心点）	◎	有
	圆柱度	⌭	无		同轴度（用于轴线）	◎	有
	线轮廓度	⌒	无		对称度	⌯	有
	面轮廓度	⌓	无		线轮廓度	⌒	有
方向公差	平行度	//	有		面轮廓度	⌓	有
	垂直度	⊥	有	跳动公差	圆跳动	↗	有
	倾斜度	∠	有		全跳动	⌰	有
	线轮廓度	⌒	有				

（2）几何公差框格与基准符号。几何公差要求在图样中一般以矩形框格的形式给出，如图 2—48a 所示，几何公差框格由几何特征符号、公差值、基准字母等组成。基准符号如图 2—48b 所示，它由带大写字母的方框、直线和三角形（涂黑或空白）组成。几何公差框格和基准符号均画细实线。几何公差框格和基准符号在图样上的标注形式见表 2—9。

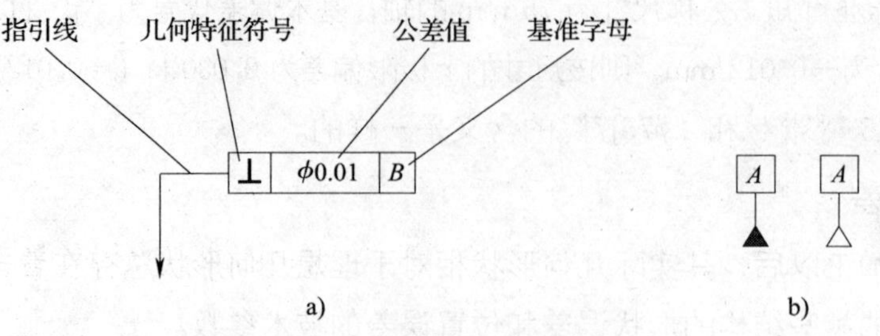

图 2—48 几何公差框格和基准符号

a）几何公差框格 b）基准符号

表 2—9 几何公差框格和基准符号在图样上的标注形式

要素类型		图例	标注方法
被测要素	轮廓线或表面	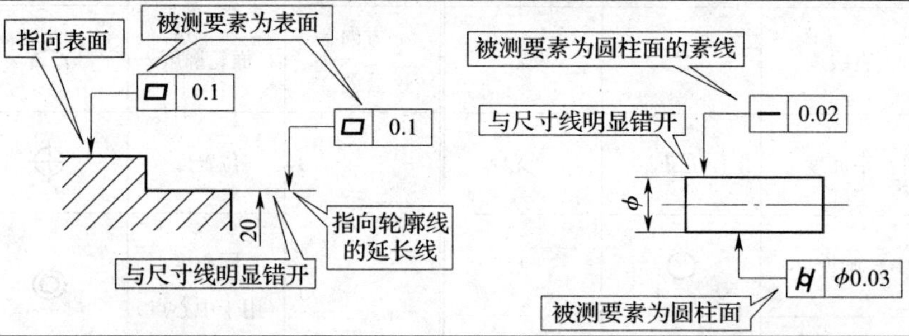 指向表面 被测要素为表面 ▱ 0.1 ▱ 0.1 20 指向轮廓线的延长线 与尺寸线明显错开 被测要素为圆柱面的素线 — 0.02 与尺寸线明显错开 φ ⌭ φ0.03 被测要素为圆柱面	指引线与尺寸线明显错开
	轴线或中心平面	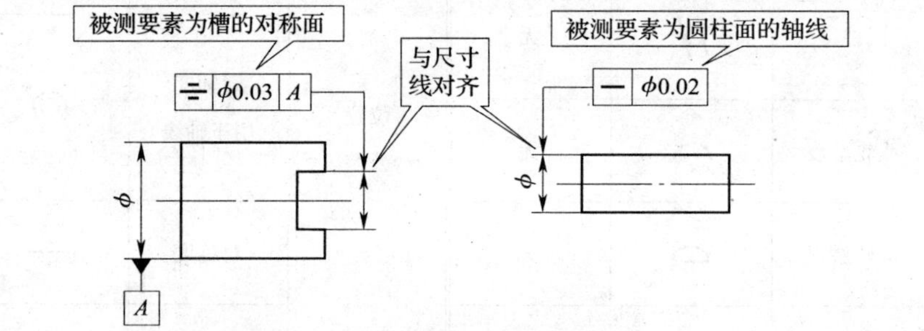 被测要素为槽的对称面 ⌯ φ0.03 A 与尺寸线对齐 φ A 被测要素为圆柱面的轴线 — φ0.02 φ	指引线与尺寸线对齐
基准要素	轮廓线或表面	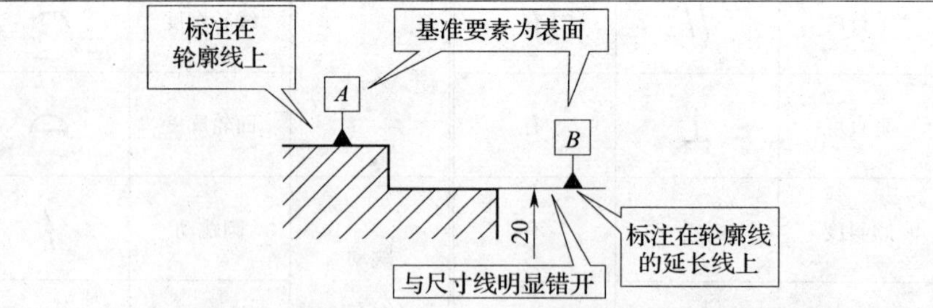 标注在轮廓线上 基准要素为表面 A B 20 标注在轮廓线的延长线上 与尺寸线明显错开	基准符号与尺寸线明显错开
	轴线或中心平面	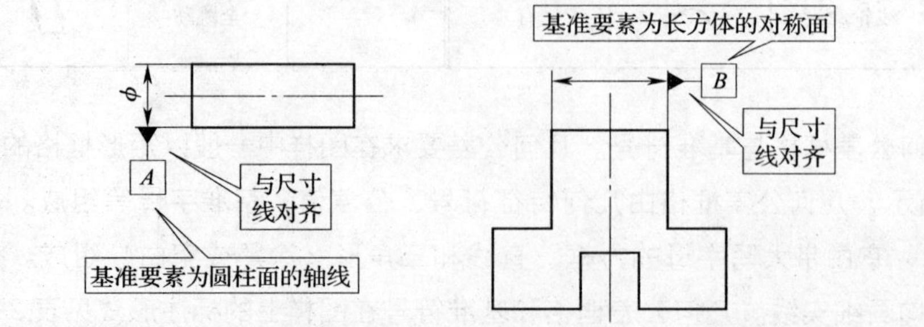 φ A 与尺寸线对齐 基准要素为圆柱面的轴线 基准要素为长方体的对称面 B 与尺寸线对齐	基准符号中的细实线应与尺寸线对齐

3. 表面结构要求

零件的加工表面不可能绝对光滑，其表面总会存在着较小间距的峰（凸起部分）和谷(低凹部分)，如图 2—49 所示。表面结构要求的评定参数主要为轮廓算术平均偏差（用 Ra 表示)。常用表面结构符号的含义见表 2—10。

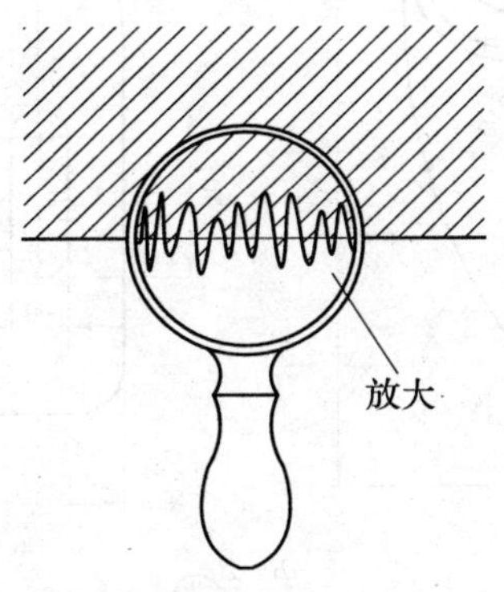

图 2—49　表面局部放大示意图

表 2—10　　**常用表面结构符号的含义**

代号	含　义
√	由两条不等长的与标注表面成 60°夹角的直线构成，仅用于简化代号标注，没有补充说明时不能单独使用
√○	表示指定表面是用不去除材料的方法获得
√Ra 3.2	表面是用去除材料的方法获得，单向上限值，算术平均偏差为 3.2 μm

三、识读零件图

识读零件图的目的是根据零件图想象零件的结构和形状，了解零件的尺寸和技术要求。识读零件图时，应尽量了解零件在机器或部件中的位置、作用及其与其他零件的关系，以便理解和读懂零件图。下面识读图 2—50 所示的某汽车制动踏板座零件图。

1. 看标题栏

由标题栏可知零件的名称是汽车制动踏板座，主要起支撑作用，毛坯为铸造件，材料为灰铸铁 HT200。

2. 分析视图

表达汽车制动踏板座用了主视图、俯视图、A 向局部视图和 B—B 断面图。主视图主要表达制动踏板座的整体结构，在主视图上有两处局部剖视，一处表达上部轴承孔的形状，另一处则表达下面安装板上长圆孔的形状；俯视图主要辅助表达零件的整体结构，其上的局部

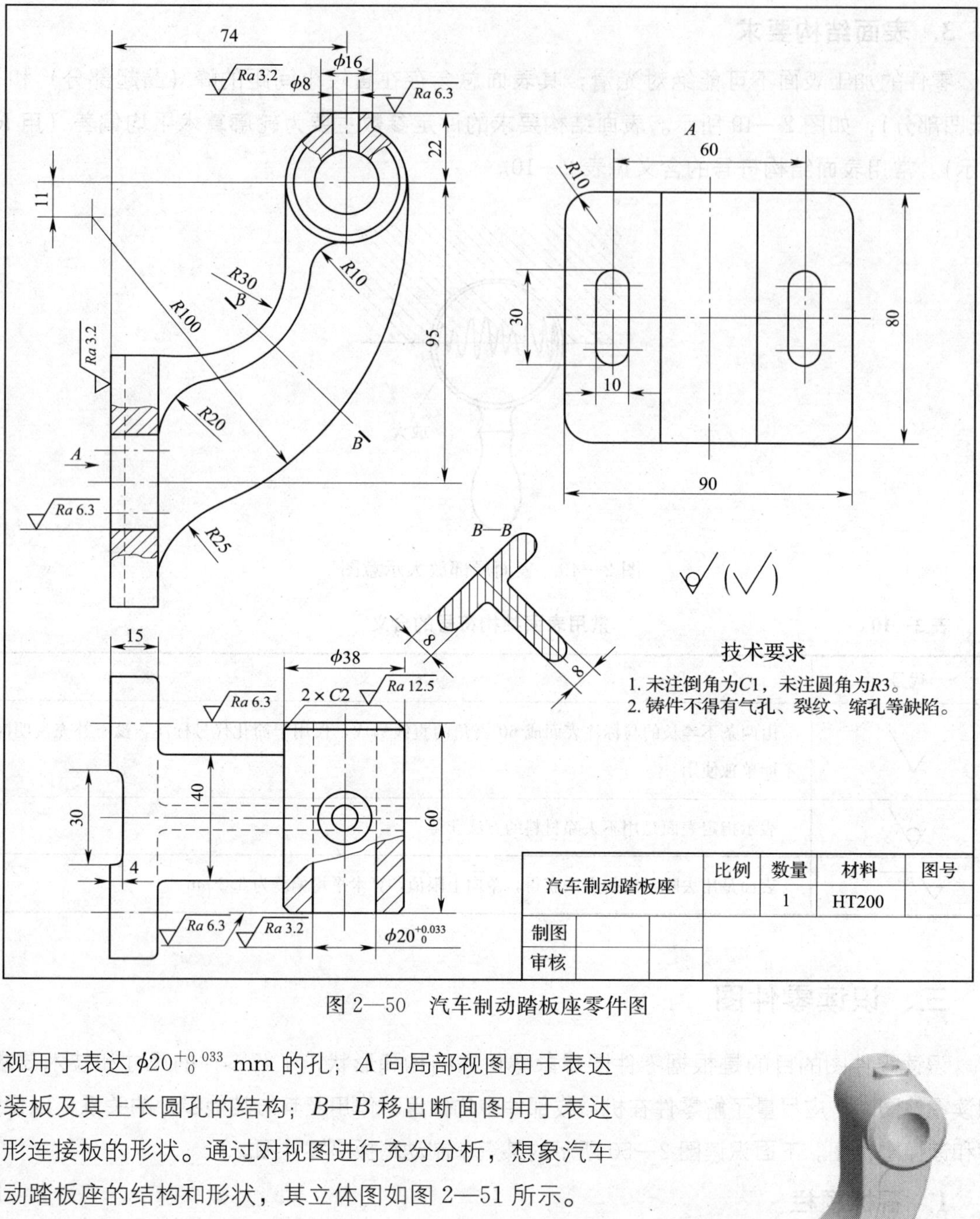

技术要求

1. 未注倒角为C1，未注圆角为R3。
2. 铸件不得有气孔、裂纹、缩孔等缺陷。

汽车制动踏板座	比例	数量	材料	图号
		1	HT200	
制图				
审核				

图 2—50　汽车制动踏板座零件图

剖视用于表达 $\phi20^{+0.033}_{0}$ mm 的孔；A 向局部视图用于表达安装板及其上长圆孔的结构；B—B 移出断面图用于表达 T 形连接板的形状。通过对视图进行充分分析，想象汽车制动踏板座的结构和形状，其立体图如图 2—51 所示。

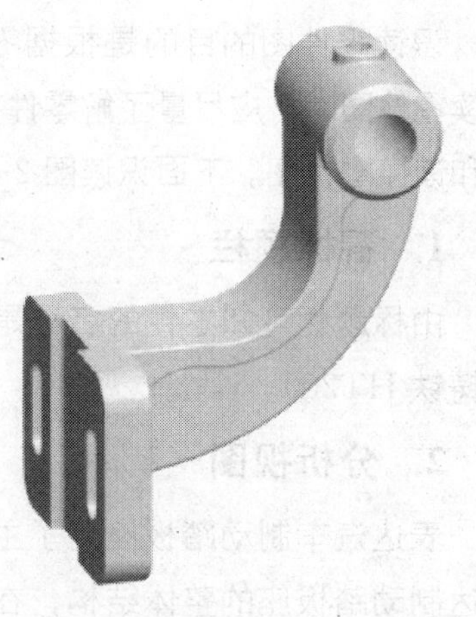

图 2—51　汽车制动踏板座立体图

3. 分析尺寸

汽车制动踏板座的左下方是安装板，图中标注了安装板的定形尺寸，主要包括厚15 mm（长度尺寸）、宽 90 mm、高 80 mm，圆角半径 R10 mm，安装板凹槽深度 4 mm（长度尺寸）、槽宽 30 mm（宽度尺寸），安装板上长圆孔的定形尺寸有 30 mm和 10 mm，定位尺寸有 60 mm。

汽车制动踏板座上方是安装轴的圆筒，图中标注的定形尺寸有外圆直径 38 mm、轴承孔直径 $20^{+0.033}_{0}$ mm、圆筒长 60 mm（宽度尺寸），定位尺寸有 74 mm 和 95 mm。在圆筒的上方有一个圆柱形凸台，外圆直径为 16 mm，内孔直径为 8 mm，凸台顶面至 $\phi20^{+0.033}_{0}$ mm 孔的轴线之间的距离为 22 mm。

圆筒与安装板之间用 T 形肋板相连接，T 形肋板的两个板的厚度均为 8 mm。图样上的其他尺寸请读者自行分析。

4. 分析技术要求

根据汽车制动踏板座的功能可知，$\phi20^{+0.033}_{0}$ mm 孔与轴配合，所以标注了尺寸公差，其表面结构要求 Ra 值为 3.2 μm。$\phi8$ mm 孔和安装板的安装基面的表面结构要求 Ra 值为 3.2 μm，$\phi38$ mm 圆筒两端面、$\phi16$ mm 圆柱形凸台和安装板上长圆孔的表面结构要求 Ra 值为 6.3 μm，图样右下方标注的“ ∀(√) ”表示图中未标注表面结构符号的表面均为毛坯状态。

§2—4 装 配 图

装配图是表达机器或部件的图样，主要用来表达机器和部件的工作原理、各零件间的相对位置及装配连接关系。在设计新产品时，一般应先画出装配图，然后根据装配图绘制零件图；零件制成后，再根据装配图装配成机器或部件；在安装、使用和维修设备时，也常需要通过装配图来了解机器的结构。

一、装配图的主要内容

如图 2—52a 所示的手动泵是内燃机燃油系统中的辅助泵，主要起排出油管中空气的作用，它的主要工作部件是活塞和套筒，通过手动使活塞在套筒中运动，从而改变套筒的密封工作容积，达到吸、排气（油）的目的。图 2—52b 所示为手动泵的装配图，下面以此为例分析装配图所包含的内容。

1. 一组图形

图 2—52b 所示的手动泵装配图用了主视图一个图形进行表达，主视图右侧的套筒进行了全剖视，中间的活塞、泵轴的左侧以及左侧的手柄盖均采用了局部剖视。

装配图可以运用必要的视图和各种表达方法，表达机器或部件的工作原理、零件之间的相互位置和装配连接关系，以及主要零件的基本结构和形状。装配图上图形的表达目的不同于零件图，对装配图来说，应从整体出发，将机器或部件的整体结构、工作原理、装配关系放在首位，兼顾主要零件的基本结构和形状。至于每个零件的具体形状和结构则由零件图详细表达。

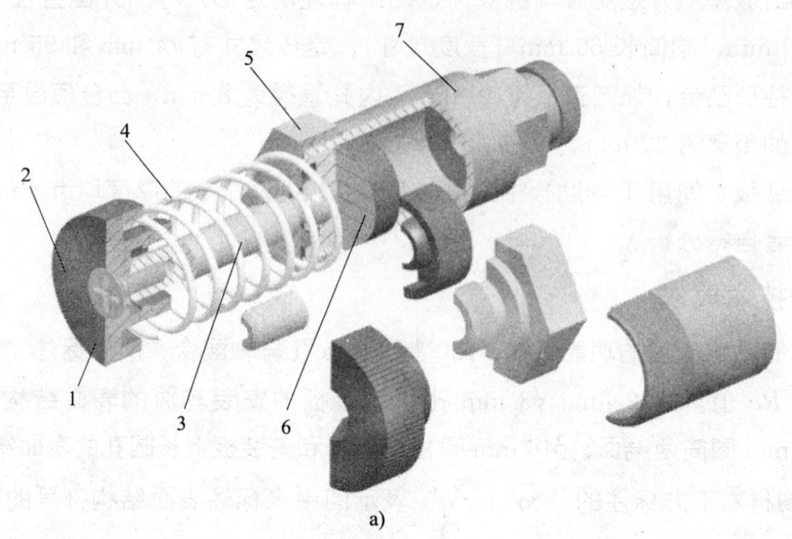

a)

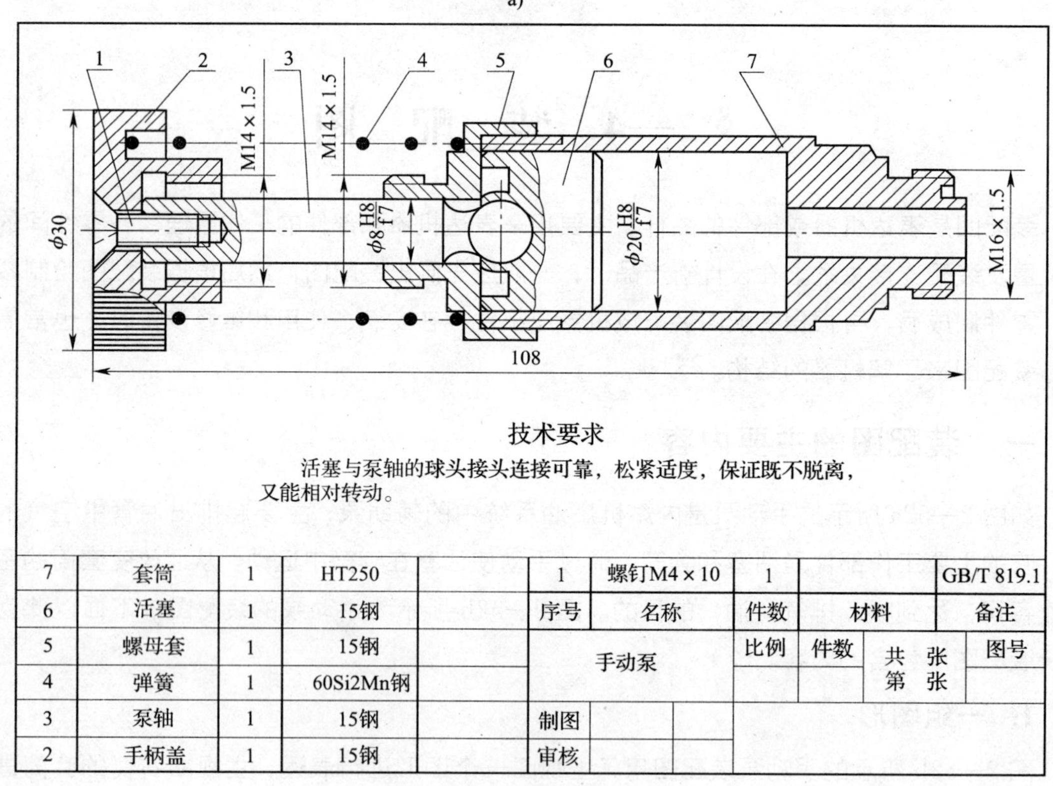

序号	名称	件数	材料	备注
7	套筒	1	HT250	
6	活塞	1	15钢	
5	螺母套	1	15钢	
4	弹簧	1	60Si2Mn钢	
3	泵轴	1	15钢	
2	手柄盖	1	15钢	
1	螺钉M4×10	1		GB/T 819.1

b）

图 2—52　手动泵

a）立体图　b）装配图

1—螺钉　2—手柄盖　3—泵轴　4—弹簧　5—螺母套　6—活塞　7—套筒

2. 必要的尺寸

装配图的尺寸主要用来表达机器或部件的规格、性能，各零件之间的配合关系，装配体的总体大小以及安装要求等。一般需要注出以下几种尺寸：

(1) 规格、性能尺寸。图 2—52b 中的尺寸 $\phi20\frac{H8}{f7}$确定了排气（油）量的大小，从而也确定了手动泵的大小，这种表示机器或部件规格大小或工作性能的尺寸称为规格、性能尺寸。这类尺寸是设计、了解、选用机器或装配体的依据。

(2) 配合尺寸。图 2—52b 上的尺寸 $\phi8\frac{H8}{f7}$表示 ϕ8H8 的孔（螺母套）和 ϕ8f7 的轴（泵轴）之间的配合，"ϕ8" 为公称尺寸。这种公称尺寸相同，相互结合的孔与轴公差带之间的关系称为配合。

国家标准规定：配合代号用分式表示，分子为孔的公差带代号，分母为轴的公差带代号。

在装配图上，表示零件间配合性质和公差等级的尺寸称为配合尺寸。图 2—52b 中的尺寸 $\phi20\frac{H8}{f7}$也是配合尺寸。

(3) 安装尺寸。将部件安装在机器上或将机器安装在基础上所需的尺寸称为安装尺寸。图 2—52b 中的尺寸 M16×1.5 即为安装尺寸，它是将手动泵连接在管路上所需的尺寸。

(4) 外形尺寸。表示机器或部件的总长、总宽、总高等的尺寸称为外形尺寸。图 2—52b 中的尺寸 108 mm 和 ϕ30 mm 为外形尺寸。

(5) 其他重要尺寸。这类尺寸是指在设计过程中经过计算或根据需要而确定的尺寸，但又不属于以上五种尺寸，图 2—52b 中的手柄盖和螺母套上的尺寸 M14×1.5 为其他重要尺寸。

在装配图上标注尺寸时，上述各类尺寸并非都需要全部注出，有时同一尺寸可能具有几种不同的含义。因此，在装配图上标注尺寸时需根据具体情况来确定。

3. 技术要求

在装配图上需要用文字说明或标注符号指明机器或部件在装配、调试、检验、安装、使用中应遵守的技术条件和要求。在图 2—52b 所示的装配图上用文字叙述的形式标注了技术要求。

4. 零件序号、明细栏和标题栏

为了便于看图、管理图样和组织生产，装配图必须对每种零件按照顺时针（或逆时针）方向的顺序编写零件序号。同时在标题栏上方编制相应的明细栏，并按零件序号将零件一一列出，注明零件的名称、数量、材料等。如图 2—52b 所示，装配图上的各个零件按照顺时针方向编写了序号，在明细栏中将七种零件的名称、件数、材料等列出。在标题栏中写出了零件的名称手动泵。

二、装配图的表达方法

1. 装配图的规定画法

适用于零件图的各种表达方法同样适用于装配图，但由于装配图侧重于表达机器或部件的工作原理、装配关系等整体情况，国家标准对装配图又单独制定了一些画法规定。

(1) 两相邻零件的接触表面（见图 2—53①）和配合表面（见图 2—53②）只画一条共有的轮廓线；不接触的两零件表面，即使间隙很小，也必须分别画出各自的轮廓线（见图 2—53③和④)。

(2) 为区分不同的零件，在剖视图、断面图中，相邻两零件的剖面线的倾斜方向应相反(见图 2—53⑤)；若方向一致，则间距不同（见图 2—53⑥)。同一零件在不同视图中的剖面线的方向和间距应保持一致。

(3) 对于紧固件（如螺栓、螺母、垫圈、螺钉等)，以及轴、连杆、球、键、销等实心零件，若纵向剖切，且剖切平面通过其对称平面或轴线时，则这些零件均按不剖绘制，如图 2—53 中的螺钉即按未剖切绘制。但当剖切平面垂直于这些零件的轴线剖切时，则应按剖切到绘制。

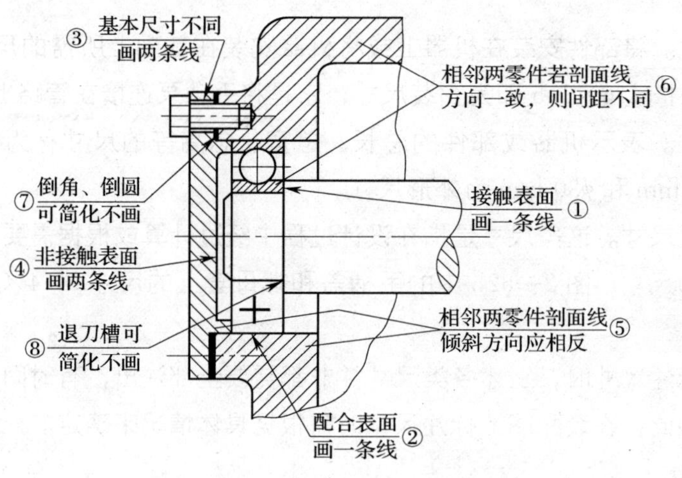

图 2—53 装配图的画法

2. 装配图的特殊表达方法

装配图中的视图，除了采用视图、剖视图、断面图等一般的表达方法外，还可采用一些特殊的表达方式。

(1) 假想画法。在装配图中，为了表达运动零件的极限位置时，可用细双点画线画出该零件在极限位置时的轮廓线，如图 2—54 中的手柄；当需要表达与本部件有关的相邻零件或部件的安装关系时，也可用细双点画线画出相邻零件或部件的轮廓，如图 2—54 所示在下部用细双点画线绘制了箱体的相邻零件。

(2) 拆卸画法。在装配图中，当某些零件遮住了所需表达的其他零件时，可假想将某些零件拆卸后再绘制视图。拆卸后需加以说明时，可以注上“拆去××”等字样，如图 2—55 所示的俯视图上方标注了“拆去传动齿轮等”，左视图上方标注了“拆去泵盖、传动齿轮等”。

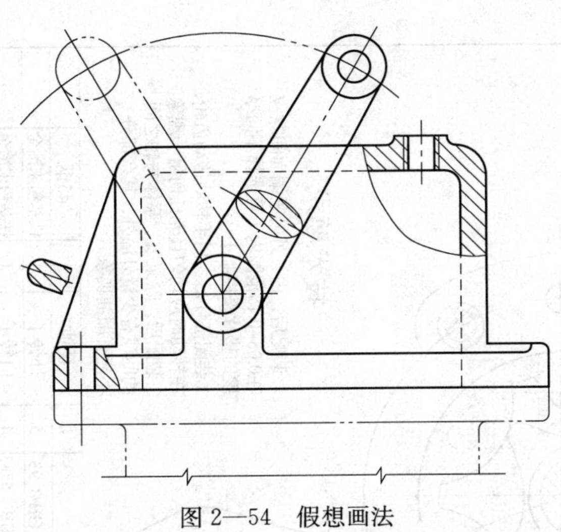

图 2—54　假想画法

（3）简化画法。装配图上若干相同的零件组（如螺栓、螺钉等），可详细地画出一组，其余用细点画线表示其中心位置，如图 2—53 中螺钉的画法。倒角、倒圆、退刀槽等工艺结构可省略不画（见图 2—53⑦和⑧）。

三、识读装配图

在汽车零部件的设计、装配、使用与维修以及技术交流中，都离不开识读装配图。如图 2—55 所示为汽车转子油泵装配图，图 2—56 所示为转子油泵中各零件的立体图。下面以此为例，分析识读装配图的方法与步骤。

识读装配图是指通过对装配图的标题栏、明细栏、图形、尺寸、技术要求等各项内容进行分析，了解装配体的名称、规格、性能和功用，分析各组成零件的相互位置、装配关系及传动路线，认识各零件的作用及主要结构和形状，看懂装配体的工作原理、使用方法及拆装顺序等。

1. 概括了解

识读装配图时，首先要通过看标题栏、明细栏等了解机器或部件的名称、用途以及装配体中各零件的名称和数量等内容，并由其名称分析装配体的用途，由比例和外形尺寸了解装配体的大小等。

从图 2—55 所示的标题栏中可以看出，该装配体为转子油泵，它是汽车液压系统中的一个主要元件，它可以产生压力油并将其输送到液压系统中。从明细栏中可以看出，它由 16 种零件组成，主要零件有泵体 1、衬套 2、内转子 4、外转子 5、泵轴 6、垫片 7、泵盖 8、传动齿轮 11 共 8 种普通零件和键、圆柱销、开口销、螺栓、螺母、普通垫圈、弹簧垫圈共 7 种标准件组成。

2. 分析视图

看懂视图是识读装配图的关键，要通过对装配图的各个视图进行分析，明确视图之间的关系。结合明细栏，分析各个零件的形状、作用，弄懂装配体的工作原理和装配关系。

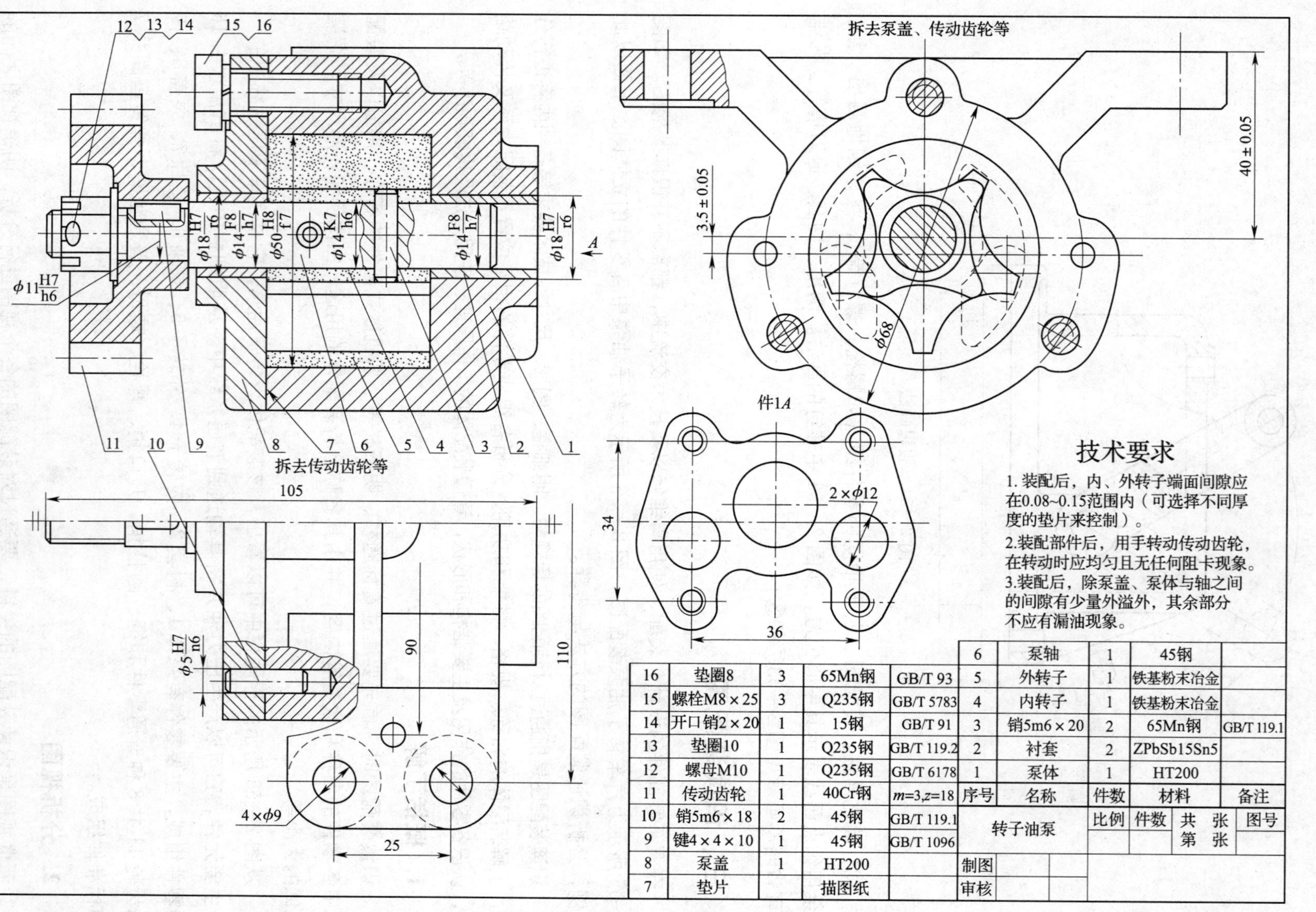

16	垫圈8	3	65Mn钢	GB/T 93
15	螺栓M8×25	3	Q235钢	GB/T 5783
14	开口销2×20	1	15钢	GB/T 91
13	垫圈10	1	Q235钢	GB/T 119.2
12	螺母M10	1	Q235钢	GB/T 6178
11	传动齿轮	1	40Cr钢	m=3,z=18
10	销5m6×18	2	45钢	GB/T 119.1
9	键4×4×10	1	45钢	GB/T 1096
8	泵盖	1	HT200	
7	垫片		描图纸	

6	泵轴	1	45钢	
5	外转子	1	铁基粉末冶金	
4	内转子	1	铁基粉末冶金	
3	销5m6×20	2	65Mn钢	GB/T 119.1
2	衬套	2	ZPbSb15Sn5	
1	泵体	1	HT200	
序号	名称	件数	材料	备注

转子油泵	比例	件数	共 张 第 张	图号
制图				
审核				

图 2—55　汽车转子油泵装配图

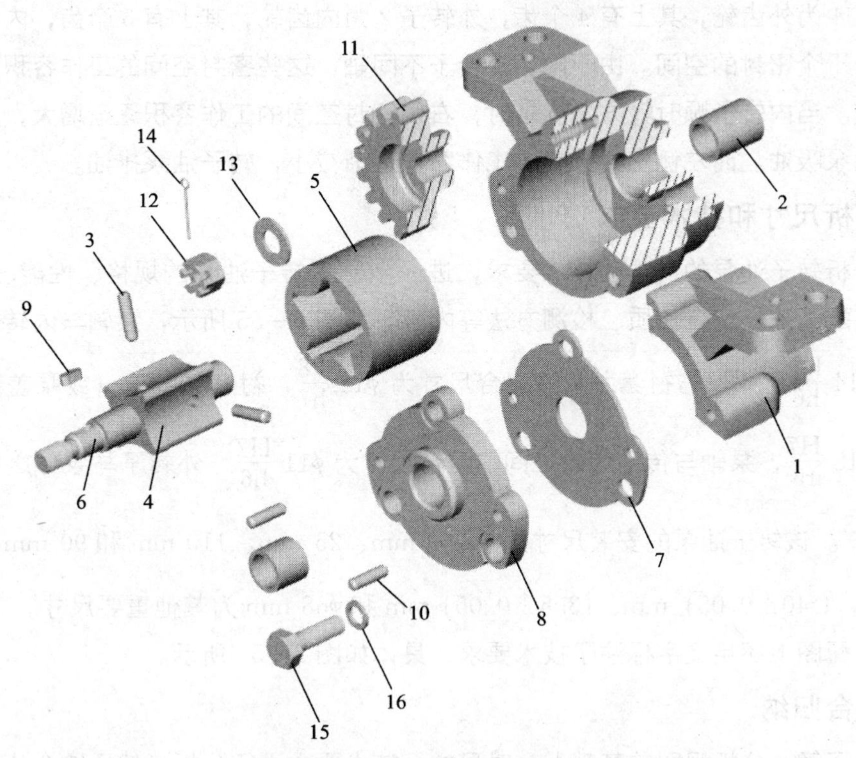

图 2—56 转子油泵中各零件的立体图

1—泵体 2—衬套 3、10—销 4—内转子 5—外转子 6—泵轴 7—垫片 8—泵盖 9—键 11—传动齿轮 12—螺母 13、16—垫圈 14—开口销 15—螺栓

如图 2—55 所示，转子油泵装配图用了三个基本视图和一个局部视图表达其结构。

(1) 主视图的主体表达方法为全剖视，剖切平面通过转子油泵的前后对称面，根据剖视图的有关画法规定，泵轴 6 在键、销连接处采用局部剖切表达连接情况，其他实心处按不剖绘制，标准件按不剖绘制。主视图主要用来表达传动齿轮 11、泵轴 6、内转子 4、外转子 5、泵体 1、泵盖 8 等主要零件的位置和装配连接关系。

(2) 左视图采用拆卸画法，此处剖切平面在泵盖 8 与泵体 1 的接合面处剖开，剖切到泵轴 6 和螺栓 15，因此在其上绘制了剖面线。左视图主要表达转子油泵的工作原理以及内、外转子的啮合情况，同时也表达了泵体的主体结构和形状，用局部剖视表达了安装孔的形状。

(3) 俯视图以表达外形为主，用于表达安装孔和定位销孔的位置。同时采用了局部剖视表达泵体与泵盖之间定位销 10 的定位情况。该形体前后基本对称，俯视图绘制了一半，且在图形的左、右两侧分别绘制了对称图形符号（两段与对称线垂直的平行细实线）。

(4) “件 1*A*” 局部视图用于表达进、出油口的位置以及连接螺孔的大小和位置。

3. 分析工作原理

如图 2—55 所示，当电动机带动传动齿轮 11 旋转时，通过键 9 带动与其固定在一起的泵轴旋转，泵轴又通过销 3 带动内转子旋转，内转子带动外转子绕其自己的轴线做同向旋转。内转子 4 为外齿轮，其上有 4 个齿，外转子 2 为内齿轮，其上有 5 个齿，内、外转子之间形成了若干个密封的空间。由于内、外转子不同轴，这些密封空间的工作容积随着转子的旋转而变化。当内转子顺时针方向旋转时，右侧密封空间的工作容积逐渐增大，形成局部真空，转子油泵吸油。而左侧密封空间的工作容积逐渐减小，转子油泵排油。

4. 分析尺寸和技术要求

通过分析转子油泵的尺寸和技术要求，进一步熟悉转子油泵的规格、性能、外形大小、零件间的装配关系、配合性质、检测方法等内容。如图 2—55 所示，泵轴与内转子之间的配合尺寸为 $\phi 14\,\frac{K7}{h6}$，泵轴与衬套之间的配合尺寸为 $\phi 14\,\frac{F8}{h7}$，衬套与泵体（或泵盖）之间的配合尺寸为 $\phi 18\,\frac{H7}{r6}$，泵轴与传动齿轮之间的配合尺寸为 $\phi 11\,\frac{H7}{h6}$，外转子与泵体之间的配合尺寸为 $\phi 50\,\frac{H8}{f7}$。该转子油泵的安装尺寸为 4×ϕ9 mm、25 mm、110 mm 和 90 mm，外形尺寸为 105 mm，(40±0.05) mm、(3.5±0.05) mm 和 ϕ68 mm 为其他重要尺寸。

在该装配图上还用文字标注了技术要求，具体如图 2—55 所示。

5. 综合归纳

在概括了解、分析视图的基础上，对尺寸、技术要求进行分析，然后综合分析装配图的各项内容，对装配体的结构、形状、工作原理等有一个较完整、明确的认识。实际上，上述各项步骤是不能截然分开的，通常需要对视图、尺寸、技术要求、标题栏和明细栏等进行反复的对照和分析，才能看懂装配图。

第三章　汽车电路图识读基础

汽车电路图是检修汽车电气系统时必须参考的基本资料，能否正确识读汽车电路图，正确分析并找出其特点和规律，使其成为汽车电路故障诊断与排除的依据，已成为汽车维修人员迫切需要解决的问题。识读和分析汽车电路图的快慢能够反映出一个维修人员对汽车专业基础知识和专业知识的掌握程度，从而对汽车故障诊断与排除以及全面检修都具有非常重要的意义。

§3—1　概　　述

由于目前世界各汽车制造公司在电路图的绘制上风格各异，同时，诸多电器、设备以及各种电子控制技术在现代汽车电气系统中的广泛应用，使得汽车电路日趋复杂，识读难度不断增大。因此，在识读汽车电路图之前，首先要对汽车电路的基本知识有所了解。

一、汽车电路的基本概念

如图 3—1 所示，汽车电路是指用导线和车体把电源、电路保护装置、控制器件和用电设备等装置按照汽车电气设备的工作特性和内在关系连接起来，形成能够使电流流通的闭合回路。

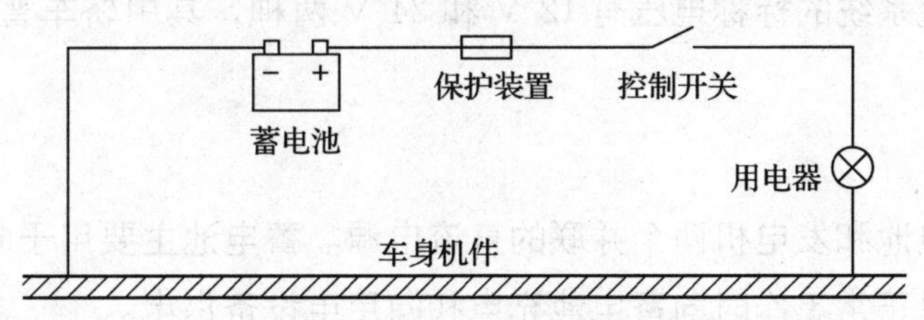

图 3—1　简单的汽车电路图

二、汽车电路的基本组成

虽然现代汽车的电气设备种类和数量越来越多，但是汽车电路主要由电源、电路保护装置、控制器件、用电设备及汽车用导线等组成。

1. 电源

汽车电路一般有蓄电池和发电机两个电源，主要用于保证发动机的起动和车载用电设备在不同情况下的正常工作。

2. 电路保护装置

汽车电路中常用的保护装置主要有熔断器（又称熔丝，俗称保险丝）、电路断路器和易熔线等，其主要作用是在电路中起到保护作用。当电路中的电流超过规定值时，能及时切断电路，防止损坏电气设备和连接导线，并把故障限制在最小范围内。

3. 控制器件

现代汽车除了各种手动开关、压力开关、温控开关等传统的汽车控制器件外，还大量使用了电子控制器件，包括简单的电子模块（如电子式电压调节器、电子继电器等）和微电脑形式的电控单元（如发动机电控单元、自动变速器电控单元等）。

4. 用电设备

汽车电路中常用的用电设备主要包括电动机、电磁阀、灯泡、仪表、各种电子控制器件和部分传感器等。

5. 汽车用导线

汽车用导线主要有低压导线和点火用高压导线两种。低压导线主要用来将以上各种电气装置连接起来构成电路。此外，汽车上常用车体代替部分从用电器返回电源的导线。

三、汽车电路的基本特点

汽车电路不但具有一般电路的共同特征，例如，电器之间的基本连接方式为串联和并联，电路的基本工作状态有通路、断路和短路三种，电路中的电气元件在电路图中用专门的符号表示等。而且还具有自身的一些特点，主要包括以下几点：

1. 低压

目前，汽车电气系统的标称电压有 12 V 和 24 V 两种，其中轿车普遍采用 12 V，重型柴油车多采用 24 V。

2. 直流

汽车一般有蓄电池和发电机两个并联的直流电源。蓄电池主要用于向起动机供电，发电机主要用于在发动机正常工作时向蓄电池充电和向用电设备供电。

3. 并联

为了确保各用电器能独立工作，互不干扰，汽车上的电源和所有用电设备均采用并联方式连接。每条电路均有自己的控制器件和保险装置，控制器件保证每条电路独立工作，保险装置用于防止因电路短路或超载而引起导线及用电器的损坏。

4. 单线制

单线制是指从电源正极到用电设备正极只用一根导线连接，而用电设备的负极与汽车底盘、发动机等金属机体作为另一根共用导线与电源负极相连。采用单线制接线可简化线路，节约导线，使电路的布线清晰，安装和检修方便，所以汽车上的电气设备普遍采用单线制接线方式。

但在一些不能形成可靠的电气回路或需要精确电子信号的回路中，以及对于某些电气设备，为了保证其工作的可靠性，提高灵敏度，仍然采用双线制连接方式。例如，发电机与调节器之间的接地线、双线电喇叭、电子控制系统的电控单元及传感器等。

5. 负极搭铁

采用单线制方式时，电源的一个电极接到车体上，称为搭铁。若电源的负极与车体连接，则称为负极搭铁；反之，则称为正极搭铁。现在汽车一般采用负极搭铁，但仍有少数例外，采用正极搭铁。

6. 网络控制

在现代汽车上，多数用电设备工作电流的控制已不再由单一的开关信号控制，而大多是由具有一定逻辑关系的多个信号来控制的。这些控制构成一个网络，所以称为网络控制，即用电设备是否工作是由网络控制的。实现网络控制主要是引入了电控单元（ECU）。它连接着特定部位的传感器，每个传感器提供一路信号。在各种用电设备的工作电流控制中有些信号是共用的，所以汽车上各个电控单元也要靠网络技术来连接。目前，汽车车载网络结构已向 CAN 总线制过渡。

7. 电气线路的走向和布局基本相同

大多数汽车的电气设备均按用途布置在相同位置，特别是同系列车型的车辆，这样就形成了汽车电气线路的走向和布局的共性。

8. 汽车电路由相对独立的分系统组成

汽车电路由相对独立的分系统组成，全车电路一般包括以下几个部分：

（1）电源电路。该电路由蓄电池、发电机、调节器及充电状况指示装置等组成。

（2）起动电路。该电路由起动机、起动继电器、起动开关及起动保护装置组成。

（3）点火电路。该电路由点火线圈、分电器、电子点火器、火花塞、点火开关等组成。此外，由发动机控制单元进行点火控制时，可以不使用分电器。

（4）照明与信号电路。该电路由前照灯、雾灯、示宽灯、转向灯、制动灯、倒车灯、电喇叭等及其控制继电器和开关组成。

（5）仪表与报警电路。该电路由仪表、传感器、各种报警指示灯及控制器组成。

（6）电子控制装置电路。该电路由电控燃油喷射系统、自动变速器系统、防抱死控制系统、巡航控制及悬架平衡控制系统等组成。

（7）辅助装置电路。该电路由为提高车辆安全性、舒适性、经济性等各种功能的电气装置组成。因车型不同而有所差异，它一般包括风窗玻璃刮水/洗涤装置、风窗玻璃除霜/防雾装置、起动预热装置、音响装置、车窗电动升降装置、电动座椅调节装置及中央电控门锁装置等。

四、汽车电路图的基本概念

汽车电路图是汽车电路的图示形式，它是利用电气符号中的各种图形符号、文字符号等来表示汽车电路的构成、连接关系和工作原理的一种电路图。如图 3—2 所示为解放新大威 CA4228P2K2 型平头柴油牵引车局部电路图。

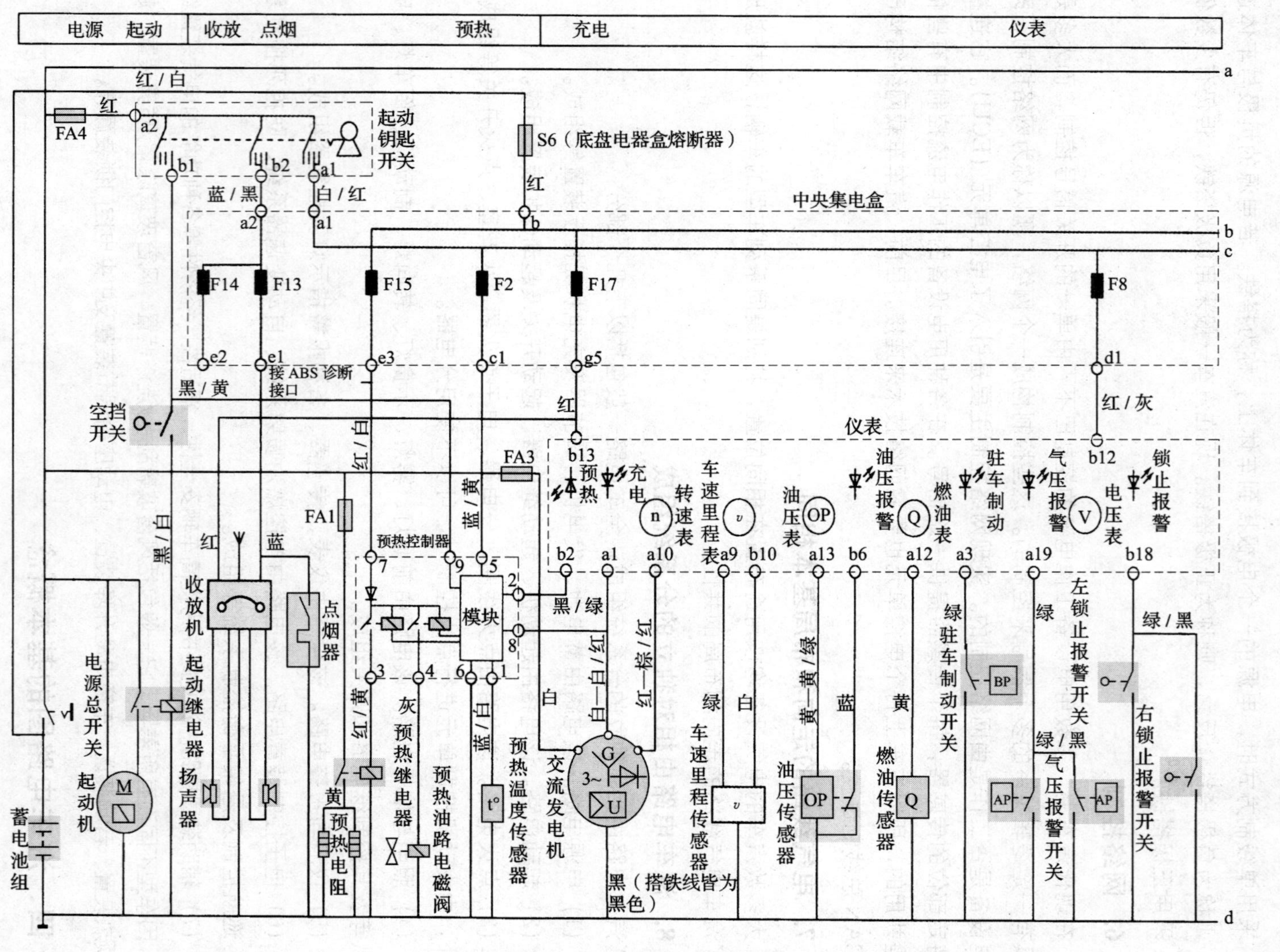

图 3—2 解放新大威 CA4228P2K2 型平头柴油牵引车局部电路图

由图 3—2 可知，要想学会识读汽车电路图，就必须熟悉构成汽车电路图的各种图形符号、文字符号和项目代号等要素的含义，掌握汽车电路的组成及其特点、汽车电器基础元件的表达方式、汽车电路的类型、汽车电路制图的一般规则和基本表示方法等基础知识。

§3—2 汽车电路图用图形符号

如图 3—2 所示，电路图中的每个电气元件均用一个简单的图形来表示，这些简单的图形就是图形符号。利用图形符号代替各种电气元件或设备的外形结构和实物图作图，不但能大大简化作图内容，而且还可使读图者一目了然，便于信息的快速传递和交流。

一、图形符号的种类

图形符号是指用于表示一个设备或概念的简单图形、标记或字符，它是电气技术领域中最基本的工程语言。图 3—2 中部分电气元件的图形符号见表 3—1。

表 3—1 图 3—2 中部分电气元件的图形符号

名称	图形符号	名称	图形符号
定位开关	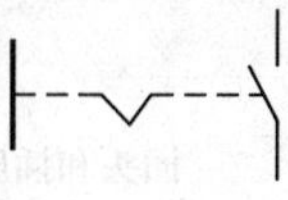	发光二极管	
熔断器	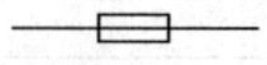	电磁阀	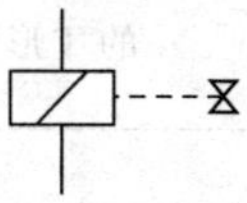
继电器（触点动合）	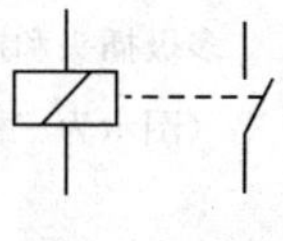	起动机	 M
蓄电池组	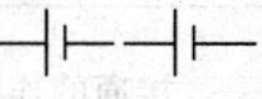	整体式交流发电机	 G 3~

目前，不同国家、不同汽车的生产厂家在汽车电路图上使用的图形符号是不完全相同的。我国汽车电路图用图形符号共分为七类，分别为：限定符号，见表 3—2；导线、端子和导线的连接符号，见表 3—3；触点与开关符号，见表 3—4；电气元件符号，见表 3—5；仪表符号，见表 3—6；传感器符号，见表 3—7；电气设备符号，见表 3—8。

表 3—2 限定符号

序号	名称	图形符号	序号	名称	图形符号
1	直流	——	6	中性点	N
2	交流	～	7	磁场	F
3	交直流	≂	8	搭铁（接地）	⊥
4	正极	＋	9	交流发电机输出接线柱	B
5	负极	－	10	磁场二极管输出端	D+

表 3—3 导线、端子和导线的连接符号

序号	名称	图形符号	序号	名称	图形符号
1	节点	•	10	导线的连接	
2	端子	○	11	插座、连接器的阴接触件	
3	可拆卸的端子	⌀	12	插头、连接器的阳接触件	
4	T形连接 增加连接符号的T形连接	形式1 形式2	13	插头和插座	
5	导线的双重连接 设计认为必要用的双重连接	形式1 形式2	14	多极插头和插座（图示为三极）	
6	导线的跨越	＋	15	接通的连接片	
7	端子板（可加端子标志）		16	断开的连接片	
8	连线、连接、连接组	——	17	屏蔽导线	
9	非电气连接，如机械连接	— — —	18	屏蔽（护罩）（可画成任何形状）	

表 3—4 触点与开关符号

序号	名称	图形符号	序号	名称	图形符号
1	动合（常开）触点		13	一般机械操作	
2	动断（常闭）触点		14	钥匙操作	
3	先断后合的触点		15	热执行器操作	
4	中间断开的双向触点		16	温度控制	t
5	双动合触点		17	压力控制	p
6	双动断触点		18	制动压力控制	BP
7	单动断双动合触点		19	液位控制	
8	双动断单动合触点		20	凸轮控制	
9	一般情况下手动控制		21	联动开关	
10	拉拔操作		22	手动开关，一般符号	
11	旋转操作		23	定位开关 （非自动复位）	
12	推动操作	E	24	按钮开关	E

续表

序号	名称	图形符号	序号	名称	图形符号
25	能定位的按钮开关		32	热敏自动开关的动断触点	
26	拉拔开关		33	热继电器触点	
27	旋转、旋钮开关		34	旋转多挡开关位置	1 2 3
28	液位控制开关		35	推拉多挡开关位置	1 2 3
29	机油滤清器报警开关	OP	36	钥匙开关（全部定位）	1 2 3
30	热敏开关动合触点	t°	37	多挡开关，点火、起动开关。瞬时位置为 2，能自动返回 1（即 2 挡不能定位）	0 1 2 0,1
31	热敏开关动断触点	t°	38	节流阀开关	

表 3—5　　电气元件符号

序号	名称	图形符号	序号	名称	图形符号
1	电阻器		5	滑线式变阻器	
2	可变电阻器		6	分路器	
3	压敏电阻器	U	7	滑动触点电位器	
4	热敏电阻器	t°	8	仪表照明调光电阻器	

续表

序号	名称	图形符号	序号	名称	图形符号
9	光敏电阻	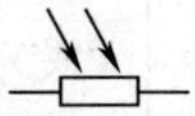	24	集电极接管壳三极管（NPN）	
10	电热元件、电热塞	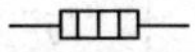	25	永磁铁	
11	电容器		26	具有两个电极的压电晶体	
12	可调电容器		27	电感器、线圈、绕组、扼流圈	
13	极性电容器		28	带铁心的电感器	
14	穿心电容器		29	熔断器	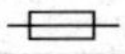
15	半导体二极管，一般符号	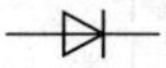	30	易熔线	
16	热敏二极管	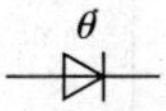 θ	31	电路断路器	
17	变容二极管	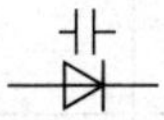	32	操作器件，一般符号	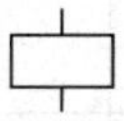
18	稳压二极管	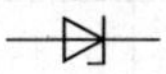	33	一个绕组电磁铁	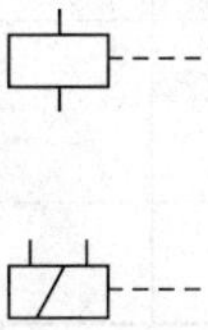
19	发光二极管（LED），一般符号				
20	光电二极管		34	两个绕组电磁铁	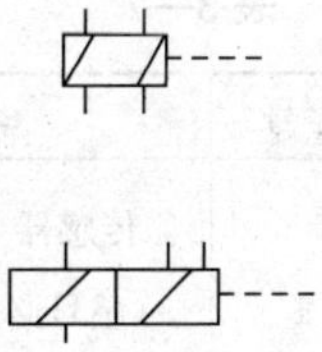
21	双向二极管（变阻二极管）	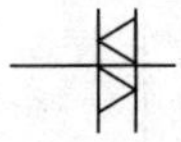			
22	三极晶体闸流管		35	不同方向绕组电磁铁	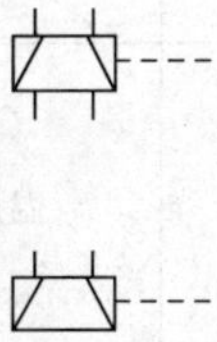
23	PNP 型三极管				

续表

序号	名称	图形符号	序号	名称	图形符号
36	动合（常开）触点的继电器		40	“或”元件，一般符号	≥1
37	动断（常闭）触点的继电器		41	“与”元件，一般符号	&
38	桥式整流器		42	非门，反相器	1
39	放大器，一般符号	形式 1 形式 2			

表 3—6　　仪表符号

序号	名称	图形符号	序号	名称	图形符号
1	指示仪表（星号必须用规定的字母或符号代替）	*	8	转速表	n
2	电压表	V	9	温度表	t°
3	电流表	A	10	燃油表	Q
4	电压、电流表	A/V	11	车速里程表	V
5	欧姆表	Ω	12	电钟	
6	瓦特表	W	13	数字式电钟	
7	油压表	OP			

表 3—7　　传感器符号

序号	名称	图形符号	序号	名称	图形符号
1	传感器，一般符号（星号必须用规定的字母或符号代替）	*	3	空气温度传感器	t°_{n}
2	温度表传感器	t°	4	水温传感器	t°_{W}

续表

序号	名称	图形符号	序号	名称	图形符号
5	燃油表传感器	Q	10	爆震传感器	K
6	油压表传感器	OP	11	转速传感器	v
7	空气质量传感器	m	12	速度传感器	v
8	空气流量传感器	AF	13	空气压力传感器	AP
9	氧传感器	λ	14	制动压力传感器	BP

表 3—8 电气设备符号

序号	名称	图形符号	序号	名称	图形符号
1	电机，一般符号（星号用字母代替：G—发电机，GS—同步发电机，M—电动机，MS—同步电动机）	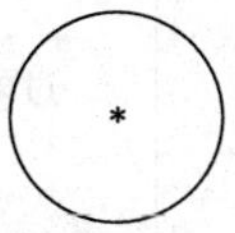 *	4	荧光灯	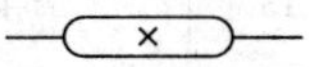 ×
2	照明灯、信号灯、仪表灯、指示灯		5	组合灯	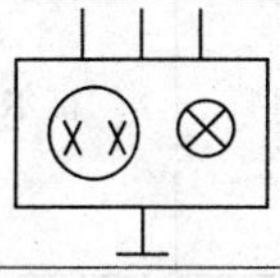
3	双丝灯	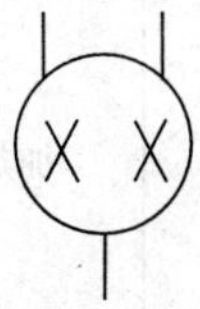	6	预热指示器	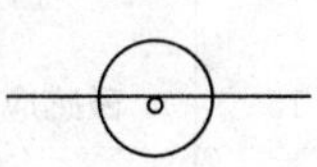

续表

序号	名称	图形符号	序号	名称	图形符号
7	电喇叭	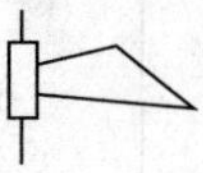	16	温度补偿器	 t° comp
8	扬声器	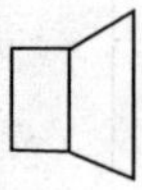	17	电磁阀，一般符号	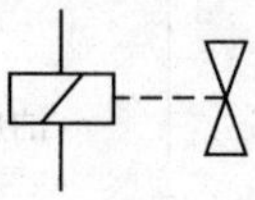
9	蜂鸣器	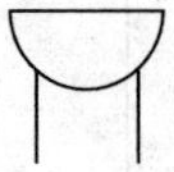	18	常开电磁阀	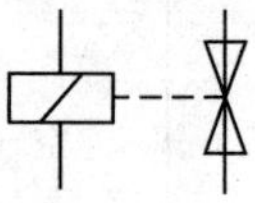
10	报警器、电警笛	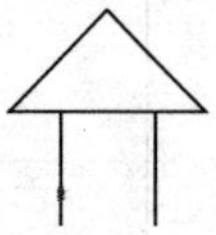	19	常闭电磁阀	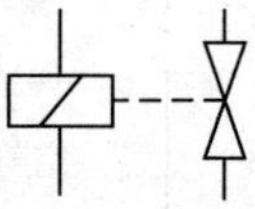
11	信号发生器	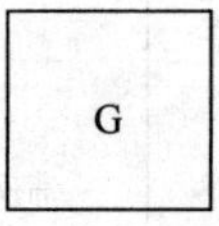 G	20	电磁离合器	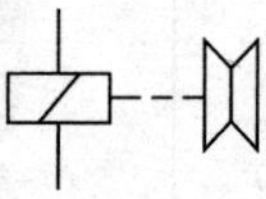
12	脉冲发生器	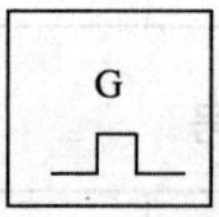 G	21	用电动机操纵的怠速调整装置	 M
13	闪光器	 G	22	过电压保护装置	 U>
14	霍尔信号发生器	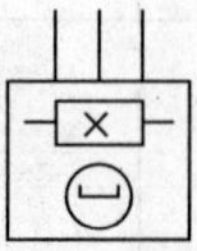	23	过电流保护装置	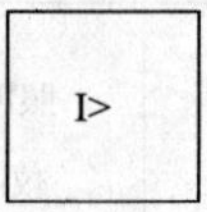 I>
15	磁感应信号发生器	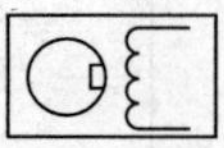	24	加热器（除霜器）	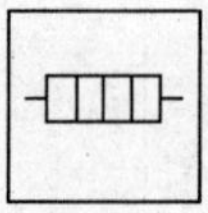

续表

序号	名称	图形符号	序号	名称	图形符号
25	振荡器	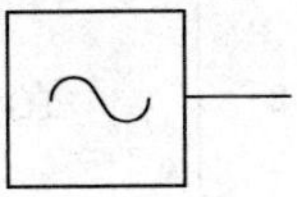	34	防盗报警系统	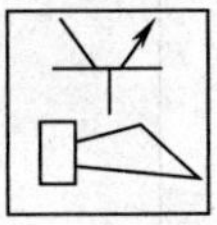
26	变换器、转换器	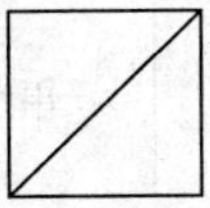	35	天线，一般符号	
27	光电发生器	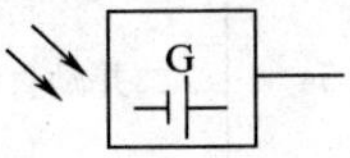 G	36	发射机	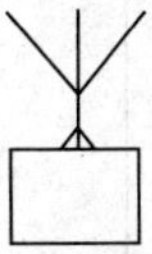
28	空气调节器	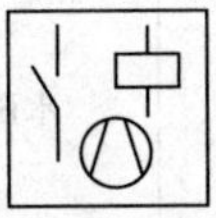	37	收音机	
29	滤波器		38	双绕组变压器	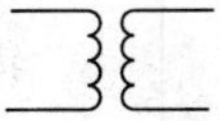
30	稳压器	 U const	39	内部通信联络及音乐系统	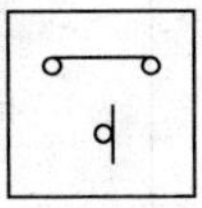
31	点烟器	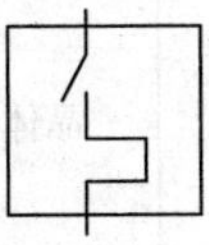	40	收放机	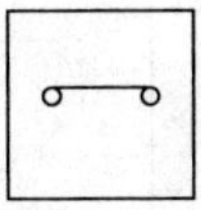
32	热继电器	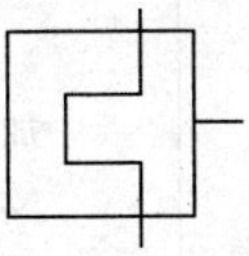	41	天线电话	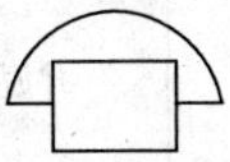
33	间歇刮水继电器	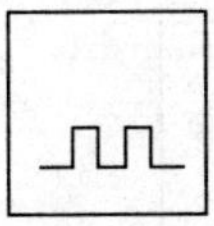	42	传声器	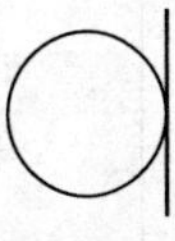

续表

序号	名称	图形符号	序号	名称	图形符号
43	点火线圈		52	直流电动机	M
44	分电器		53	串励直流电动机	M
45	火花塞		54	并励直流电动机	M
46	电压调节器	U	55	永磁直流电动机	M
47	转速调节器	n	56	起动机（带电磁开关）	M
48	温度调节器	t°	57	燃油泵电动机、洗涤电动机	M
49	串励绕组		58	晶体管电动汽油泵	
50	并励或他励绕组		59	加热定时器	H T
51	集电环或换向器上的电刷		60	点火电子组件	I C

续表

序号	名称	图形符号	序号	名称	图形符号
61	风扇电动机	M	68	定子绕组为星形联结的交流发电机	G 3~
62	刮水电动机	M	69	定子绕组为三角形联结的交流发电机	G 3~
63	电动天线	M	70	外接电压调节器与交流发电机	G 3~ U
64	直流伺服电动机	SM	71	整体式交流发电机	G 3~ U
65	直流发电机	G	72	蓄电池	
66	星形联结的三相绕组		73	蓄电池组	
67	三角形联结的三相绕组				

二、图形符号的使用规则

1. 图形符号的绘制

国家标准对图形符号的绘制尺寸并未做统一的规定，绘制时可按实际情况采用便于理解的尺寸绘制，可缩小或放大，但要尽量使符号各部分之间的比例适当。

2. 图形符号的选择

当某些设备元件有多个图形符号时，可根据电路图的详细程度选取相应的符号。图形符号的一般选择原则如下：

(1) 尽可能地采用优选符号。连接线节点的表示方法见表 3—9。

表 3—9　　连接线节点的表示方法

T 形连接	形式 1	优选
	形式 2	增加连接符号，在设计上认为有必要时
双重连接	形式 1	优选
	形式 2	增加连接符号，在设计上认为有必要时

(2) 在满足需要的前提下，尽量选用最简单的形式。

(3) 在同一图号的电气图中，最好使用同一种形式。

3. 图形符号的方位

图形符号的方位不是固定的。在实际应用中，图形符号一般为水平或垂直布置，但在不改变图形符号的含义或不引起混淆的情况下，可根据电路图的布置需要，将整个图形符号旋转（90°、180°或 270°）或镜像放置，如图 3—3 所示。

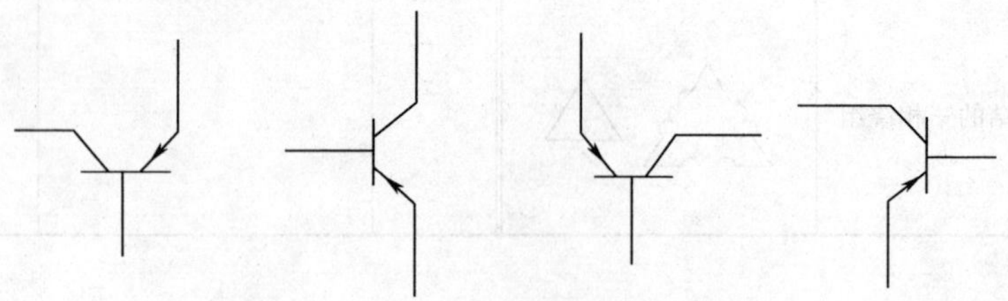

图 3—3　将图形符号旋转或镜像放置

4. 图形符号的状态

在汽车电路图中，图形符号均按未通电、无外力作用的正常状态示出，如图 3—2 所示的起动钥匙开关、电源总开关、起动继电器、驻车制动开关等。表 3—10 所列为我国国家标准中汽车电路图用图形符号的示出状态示例。

表 3—10　　国家标准中汽车电路图用图形符号的示出状态示例

名称	工作状态	图形符号示例
手动开关	无外力作用，动合触点处在断开位置	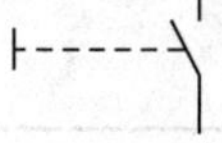
按钮开关	无外力作用，动合触点处在断开位置	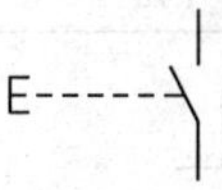
继电器（动合触点）	线圈未通电，动合触点处在断开位置	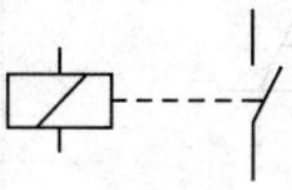
继电器（动断触点）	线圈未通电，动断触点处在闭合位置	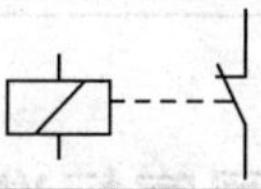

在电路图中，若采用了未被标准化的图形符号，则应在图上或其支持文件上用注释加以说明。

三、识读图形符号的注意事项

到目前为止，汽车电路图用图形符号还没有统一的国际标准。在识读图形符号时要注意以下两点：

1. 在常用的汽车电气图形符号中，一部分属通用电气图形符号，见表 3—11；一部分属汽车生产厂家根据自身器件的结构特点或功能特性制定的具有企业特征的图形符号，各厂家起动机的图形符号示例见表 3—12。

表 3—11　　通用电气图形符号示例

蓄电池	照明灯	半导体二极管	PNP 型三极管	电阻器
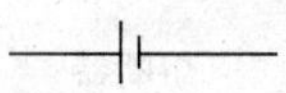		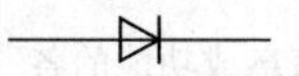		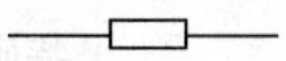

表 3—12　　各厂家起动机的图形符号示例

大众	奔驰	夏利	富康	解放
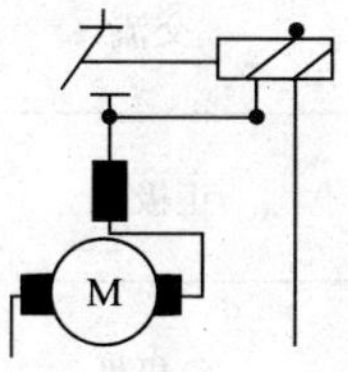 M	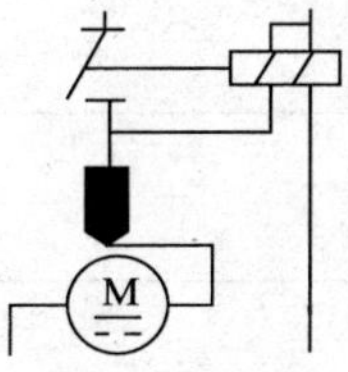 M	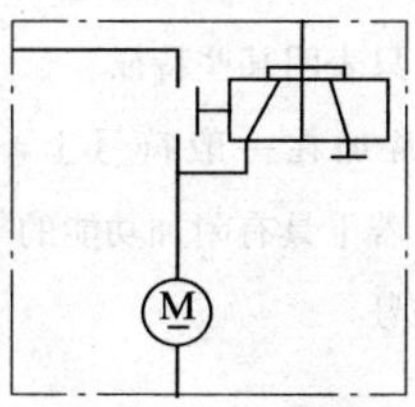 M	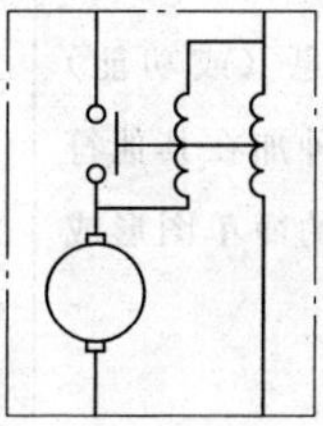	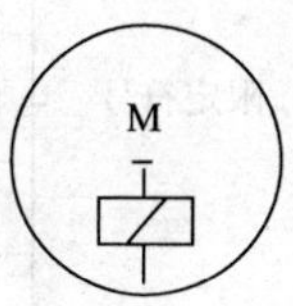 M

2. 虽然各汽车生产厂家对某些汽车电器所采用的图形符号有所不同，给识图造成一定的困难，但图形符号的基本结构组成却是相似的，各厂家手动开关的图形符号见表 3—13。只要了解它们的区别，就能快速识读，避免错误。

表 3—13　　各厂家手动开关的图形符号

大众、奔驰	雪铁龙	解放	说明
			基本结构组成相似

四、国家标准《电气简图用图形符号》(GB/T 4728) 简介

国家标准《电气简图用图形符号》(GB/T 4728) 是我国编制电气文件的基础，也是识读和分析国产汽车电路图的关键。

1. 电气简图用图形符号的基本形式

电气简图用图形符号主要有一般符号、限定符号和方框符号三种基本形式，其基本概念和基本特点见表 3—14。

表 3—14　　电气简图用图形符号的基本概念和基本特点

<table>
<tr><th rowspan="2">基本形式</th><th rowspan="2">基本概念</th><th rowspan="2">基本特点</th><th colspan="2">示例</th></tr>
<tr><th>图形符号</th><th>符号含义</th></tr>
<tr><td rowspan="4">一般符号</td><td rowspan="4">是指用以表示一类产品和此类产品特征的简单符号</td><td rowspan="4">1. 从广义上代表各类元器件
2. 用来表示一般的、没有其他附加信息或功能的各类具体元器件</td><td></td><td>电阻器</td></tr>
<tr><td></td><td>电容器</td></tr>
<tr><td></td><td>熔断器</td></tr>
<tr><td></td><td>开关</td></tr>
<tr><td rowspan="4">限定符号</td><td rowspan="4">是指用以提供附加信息（或功能）的一种加在其他符号上的简单图形或字符</td><td rowspan="4">1. 不能表示独立的电气元件，只表明某些特征
2. 常加在一般符号上，派生出若干具有附加功能的图形符号</td><td>—</td><td>直流</td></tr>
<tr><td>~</td><td>交流</td></tr>
<tr><td>+</td><td>正极性</td></tr>
<tr><td>−</td><td>负极性</td></tr>
</table>

续表

基本形式	基本概念	基本特点	示例	
			图形符号	符号含义
方框符号	是指用以表示元件、设备等的组合及其功能的一种简单的图形符号	1. 不给出元件和设备的细节，不考虑其所有连接 2. 常与限定符号组合，派生出若干具有附加功能的图形符号	G	闪光器
				防盗报警系统
				桥式整流器

2. 组合符号

组合符号又称示例符号、明细符号，它是由限定符号、一般符号、方框符号以及物理符号、文字符号等组合而成，用以表示某种典型产品的图形符号。表 3—15 所列为定子绕组为星形联结的交流发电机图形符号组合示例。在 GB/T 4728 和汽车电气设备用图形符号中所列的大部分图形符号都属于组合符号。

表 3—15　　定子绕组为星形联结的交流发电机图形符号组合示例

图形符号	表示意义	组合图形符号	表示意义	说明
*	电机；G—发电机	G 3~	定子绕组为星形联结的交流发电机	用做限定符号的符号要缩小绘制
	星形联结的三相绕组			
	交流			
	半导体二极管			

3. 新图形符号的组合和派生

在 GB/T 4728 中比较完整地列出限定符号和一般符号，但其给出的组合符号却是有限的。当某些特定装置或概念的图形符号在标准中未被列出时，允许通过一般符号、限定符号和组合符号进行组合或派生出新的图形符号。表 3—16 所列为电动天线图形符号组合示例。

表 3—16　　电动天线图形符号组合示例

图形符号	表示意义	派生出新的图形符号	表示意义	说明
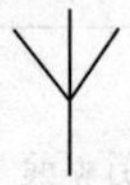	天线的一般符号	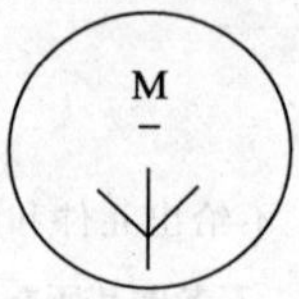	电动天线	用做限定符号的符号要缩小绘制
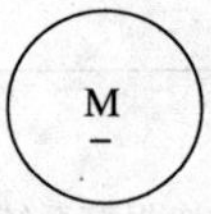	直流电动机的一般符号			

§3—3　汽车电路图用文字符号

文字符号是一种用来表示电气设备、装置和元器件的种类及其功能、特征的字母代码，如图 3—4 所示的有触点电子点火系统电路图中的 S、R、V、GB 等字母代码均属于文字符号。

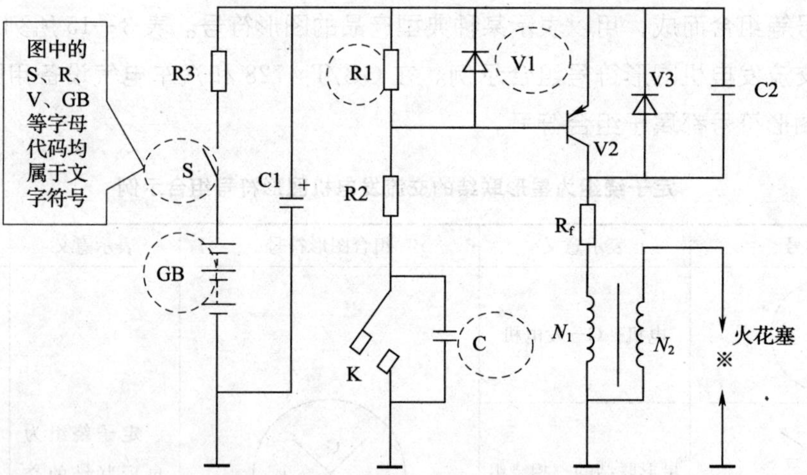

图 3—4　有触点电子点火系统电路图

一、文字符号的基本形式

文字符号分为基本文字符号和辅助文字符号两大类。

1. 基本文字符号

基本文字符号是指用以表示电气设备、装置、元器件的基本名称和特性的文字符号，它分为单字母文字符号和双字母文字符号两种。

(1) 单字母文字符号。把各种电气设备、装置和元器件等项目划分为 23 大类，每一大类用一个专用的拉丁字母表示，这个专用的拉丁字母就是单字母文字符号。图 3—4 中表示电容器的字母“C”、表示电阻器的字母“R”、表示半导体器件的字母“V”等均属于单字母文字符号。常用单字母文字符号见表 3—17。

表 3—17　　常用单字母文字符号

字母代码	项目种类	举例
A	组件、部件	分立元件放大器、印制电路板
B	变换器（从非电量到电量或相反）	热电传感器、麦克风、扬声器
C	电容器	
D	二进制单元、存储器件	数字集成电路和器件、寄存器
E	杂项	光器件、热器件
F	保护器件	熔断器
G	发电机、电源	旋转发电机、电池
H	信号器件	光指示器、声指示器
K	继电器、接触器	
L	电感器、电抗器	感应线圈、电抗器
M	电动机	
N	模拟集成电路	运算放大器、模拟/数字混合器件
P	测量设备、试验设备	指示设备、测量设备、信号发生器、时钟
Q	电力电路的开关	断路器、隔离开关
R	电阻器	可变电阻器、热敏电阻
S	控制电路的开关、选择器	控制开关、按钮、限制开关
T	变压器	电压互感器、电流互感器
U	调制器、变换器	变频器、编码器、逆变器
V	半导体器件	晶体管、晶闸管
W	传输通道、天线	导线、电缆、天线
X	端子、插头、插座	插头和插座、端子板
Y	电气操作的机械装置	制动器、离合器、气阀
Z	终端设备、滤波器、限幅器	网络

注：1. 项目种类是指将电气设备、装置和元器件按其结构和在电路中的作用进行分类，相近的项目视为同类，如二极管、三极管、晶闸管等都属于半导体器件。

2. 拉丁字母中的“I”和“O”容易同阿拉伯数字“1”和“0”相混淆，故未被采用；另外字母“J”也未被采用。

(2) 双字母文字符号。双字母文字符号是由一个表示种类的单字母文字符号与另一个字母组合而成的。图 3—4 中表示蓄电池的字母“GB”就是双字母文字符号。常用双字母文字符号见表 3—18。

表 3—18 常用双字母文字符号

名称	双字母	名称	双字母
压力变换器	BP	热敏电阻器	RT
发热器件	EH	压敏电阻器	RV
照明灯	EL	控制开关、选择开关	SA
空气调节器	EV	按钮开关	SB
熔断器	FU	液体标高传感器	SL
限压保护器件	FV	压力传感器	SP
同步发电机	GS	位置传感器	SQ
异步发电机	GA	转速传感器	SR
蓄电池	GB	温度传感器	ST
指示灯	HL	电力变压器	TM
瞬时接触继电器	KA	电流互感器	TA
电压继电器	KV	电压互感器	TV
接触器	KM	端子板	XT
同步电动机	MS	连接片	XB
电流表	PA	插头	XP
时钟	PT	插座	XS
电压表	PV	测试插孔	XJ
断路器	QF	电磁制动器	YB
隔离开关	QS	电磁离合器	YC
电位器	RP	电磁阀	YV

双字母文字符号的组合方式是：单字母文字符号在前，另一个字母在后。例如，在表示蓄电池的双字母文字符号“GB”中，第一个字母“G”为单字母文字符号，表示电源；第二个字母“B”表示电池。双字母文字符号中的第二个字母通常选用该类设备、装置和元器件英文名称的首字母，或常用缩略语以及约定俗成的习惯用字母。例如，“GB”中字母“B”来自英文“battery（电池）”的第一个字母。

双字母文字符号常用于表述比较详细、具体的电气设备、装置和元器件的名称。例如，“S”表示“控制电路的开关”，而“SB”则表示“按钮开关”、“SA”表示“控制开关”等。

2. 辅助文字符号

辅助文字符号是指用以表示电气设备、装置、元器件以及线路的功能、状态和特征的文字符号。喷油器驱动电路图如图 3—5 所示，图中的字母“OFF”和“ON”就是辅助文字符号。常用辅助文字符号见表 3—19。

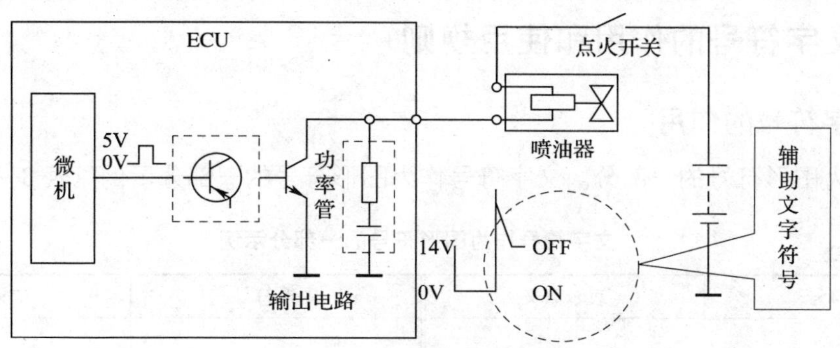

图 3—5　喷油器驱动电路图

表 3—19　　**常用辅助文字符号**

名称	符号	名称	符号	名称	符号
电流	A	接地、搭铁	E	保护搭铁与中性线共用	PEN
模拟	A	紧急	EM	不保护搭铁	PU
交流	AC	快速	F	右、反、记录	R
自动	A、AUT	反馈	FB	红色	RD
加速	ACC	正向、向前	FW	复位	R、RST
附加	ADD	绿色	GN	备用	RES
可调	ADJ	高	H	运转	RUN
辅助	AUX	输入	IN	信号	S
异步	ASY	增加	INC	起动	ST
制动	B、BRK	感应	IND	置位、定位	S、SET
黑色	BK	左、限制、低	L	饱和	SAT
蓝色	BL	主、中、中间线	M	步进	STE
向后	BW	手动	M、MAN	停止	STP
控制	C	中性线	N	同步	SYN
顺时针	CW	断开	OFF	温度、时间	T
逆时针	CCW	闭合	ON	无噪声（防干扰）搭铁	TE
数字、降低	D	输出	OUT	真空、速度、电压	V
直流	DC	压力、保护	P	白色	WH
减少	DEC	保护搭铁	PE	黄色	YE

小常识

辅助文字符号的来源及构成

辅助文字符号通常由英文单词的前一个或两个字母构成，例如，H（高）来自“high”，L（左）来自“left”，ST（起动）来自“start”，BK（黑）来自“black”等。

二、文字符号的作用和使用规则

1. 文字符号的作用

(1) 作为图形符号的一部分。文字符号作为图形符号的一部分示例见表 3—20。

表 3—20　　文字符号作为图形符号的一部分示例

图形符号	表示意义	图形符号	表示意义
U	压敏电阻器	A	电流表
G	信号发生器	M	直流电动机
I>	过电流保护装置	G 3~ U	外接电压调节器与交流发电机

小常识

图形符号旋转或镜像放置时的注意事项

在图形符号旋转或镜像放置时，作为图形符号一部分的文字符号不得倒置。

(2) 作为项目种类的字母代码。如图 3—4 所示，图中“C”表示电容器、“R”表示电阻器、“V”表示半导体器件、“GB”表示蓄电池等。

(3) 作为电气技术文件和设备线路的特征、功能和状态等的代号。本田雅阁刮水器/洗涤器电路图如图 3—6 所示，图中文字符号“HI”表示“高速”状态位置、“LO”表示“低速”状态位置、“INT”表示“间歇”状态位置、“MIST”表示“初始”状态位置。

2. 文字符号的选用规则

(1) 基本文字符号的选用规则

1) 优先选用单字母文字符号，只有当用单字母文字符号不能满足要求，需要将大类进一步划分时，方可采用双字母文字符号，以便更详细、更具体地表述电气设备、装置和元器件。双字母文字符号的应用示例如图 3—7a 所示。

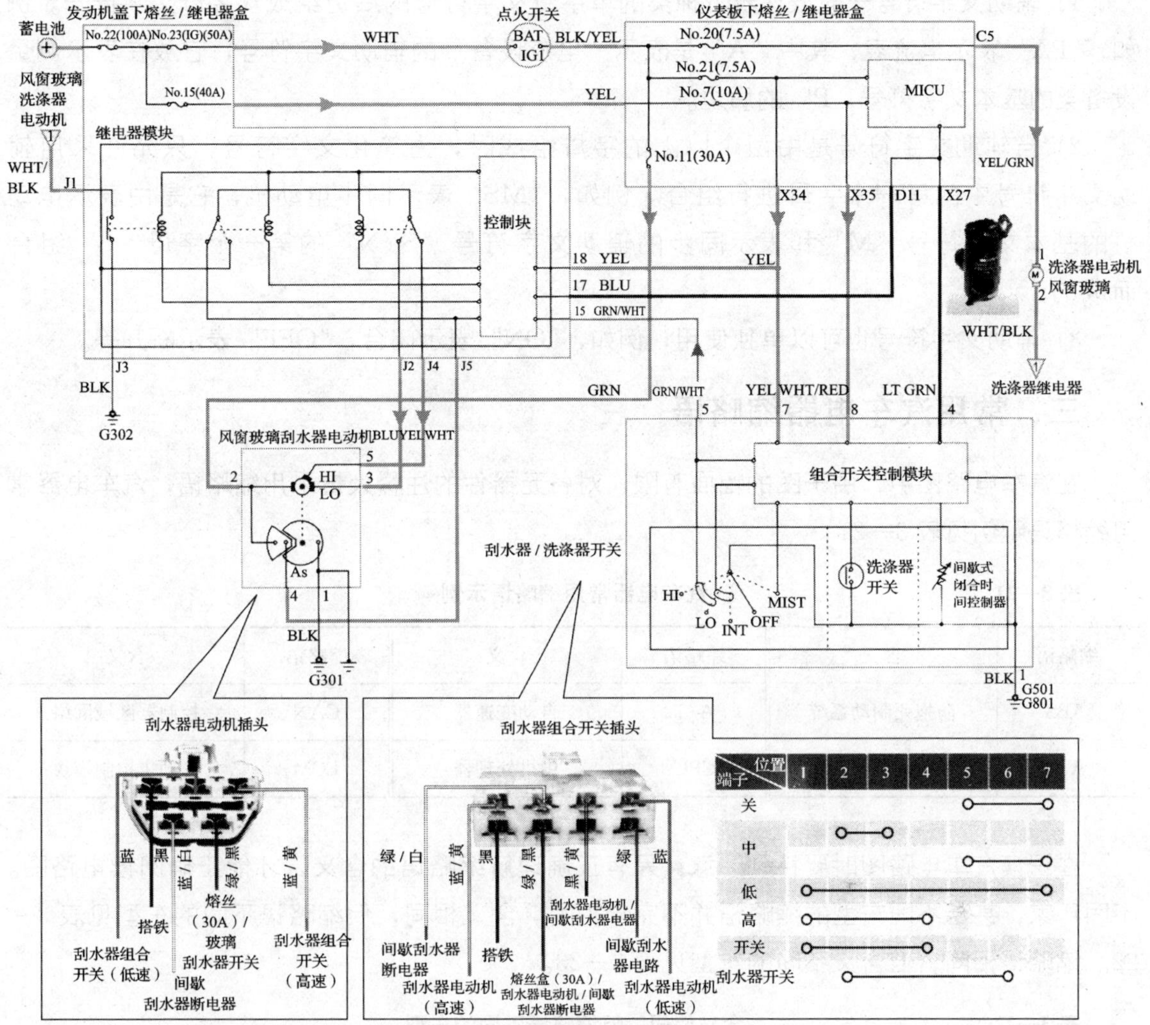

图 3—6 本田雅阁刮水器/洗涤器电路图

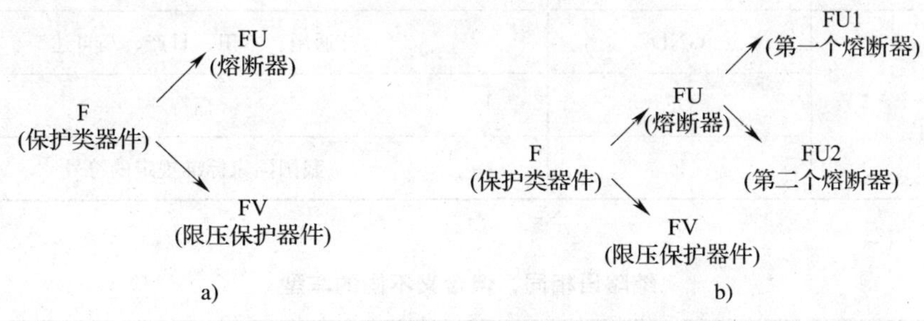

图 3—7 基本文字符号的选用规则

a）双字母文字符号的应用示例 b）文字符号后加阿拉伯数字序号的应用示例

2）若需要再进一步区分，可在基本文字符号后加辅助文字符号或阿拉伯数字。文字符号后加阿拉伯数字序号的应用示例如图 3—7b 所示。

(2) 辅助文字符号的选用规则

1) 辅助文字符号一般放在表示种类的单字母文字符号的后边组成双字母文字符号。例如，“PA”表示电流表，其中“A”是表示“电流设备”的辅助文字符号，它放在表示测量设备类的基本文字符号“P”的后边。

2) 当辅助文字符号是由两个以上的字母组成时，为简化文字符号，只允许采用辅助文字符号中的第一个字母进行组合。例如，“MS”表示同步电动机，它是由表示电动机的基本文字符号“M”和表示同步的辅助文字符号“SYN”的第一个字母“S”组合而成的。

3) 辅助文字符号也可以单独使用，例如，“ON”表示闭合，“OFF”表示断开等。

三、常用汽车电器缩略语

在汽车电路图中，由于图的幅面有限，对各元器件的注释大量采用缩略语，汽车电器常用缩略语示例见表 3—21。

表 3—21　　汽车电器常用缩略语示例

缩略语	含义	缩略语	含义	缩略语	含义
ABS	防抱死制动系统	A/T	自动变速器	CAN	控制器区域网络
A/C	空调	CPU	中央处理器	ECM	发动机控制模块

在识读汽车电路图时要特别注意：只有正确理解缩略语的含义，才能正确阅读电路图。不同厂家，甚至不同车型的缩略语并不完全相同。含义相同，但缩略语不同的车型见表 3—22。缩略语相同，但含义不同的车型见表 3—23。

表 3—22　　含义相同，但缩略语不同的车型

含义	缩略语	车型
搭铁	GND	通用、本田、日产、马自达
	DE	福特
	E	我国国家标准规定的符号

表 3—23　　缩略语相同，但含义不同的车型

缩略语	含义	车型
ACC	附件	通用、马自达
	加速	日产、我国国家标准规定的符号
	空调离合器	现代

§3—4 汽车电路图用项目代号

项目代号是指用以识别图、图表和表格中以及设备上的项目种类，并提供项目的层次关系和实际位置等信息的一种特定代码，如图 3—8 所示的倒车蜂鸣器电路图中的 R1、R2、C1、C2、V1、V2 等代码均属于项目代号。

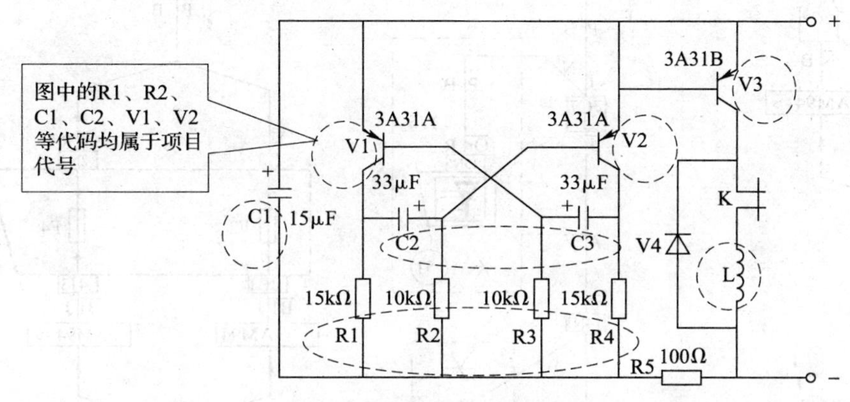

图 3—8 倒车蜂鸣器电路图

项目代号可以标注在各个图形符号近旁，用于查找、区分各种图形符号所表示的电气设备、装置和元器件等；也可以标注在图形符号所表示的实物上或其近旁，让图形符号与实物之间建立起明确的一一对应关系，以利于装配和维修。

一、项目代号的组成

在汽车电气文件中，项目代号主要由种类代号、位置代号和端子代号组成。

1. 种类代号

种类代号是指用于识别项目种类的代号，主要有以下两种表示方法。

(1) 用字母代码和数字表示。如图 3—8 所示，图中的 R1、R2、C1、C2、V1、V2 均由表示项目种类的字母代码和表示在同一项目种类中的数字序号构成。

(2) 用数字序号表示。种类代号用阿拉伯数字序号表示。如图 3—9 所示的富康充电和起动系统电路图中，“300”表示“点火开关”、“50”表示“电源盒”、“350”表示“起动机”、“15”表示“交流发电机”等。

2. 位置代号

表示项目在组件、设备或系统中实际位置的代号称为位置代号。位置代号一般采用阿拉伯数字或拉丁字母表示，也可采用阿拉伯数字与拉丁字母的组合代码表示。如图 3—10 所示为桑塔纳轿车中央线路板正面继电器和熔断器位置布置图，图中的位置代号用阿拉伯数字表示。表 3—24 所列为位置代号与项目名称的对应关系。

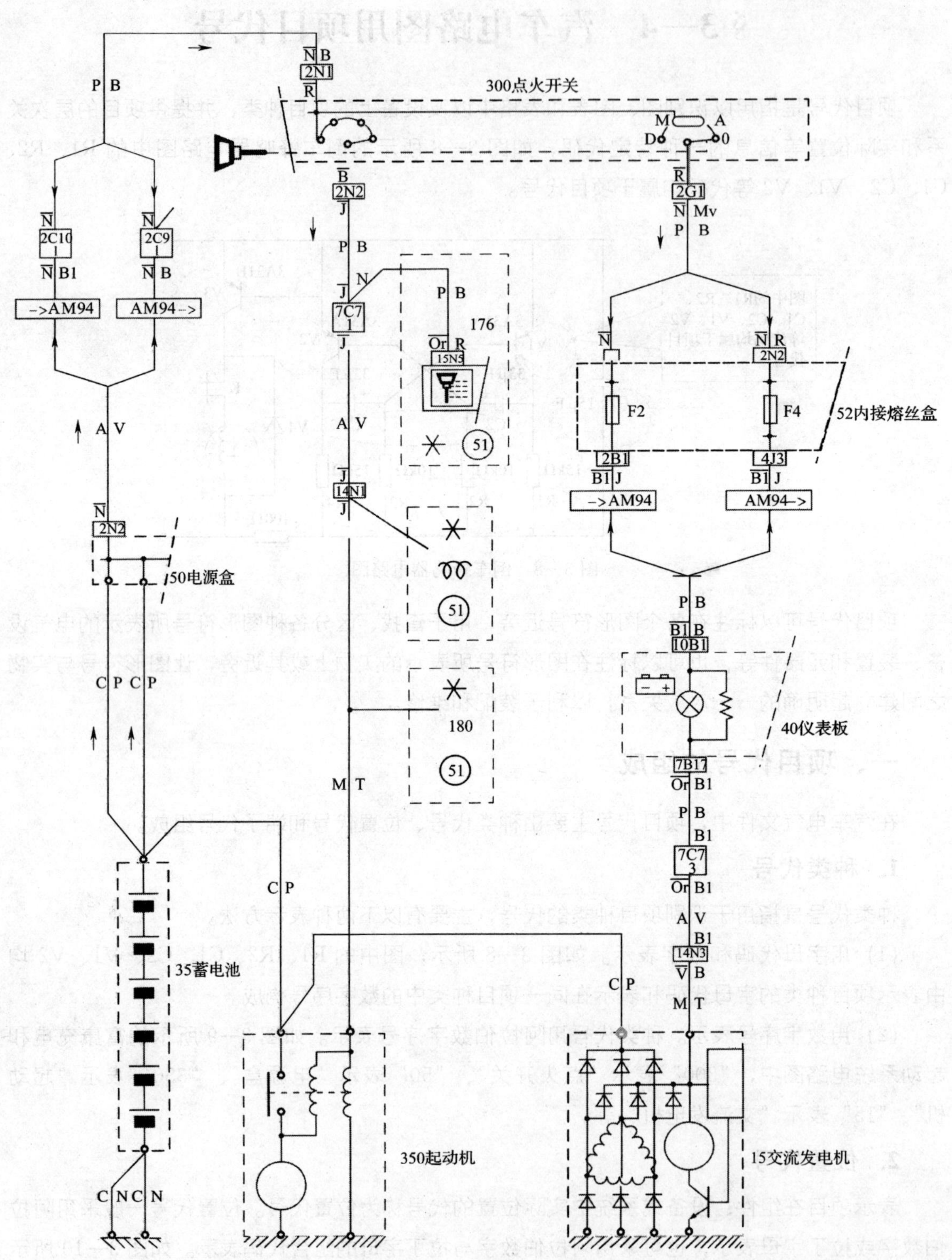

图 3—9　富康充电和起动系统电路图

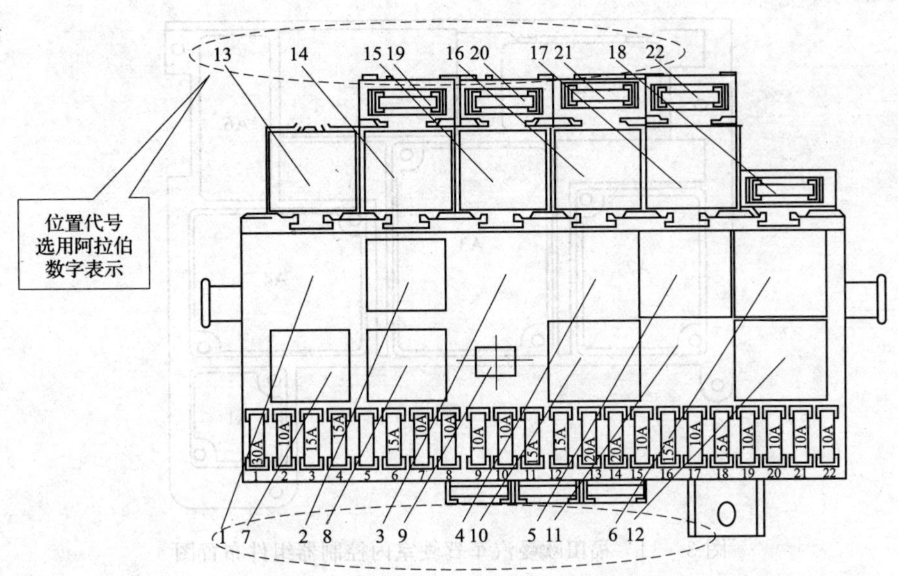

图 3—10 桑塔纳轿车中央线路板正面继电器和熔断器位置布置图

表 3—24　　位置代号与项目名称的对应关系

位置代号	项目名称	备注	位置代号	项目名称	备注
1、3、4、9、11、13		空位	8	中间继电器	
2	进气预热继电器		10	前风窗玻璃刮水器与洗涤器继电器	
5	空调继电器		12	转向与报警闪光继电器	
6	喇叭继电器		14	冷却液不足指示控制器	
7	雾灯继电器		15～22		空位备用

在汽车电路图中，位置代号可以自行规定，当项目已给出项目代号时，也可直接选用该项目代号为位置代号。如图 3—11 所示为福田欧曼汽车驾驶室内控制器组件布置图，图中位置代号“A1”表示断丝报警控制器的安装位置、“A5”表示闪光继电器的安装位置等。

3. 端子代号

端子代号是指用来与外电路进行连接的电器导电元件的代号，主要用于表示电气元件或设备的接线端子和插头、插座、连接片等元件上的端子，在汽车电路中的应用非常广泛。

汽车电路图中的端子代号一般比较简单，常用数字序号表示，如图 3—12 所示，图中表示音响设置图形符号上的数字 1、2、3 等均为端子代号。端子代号还可以用大写

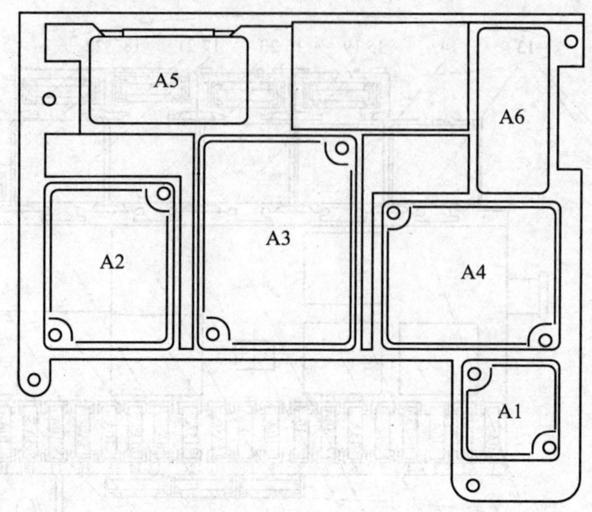

图 3—11　福田欧曼汽车驾驶室内控制器组件布置图

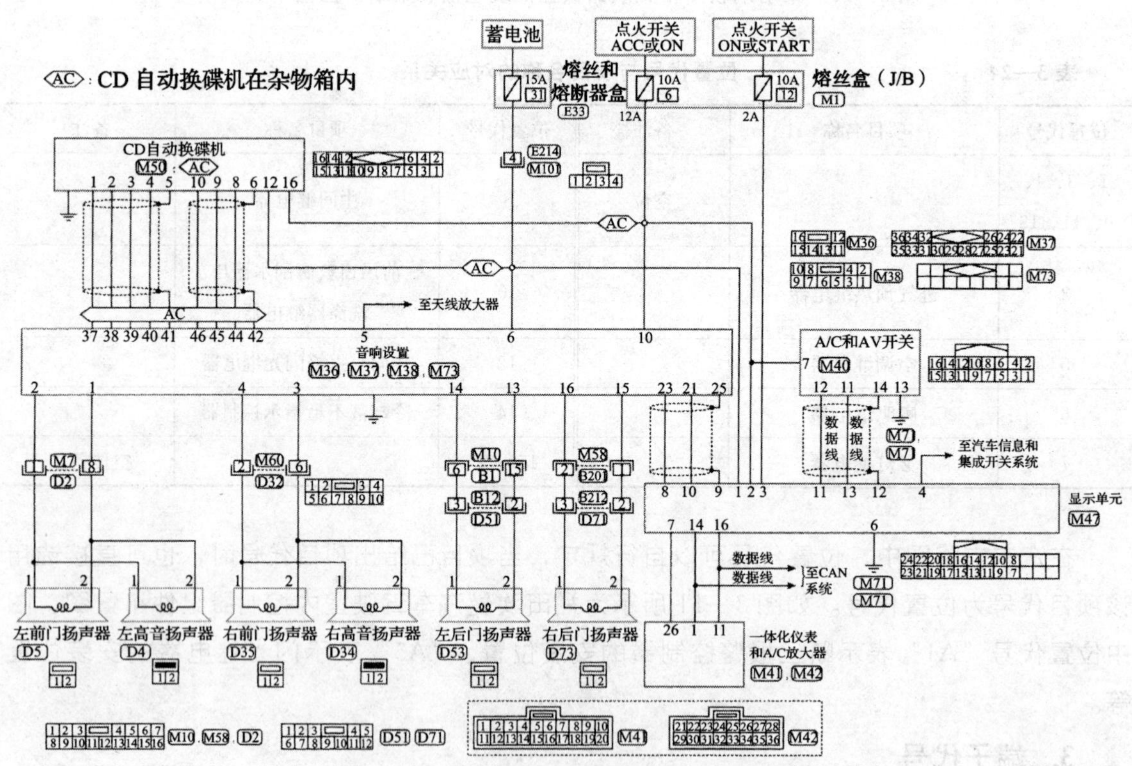

图 3—12　日产天籁有集成显示系统的音响电路图

字母或大写字母与数字序号的组合表示，如图 3—6 所示，图中表示仪表板下熔丝 /继电器盒图形符号上的字母符号 X34、D11、C5 等也是端子代号。特殊情况还可用小写字母表示。如图 3—2 所示，图中起动钥匙开关和仪表端子上标注的 a1、b1 等均属于各部件的端子代号。

在汽车电路中，如果项目上有端子标记，也可直接采用此标记作为该项目的端子代号，见表 3—25。如果项目的端子上没有明确的端子标记，为了读图方便，可自行设定。

表 3—25　　项目上有端子标记，可直接采用此标记作为该项目端子代号示例

实物外形图	端子排列图	内部电路图
 85 87 87a 86 30	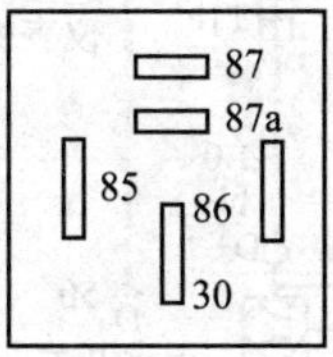 87 87a 85 86 30	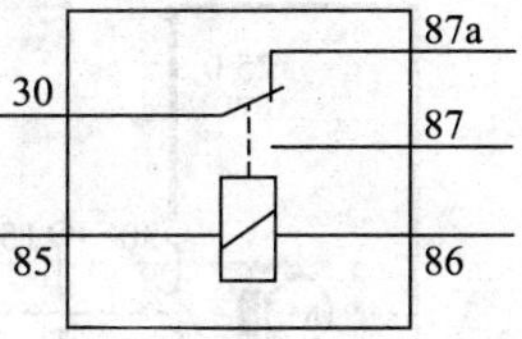 87a 30 87 85 86

二、汽车电器的接线端子标志

为了使汽车电路中的导线与电气元器件能够准确无误地互相连接，在汽车电器中采用了大量的接线端子标志。

德国汽车电器上的接线端子标志不仅在本国使用，而且在欧洲、美国、日本等国家和地区的汽车电器中也广泛引用。德国大众/奥迪汽车电器常用端子标志示例见表 3—26。奥迪汽车起动/充电系统控制电路图如图 3—13 所示。

表 3—26　　德国大众/奥迪汽车电器常用端子标志示例

端子标志	说明
15	点火开关在“ON”和“ST”时有电的接线端，如图 3—13 所示
30	接蓄电池正极的接线端，如图 3—13 所示
31	接地端，接蓄电池负极，如图 3—13 所示
50	起动机控制端，当点火开关在“START”时有电，如图 3—13 所示
B+	交流发电机输出端，接蓄电池正极，如图 3—13 所示
D+	发电机正极输出端，如图 3—13 所示
+	辅助的正极输出端，如图 3—13 所示

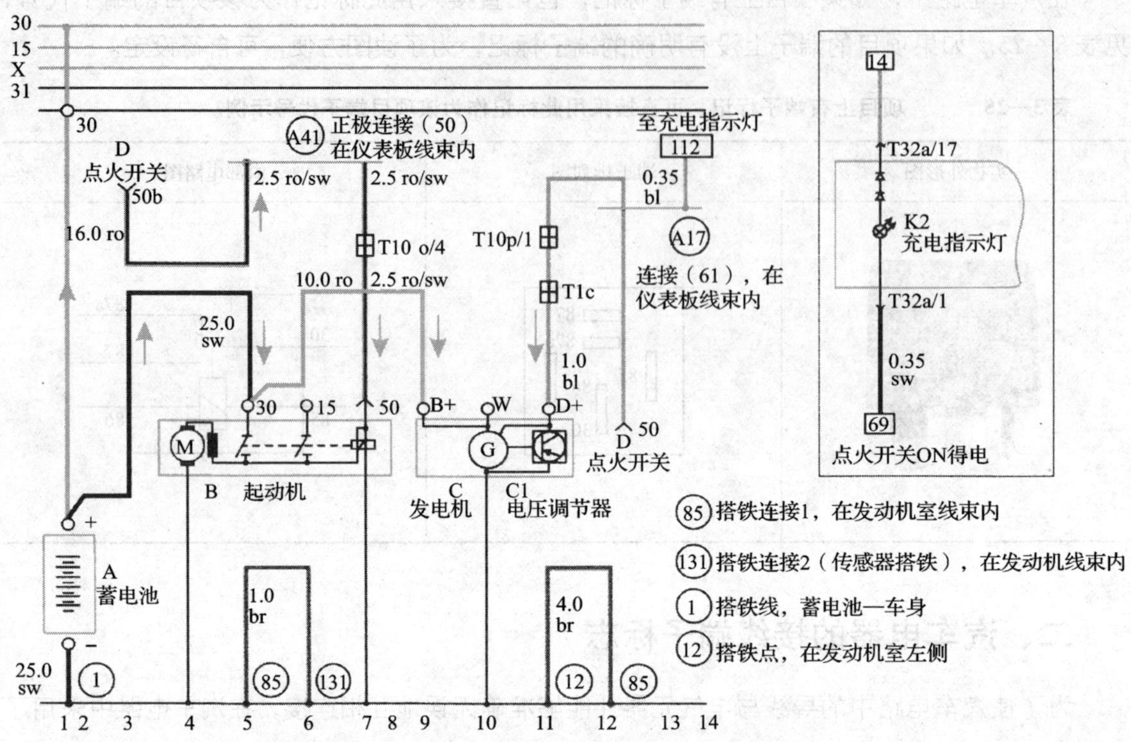

图 3—13 奥迪汽车起动/充电系统控制电路图

§3—5 汽车电器基础元件的表达方法

汽车电器基础元件主要指汽车电路保护装置、继电器、开关、显示装置、汽车用导线与线束、插接器、中央接线盒（板）等。它们是汽车电路的基本组成部分。

一、电路保护装置

电路保护装置串联在电源与用电设备之间，当用电设备或线路发生短路或过载时，切断电源电路，以避免电源、用电设备和线路损坏。汽车上的电路保护装置主要有熔断器、易熔线和电路断路器，其图形符号分别见表 3—5 中序号 29、30、31。

1. 熔断器

熔断器也称熔丝，在电路中起短路保护作用。常见熔断器按外形可分为熔管式、绝缘式、缠丝式、插片式和熔丝式等种类，其外形如图 3—14 所示。在汽车中常将熔断器集中组合在一起安装在熔断器盒内，并在熔断器盒盖上注明各熔断器的名称、额定容量和位置，用不同的颜色来区别熔断器的容量，如图 3—15 所示为丰田威驰轿车发动机室熔断器/继电器盒。

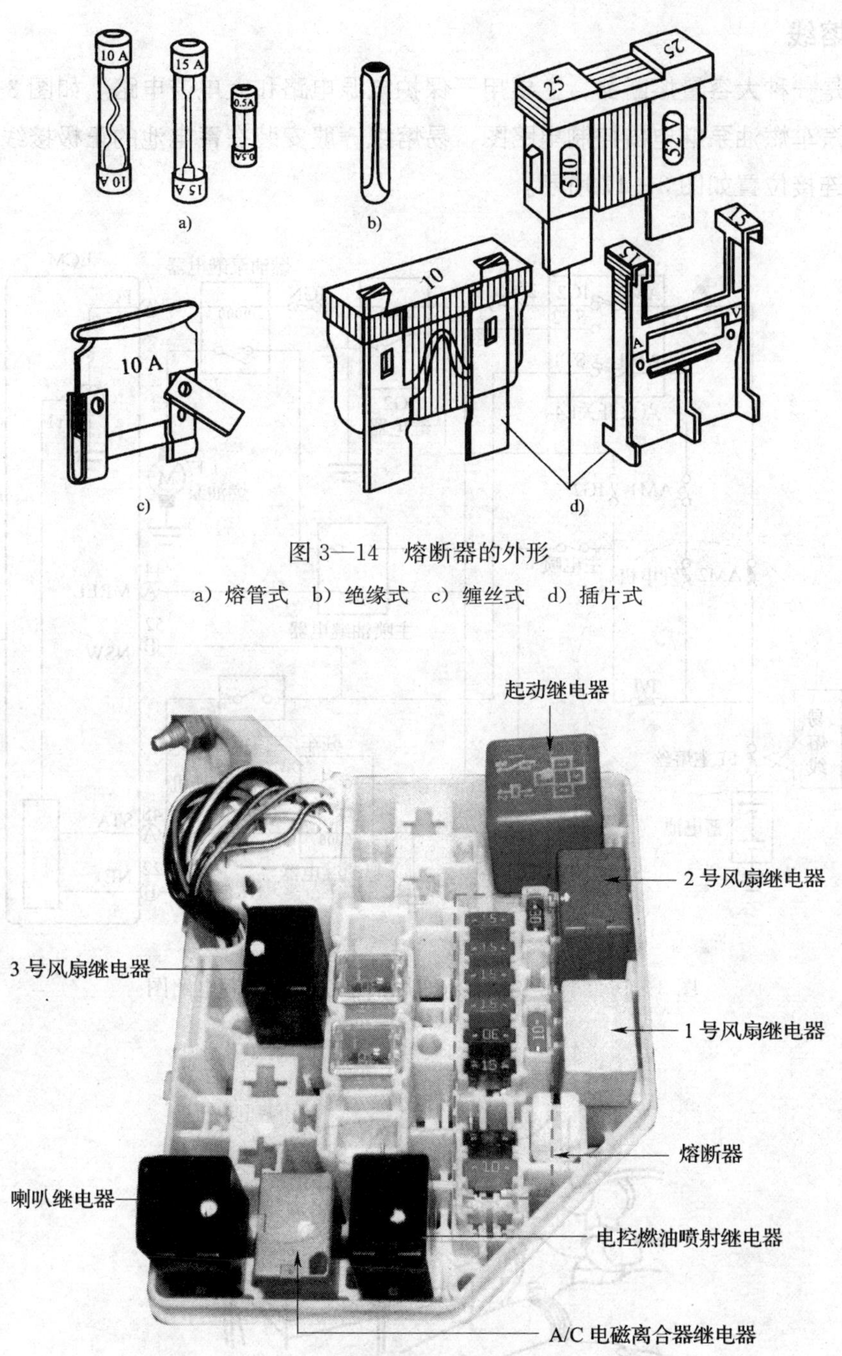

图 3—14 熔断器的外形

a）熔管式 b）绝缘式 c）缠丝式 d）插片式

图 3—15 丰田威驰轿车发动机室熔断器/继电器盒

常见汽车熔断器颜色与电流对应关系示例见表 3—27。

表 3—27 **常见汽车熔断器颜色与电流对应关系示例**

熔断器塑料外壳的颜色	电流（A）	熔断器塑料外壳的颜色	电流（A）
红色	10	黄色	20
蓝色	15	绿色	30

2. 易熔线

易熔线是一种大容量熔断器，主要用于保护电源电路和大电流电路。如图 3—16 所示为丰田卡罗拉汽车燃油泵继电器控制电路图，易熔线一般安装在蓄电池的正极接线端子上。易熔线实物与连接位置如图 3—17 所示。

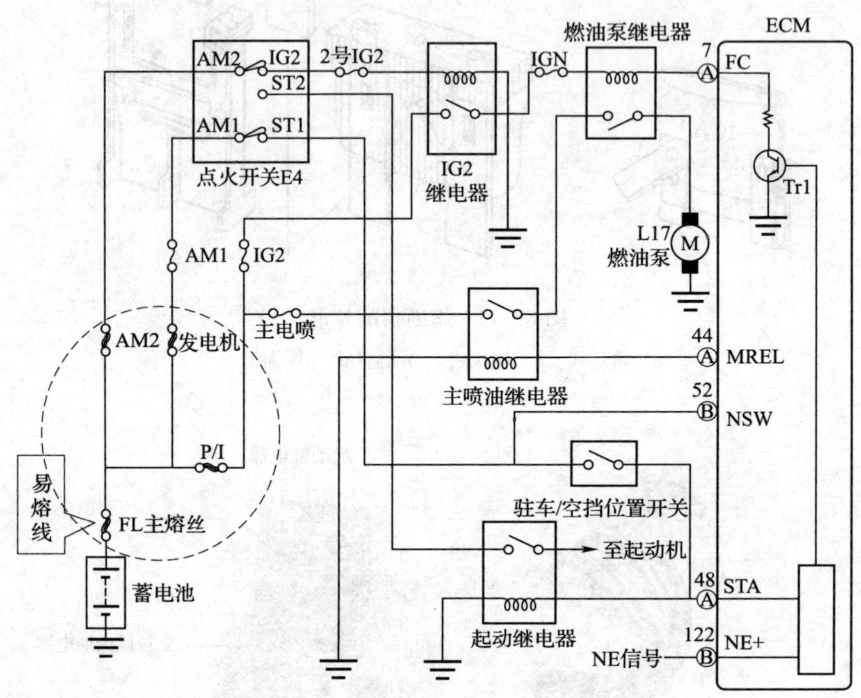

图 3—16 丰田卡罗拉汽车燃油泵继电器控制电路图

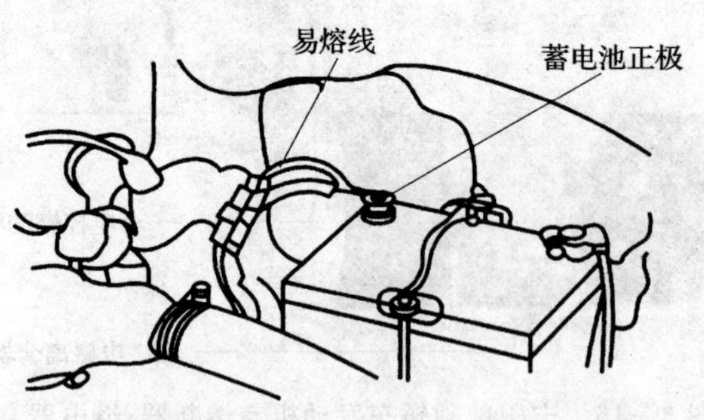

图 3—17 易熔线实物与连接位置

3. 电路断电器

电路断电器主要用于保护正常工作时容易过载的电路。如图 3—18 所示，断电器是一种机械装置，具有自动复位功能。

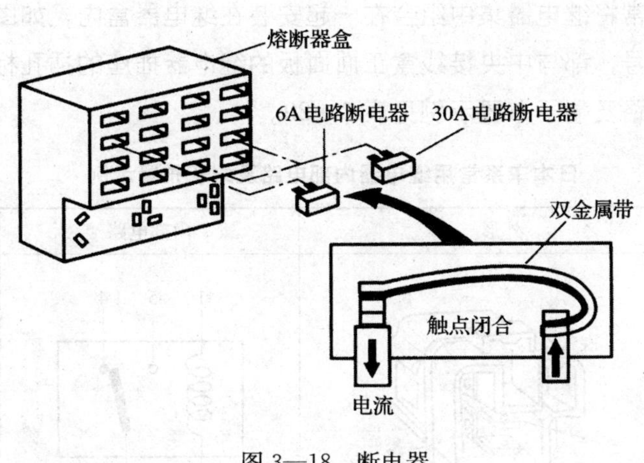

图 3—18　断电器

二、继电器

继电器是一种利用电磁或其他方法（如热电、电子等）实现自动接通或切断一对或多对触点，实现用小电流控制大电流的装置。汽车上的继电器有很多，主要起开关作用，常见的有动合（常开）继电器、动断（常闭）继电器和混合型继电器三种类型。常用小型标准通用继电器的动作状态见表 3—28。

表 3—28　　常用小型标准通用继电器的动作状态

类型	动合（常开）继电器	动断（常闭）继电器	混合型继电器
插脚布置	87 85 86 30	87a 85 86 30	87 87a 85 86 30
内部电路	30 87 85 86	87a 30 85 86	87a 30 87 85 86
线圈不通电时的状态（常态）	动合（常开）触点断开	动断（常闭）触点闭合	动合（常开）触点断开，动断（常闭）触点闭合
线圈通电时的状态	动合（常开）触点闭合	动断（常闭）触点断开	动断（常闭）触点先断开，然后动合（常开）触点再闭合

在汽车电路中，常将继电器集中组合在一起安装在继电器盒内，如图 3—15 所示。继电器的每个插脚都有标号，都与中央接线盒正面面板的继电器插座的插孔标号相对应。日本车系常用继电器内部电路及端子布置示例见表 3—29。

表 3—29　　日本车系常用继电器内部电路及端子布置示例

型号	颜色	外形	内部电路	端子布置
1T	黑色	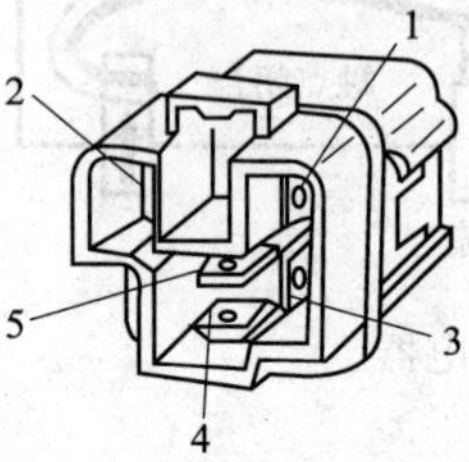	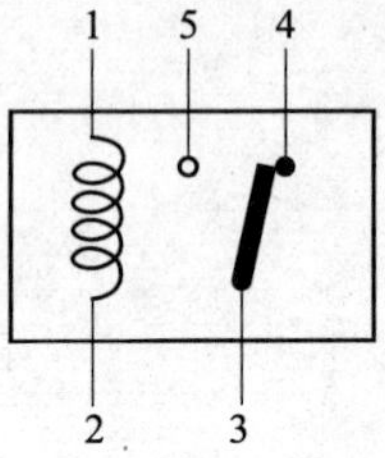	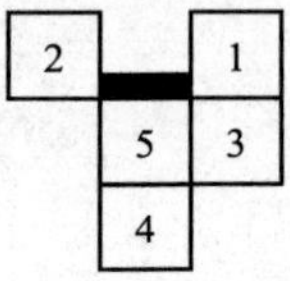
1M	蓝色	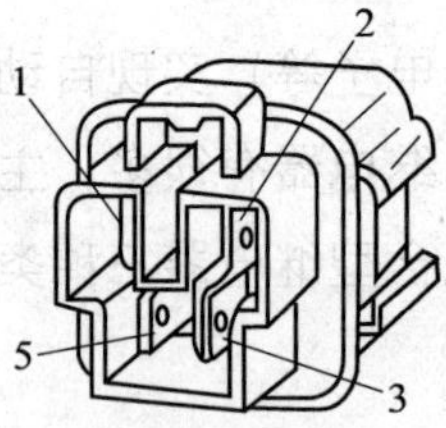	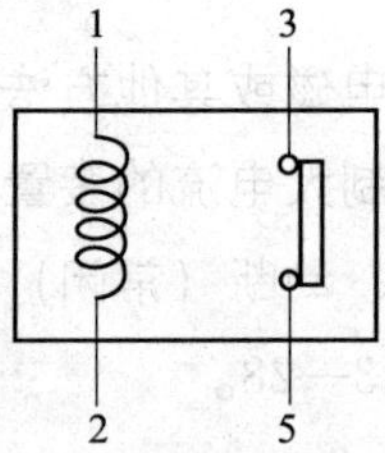	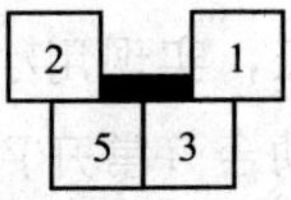
2M	棕色	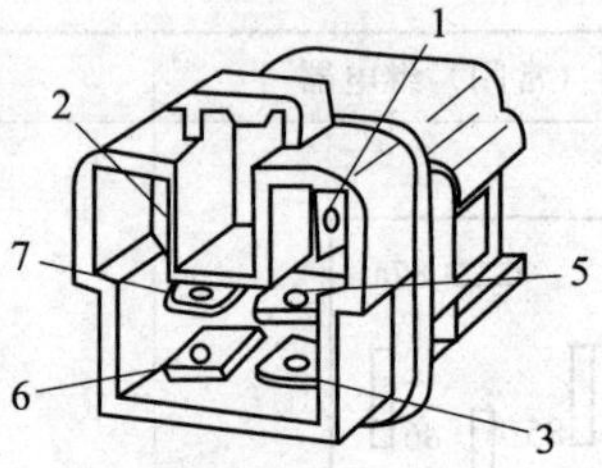	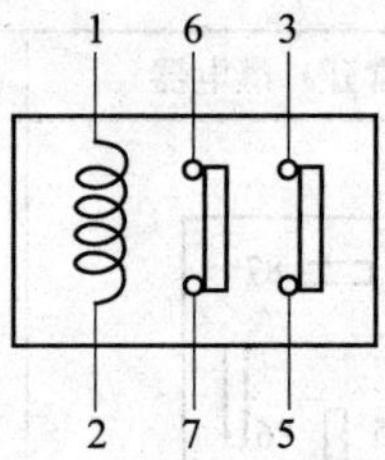	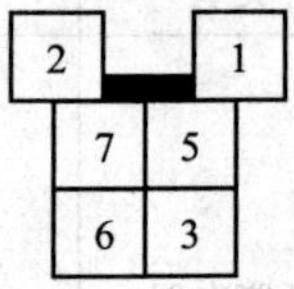
1M1B	灰色	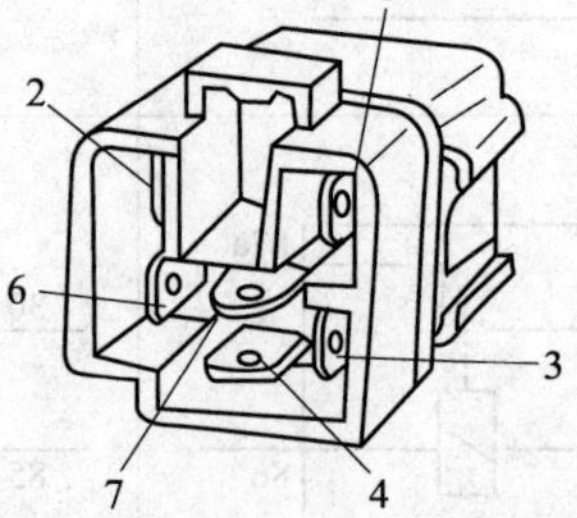	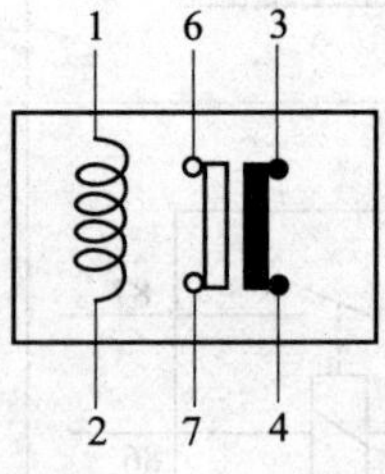	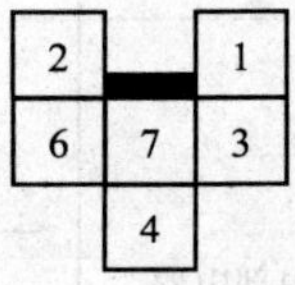

三、开关

开关的主要作用是控制电路的通断，如点火开关和多功能组合开关等。在汽车电路中，开关表示方法主要有结构图表示法、表格表示法和图形表示法三种，如图 3—19 所示为柴油车点火开关的表示方法。

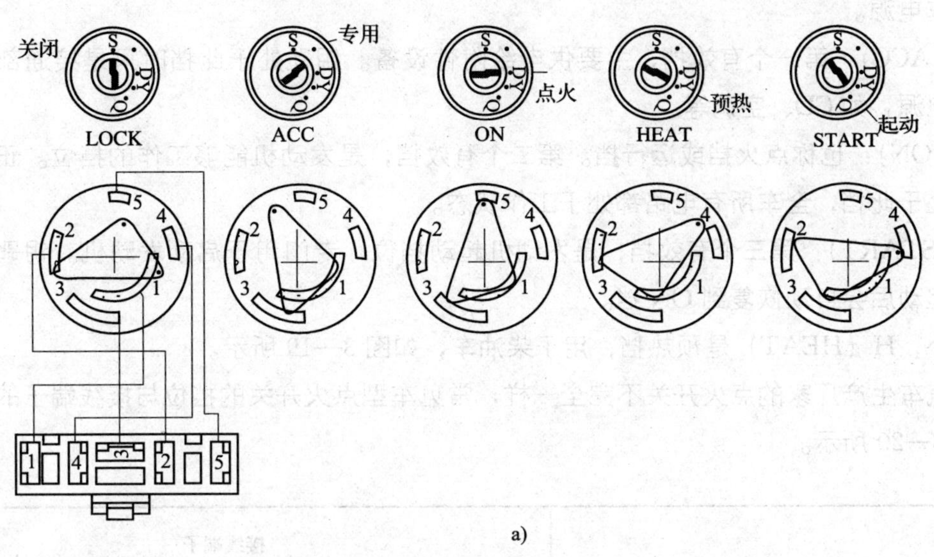

a)

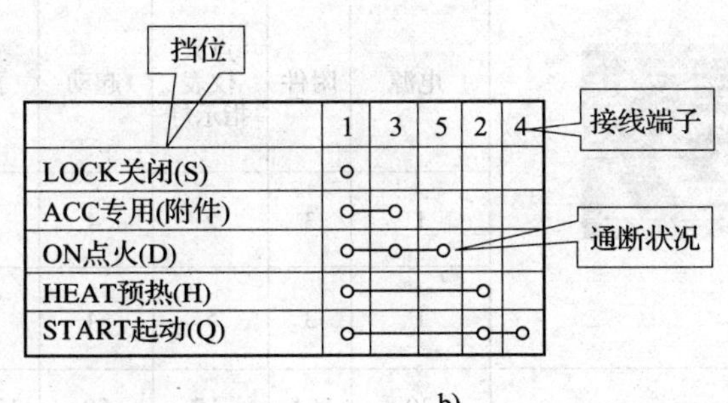

	1	3	5	2	4
LOCK关闭(S)	○				
ACC专用(附件)	○	○			
ON点火(D)	○	○	○		
HEAT预热(H)	○			○	
START起动(Q)	○			○	○

b)

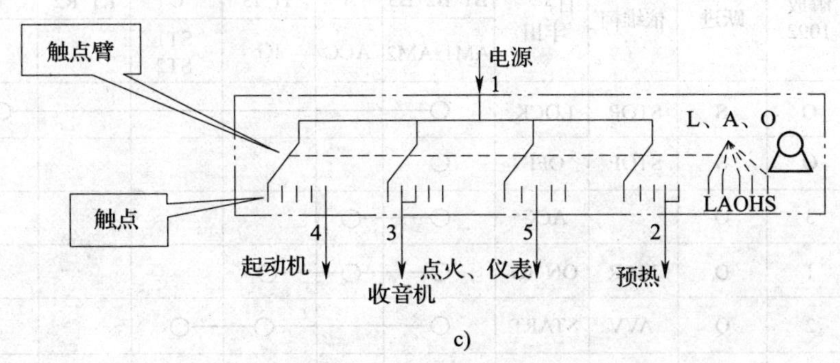

c)

图 3—19 柴油车点火开关的表示方法

a）结构图表示法 b）表格表示法 c）图形表示法

1. 点火开关

点火开关用于控制点火回路、发电机磁场回路、仪表及照明回路、起动继电器回路以及辅助电器回路。停车时用钥匙锁住。点火开关有 START、ON、ACC、LOCK 四个挡位，其功能如下：

L（LOCK）：关闭挡或静止位置，该挡位无输出。此时钥匙不仅锁住转向盘转轴，同时切断全车电源。

A（ACC）：第一个有效挡，主要供电给附件设备。钥匙处于此挡时只是接通部分电气设备的电源，如CD、空调等。

O（ON）：也称点火挡或运行挡。第二个有效挡，是发动机能够工作的挡位。正常行车时钥匙处于此挡，全车所有电路都处于工作状态。

S（START）：第三个有效挡，是发动机起动挡位，专门用于启动发动机。钥匙若处于此挡，起动后会自动恢复到ON挡。

此外，H（HEAT）是预热挡，用于柴油车，如图3—19所示。

各汽车生产厂家的点火开关不完全一样，常见车型点火开关的挡位与接线端子的对应关系如图3—20所示。

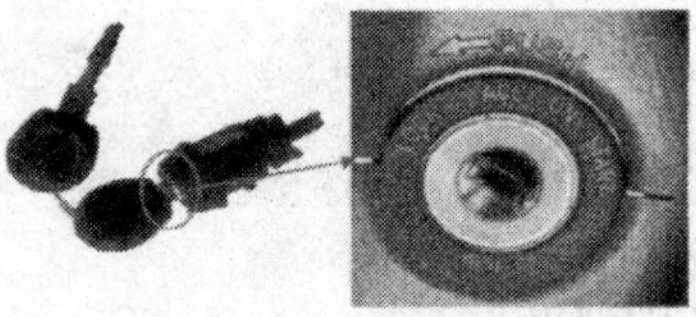

					接线端子						
					电源	附件	点火仪表指示灯	起动	预热	停车灯	厂家或车型
					1	3	2	4			解放
					1	3	5	4	2		跃进
挡位符号					30	15A	15	50	17 19	P	依维柯
	解放1092	跃进	依维柯	日产、丰田	B1 B2 B3	A	I1 I3	C	R1 R2		日产
					AM1 AM2	ACC	IG	ST1 ST2			丰田
锁定	O	S	STOP	LOCK	○—	—	—	—	—	—○	
断开	O	S	STOP	OFF	○						
附件(专用)	3	O		ACC	○—	—○					
点火(工作)	1	D	MAR	ON IG	○—	—○—	—○				
起动	2	Q	AVV	START	○—	—	—○—	—○			
预热	4	H		HEAT	○—	—	—	—	—○		

图3—20 常见车型点火开关的挡位与接线端子的对应关系

2. 多功能组合开关

如图3—21所示，多功能组合开关主要由照明开关（如前照灯开关、变光开关等）、信号（如转向、危险警告、超车等）开关、刮水器/洗涤器开关、喇叭开关等组合而成，简称组合开关。组合开关一般安装在转向盘下的转向柱管上。

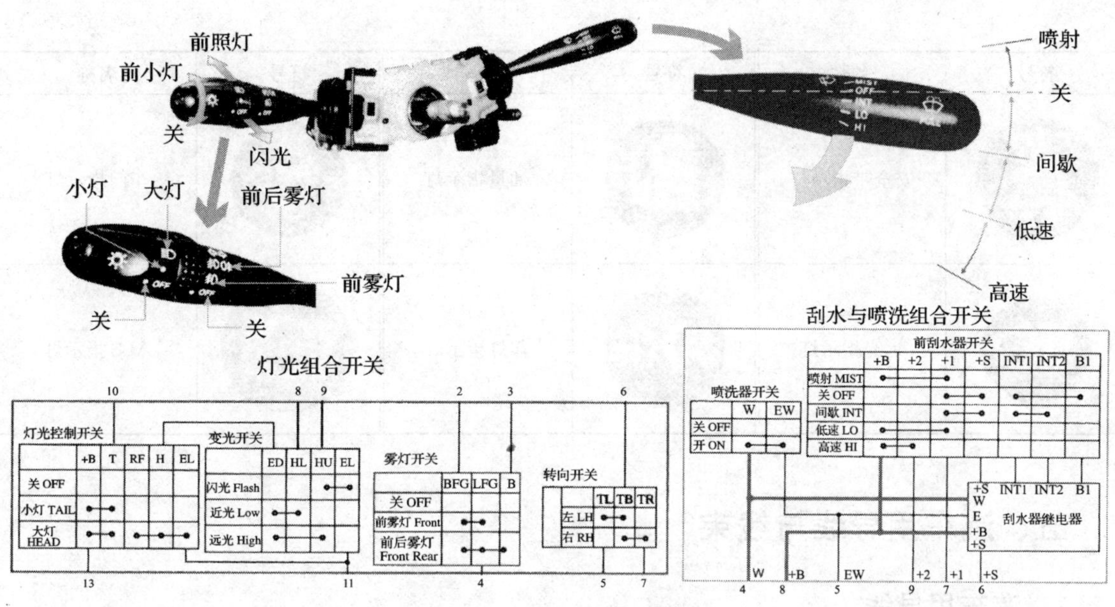

图 3—21　多功能组合开关

四、显示装置

1. 显示装置的功能

显示装置通常是指安装在汽车仪表盘上的各种仪表、图形符号和报警装置。其显示的监视和报警信息主要包括燃油温度、冷却液温度、润滑油压力、充电状况、前照灯、尾灯、排气温度、制动液量、驻车制动、车门未关紧等，当出现不正常现象或通过自诊断系统测出有故障时，该系统会立即进行声/光（并用）报警。

2. 警告灯和开关标记

汽车仪表盘和转向柱上通常装有许多开关、警告灯和指示灯。为了区分它们的功能，常用各种图形标志刻印在其表面，有些进口车还用英文字母表示。这些图形标志国际通用，大都形象、简明，一看便知它们的功用。汽车仪表盘常见标记符号示例见表 3—30。

表 3—30　　**汽车仪表盘常见标记符号示例**

符号	名称	符号	名称	符号	名称
	示宽灯指示灯		冷却液温度指示灯		机油指示灯
	驻车制动指示灯		转向灯指示灯		蓄电池指示灯

续表

符号	名称	符号	名称	符号	名称
	安全带指示灯		油量指示灯		车门指示灯
	远光指示灯		雾灯指示灯		ABS 指示灯

五、汽车用导线与线束

1. 汽车用导线

导线在电路中起着连接电源、控制器和用电器的桥梁作用。在汽车电路中使用的导线主要有低压导线和高压导线两种。

(1) 低压导线。汽车电路中的常用低压导线主要有普通低压导线、屏蔽线、起动电缆和搭铁电缆四种。

在汽车电路图中，常对低压导线的颜色、横截面积以及所属的电气系统做出标注。

1) 导线的颜色。丰田汽车上的低压导线如图3—22所示，为了便于汽车电路的安装与检修，低压导线绝缘层外表面常用不同的颜色及条纹加以区分。

在汽车电路中，导线颜色及条纹多用字母来表示，以英文字母为主。常见主要汽车制造公司导线颜色代码见表3—31。我国汽车电路中各电系选用导线的颜色及字母代码见表3—32。

图3—22 丰田汽车上的低压导线

表3—31　　常见主要汽车制造公司导线颜色代码

颜色	全称	丰田	本田	日产	通用	福特	奔驰	大众	宝马
黑色	Black	B	BLK	B	BLK	BK	BK (sw)	sw	SW
棕色	Brown	BR	BRN	BR	BRN	BR	BR (br)	br	BR
红色	Red	R	RED	R	RED	R	RD (rd)	ro	RD
黄色	Yellow	Y	YEL	Y	YEL	Y	YL (ge)	ge	GE
绿色	Green	G	GRN	G	GRN	GN	GN (gn)	gn	GN
蓝色	Blue	L	BLU	L	BLU	BL	BU (be)	bl	BL
紫色	Violet	V		PU 或 V			VI (vio)	li	VI

续表

颜色	全称	丰田	本田	日产	通用	福特	奔驰	大众	宝马
灰色	Grey	GR	GRY	GY 或 GR	GRY	GY	GR（gr）	gr	GR
白色	White	W	WHT	W	WHT	W	WT（ws）	ws	WS
粉红色	Pink	P	PNK	P	PNK	PK	PK（rs）		RS
橙色	Orange	O	ORN	OR 或 O	ORN	O			OR

表 3—32　我国汽车电路中各电系选用导线的颜色及字母代码

系统名称	颜色（主色）	颜色代码
电源系统	红	R
点火、起动系统	白	W
雾灯	蓝	Bl
灯光、信号系统	绿	G
防空灯及车身内部照明系统	黄	Y
仪表、报警系统及喇叭系统	棕	Br
收音机、时钟、点烟器等辅助系统	紫	V
各种辅助电动机及电气操纵系统	灰	Gr
搭铁线	黑	B

在汽车电路中，当采用双色线时，主色为基础色，所占比例要大一些；辅助色为条色带或螺旋色带，所占比例要小一些，双色线识别示例见表 3—33。标注时应主色在前，辅助色在后。

表 3—33　双色线识别示例

车型	导线颜色识别	颜色代码	说明
丰田	L (Blue)　Y (Yellow)	L—Y	1. L、RED 为主色，所占比例要大一些；Y、BLU 为辅助色，所占比例要小一些 2. 标注时主色 L、RED 在前，辅助色 Y、BLU 在后
本田	RED/BLU	RED/BLU	

2）横截面积。导线的横截面积一般用数字表示，单位为 mm^2。大众速腾轿车的局部电路图如图 3—23 所示，导线的横截面积标注在颜色代码的前面。当单位为 mm^2 时，单位符号可以不用标注，如 0.5 br 表示横截面积为 0.5 mm^2 的棕色导线；1.5 sw/ro 表示横截面积为 1.5 mm^2 的双色导线，主色为黑色，辅色为红色。

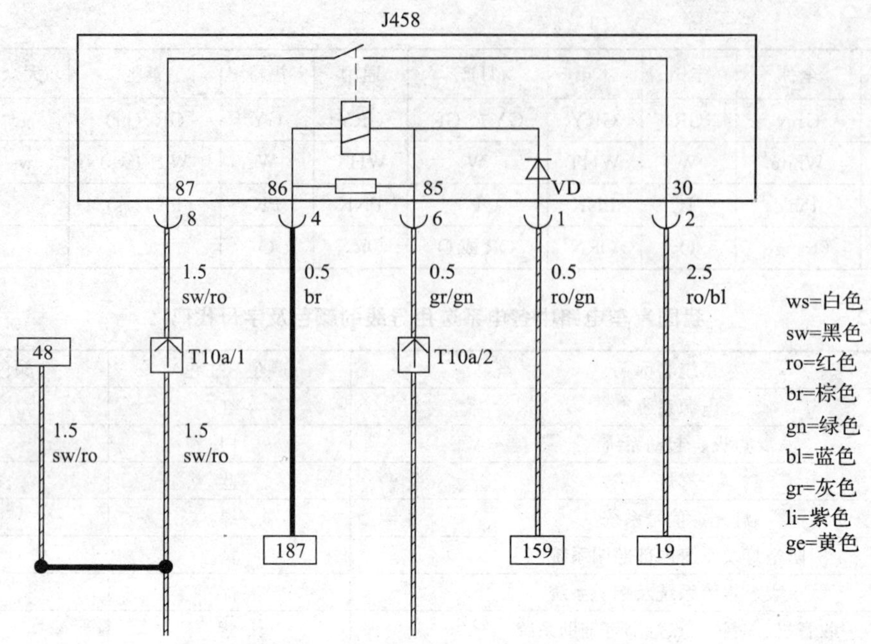

图 3—23　大众速腾轿车的局部电路图

(2) 高压导线。汽车电路中的常用高压导线主要有铜芯线和阻尼线两种，主要用于点火系统的高压传输。

2. 线束

在汽车电路中，常将同路走向的低压导线包扎成束，称为线束。如图 3—24 所示为汽车导线线束。线束是构成汽车电路网络的主体，在汽车电气文件中常用线束图来说明线束在车身上的安装位置、搭铁点和线束插接器的基本情况。

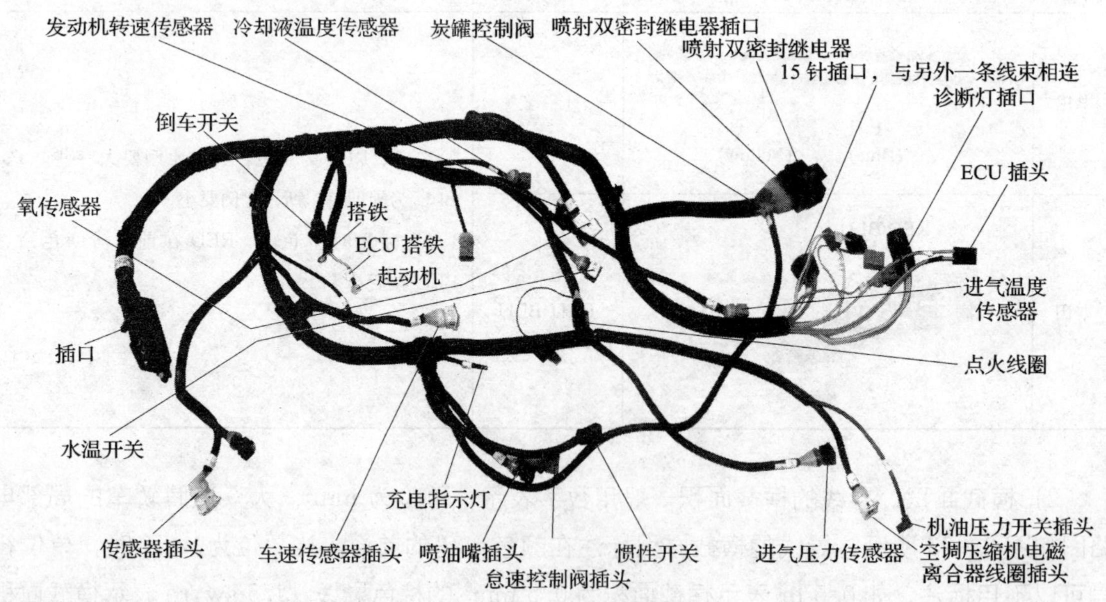

图 3—24　汽车导线线束

六、插接器

插接器又称为连接器，由插头和插座两部分组成，主要用于线束与线束（或导线与导线）、线束（或导线）与电器部件之间的相互连接。为了防止插接器松脱，所有插接器在结构上都有锁闭装置，如图 3—25 所示。

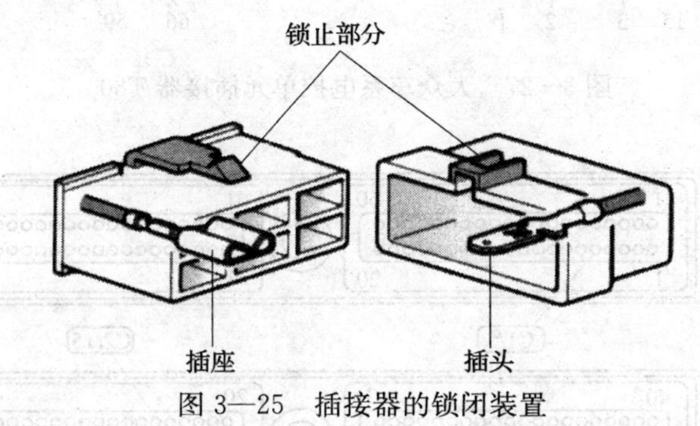

图 3—25 插接器的锁闭装置

1. 插接器的连接方法

插接器的连接方法如图 3—26 所示。图中的 A 线插孔①与 a 线插头①′是相配合的，其余以此类推。

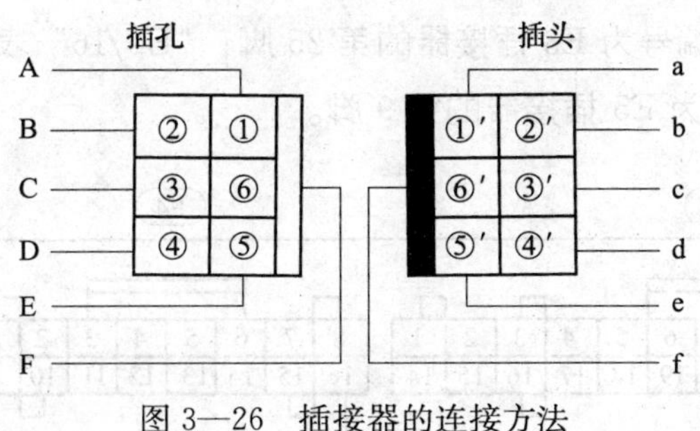

图 3—26 插接器的连接方法

2. 插接器的表示方法

目前，插接器在电路图中并没有统一的表示方法，各生产厂家有各自的表示方法。例如，有些车有专用代号，有些车没有代号，有些车是自然编号，有些车在插接器上印有端子号。以下列举其中的几种：

（1）大众车系插接器。如图 3—27 所示为大众车系电控单元插接器 T80。在大众汽车电路图中，标号“T80/59”表示该端子为 80 孔插接器的第 59 孔。此外，在读图时千万要注意同样插接器的不同序列，例如，“T10/8”表示该端子为 10 孔插接器的第 8 孔；“T10b/8”表示该端子为 10 孔插接器 b 序列的第 8 孔。

（2）通用车系插接器。如图 3—28 所示为通用公司 PCM 插接器。在通用汽车电路图中，标号“C1/5”表示该插接器编号为 C1，该端子为 C1 系列的第 5 脚；“C2/15”表示该插接器编号为 C2，该端子为 C2 系列的第 15 脚。

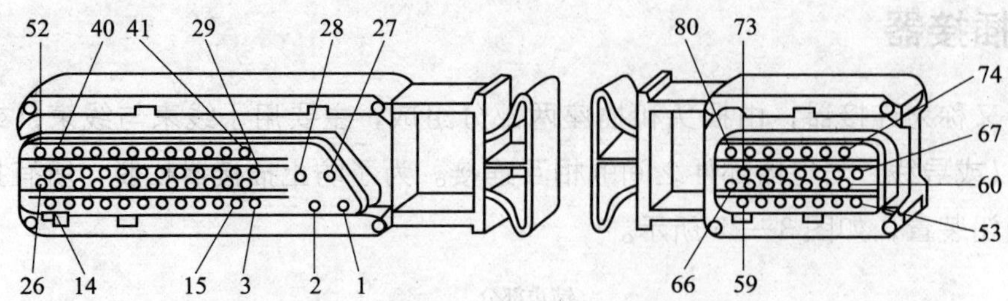

图 3—27　大众车系电控单元插接器 T80

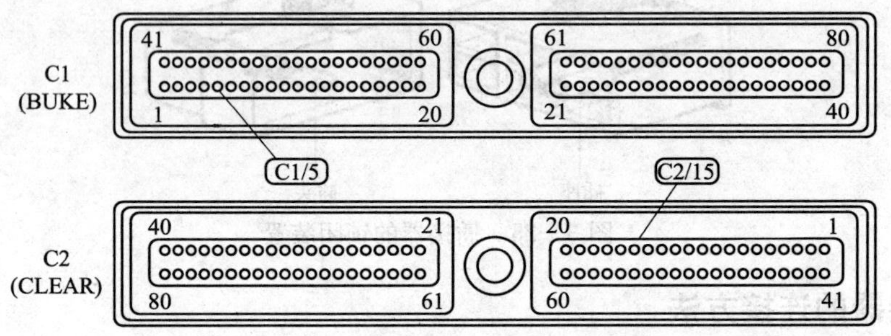

图 3—28　通用公司 PCM 插接器

(3) 丰田车系插接器。如图 3—29 所示为丰田车系电控单元端子。在丰田汽车电路图中，标号“E3/25”表示编号为 E3 插接器的第 25 脚；“E4/16”表示编号为 E4 插接器的第 16 脚；“E5/9”表示编号为 E5 插接器的第 9 脚。

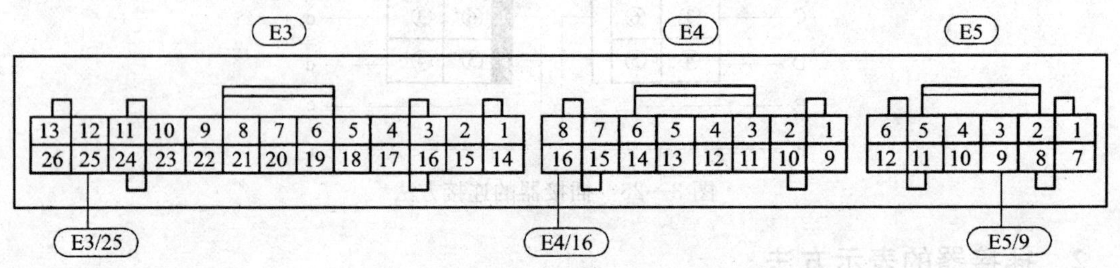

图 3—29　丰田车系电控单元端子

七、中央接线盒（板）

为了便于检查和更换，现代汽车常将熔断器、继电器及导线的铰接点集中安装在熔断器盒、继电器盒及接线盒中，并把它们组合在一起制成熔断器/继电器盒、中央接线盒（板）。如图 3—15 所示为丰田威驰轿车发动机室熔断器/继电器盒。

目前，整车电气系统通常采用中央接线盒（板）方式，即大部分继电器和熔断器都安装在中央线路板正面，主线束从中央线路板反面接插后通往各用电器。中央线路板上标有线束和导线接插位置的代号及接线端子的数字号，如图 3—30 所示为捷达轿车中央线路板背面布置图。捷达轿车中央线路板上的插接器代号与注释见表 3—34。

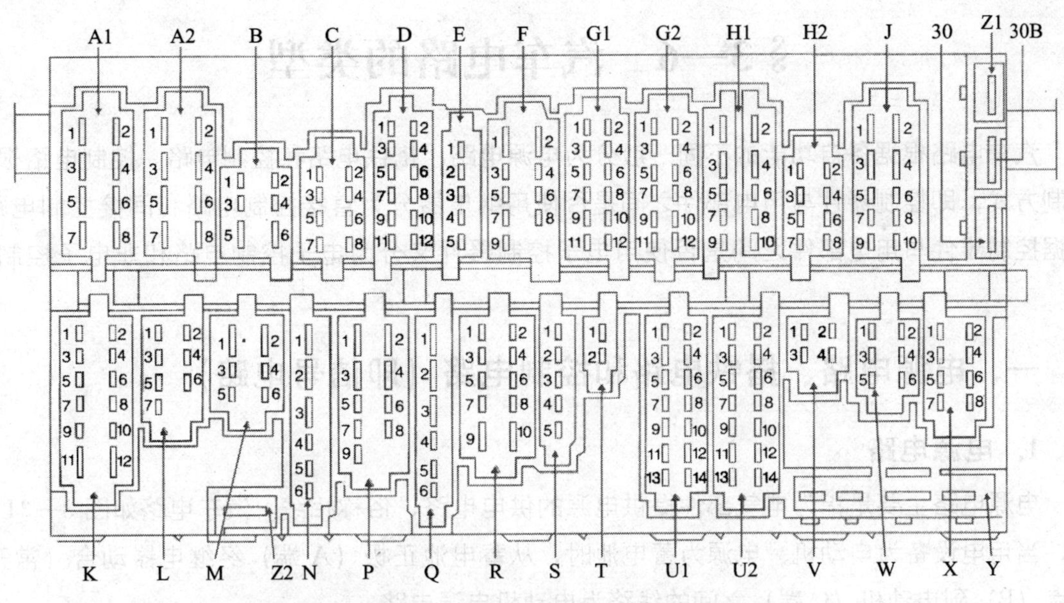

图 3—30 捷达轿车中央线路板背面布置图

表 3—34 **捷达轿车中央线路板上的插接器代号与注释**

代号	注释	代号	注释
A1	8 孔插头（黄色），前照灯线束	P	9 孔插头（蓝色），后风窗及前雾灯开关线束
A2	8 孔插头（黄色），前照灯线束	Q	6 孔插头（蓝色），仪表线束
B	6 孔插头（绿色），用于前照灯清洗系统	R	10 孔插头（蓝色），灯光开关线束
C	8 孔插头（黄色），用于任选线束	S	5 孔插头（白色），发动机室右侧线束
D	12 孔插头（绿色），用于附加设备	T	2 孔插头（绿色）
E	5 孔插头（绿色），仪表线束	U1	14 孔插头（蓝色），仪表盘线束
F	9 孔插头（白色），发动机室右侧线束	U2	14 孔插头（蓝色），仪表盘线束
G1	12 孔插头（白色），发动机室右侧线束	V	4 孔插头（绿色），多功能指示器线束
G2	12 孔插头（白色），发动机室右侧线束	W	6 孔插头（绿色），ABS 线束
H1	10 孔插头（红色），转向柱开关线束	X	8 孔插头（绿色），警告指示灯（拖挂设备、ABS 系统）线束
H2	8 孔插头（红色），转向柱开关线束		
J	10 孔插头（红色），转向柱开关线束	Y	单孔插头，接线柱
K	12 孔插头（黑色），尾部线束	Z1	单孔插头
L	7 孔插头（黑色），尾部线束	Z2	单孔插头，接线柱 31
M	6 孔插头（黑色），尾部线束	30	单孔插头，接线柱 30
N	6 孔插头（绿色），空调线束	30B	单孔插头

§3—6 汽车电路的类型

汽车电路根据各自功能的不同一般分为电源电路、搭铁电路和控制电路。控制电路根据控制方式，即控制器件与用电部件之间是否使用继电器分为直接控制电路和间接控制电路；根据控制器件与用电部件之间是否使用电子控制器件又分为电子控制电路和非电子控制电路。

一、电源电路、搭铁电路和控制电路（即信号电路）

1. 电源电路

电源电路主要是指为电气部件提供电源的供电电路，俗称相线。汽车电路如图 3—31 所示，当用电设备为电动机、电源为蓄电池时，从蓄电池正极（A 端）经继电器动合（常开）触点（B）到电动机（C 端）之间的线路为电动机电源电路。

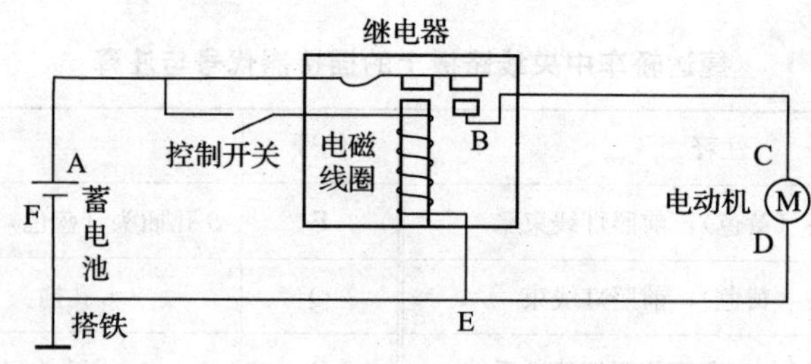

图 3—31 汽车电路

2. 搭铁电路

搭铁电路主要是指为电气部件提供电源回路的电路。如图 3—31 所示，从电动机（D 端）到蓄电池负极（F 端）之间的线路就是电动机搭铁电路。

3. 控制电路

控制电路主要是指控制电器部件能否工作的电路。常见的控制器件主要是开关和继电器。如图 3—31 所示，控制开关和继电器电磁线圈共同组成电动机控制电路。

二、直接控制电路和间接控制电路

1. 直接控制电路

直接控制电路是最基本、最简单的电路。在这种控制电路中不使用继电器，控制器件与用电器串联，直接控制用电器，如图 3—32a 所示的常见喇叭控制电路就是直接控制电路。

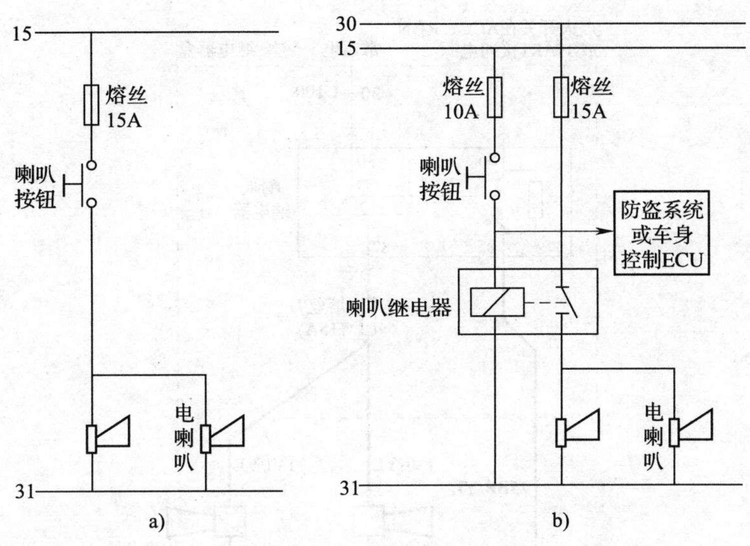

图 3—32 电喇叭控制电路图

a）常见喇叭控制电路 b）与防盗系统共用的喇叭控制电路

2. 间接控制电路

在控制器件与用电部件之间使用继电器或控制器的电路称为间接控制电路，如图 3—31 和图 3—32b 所示。间接控制电路又分为主电路和控制电路。

（1）主电路。用电器和继电器的触点所处的电路称为主电路。如图 3—31 所示，从蓄电池正极→继电器常开触点（B）→电动机→搭铁→蓄电池负极的电路。

（2）控制电路。控制器件和继电器的电磁线圈所处的电路称为控制电路。如图 3—31 所示，从蓄电池正极→控制开关→继电器电磁线圈→搭铁→蓄电池负极的电路。

如图 3—31 所示，继电器在控制电动机的同时又被控制开关所控制。继电器对受其控制的用电器来说是控制器件，但继电器同时又受到各种开关、电控单元等控制器件的控制，所以它又是执行器件，具有双重性。电子控制器也如此。

小常识

间接控制电路的识读

识读间接控制电路的关键是区别控制电路和主电路，然后分别根据回路原则识读各自的电路。现以图 3—33 所示的宝马汽车喇叭系统电路图为例，分析对间接控制电路的识读方法。

1. 控制电路

电源→点火开关（ACC、RUN 或 START 的位置）→喇叭继电器（86 号插脚→电磁线圈→85 号插脚）→C202 连接器 12 号插脚→喇叭电刷及滑环总成→喇叭开关→G201 搭铁（转向柱上）→G200 搭铁。

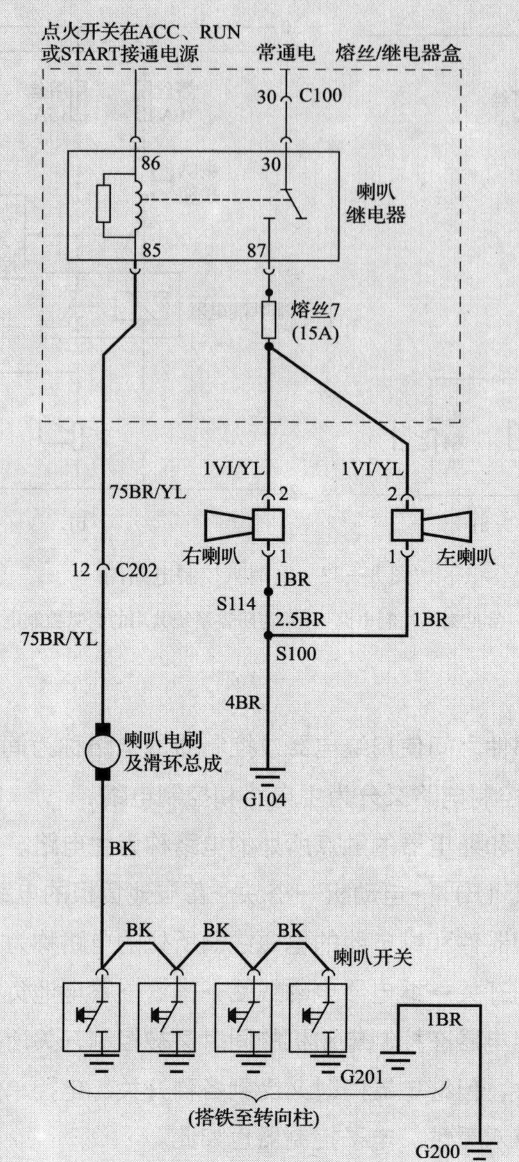

图 3—33　宝马汽车喇叭系统电路图

2. 主电路

30 号线（常通电）→ C100 连接器 30 号插孔→喇叭继电器［30 号插脚→动合（常开）触点→87 号插脚］→7 号熔丝→左、右喇叭（2 号插脚→左、右喇叭→1 号插脚）→S100 铰接点→G104 搭铁。

三、非电子控制电路与电子控制电路

1. 非电子控制电路

非电子控制电路是指用手动开关、压力开关、温控开关及滑线变阻器等传统控制器件对用电器进行控制的电路。如图 3—2 所示，用起动钥匙开关、电源总开关、驻车制动开关、气压报警开关控制的电路均为非电子控制电路。

2. 电子控制电路

电子控制电路是指利用电子控制器件对用电器进行自动控制的一种电路，如图 3—34 所示为丰田卡罗拉汽车喷油器控制电路图。此时的用电器一般被称为执行器。目前，电子控制取代其他控制模式已成为现代汽车控制的主要方式，如发动机的机械控制燃油喷射被电控燃油喷射所取代，自动变速器及 ABS 由液压控制转变为电子控制等。

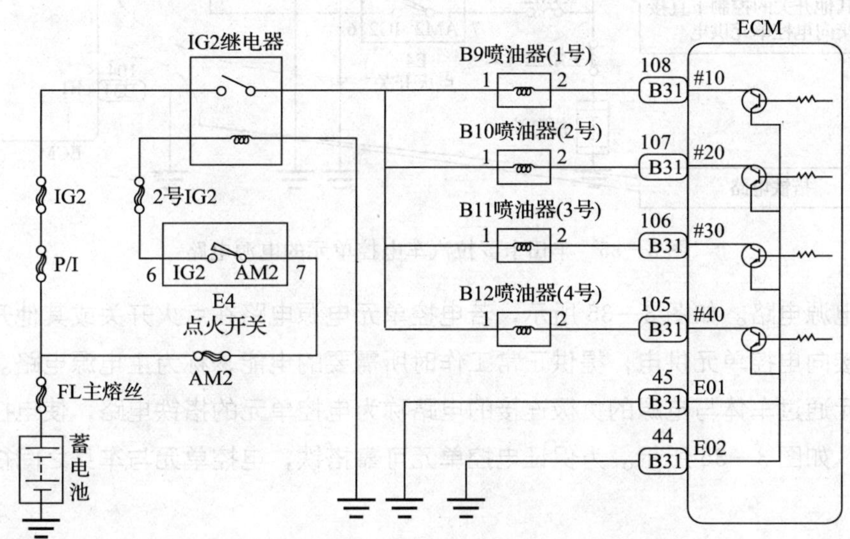

图 3—34 丰田卡罗拉汽车喷油器控制电路图

四、电子控制电路的特点

在汽车电子控制系统中，电控单元是核心。它通过接收传感器和控制开关输入的各种信号，根据其内部预先存储的数据和编制的程序进行数学计算和逻辑判断，然后直接或间接控制各执行器的工作。

汽车电控系统电路一般可分为电控单元电源电路、信号输入电路（传感器和开关）和执行器工作电路。

1. 电控单元电源电路

电控单元与电源的连接电路称为电控单元的电源电路。电控单元电源电路按供电方式不同分为永久电源电路和主电源电路两类。

(1) 永久电源电路。丰田卡罗拉汽车电控单元的电源电路如图 3—35 所示，若电控单元电源电路与电源的正极直接相连，在任何时候都给电控单元供电，以使电控单元保存数据信息，称为永久电源电路。

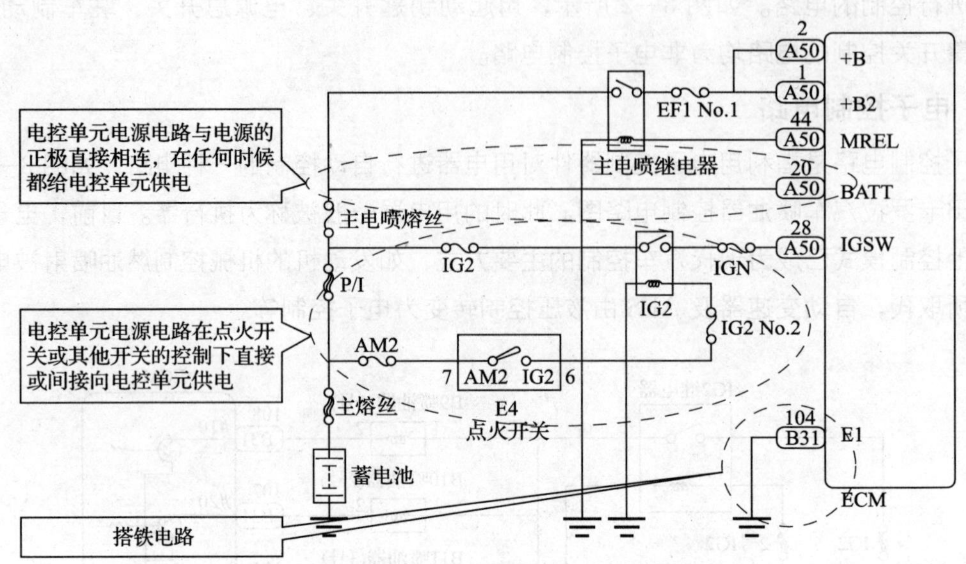

图 3—35　丰田卡罗拉汽车电控单元的电源电路

(2) 主电源电路。如图 3—35 所示，若电控单元电源电路在点火开关或其他开关的控制下直接或间接向电控单元供电，提供正常工作时所需要的电能，称为主电源电路。

电控单元通过车体与电源的负极连接的电路称为电控单元的搭铁电路，使电控单元与电源构成回路，如图 3—35 所示。为保证电控单元可靠搭铁，电控单元与车身之间往往有多条搭铁线。

2. 信号输入电路

信号输入电路有传感器电路、开关信号电路和电控单元之间连接的数据传输电路三种形式。

(1) 传感器电路。传感器信号输入电路分为有源传感器电路和无源传感器电路。

1) 有源传感器电路。大多数传感器需要由电控单元或蓄电池直接或间接提供电源，这类传感器称为有源传感器。如图 3—36 所示的丰田卡罗拉汽车曲轴和凸轮轴位置传感器电路中，传感器由电控单元供电，一般为 5 V 的基准电压。如图 3—37 所示的丰田卡罗拉汽车氧传感器电路中传感器由蓄电池供电。有源传感器的连接线一般分为电源线、信号线和搭铁线。其中电源线、信号线一般与电控单元连接，而搭铁线可经电控单元搭铁，也可直接搭铁。

2) 无源传感器电路。有些传感器无须外界提供电源，当外界条件变化时，其自身会产生电动势向电控单元发出电信号，这类传感器称为无源传感器，如图 3—36 所示。无源传感器因其信号微弱，为防止电磁干扰引起信号失真，信号线需要加屏蔽层。

(2) 开关信号电路。电控系统中有点火开关、空调开关、制动开关、自动变速器挡位开关等多种开关。这些开关向电控单元提供导通和断开两种电信号。常见的开关信号电路有电压输入型开关信号电路和搭铁型开关信号电路两种。

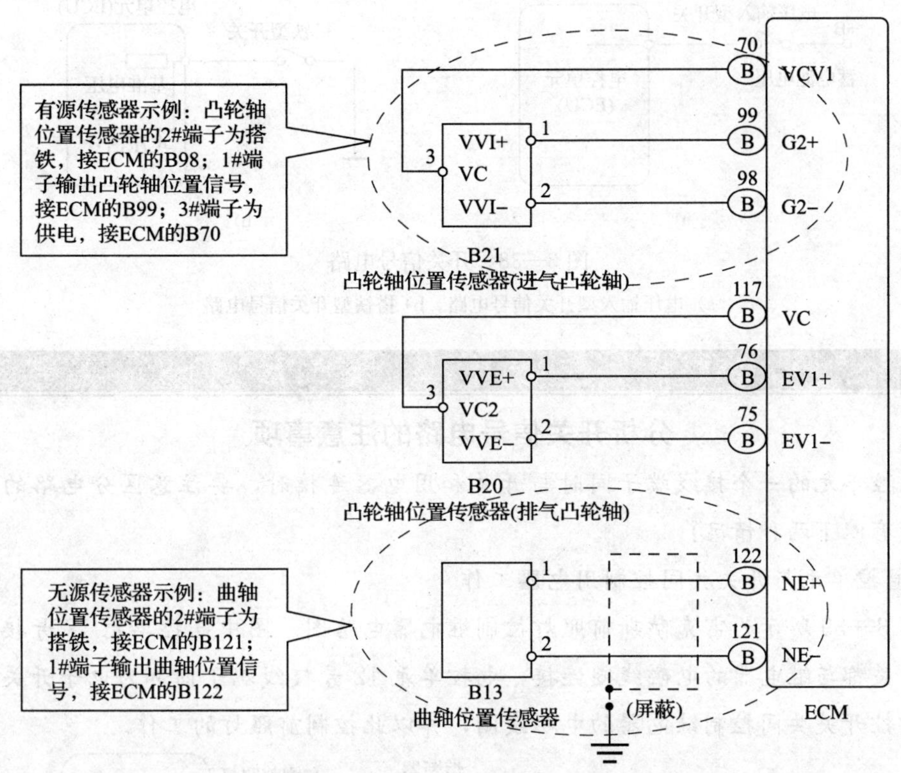

图 3—36 丰田卡罗拉汽车曲轴和凸轮轴位置传感器电路

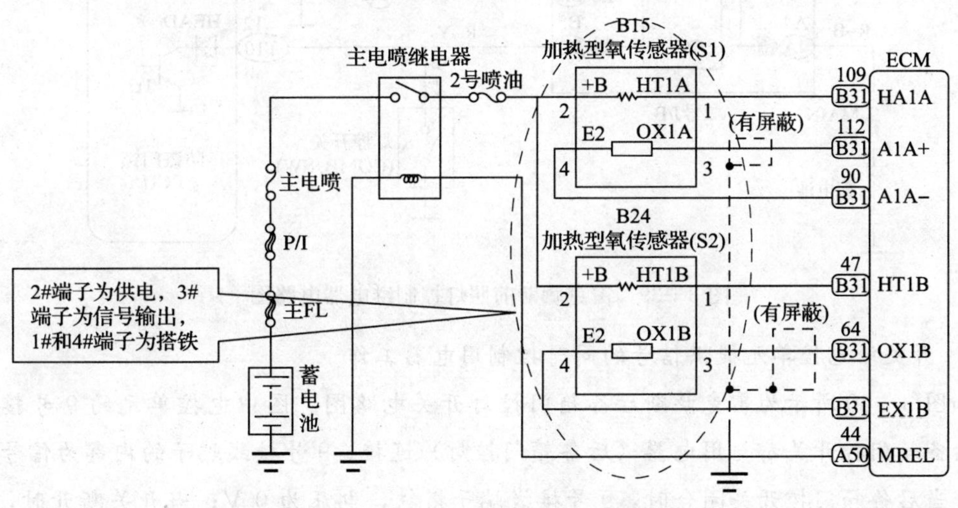

图 3—37 丰田卡罗拉汽车氧传感器电路

1）电压输入型开关信号电路。如图 3—38a 所示，当开关闭合时，电控单元接收的电压信号为蓄电池电压；当开关断开时，电控单元接收的电压信号为 0 V。

2）搭铁型开关信号电路。如图 3—38b 所示，当开关闭合时，电控单元接收的电压信号为0 V；当开关断开时，电控单元接收的电压信号为基准电压。

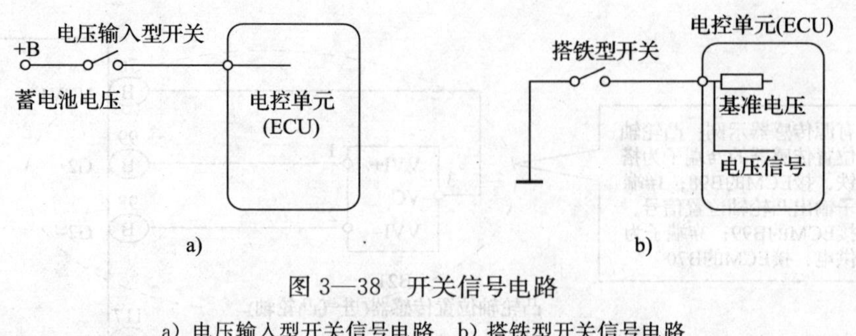

图 3—38　开关信号电路

a）电压输入型开关信号电路　b）搭铁型开关信号电路

小常识

分析开关信号电路的注意事项

当电控单元的一个接线端子同时与开关和用电器连接时，要注意区分电路的具体作用。一般有以下两种情况：

1. 电控单元与开关共同控制用电器工作

如图 3—39 所示为雷克萨斯前照灯控制继电器电路图。图中电控单元 12 号接线端子和灯控开关都与继电器的电磁线圈连接，电控单元 12 号接线端子内部为电子开关。电控单元和灯控开关共同控制继电器的电磁线圈，并以此控制前照灯的工作。

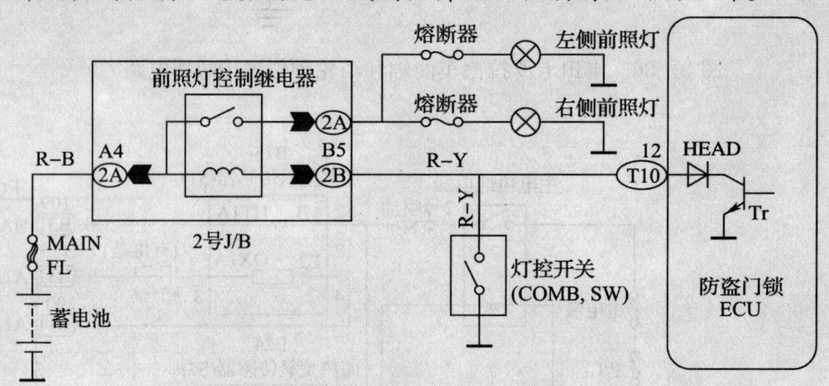

图 3—39　雷克萨斯前照灯控制继电器电路图

2. 开关给电控单元提供信号的同时控制用电器工作

如图 3—40 所示为雷克萨斯后备箱门控灯开关电路图。图中电控单元的 9 号接线端子和后备箱门控开关都与用电器（后备箱门控灯）连接。9 号接线端子的内部为信号接收电路。当后备箱门控开关闭合时，9 号接线端子搭铁，电压为 0 V；当开关断开时，9 号接线端子的电压为 12 V。后备箱门控开关除向电控单元提供后备箱门开闭信号外，还同时控制后备箱门控灯工作。

在识读电路图、分析电路工作原理时要注意区分以上两种情况，其方法如下：

第一，看电控单元的接线端子代码及文字说明。若电控单元的接线端子注明为信号输入，开关则给电控单元提供信号；若电控单元的接线端子注明为控制某用电器工作，电

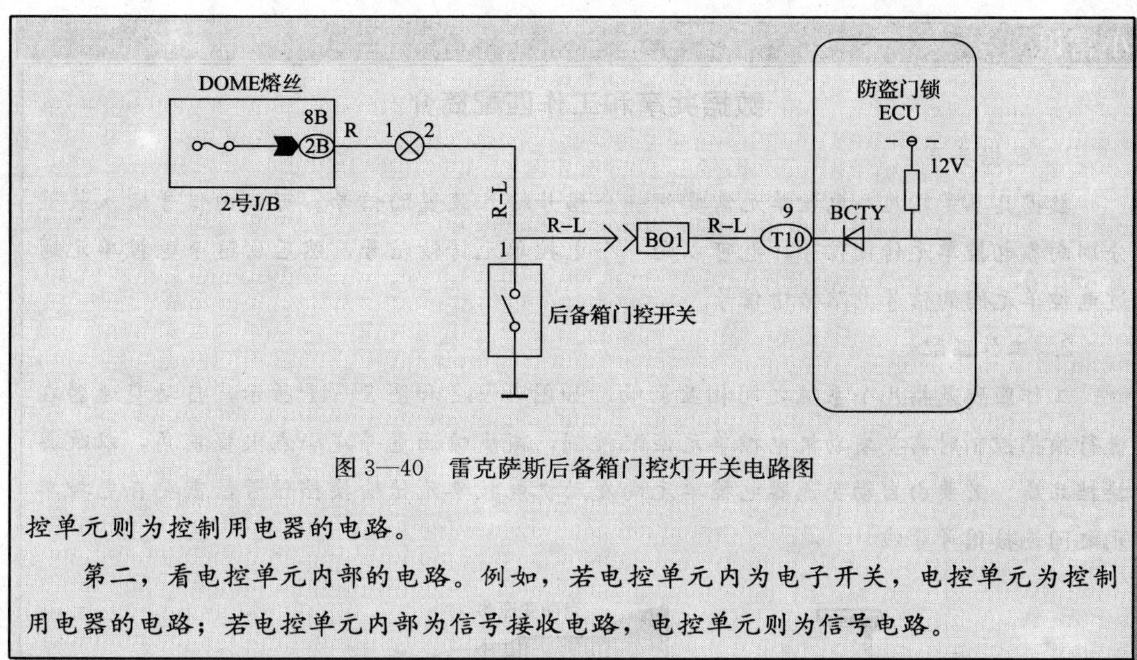

图 3—40 雷克萨斯后备箱门控灯开关电路图

控单元则为控制用电器的电路。

第二，看电控单元内部的电路。例如，若电控单元内为电子开关，电控单元为控制用电器的电路；若电控单元内部为信号接收电路，电控单元则为信号电路。

(3) 电控单元之间连接的数据传输电路。电控单元之间往往需要传输信号，以实现数据共享及工作匹配。现代汽车都使用网络数据传输来实现以上功能，如图 3—41 所示为丰田凯美瑞 CAN 总线系统电路图。

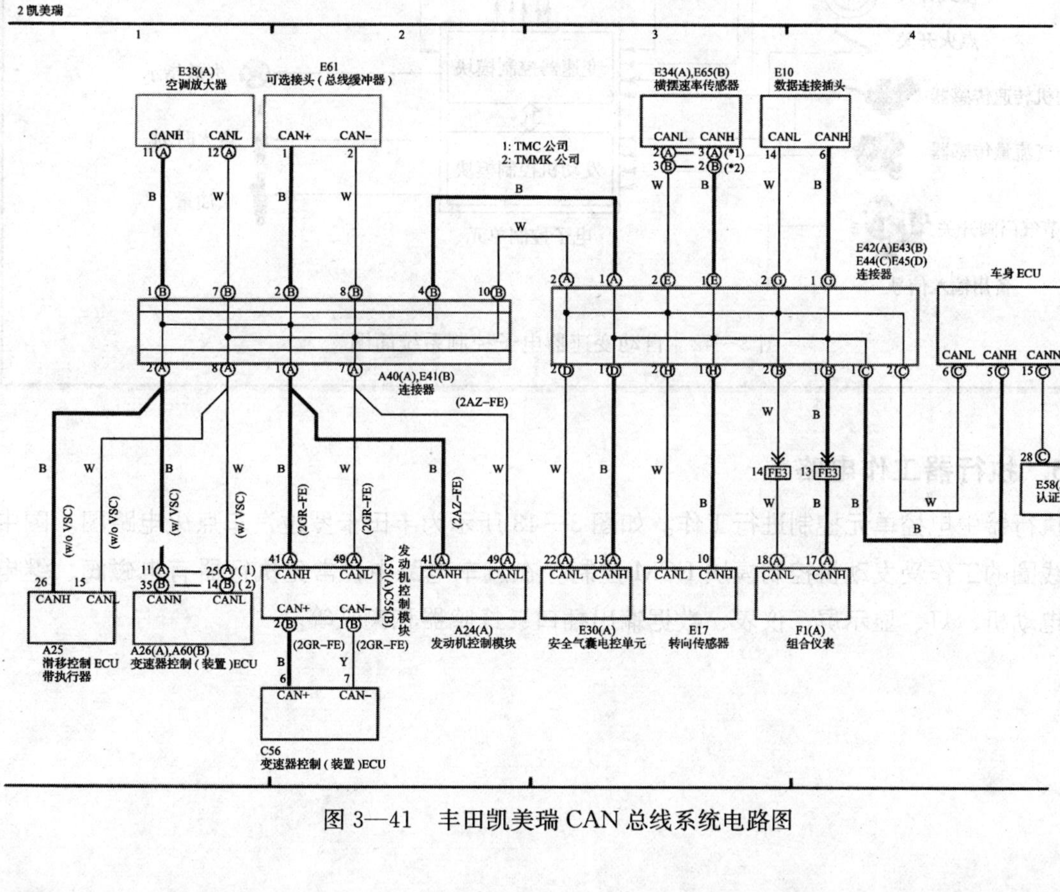

图 3—41 丰田凯美瑞 CAN 总线系统电路图

小常识

数据共享和工作匹配简介

1. 数据共享

数据共享是指几个电控单元需要同一个信号输入装置的信号。可以由信号输入装置分别向各电控单元传输信号，也可以向一个电控单元传输信号，然后由这个电控单元通过电控单元间的信号电路传输信号。

2. 工作匹配

工作匹配是指几个系统之间相互影响。如图 3—42 和图 3—41 所示，自动变速器在进行换挡控制时需要发动机电控单元匹配控制，减少喷油量并减小点火提前角，以改善换挡品质。若要由自动变速器电控单元向发动机电控单元传输换挡信号，需要在电控单元之间连接信号导线。

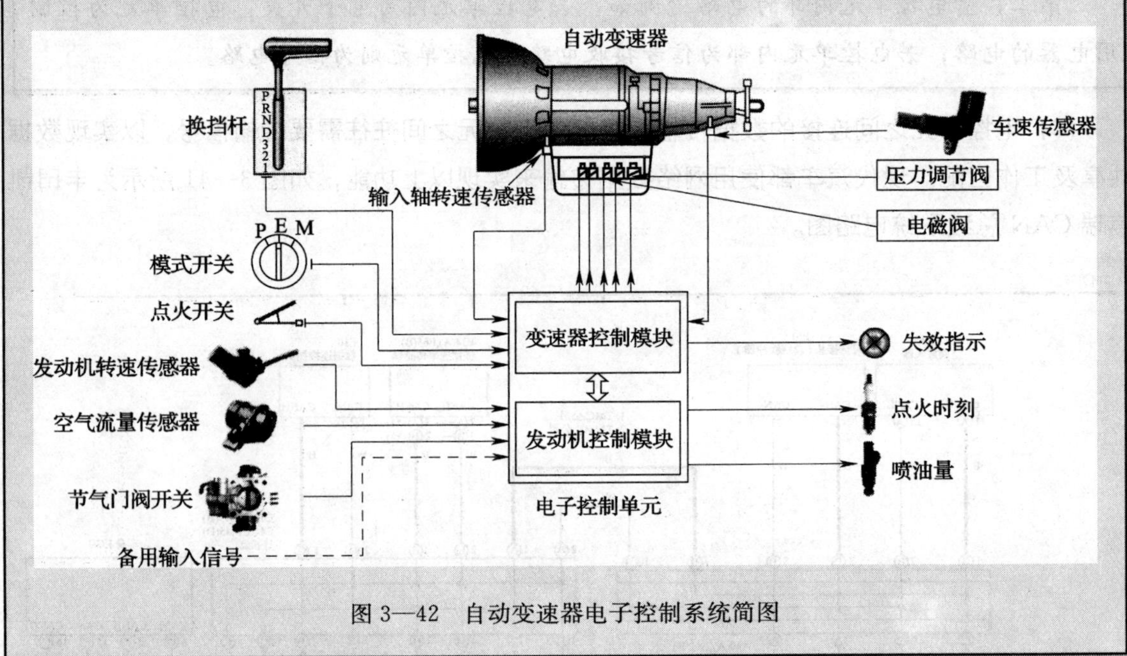

图 3—42　自动变速器电子控制系统简图

3. 执行器工作电路

执行器由电控单元控制进行工作。如图 3—43 所示为丰田卡罗拉汽车点火电路图。图中点火线圈的工作受发动机控制模块 ECM 控制。在汽车电路中，常见执行器有电磁阀、继电器、电动机、灯、显示屏、仪表、数据输出插口、蜂鸣器和喇叭等。

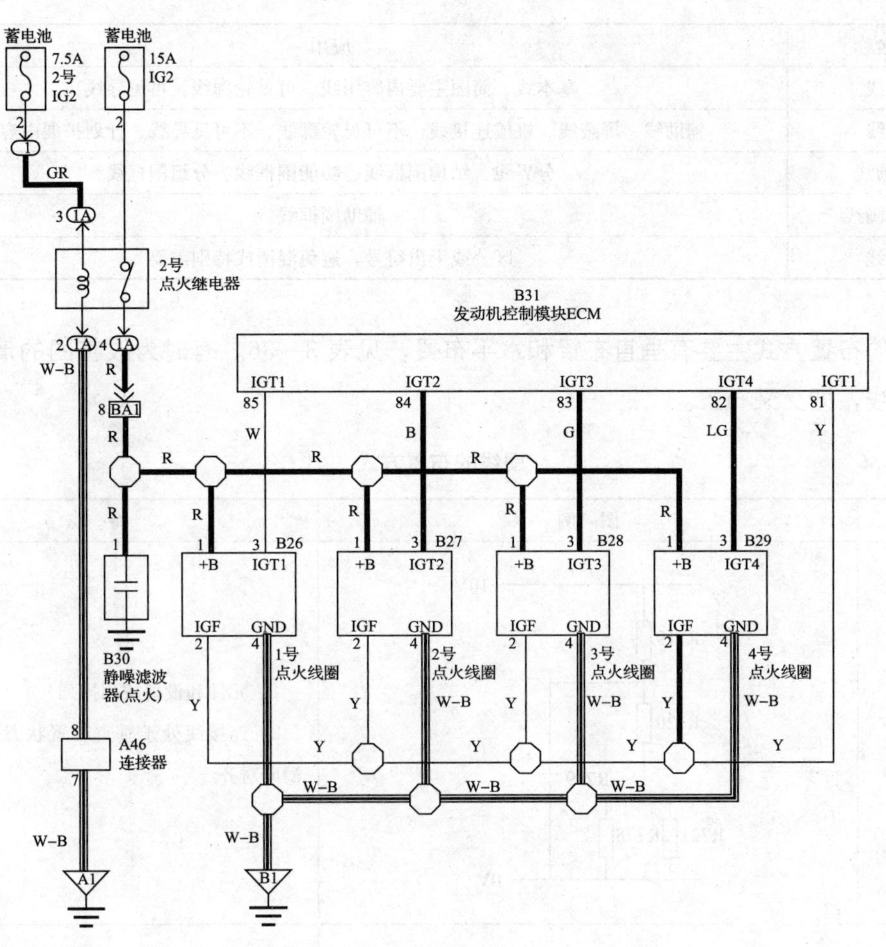

图 3—43 丰田卡罗拉汽车点火电路图

§3—7 汽车电路制图的一般规则和基本表示方法

汽车电路图的绘制要遵循电气制图的一般规则和基本表示方法。

一、电气制图的一般规则

1. 图线的基本形式

在电气图中，图线的绘制要求与机械制图完全一致，但在使用方面又有其自身的特点。电气图常用图线形式及应用见表 3—35。

2. 图线的布置

在非位置布局的电气图中，表示导线、信号通路、连接线等的图线一般为直线，即横平竖直，尽量减少图线的交叉和弯折。

表 3—35　　电气图常用图线形式及应用

图线名称	应用
细实线	基本线、简图主要内容用线、可见轮廓线、可见导线
细虚线	辅助线、屏蔽线、机械连接线、不可见轮廓线、不可见导线、计划扩展内容用线
细点画线	分界线、结构围框线、功能围框线、分组围框线
细双点画线	辅助围框线
粗实线	区分或突出符号，避免混淆或特别需要

图线的布置方式主要有垂直布置和水平布置，见表 3—36。有时为改善图的清晰度，也可采用斜线，即交叉布置。

表 3—36　　图线的布置方式

方式	图例	特点
垂直布置	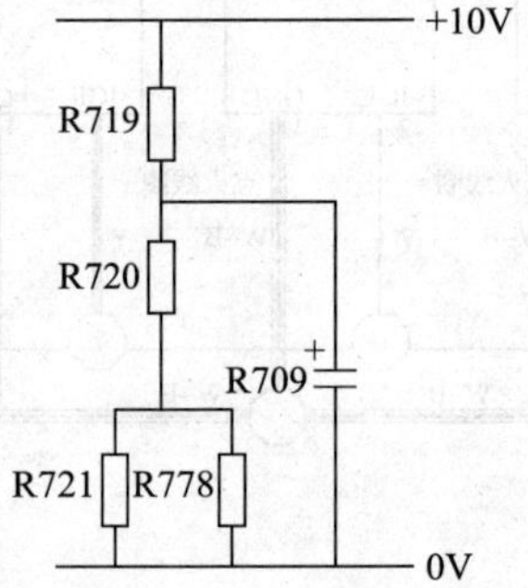 +10V R719 R720 R709 R721 R778 0V	1. 元件和设备按列排列 2. 连接线处于垂直布置状态，类似项目横向对齐
水平布置	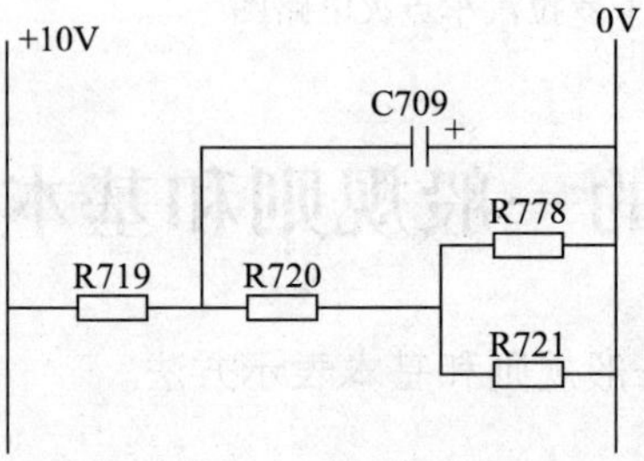 +10V 0V C709 R778 R719 R720 R721	1. 元件和设备按行排列 2. 连接线处于水平布置状态，类似项目纵向对齐
交叉布置	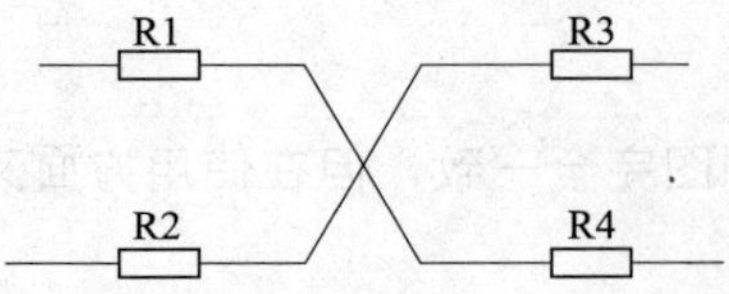 R1 R3 R2 R4	1. 电气设备和元件对称布局 2. 连接线采用斜的交叉线的方式布置

3. 电路或电气元部件的布局

在电气图中，电路或电气元部件的布局方法主要有功能布局法和位置布局法两种。

（1）功能布局法。功能布局法是一种只考虑便于看出图形符号所表示元件的功能关系，尽可能地依据电路、设备或装置的工作原理，按从左至右、自上而下的顺序布置，而不考虑其实际布局位置的布置方式，如图 3—44 所示为收音机原理框图。功能布局法主要用于强调项目的功能关系和工作原理的简图，如原理框图、电路原理图等。

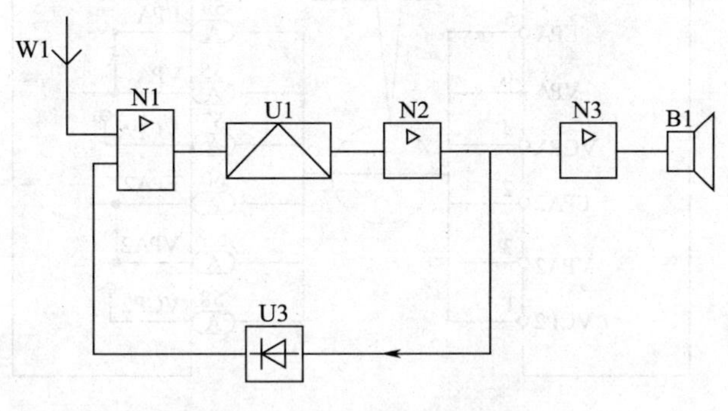

图 3—44　收音机原理框图

（2）位置布局法。位置布局法是一种在电路图中元件符号的布置对应于元件实际位置的布局方法。如图 3—30 所示的捷达轿车中央线路板背面布置图即采用这种方法。位置布局法主要用于强调项目实际位置的简图，如接线图、线束布置图、位置图等。

二、电气图的基本表示方法

1. 电路的基本表示方法

在电气图中，电路的基本表示方法主要有多线表示法和单线表示法两种。

（1）多线表示法。多线表示法是指电气设备中的每根连接线都各用一条图线表示的方法，如图 3—45 所示以多线表示的加速踏板位置传感器电路图。多线表示法常用于需要表示电路的详细、具体连接情况，尤其是不对称电路，其特点是精确、充分。

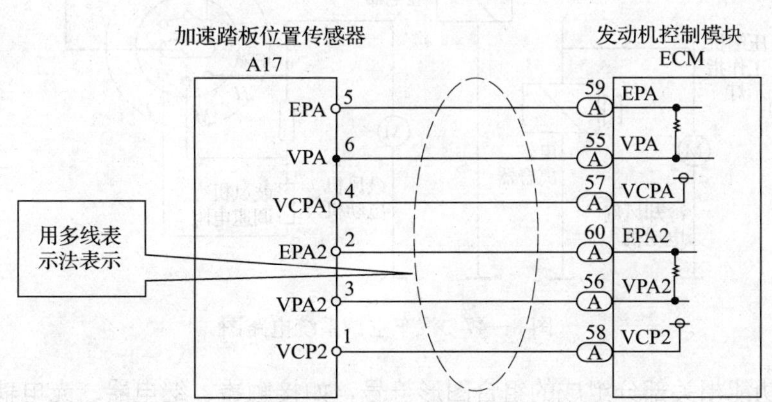

图 3—45　以多线表示的加速踏板位置传感器电路图

(2) 单线表示法。单线表示法是指电气设备中的两根或两根以上的连接线用一条图线表示的方法，如图 3—46 所示以单线表示的加速踏板位置传感器电路图。单线表示法主要用于多线电路基本对称的情况，其特点是简洁、精练。

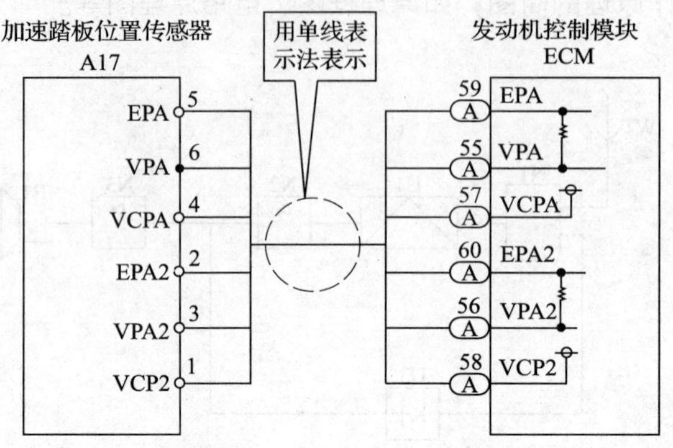

图 3—46 以单线表示的加速踏板位置传感器电路图

2. 电气元件的基本表示方法

在汽车电路图中，表示电气元件的图形符号应为国家标准规定的汽车电路图用图形符号。但必要时也可采用简化外形符号表示，如图 3—47 所示的汽车空调系统电路图中的“点火线圈”和“空调及鼓风机电动机”均采用简化外形符号表示。图中若采用了未规定的图形符号，则必须加注文字说明。

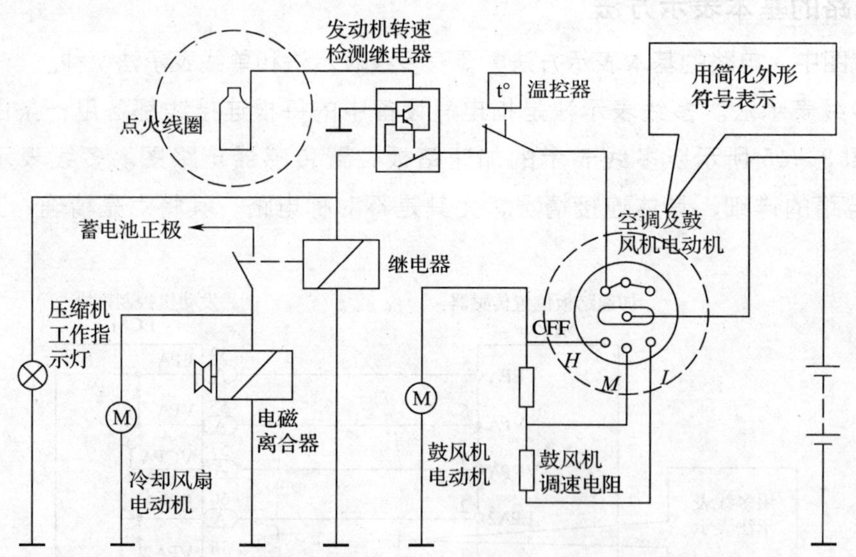

图 3—47 汽车空调系统电路图

对由若干功能相关部分组成的组合图形符号，如接触器、继电器、光电耦合器、复合开关、集成电路等电气元件，主要用集中表示法和分开表示法表示。

(1) 集中表示法。集中表示法是指把一个电气元件各组成部分的图形符号绘制在一起的方法。其特点是易于查找项目的各组成部分，元器件整体印象完整，适用于比较简单的电路图，广泛应用于局部电路图中。如图 3—48 所示的本田雅阁 ABS 电路图中用集中表示法绘制继电器图形符号。

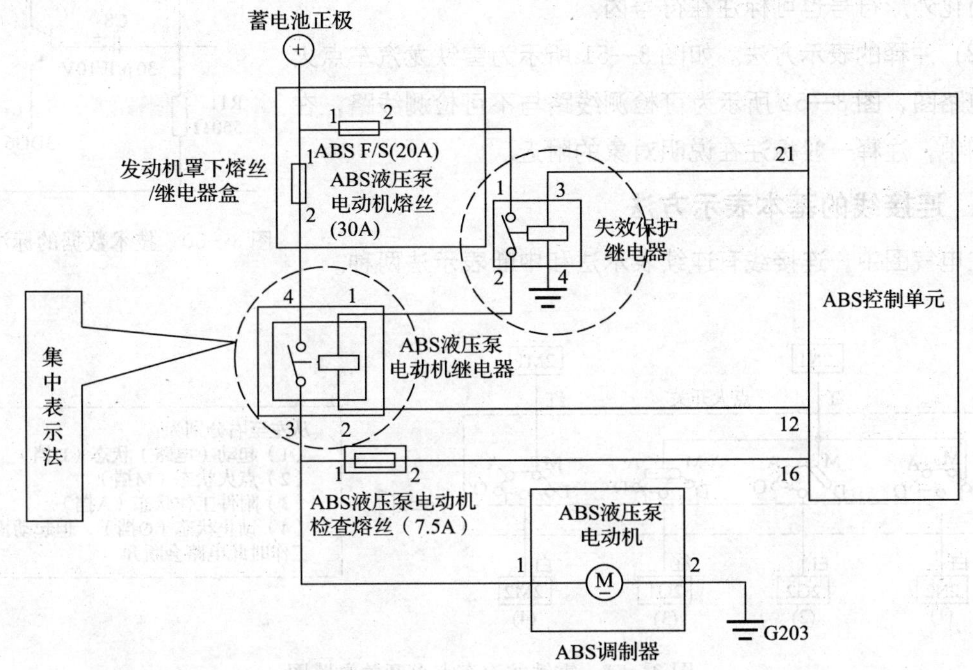

图 3—48　本田雅阁 ABS 电路图

(2) 分开表示法。分开表示法是指把一个电气元件的各组成部分的图形符号分开绘制，并用项目代号表示各组成部分之间相互关系的方法。对含有机械连接的组合图形符号，如接触器、继电器、复合开关等电气元件，用分开表示法表示，既减少了电路连接线的往返和交叉，又不会出现穿越图面的机械连接线。如图 3—49 所示的刮水自动开关与调速控制电路中的继电器均采用分开表示法表示。

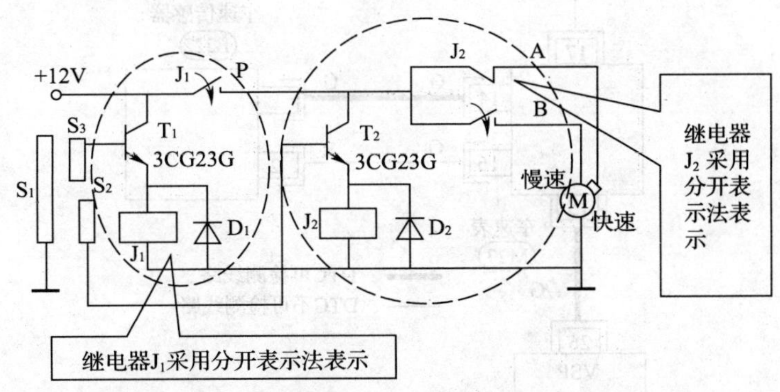

图 3—49　刮水自动开关与调速控制电路

3. 技术数据和注释的基本表示方法

(1) 技术数据的表示方法。技术数据的标注位置如图 3—50 所示，电气元件的技术数据

(如型号、规格、参数等)一般标注在图形符号的旁边。当连接线水平布置时，应尽可能地标在图形符号的下方；当连接线垂直布置时，则应尽可能标在图形符号的左方；对方框符号或简化外形符号也可标注在符号内。

(2)注释的表示方法。如图 3—51 所示为雪铁龙汽车点火开关电路图，图 3—52 所示为可检测线路与不可检测线路，在电气图中，注释一般标注在说明对象的附近。

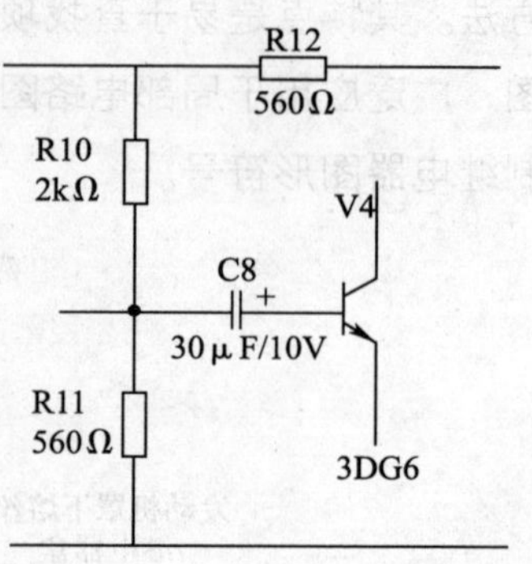

图 3—50 技术数据的标注位置

4. 连接线的基本表示方法

在电气图中，连接线有连续表示法和中断表示法两种。

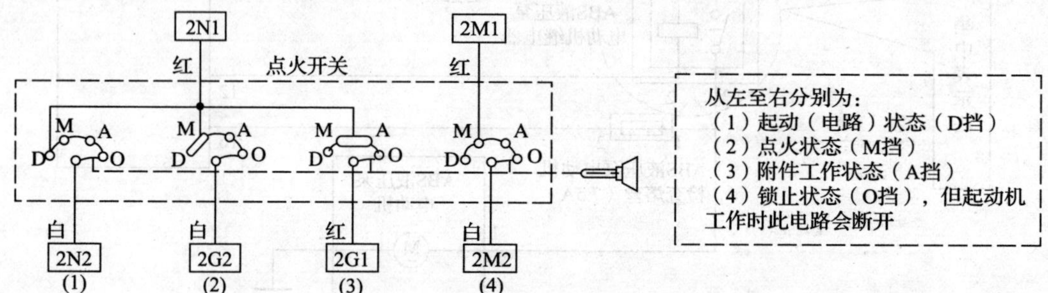

图 3—51 雪铁龙汽车点火开关电路图

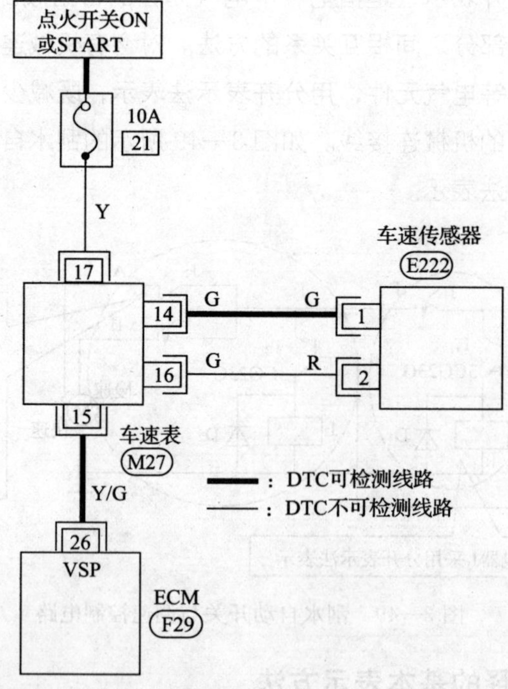

图 3—52 可检测线路与不可检测线路

（1）连续表示法。连续表示法是指端子之间的连接线是连续的、不间断的表示方法。如图 3—45 所示，加速踏板位置传感器（A17）与发动机控制模块（ECM）之间的连接线是连续绘制的。

（2）中断表示法。在绘制连接线时，可将连接线的中间部分断开，然后用标记符号表示导线的去向，这种表示方法称为中断表示法。

连接线的中断表示法示例如图 3—53 所示，对应电路图底部电路号码“61”的上方，在下半段电路终止处画有一个小方框，框内标注“66”，说明该电路的上半段应从电路号码为

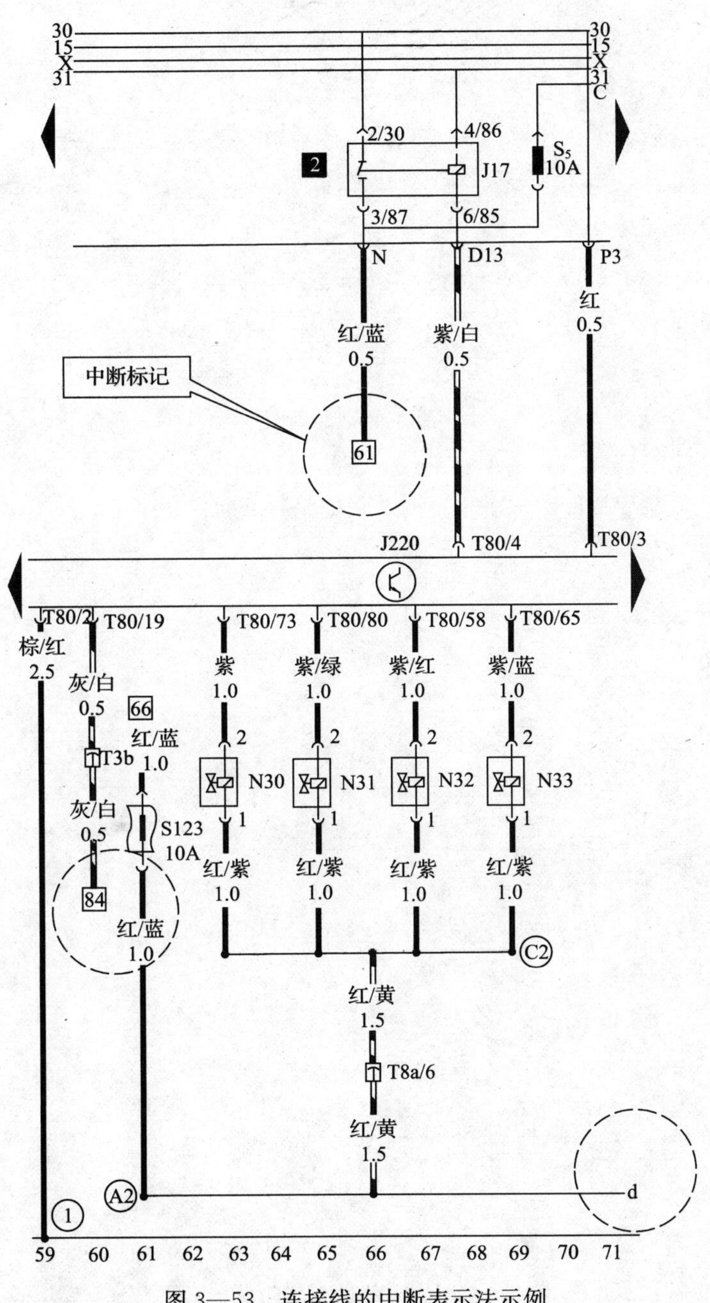

图 3—53 连接线的中断表示法示例

"66"的位置上寻找。同样，在底部电路号码"66"的上方，在上半段电路终止处画有一个小方框，框内标注"61"，说明该电路的下半段应从电路号码为"61"的位置上寻找。

中断表示法是简化连接线作图的一个重要手段，当穿越图面的连接线较长或穿越稠密区域时，为使图面清晰，可用中断表示法绘制；当一条图线需要连接到另外的图上时，必须采用中断表示法绘制。连接线中断处的中断标记可以采用字母、数码、项目代号、位置标记等表示。

第四章　汽车电路图的表达方式与识读

汽车电路图主要用于表达汽车上各电气系统的工作原理及电气部件之间的连接关系，同时还可以表示各种电气部件、线束等在车上的具体位置，以便于对汽车电路进行检查和维修、安装配线等。汽车电路图种类很多，常用的主要有原理框图、电路原理图、布线图和线束图四种。

§4—1　汽车电路原理框图的表达方式与识读

汽车电路原理框图是一种用方框符号或带注释的框绘制，概略地表示汽车电气系统的基本组成、相互关系及其主要特征的简图。汽车信号系统原理框图如图 4—1 所示。

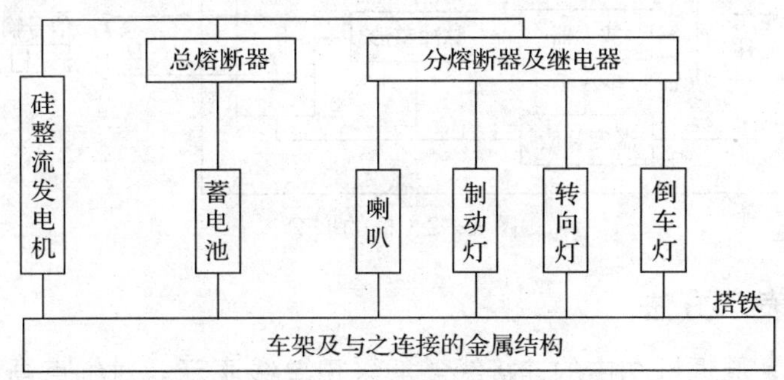

图 4—1　汽车信号系统原理框图

汽车电路原理框图主要用于了解汽车电气系统或分系统的总体概貌和简要的工作原理，而不必画出设备或元器件之间的具体连接情况。

一、汽车电路原理框图的表达方式

1. 符号的使用

原理框图主要采用方框符号或带注释的框绘制，其中带注释的框应用最广泛，如图 4—1 所示。图中每个方框符号中所标注的内容一般是指整车或系统的一个独立部件。

当用带注释的框绘图时，框内的注释可以是图形符号，也可以是文字，还可以是图形符号与文字，见表 4—1。这三种注释可以单独使用，也可结合使用，具体采用哪种方式，要以表达清楚、易于理解为原则。

2. 框的嵌套形式

在框图中，框的形式有两种：实线框和点画线框。点画线框包含的容量大一些。如图 4—2 所示，在原理框图中，常采用框的嵌套形式来形象、直观地反映项目的层次划分和体系结构。

表 4—1　　框内的注释方式

注释方式	图例		特点
	图形符号	表示含义	
框内注释为图形符号	I C	点火电子组件	不受语言、文字的约束，标准化的图形符号可以得到一致的理解
框内注释为文字	点火电子组件	点火电子组件	简便、明了，有助于维修人员对故障的快速诊断和检修
框内注释为图形符号与文字	点火电子组件 I C	点火电子组件	具备前两种注释的优点，常用于电气产品的说明书中

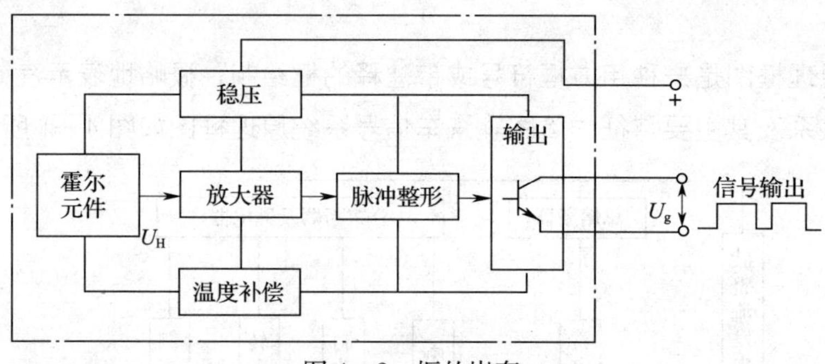

图 4—2　框的嵌套

3. 连接线的表示方法

如图 4—1 所示，原理框图中的连接线一般采用单线表示。对细点画线框，连接线应接到框内图形符号上，如图 4—2 所示；对方框符号或细实线框，连接线应接到框的轮廓线上，如图 4—1 所示。

4. 框图的布局

框图是按功能布局法布置的。如图 4—3 所示的电控喷射系统框图中，箭头表示信息或电量的传输方向；如果没有箭头方向，则可根据方框图的图形符号来判断，一般是自左至右、自上而下。

二、汽车电路原理框图的识读方法

框图是一种概略地反映电气设备或装置的图形。在识读时，首先要了解原理框图的基本组成；其次要了解各功能单元电路的基本作用，进而理清信号的走向，了解各单元电路之间的关系；最后概略地了解原理框图的基本工作原理和基本作用。

三、汽车电路原理框图识读实例

1. 汽车全车电气系统原理框图

汽车全车电气系统原理框图如图 4—4 所示。

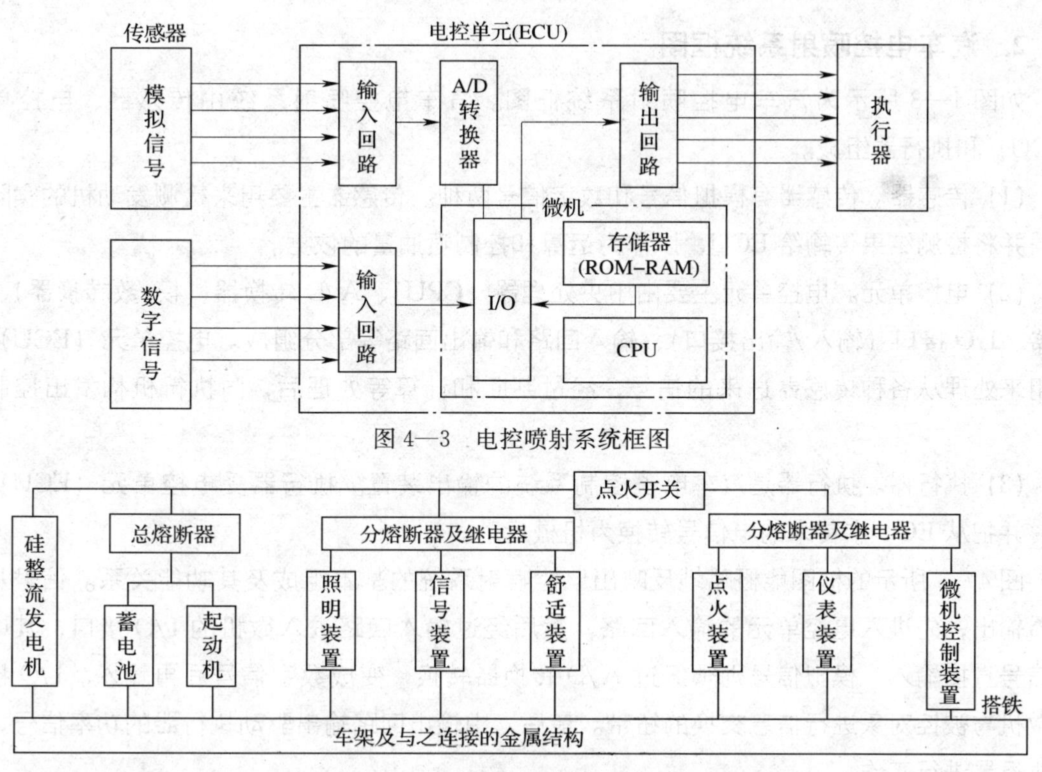

图 4—3　电控喷射系统框图

图 4—4　汽车全车电气系统原理框图

由图 4—4 可知，汽车全车电气系统原理框图能概略地反映出以下三个方面的内容：

(1) 整车电气系统的基本组成。整车电气系统主要包括硅整流发电机、蓄电池、起动机、照明装置、信号装置、舒适装置、点火装置、仪表装置、微机控制装置以及点火开关、继电器、熔断器等。

(2) 整车电气系统各组成部分的功能关系。蓄电池和硅整流发电机是汽车电气系统的电源，它向起动机、照明装置、信号装置、舒适装置、点火装置、仪表装置、微机控制装置等用电设备提供电能。开关、继电器、熔断器等装置串接在电源和用电设备之间，以实现对电气设备的控制和在电路短路时提供保护。例如，点火开关能控制点火装置、仪表装置和微机控制装置的电源等。

(3) 整车电气系统的供电关系。蓄电池和硅整流发电机并联，向用电设备供直流电。各用电设备均并联，并采用了负极搭铁。该图基本上反映出汽车电气系统的共同特点，即：两个电源、低压直流、单线并联、负极搭铁。

注意：

图 4—4 所示的汽车全车电气系统原理框图由多个分系统组成，每个分系统均可分别展开绘制出更低层次的原理框图，如图 4—1 所示便是图 4—4 中的“信号装置”展开后的原理框图。由此可以看出：层次较高的框图描述比较概略，反映的是整体内容；层次较低的框图表达较为详细，反映的是局部内容。

2. 汽车电控喷射系统框图

如图 4—3 所示为汽车电控喷射系统框图。汽车电控喷射系统由传感器、电控单元(ECU) 和执行器组成。

(1) 传感器。传感器有模拟信号和数字信号两种。传感器主要用来检测发动机的实际工况，并将检测结果传输给 ECU，以作为运算和控制喷油量的依据。

(2) 电控单元。电控单元主要由中央处理器 (CPU)、A/D 转换器 (模/数转换器)、存储器、I/O 接口 (输入/输出接口)、输入回路和输出回路等部分组成。电控单元 (ECU) 主要用来处理从各种传感器送来的信号，经过判断和计算等处理后，向执行机构发出控制信号。

(3) 执行器。执行器是汽车电子控制系统的输出装置。执行器受电控单元 (ECU) 控制，并把从 ECU 中传来的电信号转换为机械运动。

图 4—3 所示的框图能概略地反映出电控喷射系统的基本组成及其功能关系。信号从传感器输出，先进入电控单元的输入回路，然后经过输入回路进入微机的 I/O 接口，其中数字信号直接输入，模拟信号则须经过 A/D 转换器转换，变成数字信号后再输入。I/O 接口是微机与被控对象进行信息交换的纽带。最后，由输出回路输出驱动执行器的功率信号，控制执行器进行工作。

§4—2 汽车电路原理图的表达方式与识读

汽车电路原理图是一种用图形符号、文字符号等电气符号，能够较为详细、完整地表示汽车电路的组成、连接关系和工作原理，而不考虑其实际位置的图示方式。

汽车电路原理图简称汽车电路图，是汽车电气技术领域中使用最广泛的一种图，常与原理框图、布线图、线束图结合使用，为汽车电路的安装与分析、检测与调整、故障诊断与排除等提供信息。

一、汽车电路原理图的表达方式

1. 电气元件在图上位置的表示方法

在绘制、阅读和使用电路原理图时，往往需要确定元器件、连接线等图形符号在电路原理图上的位置。在汽车电路原理图中，电气元件在图上位置的表示方法主要有图幅分区法和区段识别法两种。

(1) 图幅分区法。图幅分区法是一种用行或列以及行列组合标记来表明图上位置的方法。在如图 4—5 所示的奔驰轿车电路原理图的边框处，竖边方向用大写拉丁字母标记，如 A、B、C 等；横边方向用阿拉伯数字标记，如 1、2、3 等。编号顺序从左上角开始，分区数为偶数。

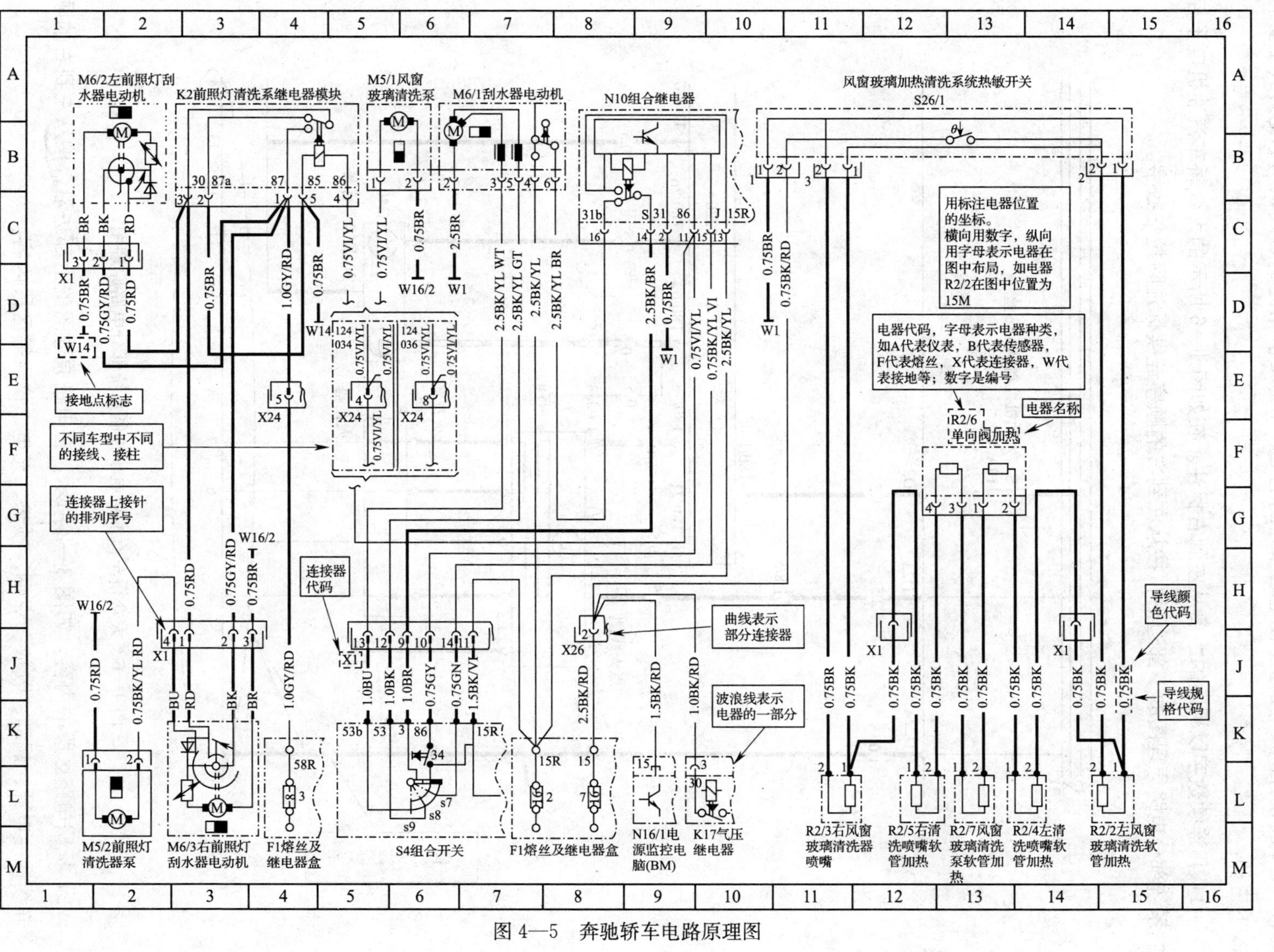

图 4—5　奔驰轿车电路原理图

(2) 区段识别法。区段识别法是一种通过划分区段来定位的方法。为更方便地寻找电路部件，区段识别符号一般标注在电路原理图的上、下边沿。常见的区段识别标记方式主要有以下三种：

1) 用连续数字以相同的距离从左到右标注。在如图 4—6 所示的大众轿车汽油机电子控制系统部分电路原理图的下部边沿，按从左到右的顺序连续标注阿拉伯数字。

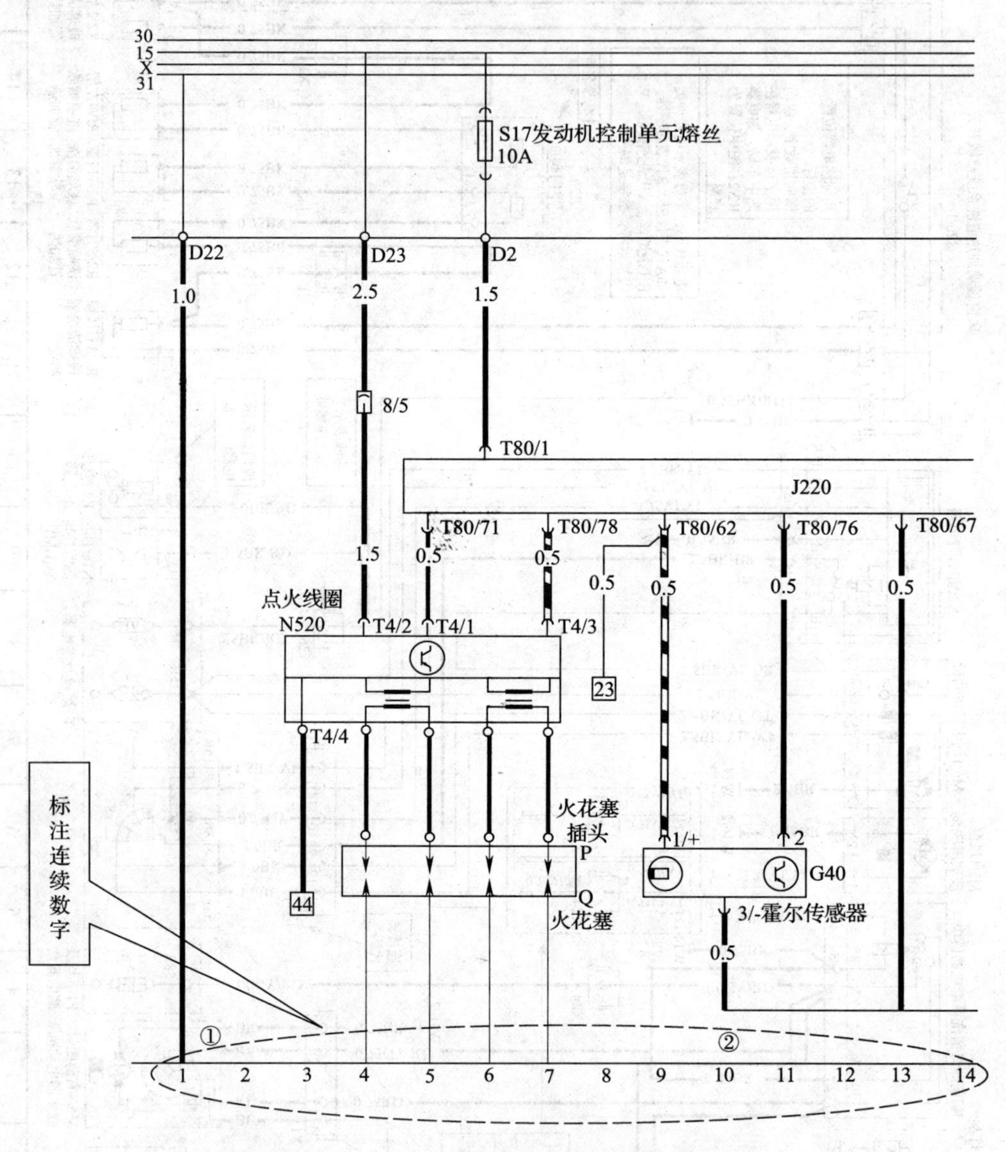

图 4—6 大众轿车汽油机电子控制系统部分电路原理图

2) 标明电路区段的内容。如图 3—2 所示，在电路原理图的上部边沿，按从左到右的顺序连续标注电源、起动、收放、点烟、预热、充电、仪表等区段内容。

3) 以上两种方法的结合。如图 4—7 所示的一汽丰田新威驰轿车蓄电池、起动、充电系统电路图中采用了这种方法。

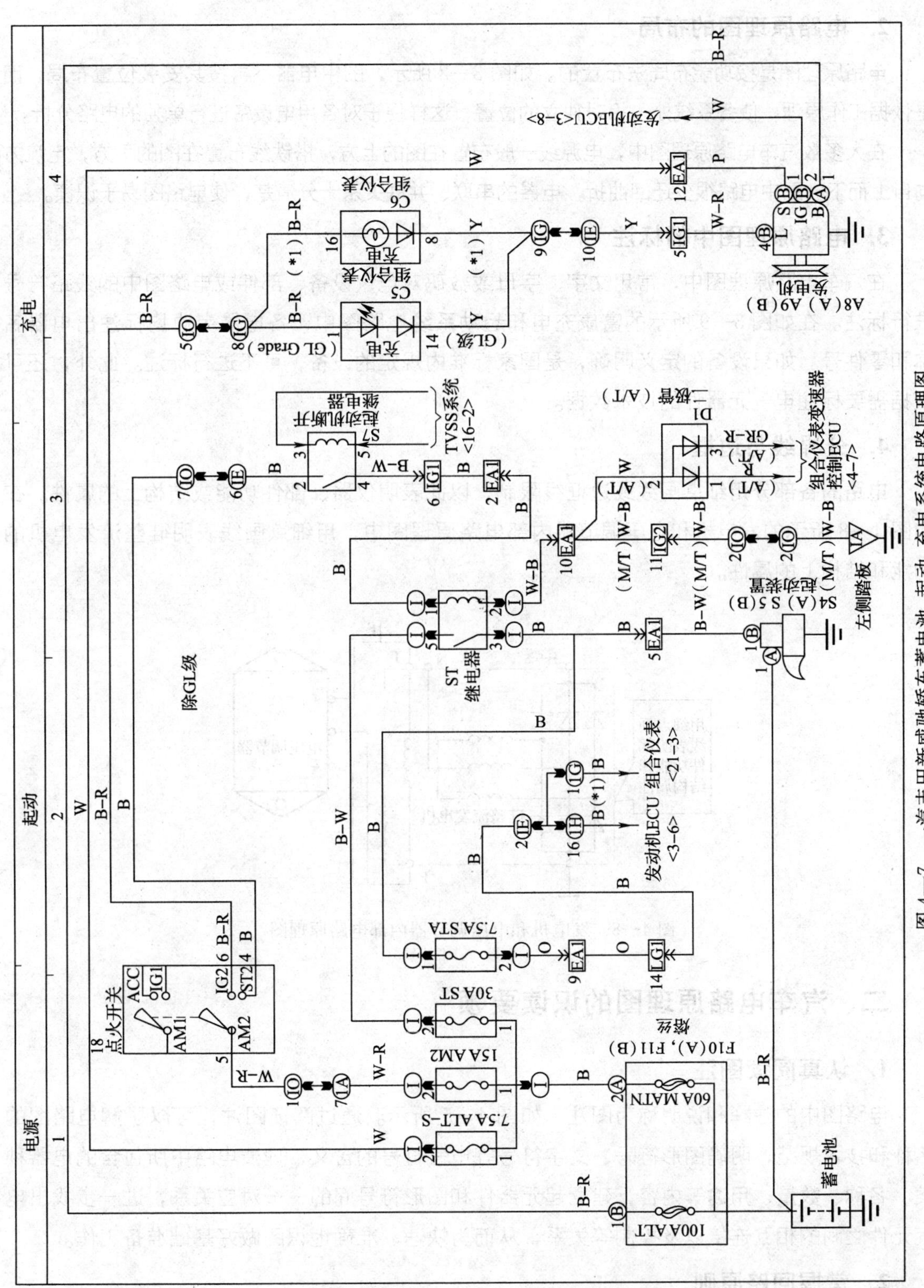

图 4—7　一汽丰田新威驰轿车蓄电池、起动、充电系统电路原理图

汽车电路大多数都在电路原理图中指明电路区段的内容。

2. 电路原理图的布局

电路原理图是按功能布局法布置的。如图 3—2 所示，图中电器不再按其安装位置布局，而是依据工作原理，使各系统处于相对独立的位置，这样便于对各用电设备进行单独的电路分析。

在大多数汽车电路原理图中，电源线一般布置在图的上方，搭铁线布置在图的下方，电流方向自上而下。图中电路很少迂回曲折，电器的串联、并联关系十分清楚，使电路图易于识读。

3. 电路原理图中的标注

在汽车电路原理图中，常用文字、字母或数码对电气设备、部件或电路图中的线路符号进行标注。在如图 3—9 所示的富康充电和起动系统电路图中，各电器旁边均标注出电器名称和零件号。如果设备的定义明确，是国家标准内规定的设备，可不进行标注。此外，还可根据需要标注电气元器件的技术数据。

4. 分界线与边框

电路的各部分用细点画线或边框线限制，以此表明仪器、部件功能或结构上的属性。在如图 4—8 所示的发电机和电压调节器内部电路原理图中，用细点画线表明硅整流发电机的功能和结构上的属性。

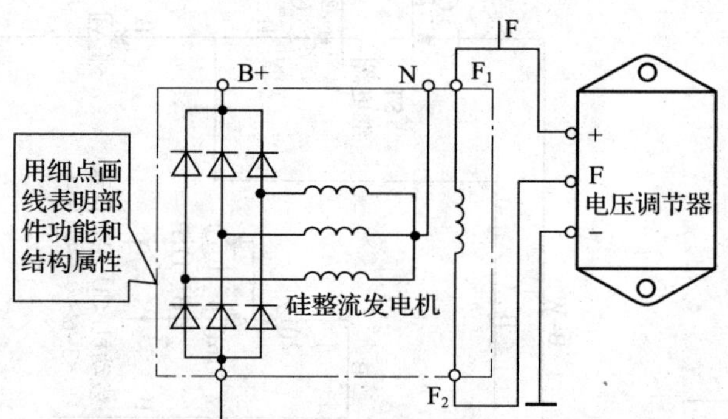

图 4—8 发电机和电压调节器内部电路原理图

二、汽车电路原理图的识读要领

1. 认真阅读图注

电路图中的注释和说明称为图注，如图 4—5 所示。通过阅读图注，可以了解电路图的名称和技术规范，明确图形符号、文字符号等电气符号的含义，理清电路中所包含的电器种类、名称、数量、用途等内容，建立起元器件和图形符号间的一一对应关系，进一步找出电气元件之间的相互连接以及控制等关系，从而为快速、准确地识图做好基础准备工作。

2. 掌握回路原则

回路原则是指汽车上的任意一个用电设备都要构成一条完整的电流回路。具体查找回路的方法可以沿着工作电流的流向（即：电源正极→熔断器→开关→用电器→搭铁→同一电源的负极），由电源一步步查到用电设备。也可以逆着工作电流的方向，由用电设备查向电源。尤其是查寻一些不太熟悉的电路，后者比前者更为方便。

小常识

使用回路原则时的注意事项

汽车电路一般包括电源、控制装置（如开关等）、保护装置（如熔断器等）、用电装置（或电子线路）、导线和连接器等电气元件。在识读汽车电路图时常常会发生以下错误：

1. 误将发电机、蓄电池这两个电源当做一个电源。分析电路时，常从一个电源的正极出发，经过用电器回到另一个电源的负极。实际上这样并未构成真正的通路，也就不能产生电流。因此，读图时一定要强调从一个电源的正极出发，经过用电器回到同一电源的负极。

2. 从电源正极出发，到某用电器（或再经其他用电器）后又回到了电源正极。众所周知，电源的电位差（电压）存在于电源正极和负极之间，而电源的同一电极是等电位的，没有电压。所以，从正极到正极的电路不会产生电流，这样读图当然是错误的。

3. 明确开关和继电器的初始状态及其在电路中的作用

在电路图中，开关、继电器都是按初始状态绘制的，如控制开关处于不受力状态、继电器线圈处于断电状态等。对于电子开关，若初始状态通电，其初始状态则是电路达到稳定工作时的状态；若初始状态时不通电，其初始状态则是静止时的状态，即相当于触点断开。

汽车电路中的大多数电气设备都是通过开关和继电器的触点变化来改变其回路，进而实现不同电路功能的。如图 4—9 所示为通用汽车前照灯局部电路图，通过转换前照灯变光开关的位置就会接通近光和远光的电路，使之发出近光和远光。因此，识图时不能完全按初始状态分析，否则很难理解电路所表达的工作原理。

小常识

分析开关时应注意的几个问题

1. 蓄电池（或发电机）的电流是通过什么路径到达这个开关的，中间是否经过其他开关和熔断器，这个开关是手动还是电控的。

2. 这个开关控制哪些用电器，每个被控电器的作用是什么。当开关接线柱较多时，首先应抓住从电源来的接线柱，再逐个分析与其他各接线柱相连的用电装置处于哪种挡位，进而找出控制关系。

3. 开关的接线柱中，哪些是直通电源的，哪些是接用电器的，接线柱旁是否有接线符号，这些符号是否常见。

4. 开关共有几个挡位，在每一挡中哪些接线柱有电，哪些无电。对多层、多挡、多接线柱的开关，要按层、按挡位、按接线柱逐级分析其各层、各挡的功能。

5. 在被控的用电器中，哪些电器应经常接通，哪些应暂时接通；哪些应先接通，哪些应后接通；哪些应单独工作，哪些应同时工作，哪些电器不允许同时接通。

6. 有的用电装置受两个以上单挡开关（或继电器）的控制，有的受两个以上多挡开关的控制，其工作状态可能比较复杂，如间歇刮水器电路等。

7. 对于组合开关，在接线图中是画在一起的，而在电路图中又按其功能画在各自的局部电路中，因此必须仔细识读。

8. 继电器不仅是控制开关，也是被控制对象。

4. 掌握电路标记符号

在汽车电路中，常见的电路标记符号有端子标记、导线颜色标记和导线标记。例如，用数字或字母代号标记导线在电路中的作用，如图 4—6 所示，图中常火线的代号为“30”，接

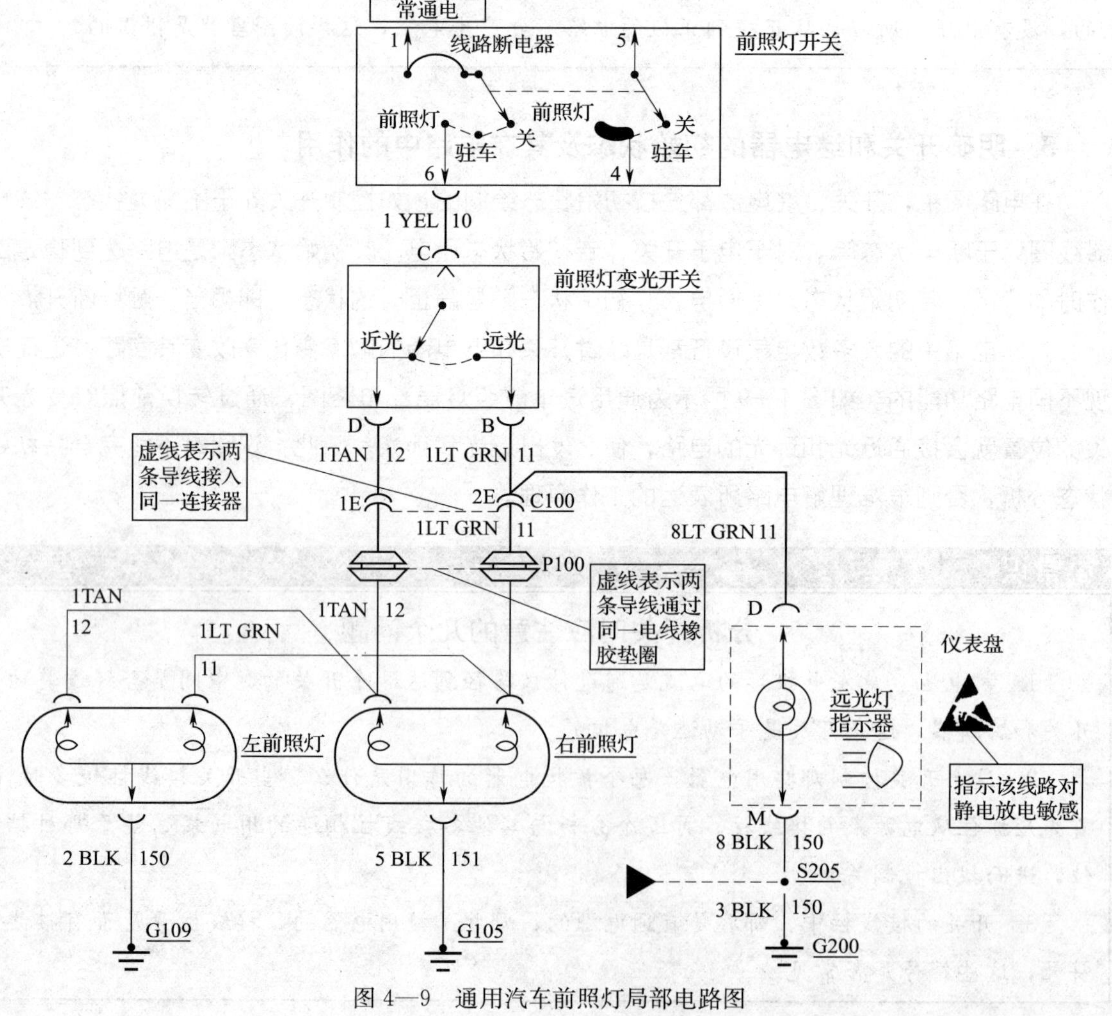

图 4—9 通用汽车前照灯局部电路图

地线的代号为“31”，受点火开关控制的小容量用电设备供电线的代号为“15”，受点火开关控制的大容量用电设备供电线的代号为“X”。无论这些标记出现在什么地方，相同的标记都代表相同的节点。

5. 弄清楚汽车电路中的信号及其作用

(1) 弄清楚信号的作用。识读汽车电路图的关键是要把电的通路搞明白、弄清楚，即信号是什么，该信号是输入信号、输出信号还是控制信号，信号起什么作用，在什么条件下有信号，从哪里来，到哪里去。这就需要联系前后，顺藤摸瓜，推出它的本相。

(2) 分清楚汽车电路中的三种信号

1) 电源。汽车电路的电源一般来说有常电源和条件电源两种。常电源就是在蓄电池正常的情况下均有规定电压的电源线。如图 4—6 所示，图中 30 号线接蓄电池正极，称为常火线。条件电源就是在一定的条件下才有规定电压的电源线。如图 4—6 所示，图中当点火开关位于 ON 或 ST 挡时，30 号电源线经点火开关接中央继电器盒内的 15 号线，15 号线是小容量火线，又称“钥匙来电”。查看电源，就是要弄清楚蓄电池的电都供给了哪些元件。

2) 输入信号。汽车电路中常见的输入信号是各种开关输入信号和传感器输入信号。传感器经常共用电源线、搭铁线，但绝不会共用信号线。在分析传感器电路时，可用排除法来判断电路，即排除其不可能的功能来确定其实际功能，如分析某一具有三根导线的传感器电路时，如果已经分析出其电源电路、搭铁电路，则剩余的电路必然为信号电路。

3) 控制信号。控制信号主要由控制单元送出，它分布在各个执行器电路中，如点火电路中的点火信号、燃油喷射控制电路中的喷油信号、自动变速器控制电路中驱动换挡电磁阀动作的换挡信号、怠速控制电路中控制步进电动机的怠速控制信号、空调控制电路中控制压缩机运转的控制信号等。在汽车电路中，会看到执行器共用电源线、搭铁线和控制线的情况。

6. 熟悉电路原理图的绘制风格

由于国家法规、行业标准的差异，各汽车制造公司绘制出的电路原理图风格各异，常见的主要有横坐标方式、横纵坐标方式和无坐标模块方式三种。

(1) 横坐标方式。横坐标方式是指在电路图最下端通过数字编号坐标来标注图中各线路位置的一种绘制方式。如图 4—6 所示，图中各线路纵向平行排列，每条线路对准下框线上的一个编号。一般不允许横向交叉跨度较大的走线，横向连接的走线采用“断口标注方式”表示，即线路断口处标注为与之相连的另一段线路所在图中的位置编号。

横坐标方式主要以德国大众为主，如桑塔纳、捷达、宝来、波罗、帕萨特、奥迪等汽车的电路图。除此之外，还有奇瑞、红旗等。

(2) 横纵坐标方式。横纵坐标方式是指用横纵坐标来确定电器在电路图中位置的一种绘制方式。如图 4—5 所示，图中采用数字作为横坐标、字母作为纵坐标给电路进行定位。

(3) 无坐标模块方式。无坐标模块方式是指在电路图中的电路采用模块方式绘制，既无横坐标，也无纵坐标。如图 3—43 所示为用无坐标模块方式绘制的丰田卡罗拉汽车点火电路图。采用此方式绘图的汽车公司较多，如通用别克、本田、东风雪铁龙、富康、丰田、福特、宝马、三菱等。注意：各公司的具体电路表达方式和图形符号各有不同，需参照相关电路图和图形符号列表进行读图。

7. 了解各局部电路之间的内在联系和相互关系

从整车电路来说，各局部电路除电源电路公用外，其他部分都是独立的，但它们之间存在着内在联系和相互影响。如起动发动机时，由于起动机瞬时电流很大，导致蓄电池内阻压降增大，其输出电压降低，从而影响其他电路的正常工作。因此，不但要熟悉各局部电路的组成、特点、工作过程和电流流经的路径，而且还要了解各局部电路之间的联系和相互影响。这是掌握汽车电路的一个重要环节，也是实现准确判断和迅速找出故障部位、排除故障的必要条件。

8. 先易后难，触类旁通

汽车电气设备的通用性和专业化生产使同一国家的汽车或同一公司的整车电路形式大致相同或类似。这样，可先掌握某一典型车型的接线规则和电路特点，通过举一反三，对照比较，触类旁通，大致了解相应车型电路的一些共同规律，然后再以这些共性为指导，发现更多的共性以及不同车型之间的差异。

有些汽车电路图的某些局部电路，或局部电路中的某些部分可能比较复杂，一时难以看懂，可以暂不顾及，待其他局部电路都看懂后，再进一步识读这部分电路。

三、汽车电路原理图的识读步骤

1. 分析全图，全面了解汽车电气设备的概况

根据汽车电路原理图中的图形符号、文字符号、项目代号等电气符号以及图注，了解图示汽车电路中都有哪些电气元器件，这些元器件的类型、功能、作用以及各自的分布情况，各元器件内有无内电路，元器件外端子代号有无明确含义，导线的线径、颜色、线号，熔断器容量，所有这些都有可能对电路原理图的识读有帮助，完成这一过程就可对该汽车电路的结构、组成、工作原理以及基本功能有大概的了解。

2. 分析各系统电路的功能特点，把整车电路“化整为零”

汽车整车电路原理图表达了各个系统电路之间的连接和控制关系，要想将系统电路从全车电路总图中分割出来，就必须掌握各系统电路的基本结构情况和接线原则，清楚各系统包括哪些电气设备，以及该电气设备的数量和作用，然后根据汽车电路的不同功能和工作特性

按系统分解，并把分解后的系统一一用围框框画出来。

为了清楚起见，可以用彩色笔按导线所标注的颜色逐条加以区分，对照图注找出每个电气设备的电流通路，具体如下：

(1) 找出电源系统电路

1) 首先找出蓄电池与起动机之间的连接关系，包括电源总开关。

2) 找到发电机、调节器、蓄电池充电主回路，即发电机“+”→电流表→熔断器→蓄电池→搭铁→发电机“−”。充电电路是全车电路的主干，它确立了两个直流电源之间的关系。

3) 找出励磁电路。交流发电机的励磁电路常由点火开关或磁场继电器控制其通断。

(2) 找出起动机控制电路。起动机通常与全车电源总开关相连。

(3) 找出点火系统电路。蓄电池点火系统的低压电路是由蓄电池、断电器、点火线圈、点火开关等串联而成的，高压电路的高压导线则按发动机工作顺序与各缸火花塞相连。电子点火电路则由点火器替代了断电器，由 ECU 控制通断。对于采用 ECU 控制的汽车，应先了解 ECU 各引出端子的主要功能、各传感器件的作用，还要知道电子控制系统与有关机械部件之间的相互联系。

(4) 找出照明系统电路。首先找到车灯总开关，按接线符号分别找到电源火线、前照灯远光与近光、变光器、小灯、仪表灯与尾灯、示宽灯及其他灯等。

(5) 找出信号系统电路。汽车一般都有转向信号灯、制动信号灯和喇叭。这些信号装置属于随时可能使用的短暂工作电器，都接在常有电的接线端子上。

(6) 找出仪表系统电路。仪表系统都是受点火开关或电源总开关控制的。热电或电磁式仪表的表头与传感器串联，有时几个仪表共用一个稳压器或降压电阻，以获得较高的读数精度。

(7) 找出辅助电器电路。目前较常用的辅助电器包括排气制动电控装置、刮水器、暖风装置、空调装置、洗涤电动泵、门窗电动机、点烟器、除霜器等。

小常识

框画系统电路时应注意的事项

在框画系统电路时一定要遵守回路原则，各电气系统只有电源和总开关是公共的，其他任何一个系统都应是一个完整的、独立的电气回路。

3. 分析各系统电路的工作原理，了解其工作过程及相互关系

在分析某个电气系统之前，要清楚该电气系统所包含部件的功能、作用和技术参数等。在分析过程中，要特别注意开关、继电器触点的工作状态，这是因为大多数电气设备都是通过开关、继电器触点状态的变化来改变其回路，从而实现不同的电路功能。

4. 通过分解和联系认识整车电路

在掌握各系统电路工作原理的基础上，再分析各系统电路之间的联系，特别是与电源电路的联系，进而弄清楚整车电路的工作原理。

总之，在读汽车电路原理图时，按照从整体到部分、从部分到整体的识图顺序，就可以降低读图难度。

四、汽车电路原理图的识读实例

现以图 4—10 所示的具有保护功能的起动机控制电路原理图为例，简要说明对汽车电路原理图的识读方法。

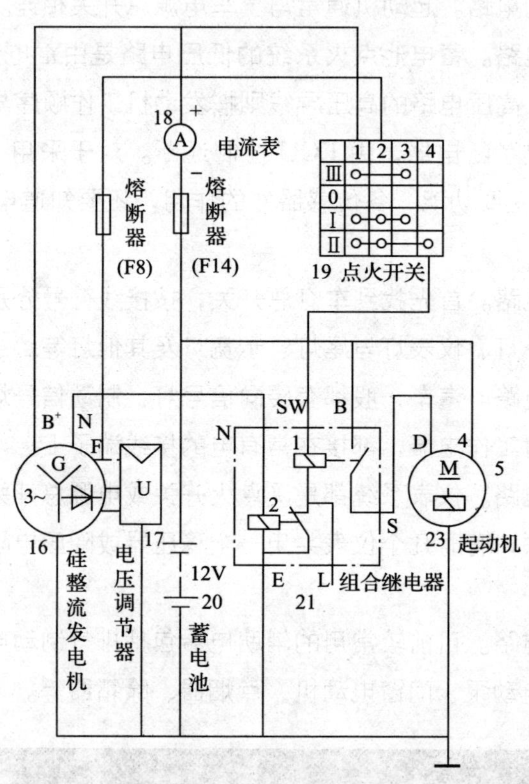

图 4—10 具有保护功能的起动机控制电路原理图

1. 分析用电设备

读图时要弄清楚用电设备的种类、数量、功能、接线方式和特殊要求等情况。图 4—10 中的用电设备主要是起动机，主要用于起动发动机。该起动机为带电磁开关的直流串励式电动机，对外有“4”“5”和“D”三个接线柱。其中“4”接线柱直接与蓄电池的正极相连接，“5”与点火线圈的起动开关连接（图中未画出），“D”接线柱与组合继电器的“S”接线柱相连接，起动机的外壳直接搭铁。

2. 分析用电设备的控制方法

如图 4—10 所示的电路中有两个控制元件，一个是组合继电器，另一个是点火开关。组合继电器有两个触点，一个是动合触点，由线圈“1”控制；另一个是动断触点，由线圈“2”控制，且线圈“1”与动断触点串联。点火开关的反面有四个接线柱：1 号接线柱接电源火线，2 号接线柱接点火系统，3 号接线柱接辅助电器，4 号接线柱接起动电路。起动机的工作状态由组合继电器线圈“1”控制，线圈“1”的工作状态由点火开关Ⅱ挡和组合继电器动断触点控制，动断触点由线圈“2”控制，线圈“2”又由发电机中性点电压控制。

3. 分析电路中其他元件的作用

在分析汽车电路时，除了要分析用电设备和控制设备之外，还要分析熔断器及其他保护器件，如图 4—10 所示电路中的熔断器是“F8”和“F14”，它们串接于用电设备电路中，起短路保护作用；组合继电器中的线圈“2”控制起动保护继电器，有自动停止起动机工作和防止起动机误动作的作用等。

4. 分析电源

在如图 4—10 所示的汽车电路中，发电机和蓄电池并联，并向用电设备供电。电流表串联在发电机和蓄电池之间，用于测量蓄电池的充电电流和放电电流。充电指示灯由发电机的“F”（磁场）接线柱上的电压控制，用于指示蓄电池的充电和放电情况。

5. 分析电气元件之间的控制关系

如图 4—10 所示，电路中各电气元件之间的控制关系按工作状况可分为以下三种：

（1）起动机控制电路。起动机控制电路主要由起动机电磁开关、点火开关和组合继电器等组成。起动时，将点火开关旋至Ⅱ挡，点火开关的“1”接线柱与“4”接线柱相连接，使组合继电器的启动线圈“1”通电，动合触点闭合，从而接通起动机电磁开关电路。组合继电器控制电路的电流回路为：蓄电池正极→熔断器（F14）→电流表（—→+）→点火开关（1→4）→组合继电器（“SW”接线柱→启动线圈“1”→动断触点→“E”接线柱）→搭铁→蓄电池负极。

起动机内部电路图如图 4—11 所示，由该图可知，此时，由于保持线圈和吸引线圈都通电，且在两线圈中产生的电磁场的方向一致，所以由其产生的电磁力的方向也一致，这足以使接触盘与触点相连接，接通起动机主电路。电磁开关控制电路的电流回路为：蓄电池正极→组合继电器（“B”接线柱→已闭合的动合触点→“S”接线

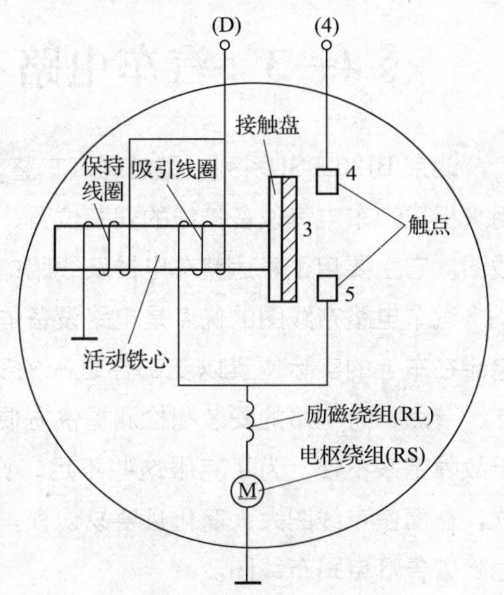

图 4—11　起动机内部电路图

柱)→起动机电磁开关“D”接线柱，随后分两路，一路经吸引线圈“2”→励磁绕组(RL)→电枢绕组(RS)→搭铁→蓄电池负极；另一路经保持线圈“1”→搭铁→蓄电池负极。当吸引线圈和保持线圈通电后，两者便产生了方向一致的电磁吸力，使接触盘“3”与触点“4”和触点“5”相连接，接通主电路，起动机通电。

(2) 起动机主电路。起动机主电路的电流回路为：蓄电池正极→起动机电源接线柱(4)→电磁开关(触点“4”→接触盘→触点“5”)→起动机励磁绕组(RL)→电枢绕组(RS)→搭铁→蓄电池负极。起动机通电，产生电磁转矩，起动发动机。

(3) 起动机复位保护电路。发动机起动后，在发电机正常工作时，发电机中性点的电压作用在组合继电器保护线圈“2”上，使组合继电器的动断触点断开，切断了起动机控制电路的电流。组合继电器保护线圈“2”控制电路的电流回路为：发电机中性点“N”接线柱→组合继电器“N”接线柱→组合继电器的保护线圈“2”→组合继电器“E”接线柱→搭铁→发电机负极。

在切断起动机控制电路电流的同时，电磁开关的接触盘与吸引线圈、保持线圈之间形成通路。该电路的电流回路为：蓄电池正极→起动机“4”接线柱→电磁开关接触盘与触点→吸引线圈→保持线圈→搭铁→蓄电池负极。这时，吸引线圈的电流和磁场方向与起动时的电流及磁场方向相反，而保持线圈的电流和磁场方向与起动时的电流及磁场方向相同，两线圈产生的电磁力互相抵消，接触盘在复位弹簧的作用下复位，切断了起动机主电路，起动机停转。

只要发电机工作正常，中性点的电压就一直作用在线圈“2”上，使组合继电器的动断触点断开，切断了起动机控制电路的电流，电磁开关不能被接通。这样，在发动机起动后，倘若驾驶员没有及时断开点火开关或因失误而接通起动机，该电路都可起到保护作用。

§4—3 汽车电路布线图的表达方式与识读

北京 BJ2020SJ 系列轻型越野汽车整车布线图如图 4—12 所示。汽车电路布线图是一种用来标记汽车电气设备接线的安装位置、线型色码、线路走向和连接等内容的简图，又称敷线图。它主要用于表达整车电器及线路的连接。

汽车电路布线图的优点是电路设备的外形和实际方位与原车一致，能直观、清晰地反映电器在车上的实际位置以及部件之间的实际连接关系。查线时，很容易找到导线中间的分支、节点，为电路的安装和检测提供方便。但图中线条密集，纵横交错，给读图、查找、分析故障带来不便。为了克服这些不足，许多汽车公司使用了分层次、分系统表达的图示形式，从而使布线图大大简化且容易识读，如图 4—13 所示为日产风神蓝鸟轿车转向信号灯和危险警告灯电路布线图。

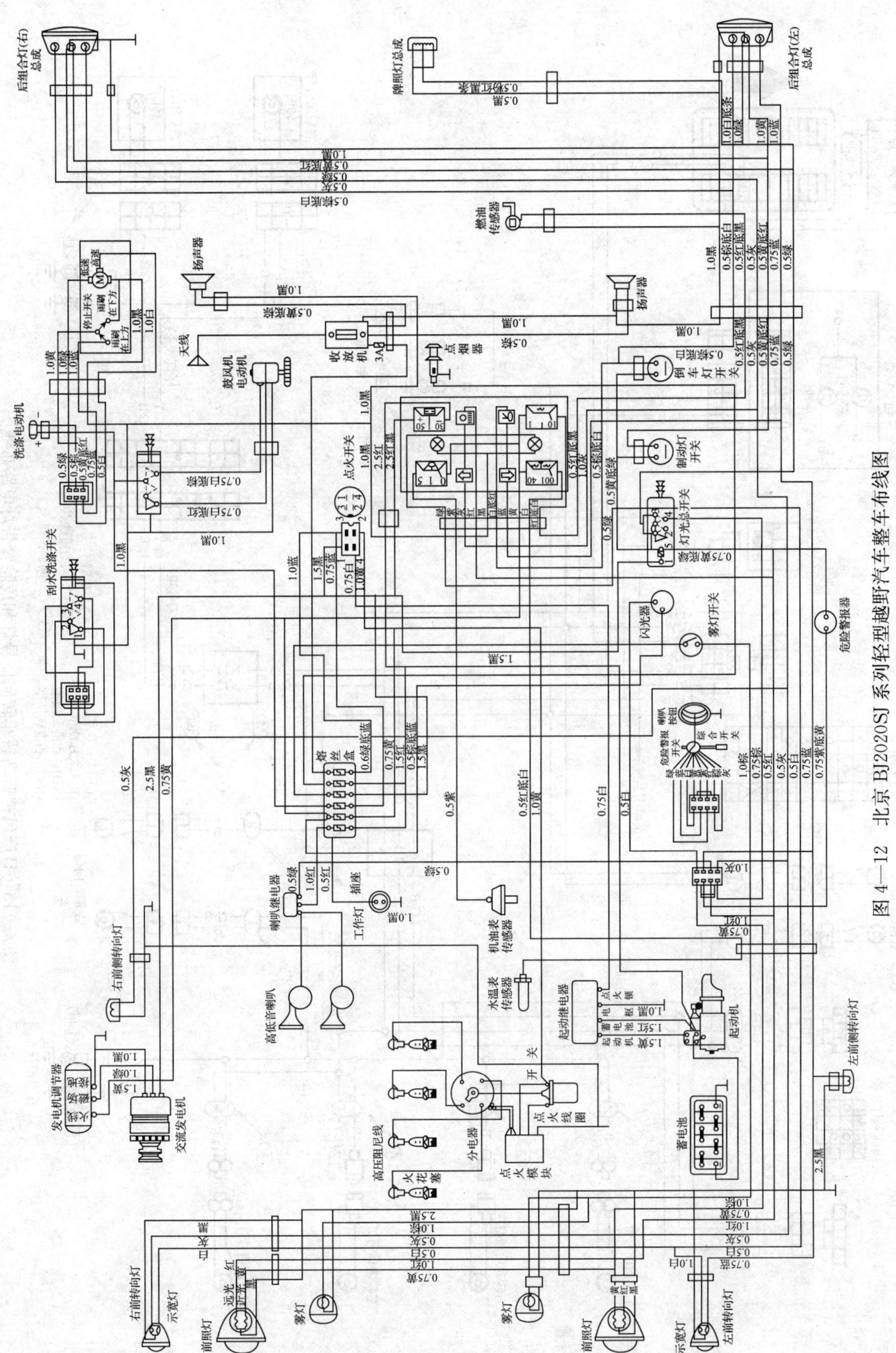

图 4—12　北京 BJ2020SJ 系列轻型越野汽车整车布线图

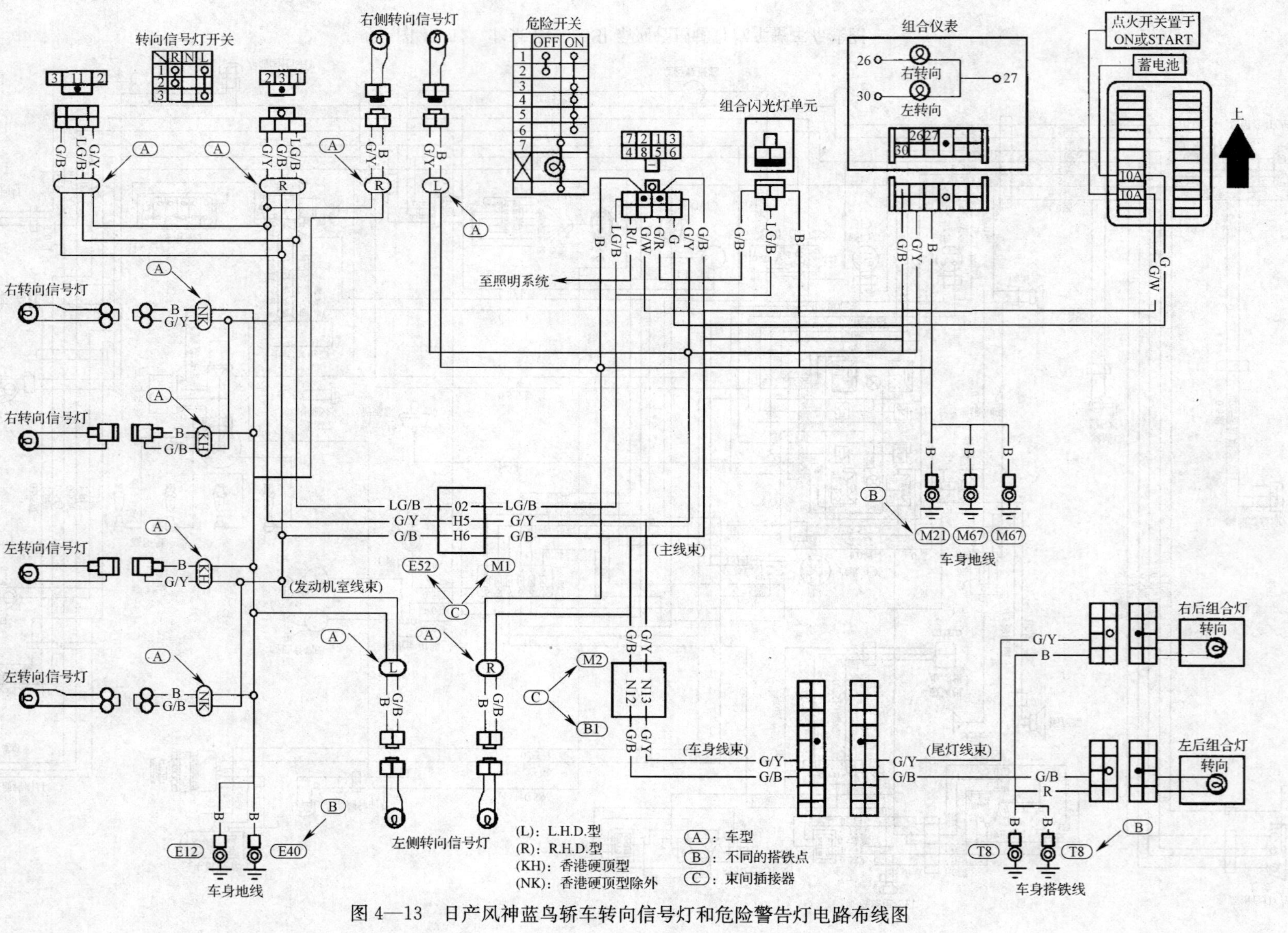

图 4—13 日产风神蓝鸟轿车转向信号灯和危险警告灯电路布线图

一、汽车电路布线图的表达方式

1. 电气元件和电气设备的基本表示方法

在布线图中，电气元件和电气设备一般采用简化外形表示，必要时也允许用图形符号表示，如图 4—12 所示。图中扬声器、雾灯开关等电器用图形符号表示。

2. 端子的表示方法

在布线图中，端子一般用图形符号和端子代号表示，如图 4—14a 所示。当端子在项目简化外形中能清晰识别时，可只标出端子代号，如图 4—14b 所示。

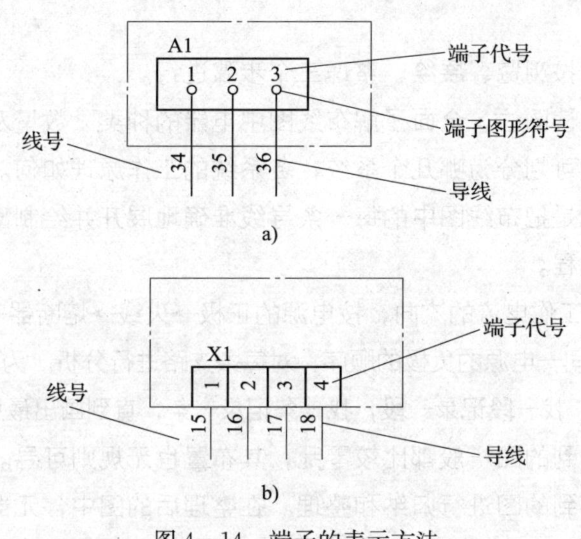

图 4—14　端子的表示方法

a）用图形符号和端子代号表示　b）用端子代号表示

3. 导线的表示方法

导线可用连续线或中断线表示，并将线束中同路的导线尽量画在一起。图中导线一般都标有导线类型、颜色代号、线号、横截面积等标记。

如图 4—13 所示，图中导线用连续线表示，并标注颜色代码；主线束、发动机室线束、车身线束、尾灯线束中的同路导线均画在一起。

4. 布线图的布局

布线图是按位置布局法绘制的。图中电气设备的外形和安装位置与汽车的实际状况基本一致，线路的走向和线束走向也基本一致。

如图 4—12 所示，图的左边一般为汽车的前部，右边为汽车的尾部，上边为汽车的右侧，下边为汽车的左侧。

5. 电气元件和电气设备的标记

为了检索方便，布线图中的电气元件和电气设备的标记应与电路图相一致。

二、汽车电路布线图的识读方法

1. 识读要领

(1) 认清布线图中所有电气设备的名称、数量以及它们在汽车上的实际安装位置，并了解电气设备的结构、原理和功能。

(2) 认清图中每一种电气设备接线端子的数量、名称，了解每一接线端子的实际意义。

(3) 掌握线路走向，按线束编制将导线分配到各条线束中去，并与各个插件的位置严格对应。

2. 识读步骤

对布线图的识读可按浏览、展绘、整理三个步骤进行。

(1) 浏览。通过阅读图注，全面了解布线图中电器的种类、数量及各器件的分布位置等情况；然后，分析全图可划分为哪几个系统，各系统的工作原理如何。

(2) 展绘。展绘就是把布线图中的每一条导线准确地展开并绘制出来，它是一个“化整为零，找出通路”的过程。

利用回路原则，沿工作电流的流向，按电源的正极→火线→熔断器→继电器或开关等中间环节→用电器→搭铁→同一电源的负极的顺序，对每条支路进行分析。为了避免出现差错，可借用直尺或纸条对照图线，找一段记录一段，找一条记录一条，直到画出最后一条导线为止。

(3) 整理。展绘得到的图一般都比较零乱，其布置也无规则可寻。为了便于识读、分析和保存，读图者应对得到的图进行归纳和整理。在整理后的图中，元器件的符号应尽可能地选用标准符号，接线柱、导线、元器件的标记应尽可能地与原图标记一致，对特殊元器件，应在图中用文字给予说明。

当对某个电气设备的绝大部分器件的连接情况有了初步了解后，应及时整理出简洁整齐的原理图，这样可大大提高识图的效率。整理电路原理图时，图中的器件符号、端子代号、导线颜色应尽可能与原图一致，千万不能任意改变。

三、汽车电路布线图识读实例

现以图 4—13 所示的日产风神蓝鸟轿车转向信号灯和危险警告灯电路布线图为例，简要说明汽车电路布线图的识读方法。

1. 浏览转向信号灯和危险警告灯电路布线图

(1) 主要电器。图中电路的主要电器有危险开关、转向信号灯开关、组合闪光灯单元(闪光继电器)以及转向信号灯等。

(2) 供电方式。图中电路采用了两种供电方式，一种是由点火开关提供的点火供电；另一种是由蓄电池提供的蓄电池电源供电。前者主要针对转向信号灯电路；后者主要为危险警告灯电路提供电源。两种供电方式均由危险开关负责转换。

2. 主要电器分析

(1) 危险开关。危险开关在电路中的主要作用是负责转换提供给闪光继电器的工作电源，并在使用危险警告灯时，短接左右转向信号灯电路。其特点是：在静止状态时，有一副动断（常闭）触点用于连接转向信号灯电路时闪光继电器的电源通路；当打开危险开关时，有三副动合（常开）触点同时接通，一副动合（常开）触点用于接通闪光继电器的工作电源（即蓄电池），另外两副动合（常开）触点负责接通左、右转向信号灯电路。该开关内置有开关照明，当接通灯光开关一挡时，开关照明灯点亮，方便驾驶人夜间操作。

(2) 转向信号灯开关。转向信号灯开关是一个选择开关，与照明开关组合在一起，静止时没有导通关系，只有拨向左侧或右侧时才有两个端子导通，分别连通左侧或右侧转向信号灯与闪光继电器之间的通路。

(3) 组合闪光灯单元。又称闪光继电器，为普通三端子电子控制式，一个电源端子由危险开关提供电源，一个搭铁端子直接搭铁，一个为输出端子，通过危险开关或转向信号灯开关与转向信号灯相连接。

3. 绘制转向信号灯和危险警告灯电路原理图

结合布线图的识读要领，绘制出如图 4—15 所示的电路原理图，使电路工作原理更加清晰。

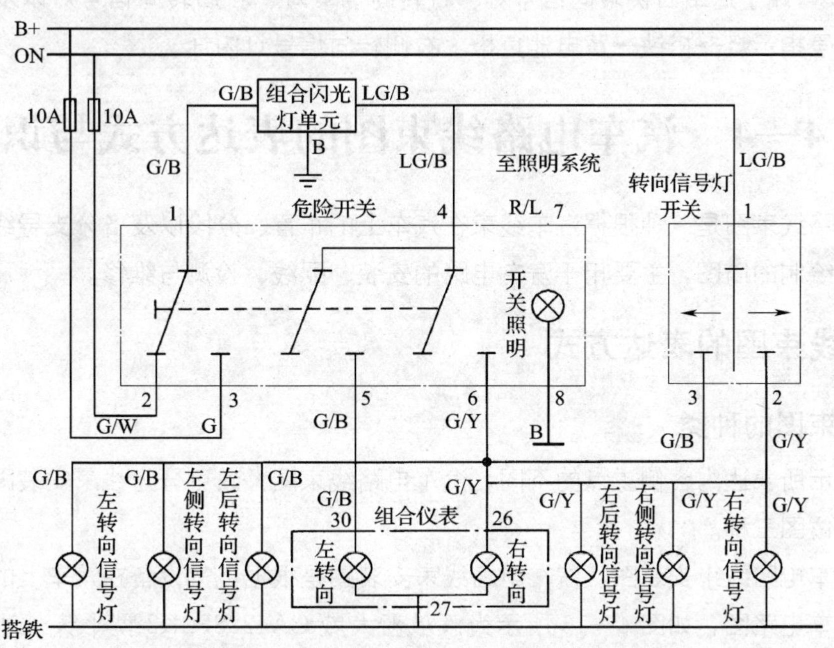

图 4—15　日产风神蓝鸟轿车转向信号灯和危险警告灯电路原理图

4. 转向信号灯和危险警告灯电路分析

(1) 转向信号灯电路分析。接通点火开关时，闪光继电器就做好了工作准备。其电路为：蓄电池正极→点火开关→10 A 熔断器→危险开关 2 号端子→内部常闭触点→危险开关 1 号端子→闪光继电器的电源端子（G/B）→闪光继电器的搭铁端子（B）直接搭铁。

1）左转向信号灯控制电路分析。当转向信号灯开关拨向左侧时，左转向信号灯闪烁。

其电路为：蓄电池正极→点火开关→10 A 熔断器→危险开关 2 号端子→危险开关 1 号端子→闪光继电器的电源端子（G/B）→闪光继电器输出端子（LG/B）→转向信号灯开关 1 号端子→转向信号灯开关 3 号端子→分别送给左侧转向信号灯、左转向信号灯、左后转向信号灯以及组合仪表内的左转向信号指示灯→搭铁→蓄电池负极。

2）右转向信号灯控制电路分析。请自行参照左转向信号灯控制电路进行分析，在此不再赘述。

（2）危险警告灯电路分析。危险开关接通时，全车左、右侧转向信号灯同时闪烁。

闪光继电器电源电路为：蓄电池正极→10 A 熔断器→危险开关 3 号端子→内部闭合的触点→危险开关 1 号端子→闪光继电器电源端子；闪光继电器搭铁端子直接搭铁→蓄电池负极。此时，闪光继电器已做好准备工作。

警告灯工作电路：蓄电池正极→10 A 熔断器→危险开关 3 号端子→危险开关 1 号端子→闪光继电器电源端子（G/B）→闪光继电器输出端子（LG/B）→危险开关 4 号端子→分两路输出：

- 由危险开关 5 号端子送给左侧转向信号灯、左转向信号灯、左后转向信号灯以及组合仪表内的左转向信号指示灯→搭铁→蓄电池负极。左侧转向信号灯闪烁。
- 由 6 号端子送给右侧转向信号灯、右转向信号灯、右后转向信号灯以及组合仪表内的右转向信号指示灯→搭铁→蓄电池负极。右侧转向信号灯闪烁。

§4—4　汽车电路线束图的表达方式与识读

汽车电路线束图是一种根据汽车线束在汽车上的布置、分段以及各分支导线端口的具体连接情况而绘制的简图，主要用于汽车电路的安装、配线、检测与维修。

一、线束图的表达方式

1. 线束图的种类

根据图示所表达内容侧重点的不同，汽车电路线束图大致可分为线束安装图、线束布置图和线束定位图三种。

（1）汽车电路线束安装图。汽车电路线束安装图是根据电气设备在汽车上的实际安装部位绘制的全车电路图，如图 4—16 所示为解放新大威 CA4228P2K2 型平头柴油牵引车线束安装图。在图上，部件与部件间的导线以线束的形式出现，一般不去详细描绘线束内部的电线走向，只将露在线束外面的线头与插接器进行详细编号或用字母标记，是一种突出装配记号的电路表现形式。

（2）汽车电路线束布置图。汽车电路线束布置图主要用以表达某个电路系统的线束及其所连接部件的分布情况，如图 4—17 所示为雪铁龙富康轿车仪表系统线束布置图。表 4—2 所列为雪铁龙轿车线束代码。

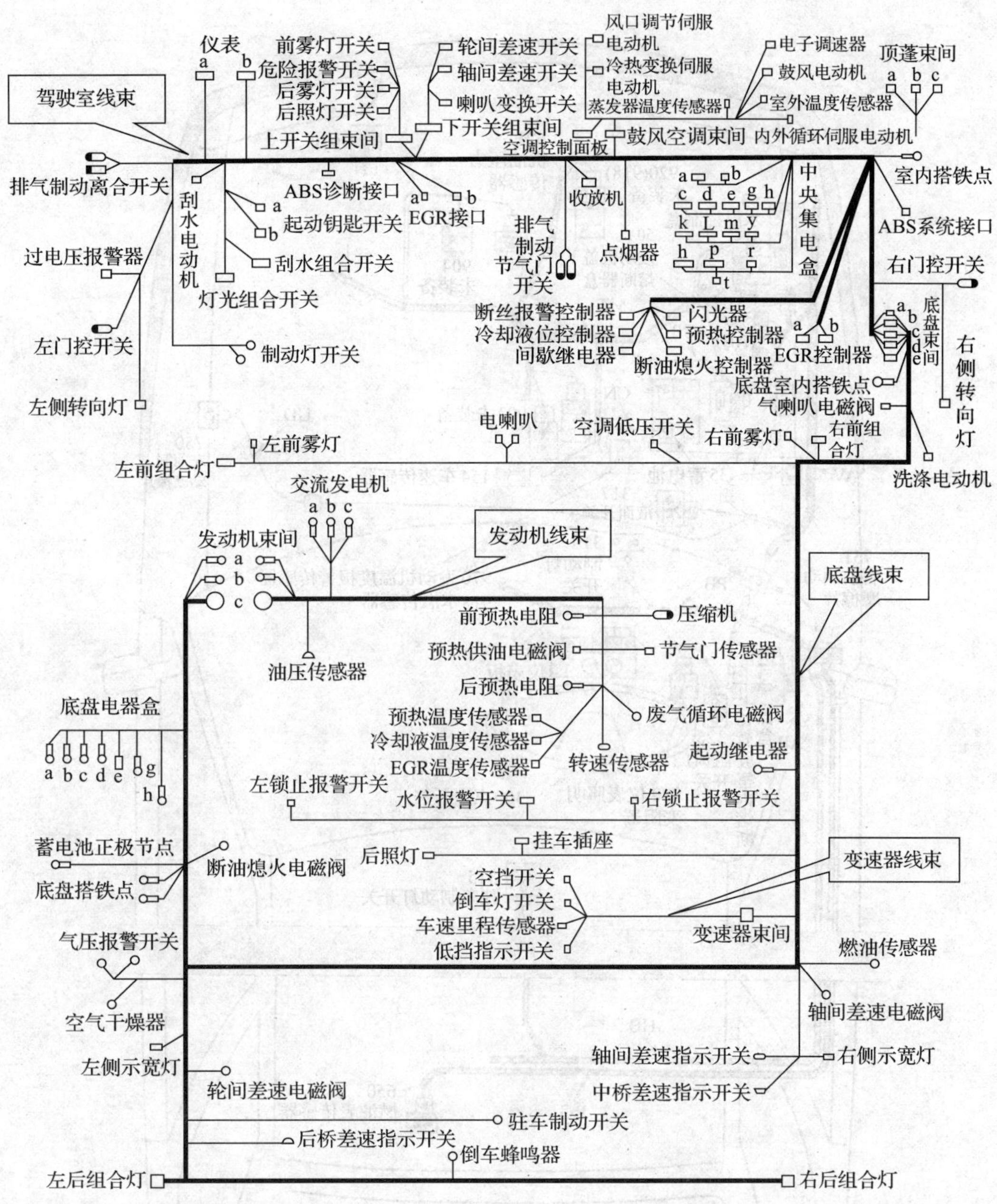

图 4—16　解放新大威 CA4228P2K2 型平头柴油牵引车线束安装图

(3) 线束定位图。线束定位图用于表达一条或几条电路线束的走向、连接点及线束固定等信息，如图 4—18 所示为富康轿车电路线束定位图。

2. 线束的绘制方式

(1) 结构方式。采用结构方式绘制线束图时，线束按外形轮廓用双实线绘制，露出线束始端和末端的单根导线采用单根实线绘制，电缆线按实物简化外形绘制。如图 4—19 所示为汽车线束安装图。

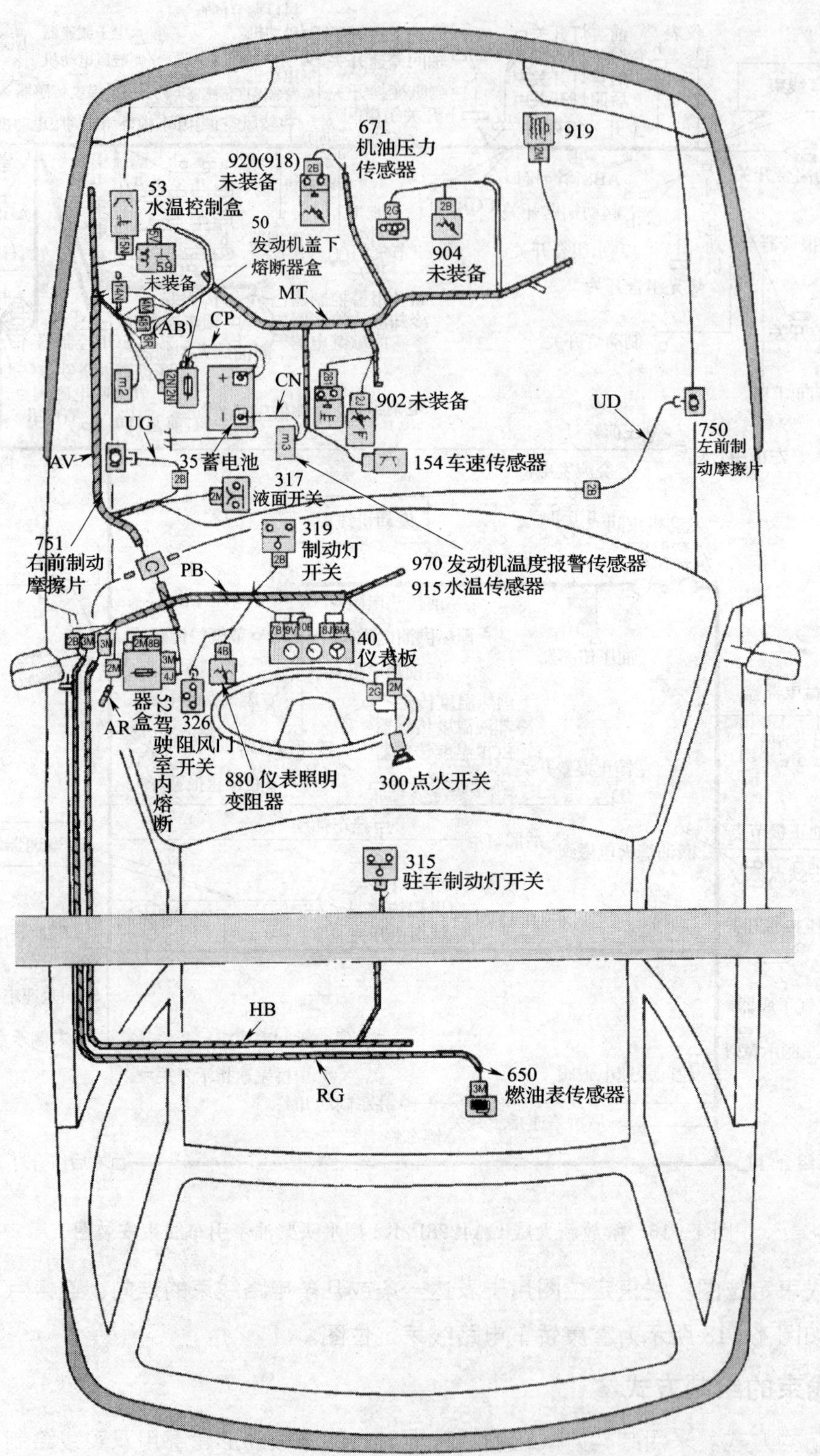

图 4—17 雪铁龙富康轿车仪表系统线束布置图

表 4—2　雪铁龙轿车线束代码

线束代码	线束名称	线束代码	线束名称	线束代码	线束名称
AV	前部	MT	发动机	PP	乘客侧门
CN	蓄电池负极电缆	MV	电动风扇	RD	右后门
CP	蓄电池正极电缆	PB	仪表盘	RG	左后门
EF	行李箱照明灯	PC	驾驶员侧门	RL	侧转向灯
FR	尾灯	PD	右后门	UD	右制动蹄片磨损指示器
GC	空调	PG	左后门	UC	左制动蹄片磨损指示器
HB	驾驶室	PL	顶灯		

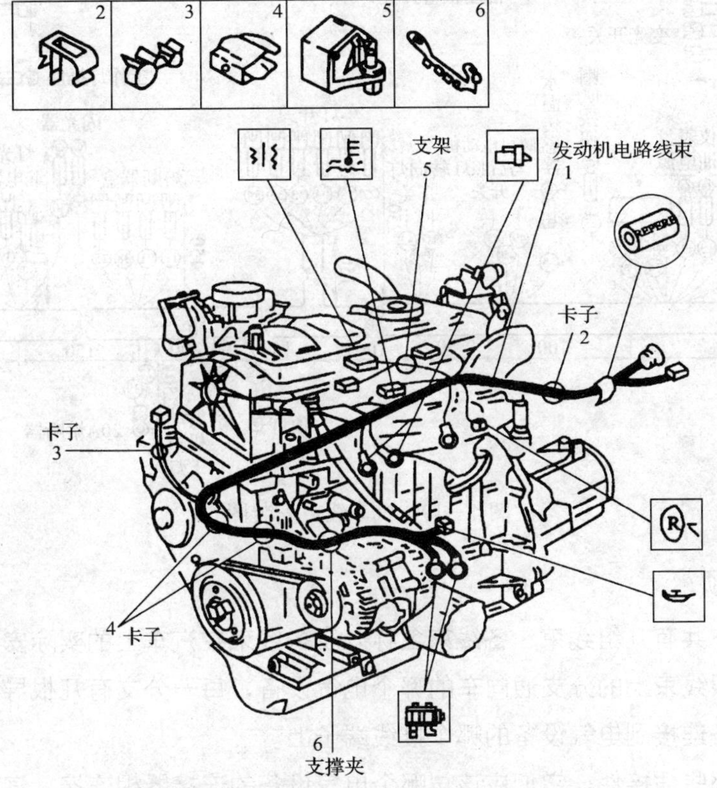

图 4—18　富康轿车电路线束定位图

（2）图例方式。采用图例方式绘制线束图时，线束中的各种导线（包括主干、分支和单根导线）均采用单根粗实线绘制，如图 4—16 所示。

3. 接线代号和接线标志

为了便于检索和接线，在线束图中，各个连接点都标有接线代号和接线标志。接线代号和接线标志常选用数字序号、字母代码等表示，如图 4—16 和图 4—19 所示。

二、线束布置图的识读方法

汽车电路线束布置图的识读方法与布线图的识读方法基本相同，但在实际应用中又有其自身特点。

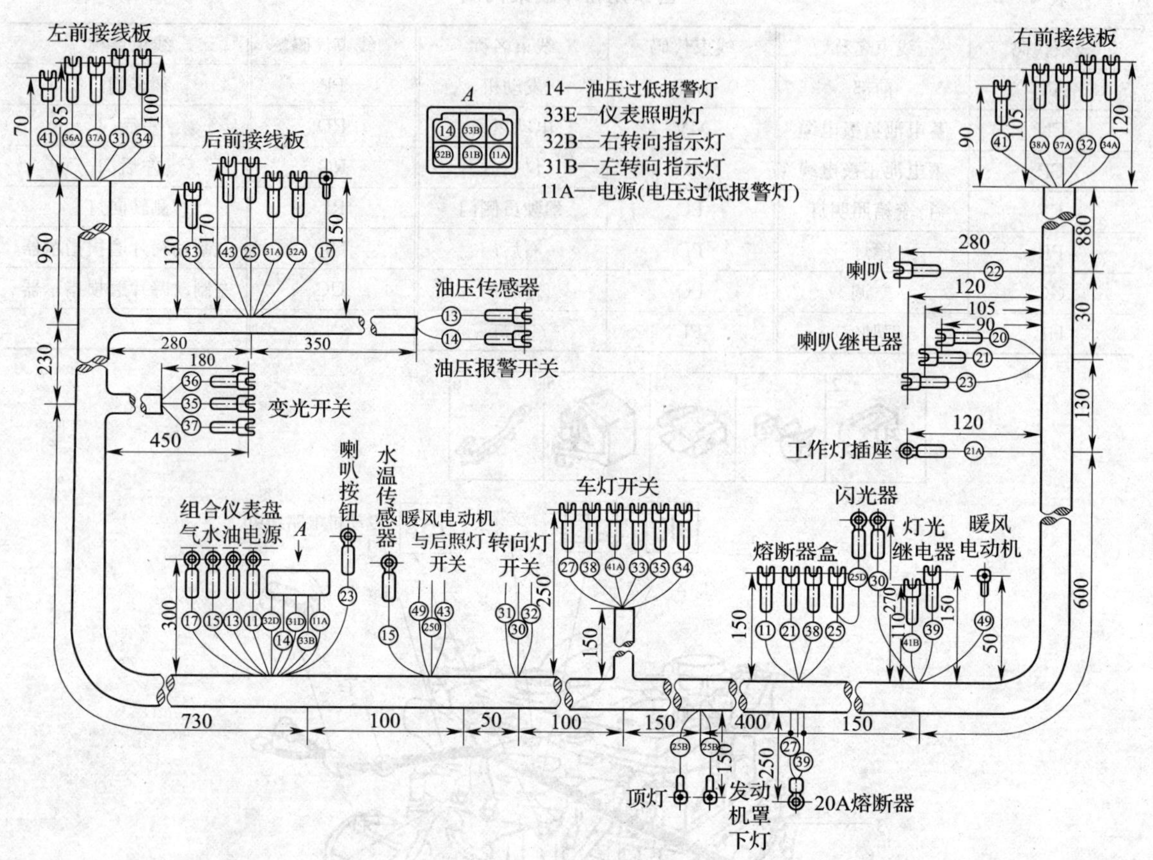

图 4—19 汽车线束安装图

1. 识读要领

(1) 认清全车共有几组线束、各线束名称以及各线束在汽车上的实际安装位置。

(2) 认清每根线束上的分支通向车的哪个电气设备，每一分支有几根导线，它们的颜色与标号以及它们各连接到电气设备的哪个接线端子上。

(3) 认清有哪些插接件，它们应该与哪个电气设备的连接器相连接。汽车电路的线束有多条，线束与线束、分支与线束或分支与电器之间都是通过插接器进行连接的，因此，要理清每个插接器上有几条导线、每条导线位于插接器接线孔的什么位置、插接器的形状是什么样的、相邻的几个插接器是否容易混淆等事项。

2. 识读步骤

(1) 读懂电路原理图。电路原理图是汽车电路线束图的基础。通过读电路原理图，可以较容易地了解汽车电路的工作原理及特点，了解电路原理图所提供的各种信息，如电路原理图中每条导线中所标注的数字或字母等代号。弄清楚这些信息，有助于快速读懂线束布置图。如图 4—20 所示为富康仪表系统电路图，它是与图 4—17 所示的雪铁龙富康轿车仪表系统线束布置图相对应的电路原理图。

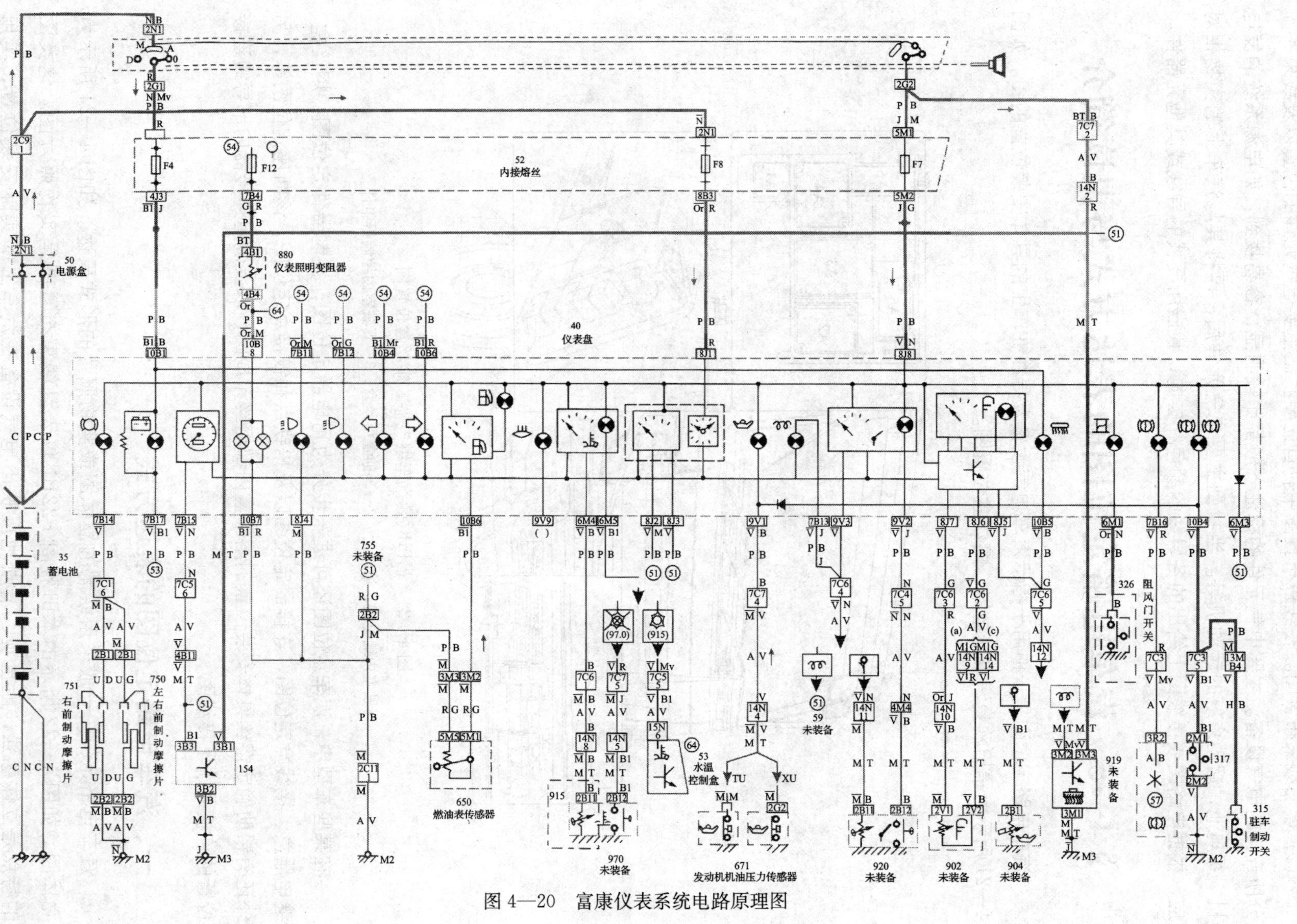

图 4—20　富康仪表系统电路原理图

（2）读懂线束布置图。在线束布置图中，首先要找出主要电气元件的位置以及线束各部分所连接的电气设备。主要电气元件的标注一般都比较明显，容易找到，如电源系统的发电机、蓄电池，起动系统的起动机等。当找到主要电气元件后，再将其与汽车上的实物相对应，根据电路图或接线图上给出的各导线的颜色和去向，找出所要找的导线或其他元器件。

§4—5 汽车电路定位图的表达方式与识读简介

汽车电路定位图是一种用于指示汽车电气设备及导线在车上的具体安装位置的图。如图4—21所示为福田欧曼汽车继电器、熔丝盒位置图。

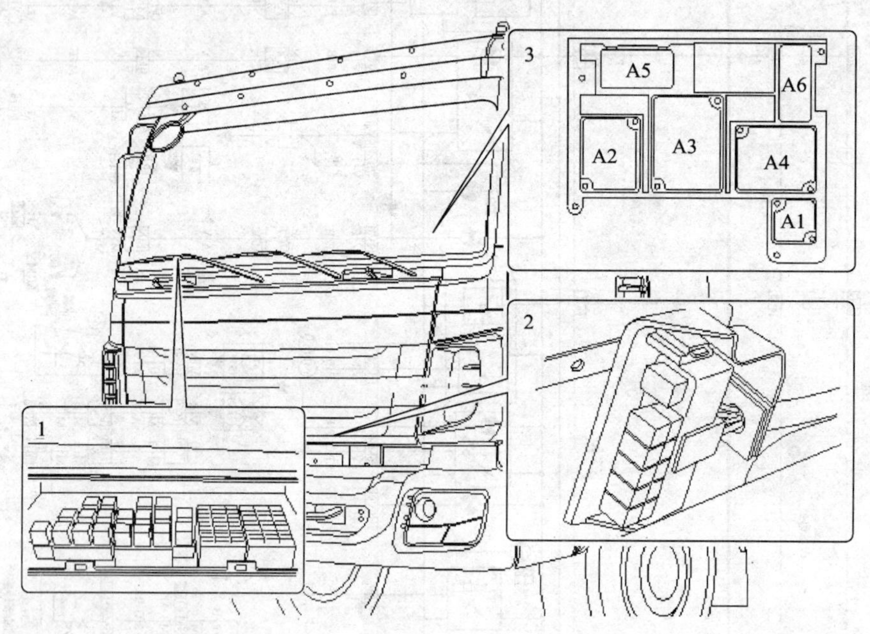

图 4—21 福田欧曼汽车继电器、熔丝盒位置图

1—驾驶室内继电器、熔丝盒 2—车前盖熔丝盒 3—驾驶室内控制器组件

在某些车型中，汽车定位图还可进一步分为用电器定位图，控制器件定位图，熔丝盒、继电器盒、接线盒定位图，连接器定位图以及搭铁点和铰接点定位图，诊断座定位图等，另外还有帮助确定熔丝具体安装位置的熔丝盒内部熔丝布局图，以及确定连接器内部导线连接位置的连接器端子接线图。

一、汽车电路定位图的表达方式

汽车电路定位图一般采用绘制的立体图或实物照片的形式表达。如图 4—21 所示为立体图。如图 4—22 所示的本田雅阁 F22B1 仪表盘线束布置图是实物照片图。这类图的特点是立体感强，能直观、清晰地反映出电气设备在汽车上的实际安装位置，实用性很强。

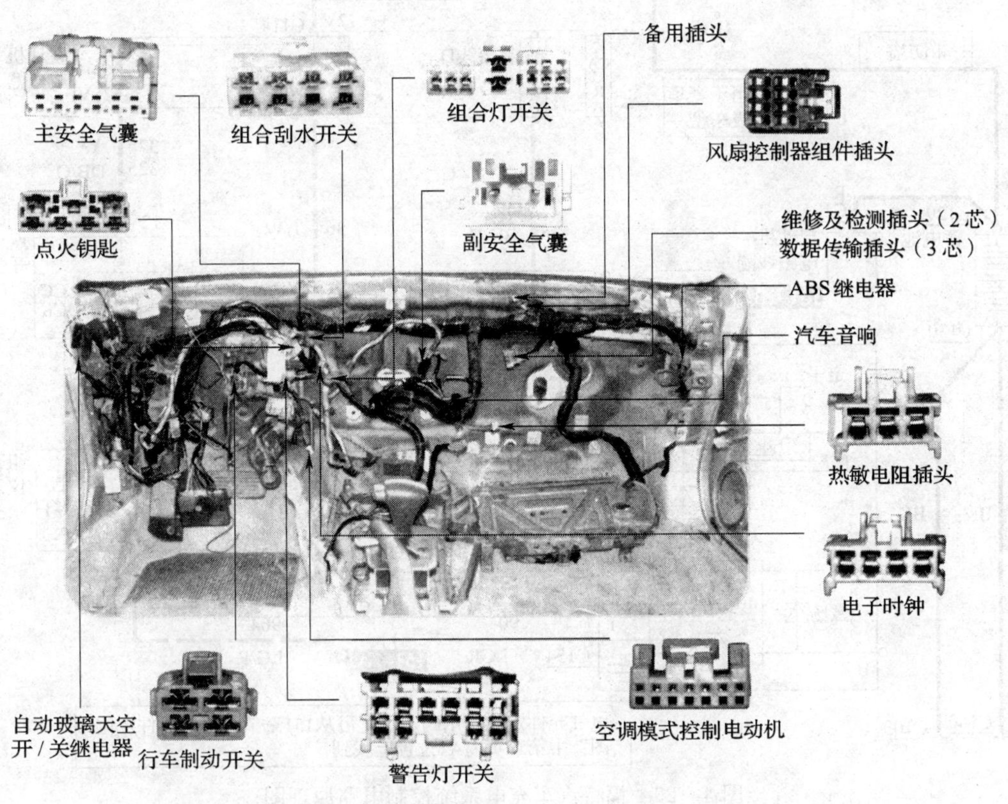

图4—22 本田雅阁F22B1仪表盘线束布置图

二、汽车电路定位图的识读

目前，大多数汽车制造公司都采用了电路原理图与定位图结合的表达方式。为便于两类图的结合，许多车型的电路图还附有表格，用于指示电路原理图上的电器、导线等在哪一张定位图上。如图4—23所示的福特汽车充电系统控制电路原理图中的电气元件定位指示码151—2A1等。

导线的定位是由导线的两个端点来确定其位置的。由于大多数导线是裹在线束中的，只用线束定位图是不能找到各导线的，需要参照电路原理图中该导线两端连接器的相应端子代码。先在定位图中找到相应连接器，参照连接器的端子排列图找到导线相应的端子或接线柱，然后找到该导线。

如图4—24所示为福特汽车头灯开关接线柱定位图，图4—25所示为福特汽车头灯开关内部电路图。图4—24显示了头灯开关接线柱与外部导线的连接关系，每一条导线的两侧分别标注着线路代码及颜色代码。如接线柱2上所接的导线的线路代码是LC41，它的颜色代码是O/BK。据此结合电路原理图，了解在电路原理图中与开关相连的导线具体接在开关的哪个接线柱上。通过图4—25可以了解开关的内部线路，帮助人们分析开关的工作原理。

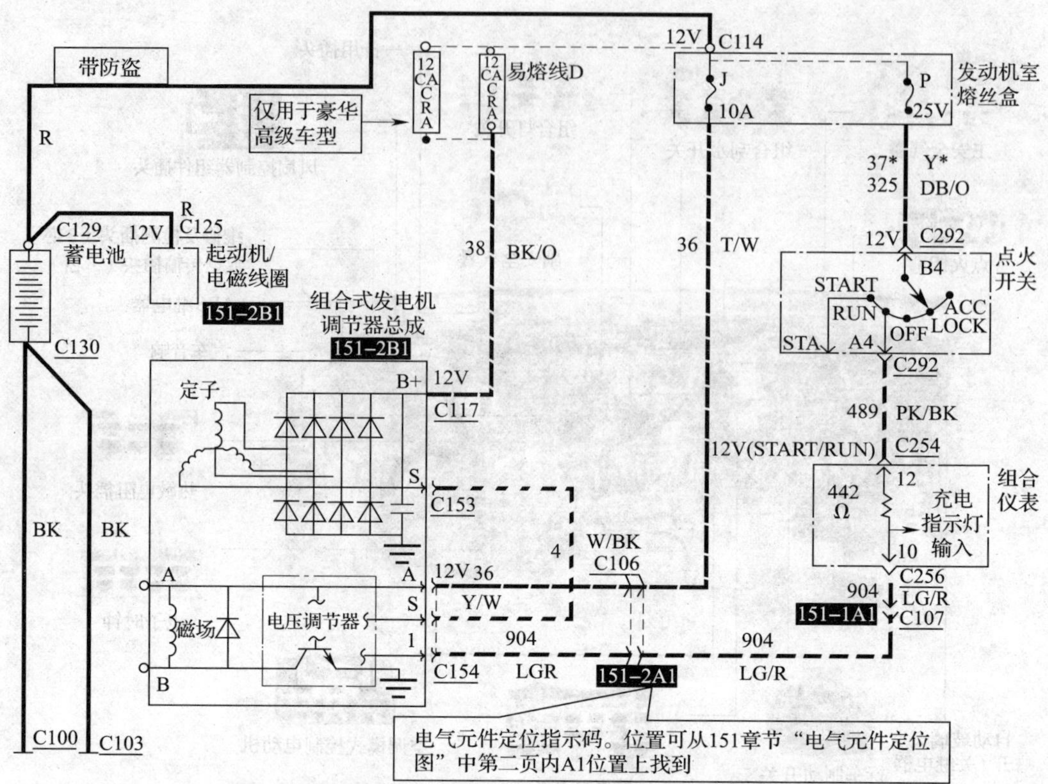

图 4—23　福特汽车充电系统控制电路原理图

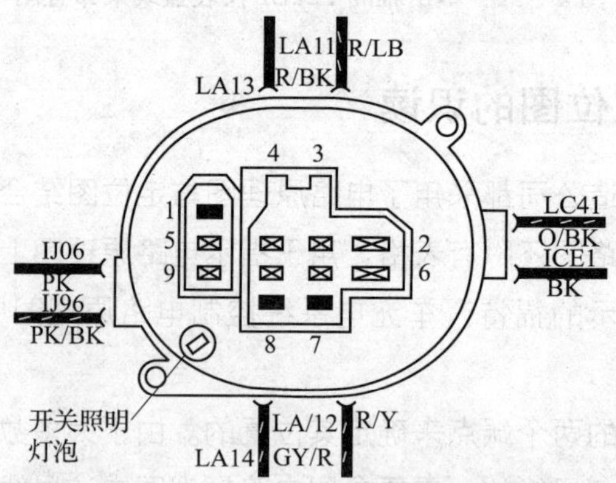

图 4—24　福特汽车头灯开关接线柱定位图

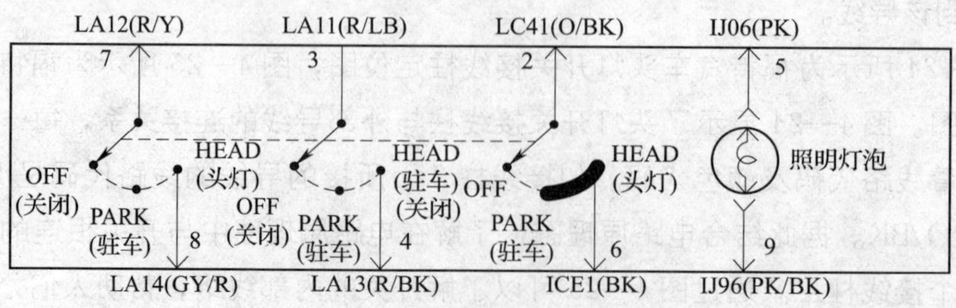

图 4—25　福特汽车头灯开关内部电路图

第五章　典型车系电路图的识读

汽车电路图的识读原则虽然基本相同，但由于各汽车制造公司汽车电路的制图风格不同，在电路设计、电路符号的表示方法等具体表达方式上存在较大差异，致使其识读方法也有不同之处。本章将简要介绍几种常见典型汽车电路图的识读方法及其基本识读知识。

§5—1　丰田汽车电路图的识读

一、丰田汽车电路图识读指南

1. 丰田汽车电路图识读说明

如图 5—1 所示为丰田汽车电路图识读说明。图中指引线上的数字是注释符号，其表示的含义如下：

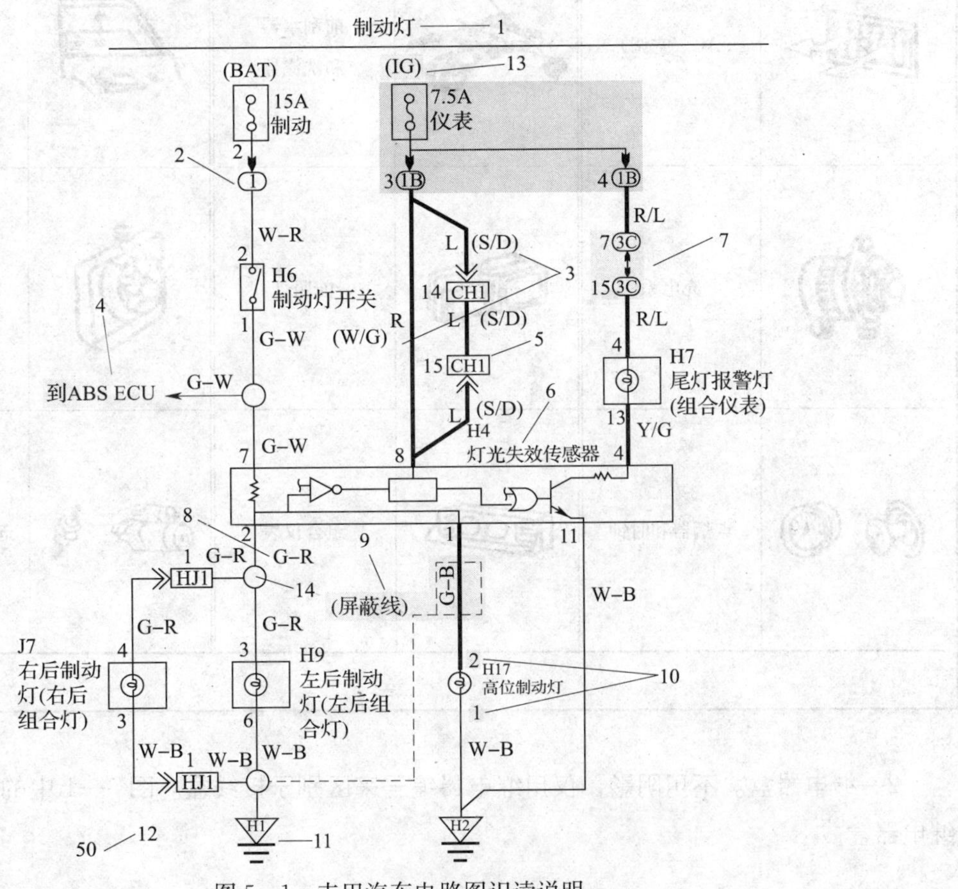

图 5—1　丰田汽车电路图识读说明

1—系统标题。标注在电路图的上方，用刻线划分区域，用文字和系统符号表示下方电路系统的名称。

小常识

丰田汽车电路图中的系统符号及其含义

丰田汽车全车电路由各独立的系统组成，电路图中各系统的符号及其含义示例见表5—1。

表5—1 丰田汽车电路图中各系统的符号及其含义示例

符号	含义	符号	含义	符号	含义
	ABS（防抱死制动系统）	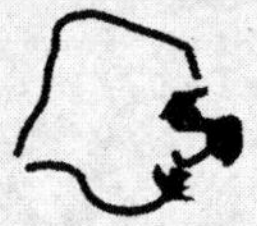	发动机控制		电源
	AC（空调）		前刮水器和洗涤器		电动窗
	充电系		前照灯		散热器风扇和冷凝器风扇
	点烟器和时钟		组合仪表	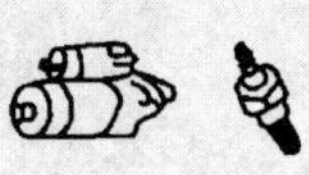	起动和点火装置

2—继电器盒。不用阴影，仅用继电器编号来区别于接线盒。图5—1中的①表示1号继电器盒。

小常识

丰田汽车继电器盒的识读示例

丰田汽车继电器盒的识读示例如图 5—2 所示，图中揭示了继电器盒在电路图、位置表、位置图三者之间的内在联系。

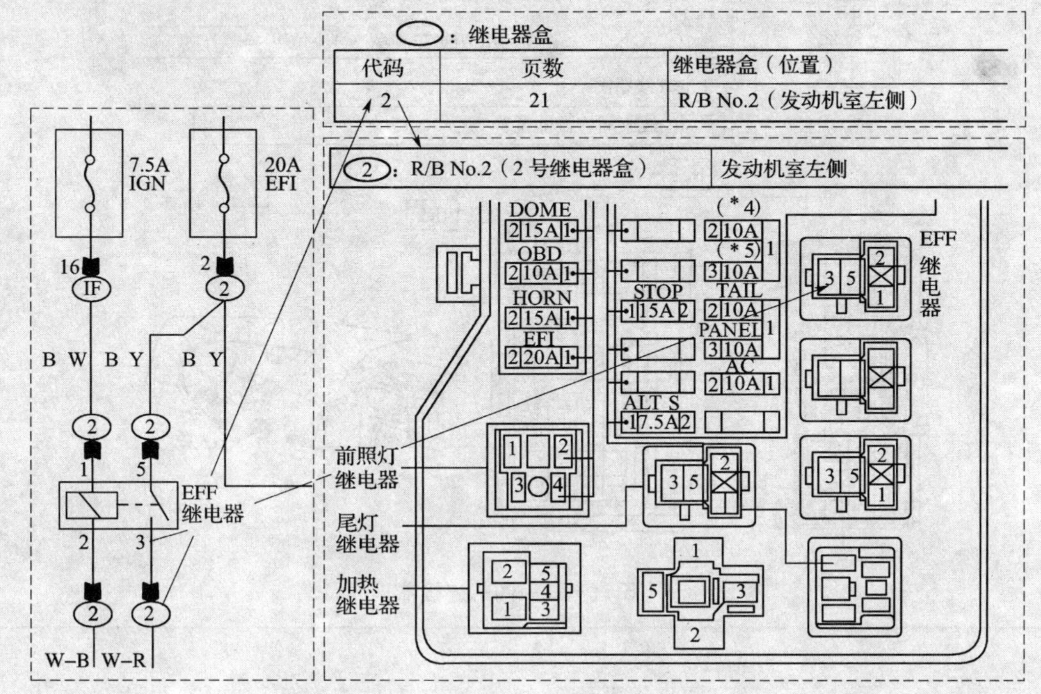

图 5—2　丰田汽车继电器盒的识读示例

3—当车辆型号、发动机类型或规格不同时，用“（　）”来表示不同的配线或连接器。

4—相关联的系统。

5—线束间的连接器，分插头式和插座式两种。符号“<<”表示插头式端子连接器。连接器外侧的数字表示连接器针脚号码。

线束间的连接器代码由两个字母和一个数字组成。第一个字母表示插座式连接器线束上的字母代码，第二个字母表示插头式连接器线束上的字母代码。第三个数字是在存在多个相同线束组合时用来区别线束组合的系列号，如 CH1 和 CH2。

小常识

丰田汽车线束间的连接器识读示例

丰田汽车线束与线束之间的连接器识读示例如图 5—3 所示。图中揭示了线束间的连接器在电路图、位置表、位置图三者之间的内在联系。

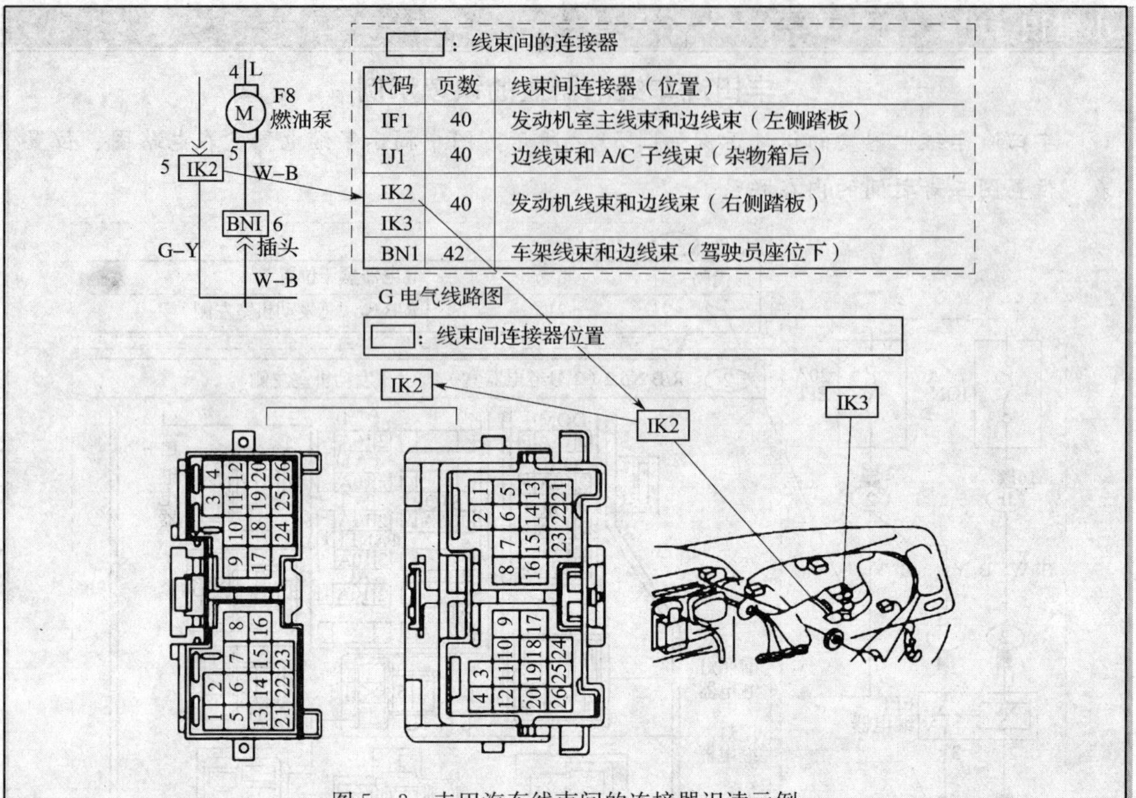

：线束间的连接器
代码 页数 线束间连接器（位置）
IF1 40 发动机室主线束和边线束（左侧踏板）
IJ1 40 边线束和 A/C 子线束（杂物箱后）
IK2 IK3 40 发动机线束和边线束（右侧踏板）
BN1 42 车架线束和边线束（驾驶员座位下）
4 L
F8
燃油泵
M
5 IK2
5
W–B
BNI 6
插头
G–Y
W–B
G 电气线路图
：线束间连接器位置
IK2
IK2
IK3

图 5—3　丰田汽车线束间的连接器识读示例

6—表示一个零件（全部用天蓝色表示），其代码与零件位置使用的代码相同。

小常识

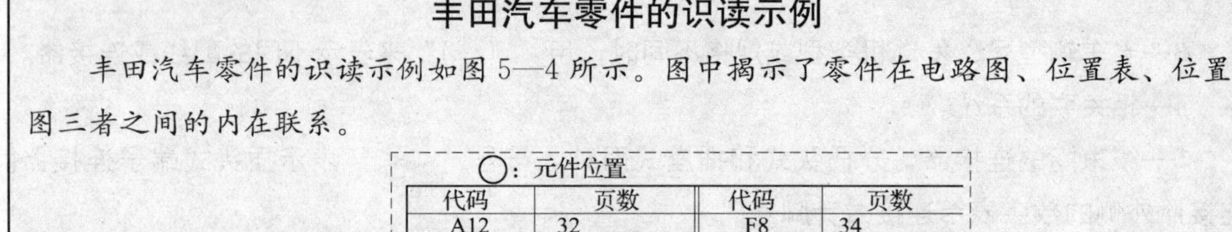

丰田汽车零件的识读示例

丰田汽车零件的识读示例如图 5—4 所示。图中揭示了零件在电路图、位置表、位置图三者之间的内在联系。

：元件位置
代码 页数 代码 页数
A12 32 F8 34
C1 28[5VZ–FE] H3 28[5VZ–FE]
C2 28[5VZ–FE] H4 28[5VZ–FE]
C2
曲轴位置传感器
蓝色
2 1
屏蔽 G R
发动机室内元件位置
[5VZ–FE]
F4 H5 F2 A5 C1 E3 C2 F1 F9 H1 F3

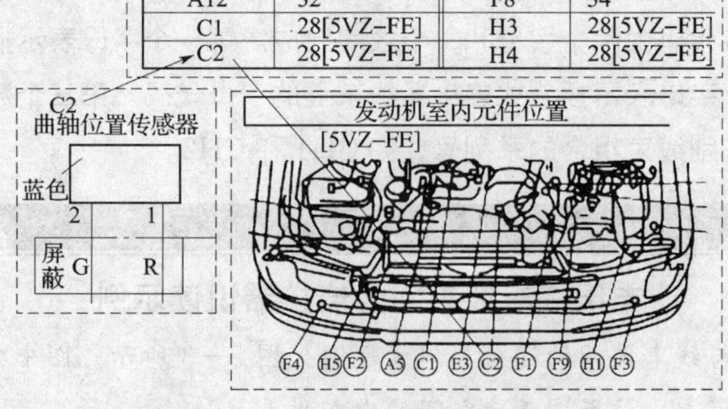

图 5—4　丰田汽车零件的识读示例

7—接线盒。接线盒用阴影标出，以便将其与其他零件清楚地区别开来。如图 5—1 所示，圈中的数字是接线盒的代码，字母是连接器的代码，圈旁边的数字是连接器的端子代号。例如，“3C”，“3”表示在 3 号接线盒内，“C”是连接器的代码；圈旁边的数字 7 和 15 表示两条配线分别接在 C 连接器的 7 号和 15 号接线端子上。

小常识

丰田汽车接线盒的识读示例

丰田汽车接线盒的识读示例如图 5—5 所示。图中揭示了接线盒在电路图、位置表、位置图三者之间的内在联系。

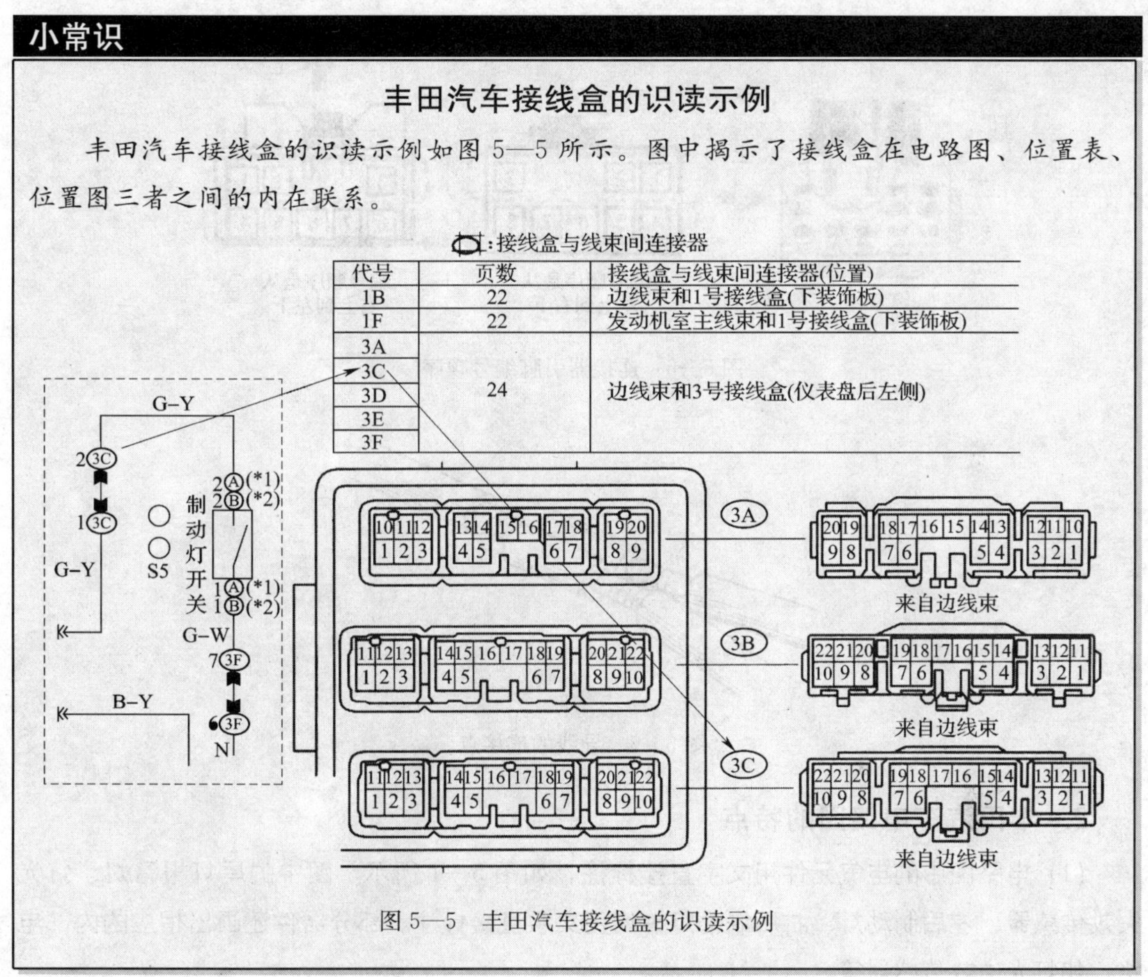

代号	页数	接线盒与线束间连接器(位置)
1B	22	边线束和1号接线盒(下装饰板)
1F	22	发动机室主线束和1号接线盒(下装饰板)
3A 3C 3D 3E 3F	24	边线束和3号接线盒(仪表盘后左侧)

图 5—5 丰田汽车接线盒的识读示例

8—导线颜色代码。导线颜色代码用字母符号表示，参见表 3—31。

9—屏蔽线。

10—连接器引脚编号。插座和插头编号是不同的，其编号顺序如图 5—6 所示。

11—搭铁点。如图 5—1 所示，表示搭铁点的符号由字母和数字两部分组成。字母表示线束，如搭铁符号 H1 中的 H；数字表示当有多个搭铁点同时存在于一个线束中时，用数字加以区别，如搭铁符号 H1 和 H2 中的 1、2。

12—在原厂电路图中的页码。

13—表示熔丝通电时点火开关的位置。

14—导线的连接点。导线的连接点不通过连接器直接与线路相连，如图 5—7 所示。

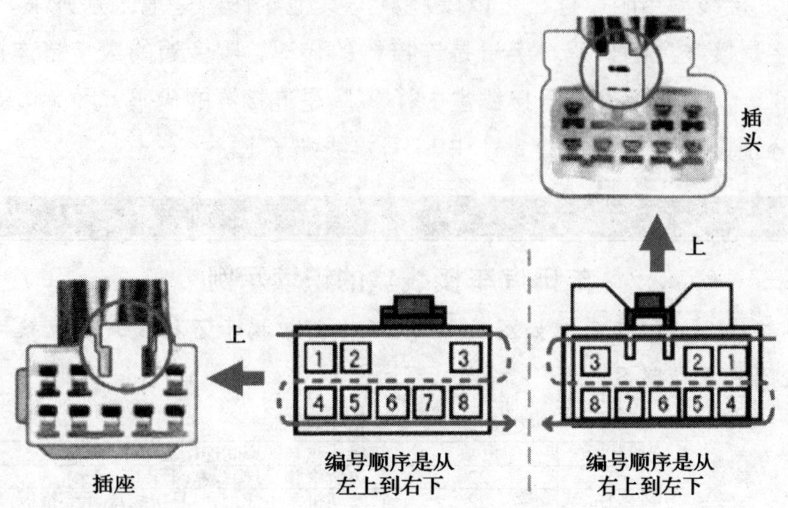

图 5—6 连接器引脚编号顺序

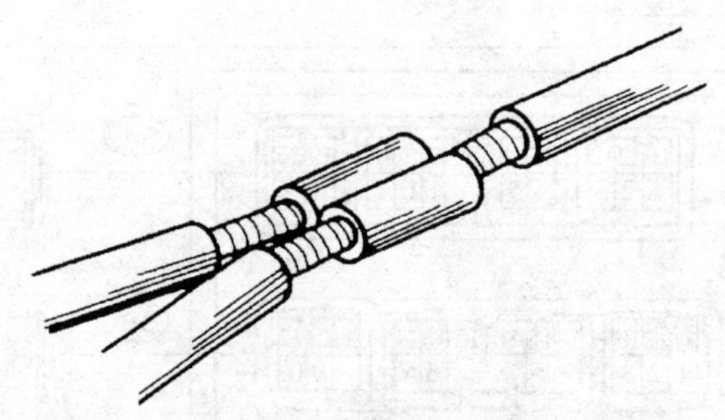

图 5—7 导线的连接点

2. 丰田汽车电路图的特点

(1) 电路图中的电气元件用文字直接标注，如图 5—1 所示。图中的尾灯报警灯、灯光失效传感器、左后制动灯、右后制动灯等均用文字直接标注。部分器件还画出相应的内部电路，如灯光失效传感器等。

(2) 在有的电路图中直接标出线路连接器的端子排列和各端子的使用情况，给识图和查寻电路故障提供方便。

(3) 在电路图中不仅绘出了搭铁点，而且还标注了搭铁点的代号和文字说明，如图 5—1 中的 H1 和 H2。这样可直观地从电路图上了解各搭铁点的具体情况。

(4) 把整个电路图作为一个总图，各系统电路按横轴方向逐个布置，并在电路图的上方标注出各系统电路的区域和代表该电路系统的符号及文字说明。具体参见如图 4—7 所示的一汽丰田新威驰轿车蓄电池、起动、充电系统电路图。

(5) 如图 5—1 所示，每个单元电路都连同电源电路一起画出，使各单元电路既能清晰地表达出每个独立的电路回路，又能反映出各独立电路之间共同作用构成整个电路的关系。

二、丰田汽车电路图常用图形符号

丰田汽车电路图常用图形符号及其含义见表 5—2。

表 5—2　　丰田汽车电路图常用图形符号及其含义

符号	含义	符号	含义
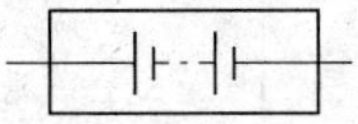	蓄电池	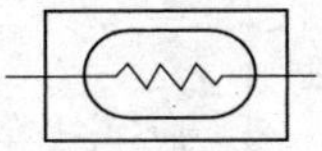	传感器（热敏电阻）
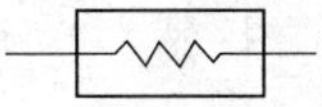	电阻	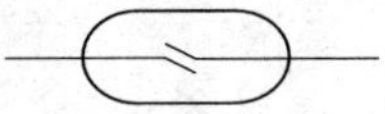	传感器（速度模拟）
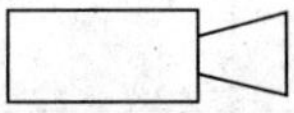	点烟器	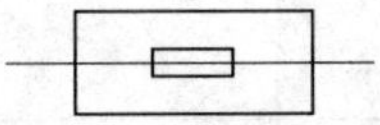	短端子
	电路断路器	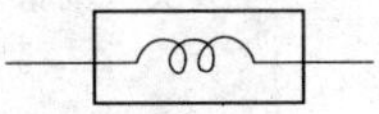	电磁线圈
 FUEL	数字式仪表	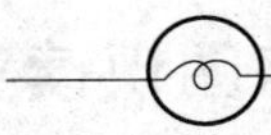	灯
	模拟式仪表	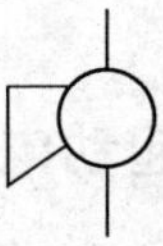	喇叭
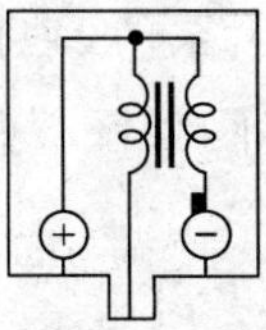	点火线圈	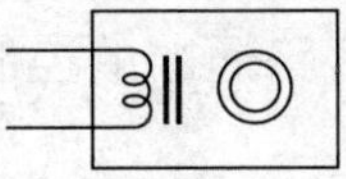	分电器
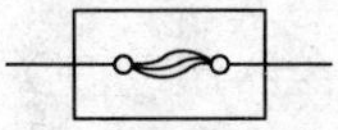 （强电流熔丝及易熔线）	易熔线	 M	电动机

续表

符号	含义	符号	含义
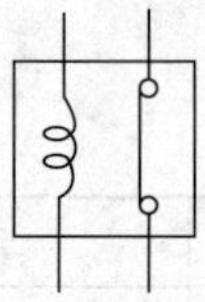	动断（常闭）继电器	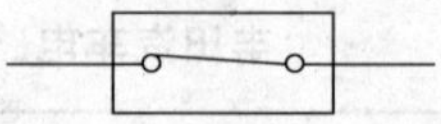	动断（常闭）手动开关
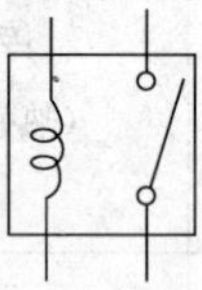	动合（常开）继电器	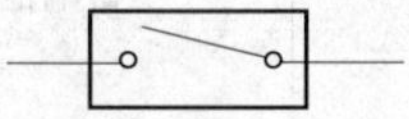	动合（常开）手动开关
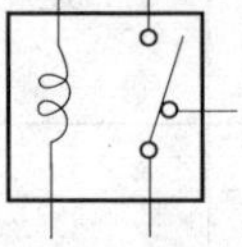	双投掷继电器	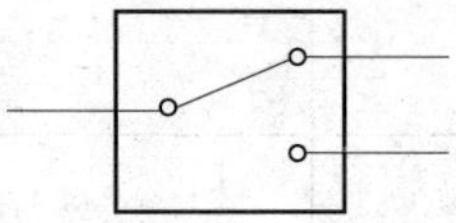	双投掷开关
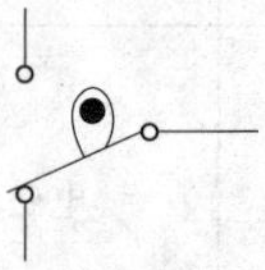	开关（刮水器停驻）	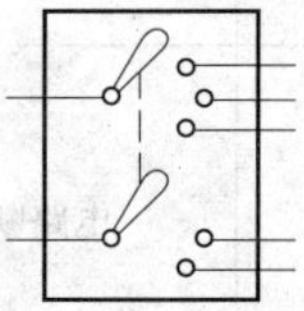	开关（点火）

三、丰田汽车电路图识读实例

现以丰田卡罗拉轿车起动、充电、点火电路图为例，简要介绍丰田汽车电路图的识读方法。

1. 丰田卡罗拉轿车起动电路分析

现代汽车均采用电力起动方式，即用电动机带动发动机转动，实现发动机的起动。起动系统由起动机、起动继电器、起动开关及起动保护装置组成。起动系统电路一般包括起动机的主电路和控制起动机线路通断的控制电路。丰田卡罗拉轿车起动电路图如图 5—8 所示。其电路分析如下:

(1) 起动机控制电路

1) 第一级控制电路。当点火开关置于 START 位置时，蓄电池正极→7.5 A 熔丝（AM1）→点火开关（2 号端子→1 号端子）→驻车/空挡位置开关、离合器起动开关→起动继电器（1 号端子→起动继电器线圈→2 号端子）→E1 搭铁点搭铁。此时，起动继电器线圈得电，触点闭合，1 号继电器盒中的起动继电器 5 号端子和 3 号端子导通。

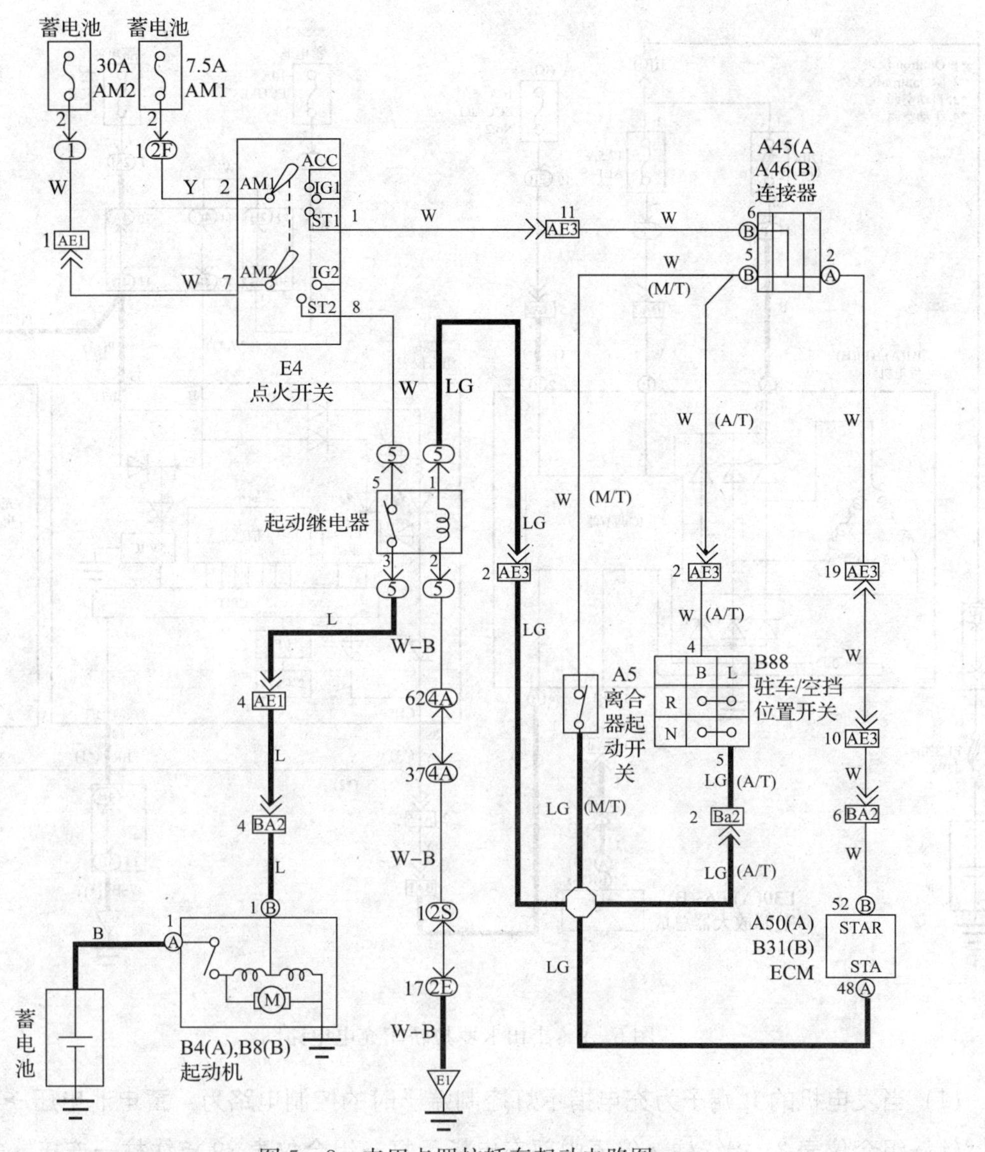

图 5—8　丰田卡罗拉轿车起动电路图

2）第二级控制电路。蓄电池正极→30 A 熔丝（AM2）→点火开关（7 号端子→8 号端子）→起动继电器（5 号端子→3 号端子）→连接器 B 的 1 号端子（起动机）后分两路：一路经吸引线圈→搭铁；另一路经保持线圈→电动机（M）→搭铁。此时，线圈通电，电磁开关闭合。

(2）起动机主电路。蓄电池正极→连接器 A 的 1 号端子（起动机）→电磁开关→电动机（M）→搭铁→蓄电池负极。此时，起动机通电，起动运行。

2. 丰田卡罗拉轿车充电电路分析

如图 5—9 所示为丰田卡罗拉轿车充电电路图。丰田卡罗拉轿车充电系统电气元件，包括内装集成电路调节器的整体式交流发电机，当点火开关闭合时，其电路分析如下：

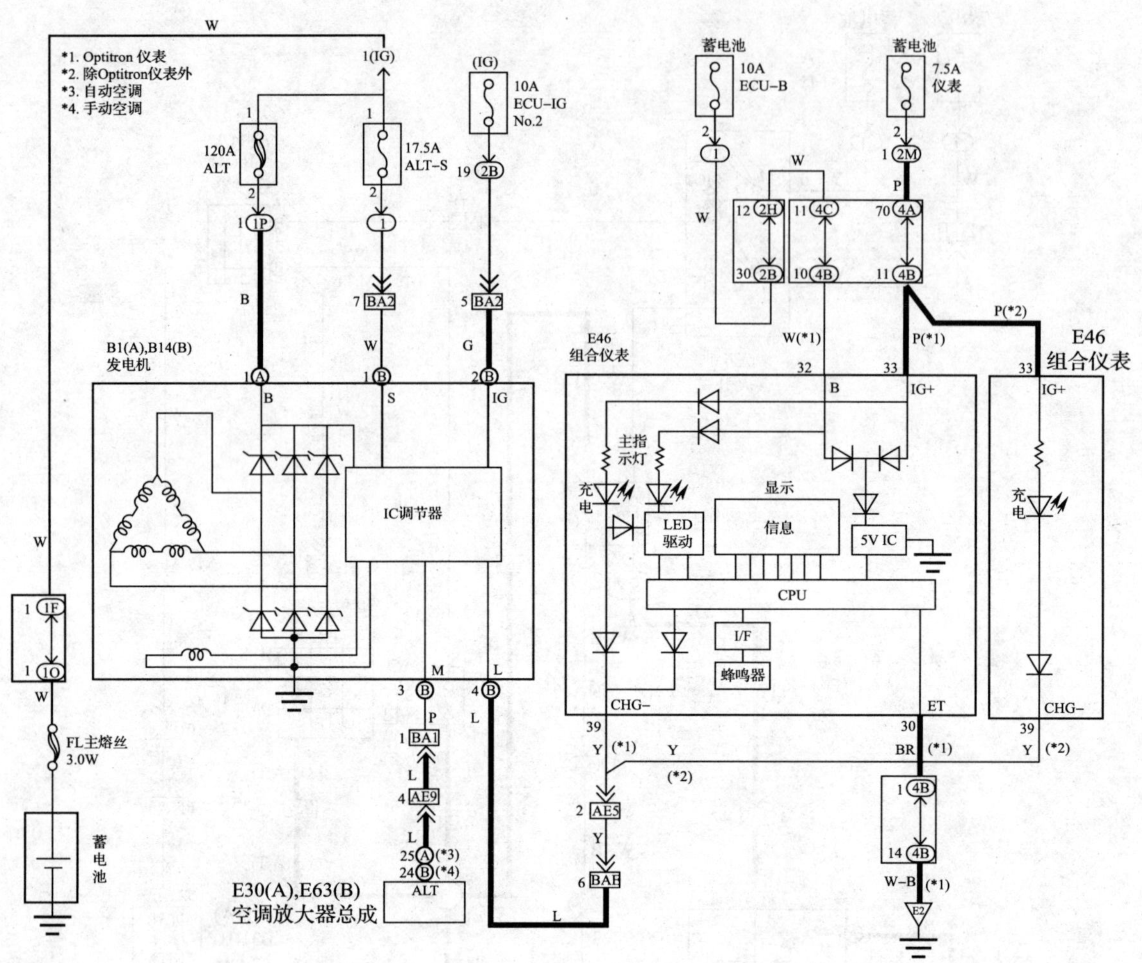

图 5—9　丰田卡罗拉轿车充电电路图

(1) 当发电机的 L 端子为充电指示灯控制端子时的控制电路为：蓄电池电压→7.5 A 仪表熔丝→组合仪表 33 接线柱→仪表内部充电指示灯→组合仪表 39 接线柱→连接器 B 的 4 号端子→发电机的 L 端子→发电机内部电路搭铁。

当发电机不发电或输出电压低于蓄电池电压时，发电机的 L 端子为低电压，在充电指示灯的两端有电压差，此时充电指示灯亮；当发电机发电后，发电机的 L 端子的电压上升，此时充电指示灯两端的电压相等，都为发电机的端电压，充电指示灯熄灭。

(2) 当发电机的 B 端子为交流发电机的输出端时，发电机给蓄电池充电。充电电路为：发电机的 B 端子→连接器 A 的 1 号端子→120 A 熔丝→FL3.0 W 主熔丝→蓄电池→蓄电池搭铁点→发电机搭铁点。

(3) 发电机的 IG 端子为电压调节器供电端。当仅接通点火开关，但还未起动发动机时，蓄电池通过 IG 端子给 IC 调节器供电。其供电电路为：蓄电池→点火开关（IG）→ECU—IG No. 2 熔丝（10 A）→连接器 B 的 2 号端子→发电机的 IG 端子 IC 调节器。

(4) 发电机的S端子为蓄电池端电压检测端。其检测电路为：蓄电池→FL主熔丝→17.5 A ALT—S熔丝→连接器B的1号端子→发电机的S端子。

(5) 发电机B3（M）端子接空调放大器，用于控制空调加热元件的数量。

3. 丰田卡罗拉轿车点火电路分析

丰田卡罗拉轿车采用了直接点火系统（DIS），点火电路图如图3—43所示。在发动机中，DIS为独立点火系统，每个气缸都有一个带点火器的点火线圈。丰田卡罗拉轿车点火电路分析如下：

(1) 点火控制电路。当点火开关打开时，蓄电池正极→7.5 A（2号IG2）熔丝→2号点火继电器线圈→搭铁→蓄电池负极。此时，2号点火继电器线圈得电，触点闭合。

(2) 点火电路。蓄电池正极→15 A（IG2）熔丝→2号点火继电器闭合触点→点火线圈1号端子（分别供给）→点火线圈4号端子→搭铁→蓄电池负极。点火线圈4号端子搭铁、2号端子为IGF电压信号（点火反馈电压）、3号端子为IGT（点火正时信号电压）。

如图5—10所示为丰田卡罗拉轿车点火电路框图。当点火开关置于ON时，ECM根据凸轮轴位置信号（G2）和曲轴位置传感器等信号确定最佳的点火闭合角（通电时间），向点火线圈发送点火正时控制信号IGT，ECM根据IGT信号接通或关闭点火器内功率晶体管的电源。功率晶体管以此接通或断开流向一次线圈的电流。当一次线圈中的电流被切断时，二次线圈中产生高压，此高压加到火花塞上，使火花塞在气缸内部产生火花。一旦ECM切断一次线圈电流，点火器会将点火确认（IGF）信号发送回ECM，ECM将根据此信号给出喷油脉冲控制信号。

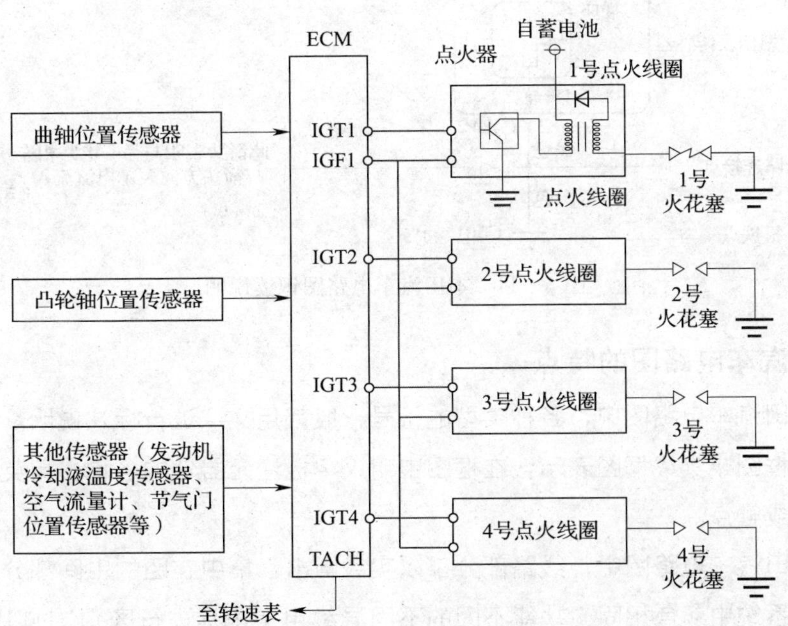

图5—10 丰田卡罗拉轿车点火电路框图

§5—2 本田汽车电路图的识读

一、本田汽车电路图识读指南

1. 本田汽车电路图识读说明

如图5—11所示为本田汽车电路图识读说明。阅读图注，了解本田汽车电路图各部分的含义。

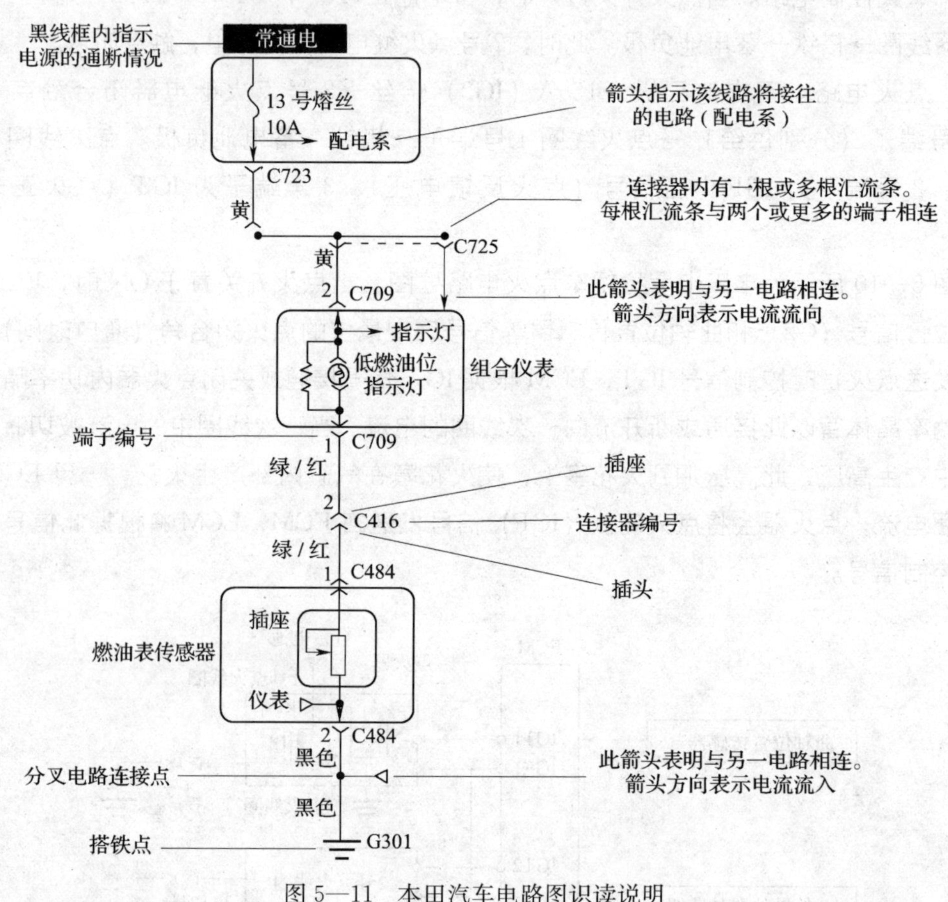

图5—11 本田汽车电路图识读说明

2. 本田汽车电路图的特点

(1) 在本田汽车电路图中，各种类型的符号一般都用文字进行标注说明。图中的元器件及部件用虚线框图或实线框图表示，在框图中用汉字标注元器件的名称，用英文字母、数字标注连接端子或触点。

(2) 在本田汽车电路图中，线路部分都以实线画出，集中在图的中间部分。

同一电气系统中颜色相同、功能不同的不同导线用上角标进行区别，如 BLU^2 与 BLU^3 是颜色相同的不同导线。

本田汽车的电路导线并没有标出导线的横截面积，识读时可根据与导线相连接的熔断器通电电流的大小来判断导线横截面积的大小。

(3) 在本田汽车电路中，大部分继电器和熔断器都安装在继电器盘的正面，几乎全部主线束均从继电器背面插接，然后再通往各用电器。

二、本田汽车电路图常用符号

1. 本田汽车电路图常用图形符号

本田汽车电路图常用图形符号及其含义见表 5—3。

表 5—3 本田汽车电路图常用图形符号及其含义

符号	含义	符号	含义
	搭铁点	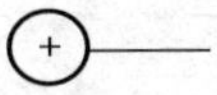 +	蓄电池
	元件搭铁点	 H	喇叭
	线圈螺线管		动合（常开）开关
	电阻		动断（常闭）开关
	热敏电阻	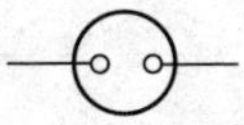	点火开关
	点烟器		弹簧开关
	暖气	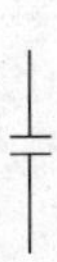	冷凝器

续表

符号	含义	符号	含义
M	电动机		线路断电器
P	泵		连接器
	动合（常开）继电器		动断（常闭）继电器

2. 本田汽车电路图其他常用符号及其含义

(1) 线路符号。本田汽车电路图常用线路符号及其含义见表 5—4。

表 5—4　　本田汽车电路图常用线路符号及其含义

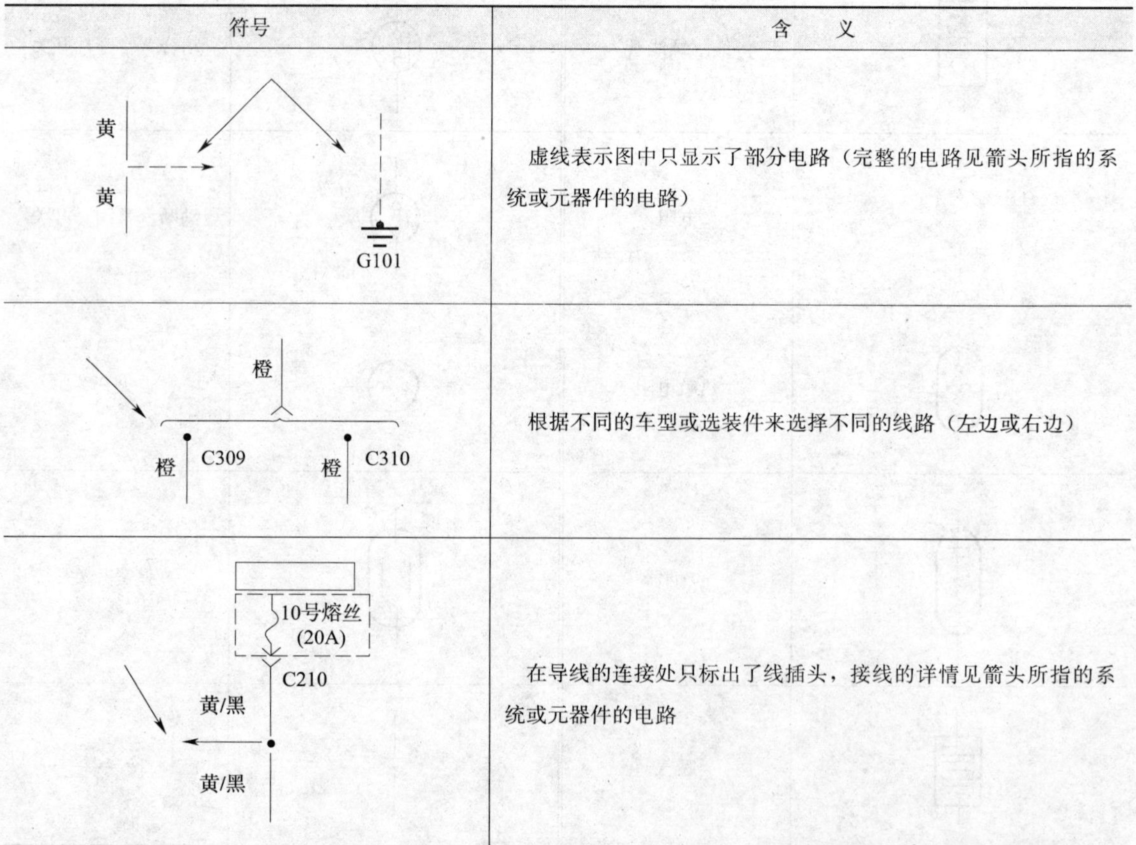

符号	含　　义
黄 黄 G101	虚线表示图中只显示了部分电路（完整的电路见箭头所指的系统或元器件的电路）
橙 橙 C309 橙 C310	根据不同的车型或选装件来选择不同的线路（左边或右边）
10号熔丝 (20A) C210 黄/黑 黄/黑	在导线的连接处只标出了线插头，接线的详情见箭头所指的系统或元器件的电路

续表

符号	含义
蓝/红　红/蓝　C124　蓝/红　红/蓝	虚线表示蓝/红导线和红/蓝导线端子均在 C124 插头上
黑	线端的波浪表示该导线在下页继续
黄/红	导线的绝缘皮可为单色或一种颜色配上不同颜色的条纹
红/黑	表示导线接至另一侧（箭头表示电流方向）
橙　电路名	表示导线与另一电路相接

（2）接头和搭铁线连接符号。本田汽车电路图常用接头和搭铁线连接符号及其含义见表 5—5。

表 5—5　　本田汽车电路图常用接头和搭铁线连接符号及其含义

符号	含义	
"C" 端子 1　a　b　c　C103	插接器"C"	a：插孔
		b：插头
		c：插接器编号（以字母"C"开头），以备在元器件位置索引中查找。从左上开始，对每个插接器的插孔和插头进行编号，使对应的插孔和插头号相同。在电路图上，插接器端子标在每个端子旁
灰	表示接线端子直接与元器件连接	
灰	表示接线端子与元器件的引线连接	
黑　黑　"S"　黑	导线连接："S"线路图上的圆点表示线接头	

续表

符号	含义
	实线表示整个元器件
	虚线表示只显示元器件的一部分
制动灯开关 踩下踏板时闭合	元器件名称出现在符号的右上角，名称下面是有关元器件功能的说明
G101	该符号表示接线端子与汽车的金属件连接（每根导线的搭铁都以字母"G"开头，以备在元器件位置索引中查找）
	与元器件重叠的搭铁符号（圆点和一条短线），表示元器件外壳直接与汽车的金属件连接

(3) 开关和熔断器符号。本田汽车电路图常用开关和熔断器符号及其含义见表 5—6。

表 5—6　　本田汽车电路图常用开关和熔断器符号及其含义

符号	含义
T102	螺纹端子（每个端子都标有字母"T"开头的端子号，以备在元器件位置索引中查找，端子"T"是一种采用螺钉或螺栓进行连接的插头，而不是采用一种推拉型的插接插头）
绿 G103	屏蔽（代表导线周围的无线电频率干涉屏蔽，该屏蔽总是搭铁）
	联动开关（虚线表示开关之间的机械连接）
a 点火开关置于RUN位时通电 10A 6号熔丝 b c 橙/黑	a：表示点火开关处在接通位置
	b：熔丝编号
	c：熔丝的额定电流

续表

符号	含　义
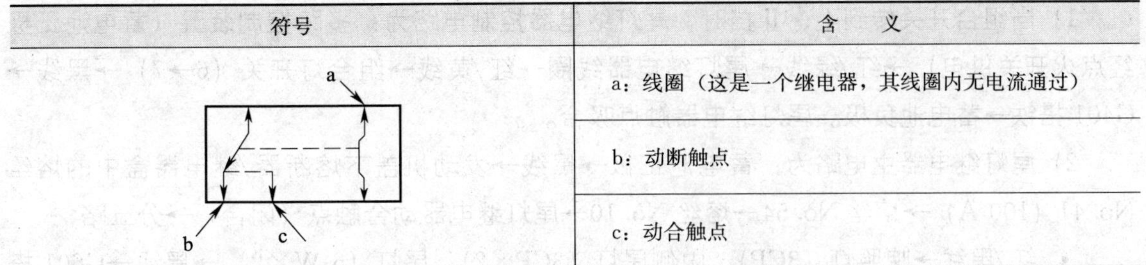	a：线圈（这是一个继电器，其线圈内无电流通过） b：动断触点 c：动合触点

三、本田汽车电路图识读实例

现以广州本田雅阁轿车照明系统、信号系统、巡航控制系统电路图为例，简要介绍本田汽车电路图的识读方法。

1. 本田雅阁轿车照明系统电路分析

广州本田雅阁轿车照明系统电路图如图 5—12 所示。

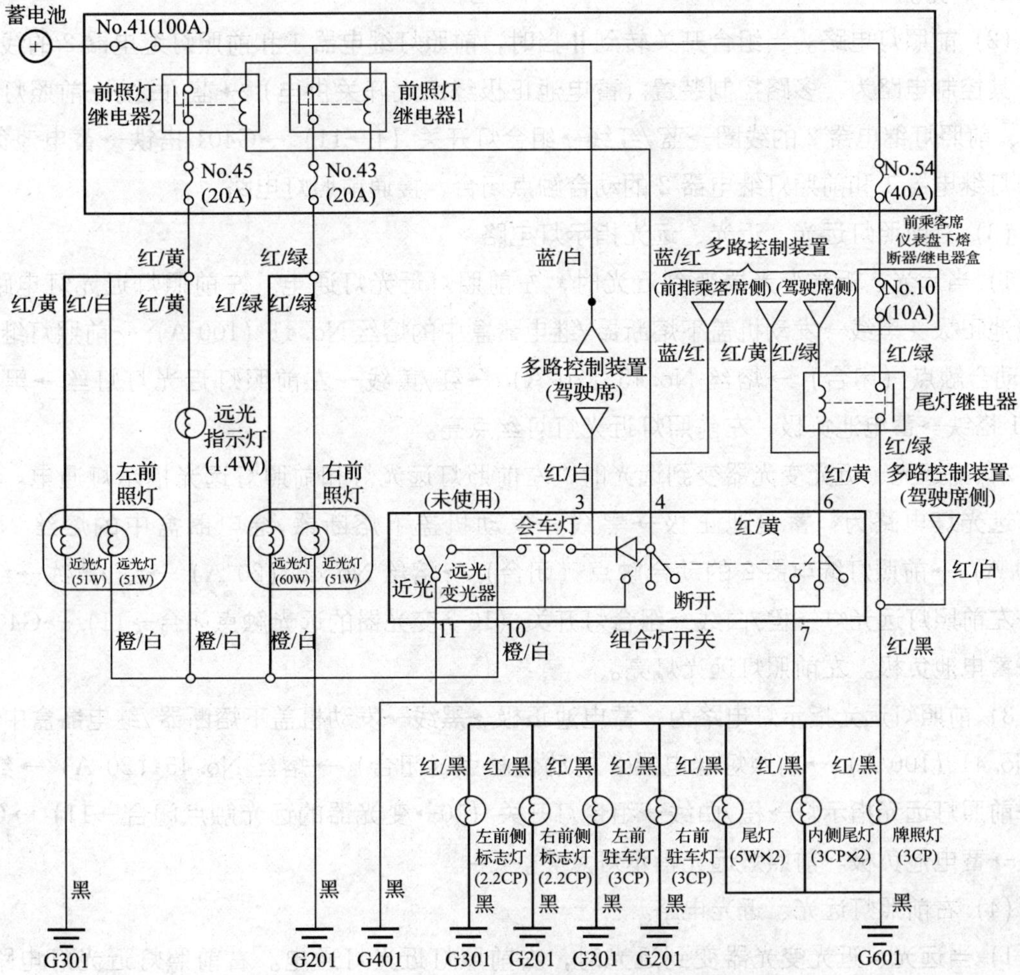

图 5—12　广州本田雅阁轿车照明系统电路图

（1）标志灯、停车灯、尾灯、牌照灯电路

1）当组合开关转到Ⅰ、Ⅱ挡时，尾灯继电器控制电路为：多路控制装置（蓄电池正极经点火开关供电）→红/绿线→尾灯继电器线圈→红/黄线→组合灯开关（6→7）→黑线→G401 搭铁→蓄电池负极。尾灯继电器触点吸合。

2）尾灯继电器主电路为：蓄电池正极→黑线→发动机盖下熔断器/继电器盒中的熔丝 No. 41（100 A）→熔丝 No. 54→熔丝 No. 10→尾灯继电器动合触点（闭合）→分五路：

- 红/黑线→牌照灯（3CP）、内侧尾灯（3CP×2）、尾灯（5 W×2）→黑线→G601 搭铁→蓄电池负极。牌照灯、内侧尾灯、尾灯亮。
- 红/黑线→右前驻车灯（3CP)→黑线→G201 搭铁→蓄电池负极。右前驻车灯（3CP）亮。
- 红/黑线→左前驻车灯（3CP)→黑线→G301 搭铁→蓄电池负极。左前驻车灯（3CP）亮。
- 红/黑线→右前侧标志灯（2. 2CP）→黑线→G201 搭铁→蓄电池负极。右前驻车灯（2. 2CP）亮。
- 红/黑线→左前侧标志灯（2. 2CP）→黑线→G301 搭铁→蓄电池负极。左前驻车灯（2. 2CP）亮。

（2）前照灯电路。当组合开关转到Ⅱ挡时，前照灯继电器 1 和前照灯继电器 2 的线圈通电。其控制电路为：多路控制装置（蓄电池正极经点火开关供电）→蓝/白线→前照灯继电器 1、前照灯继电器 2 的线圈→蓝/红线→组合灯开关（4→11）→G401 搭铁→蓄电池负极。前照灯继电器 1 和前照灯继电器 2 的动合触点闭合，接通前照灯电路。

（3）左前照灯远光、近光、远光指示灯电路

1）当远光、近光变光器变到近光时，左前照灯近光灯通电。左前照灯近光灯电路为：蓄电池正极→黑线→发动机盖下熔断器/继电器盒中的熔丝 No. 41（100 A）→前照灯继电器 2 的动合触点（闭合）→熔丝 No. 45（20 A）→红/黄线→左前照灯近光灯灯丝→黑线→G301 搭铁→蓄电池负极，左前照灯近光灯灯丝点亮。

2）当远光、近光变光器变到远光时，左前照灯远光灯和前照灯远光指示灯通电。左前照灯远光灯电路为：蓄电池正极→黑线→发动机盖下熔断器/继电器盒中的熔丝 No. 41（100 A）→前照灯继电器 2 的动合触点（闭合）→熔丝 No. 45（20 A）→红/黄线→红/白线→左前照灯远光灯→橙/白线→组合灯开关（10→变光器的远光触点闭合→11）→G401 搭铁→蓄电池负极。左前照灯远光灯亮。

3）前照灯远光指示灯电路为：蓄电池正极→黑线→发动机盖下熔断器/继电器盒中的熔丝 No. 41（100 A）→前照灯继电器 2 的动合触点（闭合）→熔丝 No. 45（20 A）→红/黄线→前照灯远光指示灯→橙/白线→组合灯开关（10→变光器的远光触点闭合→11）→G401 搭铁→蓄电池负极。前照灯远光指示灯点亮。

（4）右前照灯远光、近光电路

1）当远光、近光变光器变到近光时，右前照灯近光灯通电。右前照灯近光灯电路为：蓄电池正极→黑线→发动机盖下熔断器/继电器盒中的熔丝 No. 41（100 A）→前照灯继电器

1 的动合触点（闭合）→熔丝 No. 43（20 A）→红/绿线→右前照灯近光灯→黑线→G201 搭铁→蓄电池负极。右前照灯近光灯亮。

2）当远光、近光变光器变到远光时，右前照灯远光灯通电。右前照灯远光灯电路为：蓄电池正极→黑线→发动机盖下熔断器/继电器盒中的熔丝 No. 41（100 A）→前照灯继电器 1 的动合触点（闭合）→熔丝 No. 43（20 A）→红/绿线→右前照灯远光灯→橙/白线→组合灯开关（10→变光器的远光触点闭合→11）→G401 搭铁→蓄电池负极。右前照灯远光灯点亮。

3）当会车时，将变光器开关变到近光位置，将远光的搭铁线路切断。此时，只有左、右近光灯亮。

4）当超车时，按下超车灯开关，将远光灯和近光灯电路同时接通，左、右远光灯和近光灯同时亮。

2. 本田雅阁轿车信号系统电路分析

广州本田雅阁轿车信号系统电路图如图 5—13 所示。

（1）危险报警信号电路。当按下危险报警开关时，报警电路被接通。危险报警信号电路为：蓄电池正极→黑线→发动机盖下熔断器/继电器盒中的熔丝 No. 49（15 A）→白/绿线→危险报警开关（9→5）→转向信号/危险报警继电器（2→3）→危险报警开关插脚 1→危险报警开关插脚 2、3、4，随后分三路：

• 危险报警开关插脚 2→绿/蓝线→左侧所有转向信号灯和报警指示灯→搭铁（后左转向信号灯为 G601、左侧和前左转向信号灯为 G301、左报警指示灯为 G501）→蓄电池负极。左侧所有转向信号灯和报警指示灯亮。

• 危险报警开关插脚 3→绿/黄线→右侧所有转向信号灯和报警指示灯→搭铁（后右转向信号灯为 G601、右侧和前右转向信号灯为 G201、右报警指示灯为 G501）→蓄电池负极。右侧所有转向信号灯和报警指示灯亮。

• 危险报警开关插脚 4→白/红线接危险报警灯。

（2）左转向信号灯电路。将点火开关置于 IG1 挡，当转向开关转到“左”位置时，(左) 转向指示灯电路和左转向信号灯电路被接通。

1）(左) 转向指示灯电路。蓄电池正极→黑线→发动机盖下熔断器/继电器盒中的熔丝 No. 41（100 A）→No. 42（50 A）→点火开关→黑/黄线→驾驶席侧仪表盘下熔断器/继电器盒中的熔丝 No. 10（7.5 A）→黄/红线→危险报警开关（10→5）→绿/白线→转向信号/危险报警继电器（2→3）→绿/蓝线→转向开关（13→12）→绿/蓝线→（左）转向指示灯（1.4 W）→黑线→G501 搭铁→蓄电池负极。(左) 转向指示灯（1.4 W）亮。

2）左转向信号灯电路。蓄电池正极→黑线→发动机盖下熔断器/继电器盒中的熔丝 No. 41（100 A）→No. 42（50 A）→点火开关→黑/黄线→驾驶席侧仪表盘下熔断器/继电器盒中的熔丝 No. 10（7.5 A）→黄/红线→危险报警开关（10→5）→绿/白线→转向信号/危险报警继电器（2→3）→绿/蓝线→转向开关（13→12）→绿/蓝线，随后分三路：

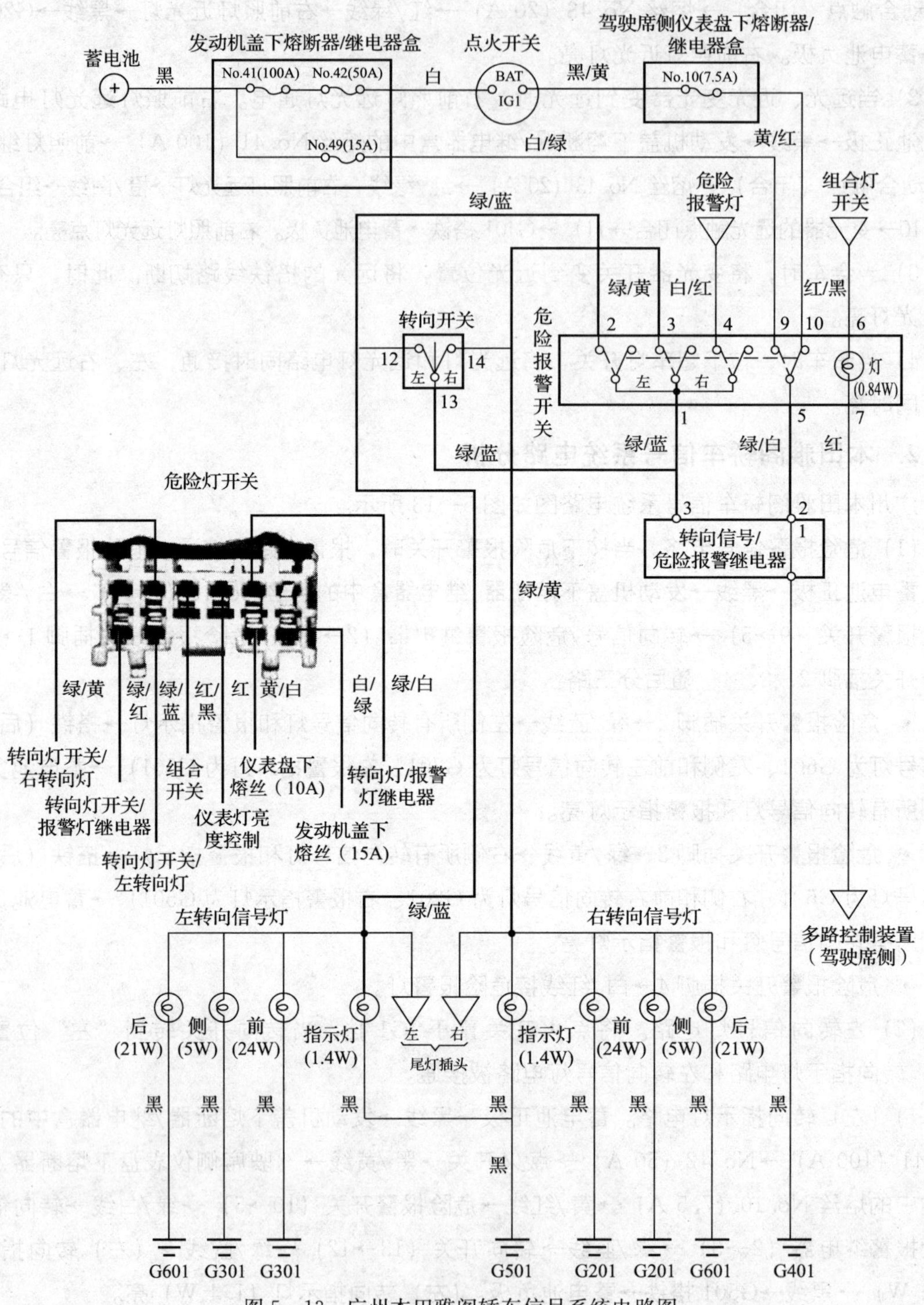

图 5—13　广州本田雅阁轿车信号系统电路图

- 前左转向信号灯（24 W）→黑线→G301 搭铁→蓄电池负极。前左转向信号灯亮。
- 左侧的转向信号灯（5 W）→黑线→G301 搭铁→蓄电池负极。左侧的转向信号灯亮。
- 后左转向信号灯（21 W）→黑线→G601 搭铁→蓄电池负极。后左转向信号灯亮。

(3) 右转向信号灯电路。将点火开关置于 IG1 挡，当转向开关转到“右”位置时，

(右) 转向指示灯电路和右转向信号灯电路被接通。

1) (右) 转向指示灯电路。蓄电池正极→黑线→发动机盖下熔断器/继电器盒中的熔丝 No. 41 (100 A) →No. 42 (50 A) →点火开关→黑/黄线→驾驶席侧仪表盘下熔断器/继电器盒中的熔丝 No. 10 (7.5 A) →黄/红线→危险报警开关 (10→5) →绿/白线→转向信号/危险报警继电器 (2→3) →绿/蓝线→转向开关 (13→14) →绿/黄线→ (右) 转向指示灯 (1.4 W) →黑线→G501 搭铁。(右) 转向指示灯 (1.4 W) 亮。

2) 右转向信号灯电路。蓄电池正极→黑线→发动机盖下熔断器/继电器盒中的熔丝 No. 41 (100 A) →No. 42 (50 A) →点火开关→黑/黄线→驾驶席侧仪表盘下熔断器/继电器盒中的熔丝 No. 10 (7.5 A) →黄/红线→危险报警开关 (10→5) →绿/白线→转向信号/危险报警继电器 (2→3) →绿/蓝线→转向开关 (13→14) →绿/黄线，随后分三路：

- 前右转向信号灯 (24 W) →黑线→G201 搭铁→蓄电池负极。前右转向信号灯亮。
- 右侧的转向信号灯 (5 W) →黑线→G201 搭铁→蓄电池负极。右侧的转向信号灯亮。
- 后右转向信号灯 (21 W) →黑线→G601 搭铁→蓄电池负极。后右转向信号灯亮。

3. 本田雅阁轿车巡航控制系统电路分析

如图 5—14 所示为广州本田雅阁轿车巡航控制系统电路图。巡航控制系统主要由巡航控制开关、传感器、巡航控制 ECU、执行器等组成。由巡航控制开关和传感器将信号送至 ECU，ECU 根据这些信号计算出节气门的合理开度，并给执行器发出信号，调节节气门的开度，保持汽车按设定的车速等速行驶。

(1) 供电电路

1) 蓄电池正极→发动机盖下熔丝/继电器盒中的熔丝 No. 22 (100 A) →No. 23 (50 A) →点火开关→驾驶席侧仪表盘下熔丝/继电器盒中的熔丝 No. 18 (15 A) →巡航控制装置的 4 端子。

2) 蓄电池正极→发动机盖下熔丝/继电器盒中的熔丝 No. 13 (20 A) →制动踏板定位开关→巡航控制装置的 5 端子。

(2) 开关电路

1) 离合器踏板定位开关。手动变速器的离合器踏板定位开关或自动变速器的 A/T 挡位开关接巡航控制装置的 11 端子，当踏板放松时，离合器开关闭合，巡航控制装置的 11 端子搭铁。

2) 巡航控制组合开关。巡航控制组合开关的 1 端子、2 端子为主控按钮接线端子，分别接巡航控制装置的 13 端子和 2 端子；巡航控制组合开关的 5 端子、4 端子为设置/恢复按钮接线端子，分别接巡航控制装置的 6 端子和 7 端子。

(3) 巡航控制执行器。巡航控制装置的 9 端子和 11 端子接巡航控制执行器的 4 端子和 3 端子，即接巡航控制执行器的电动机；巡航控制装置的 1 端子经制动踏板定位开关后接巡航控制执行器的 2 端子，即接离合器线圈，当制动踏板定位开关踩下时，其 4 端子与 3 端子断开，离合器线圈断电；巡航控制装置的 10 端子为巡航控制指示灯驱动信号输出端子。

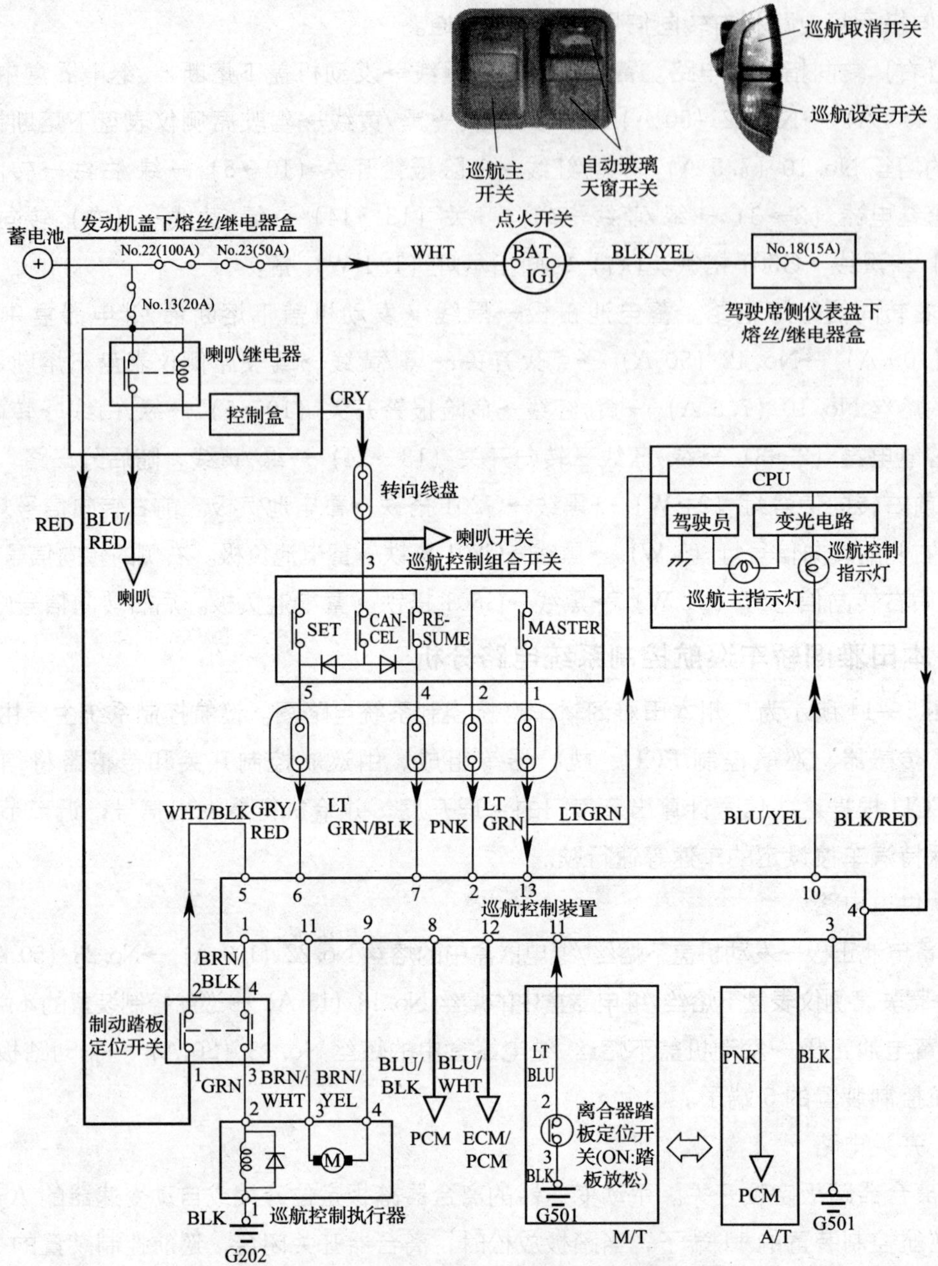

图 5—14 广州本田雅阁轿车巡航控制系统电路图

§5—3 日产汽车电路图的识读

一、日产汽车电路图识读指南

1. 日产汽车电路图识读说明

如图 5—15 所示为日产汽车电路图识读说明，图中指引线上的数字是注释符号，其含义见表 5—7。

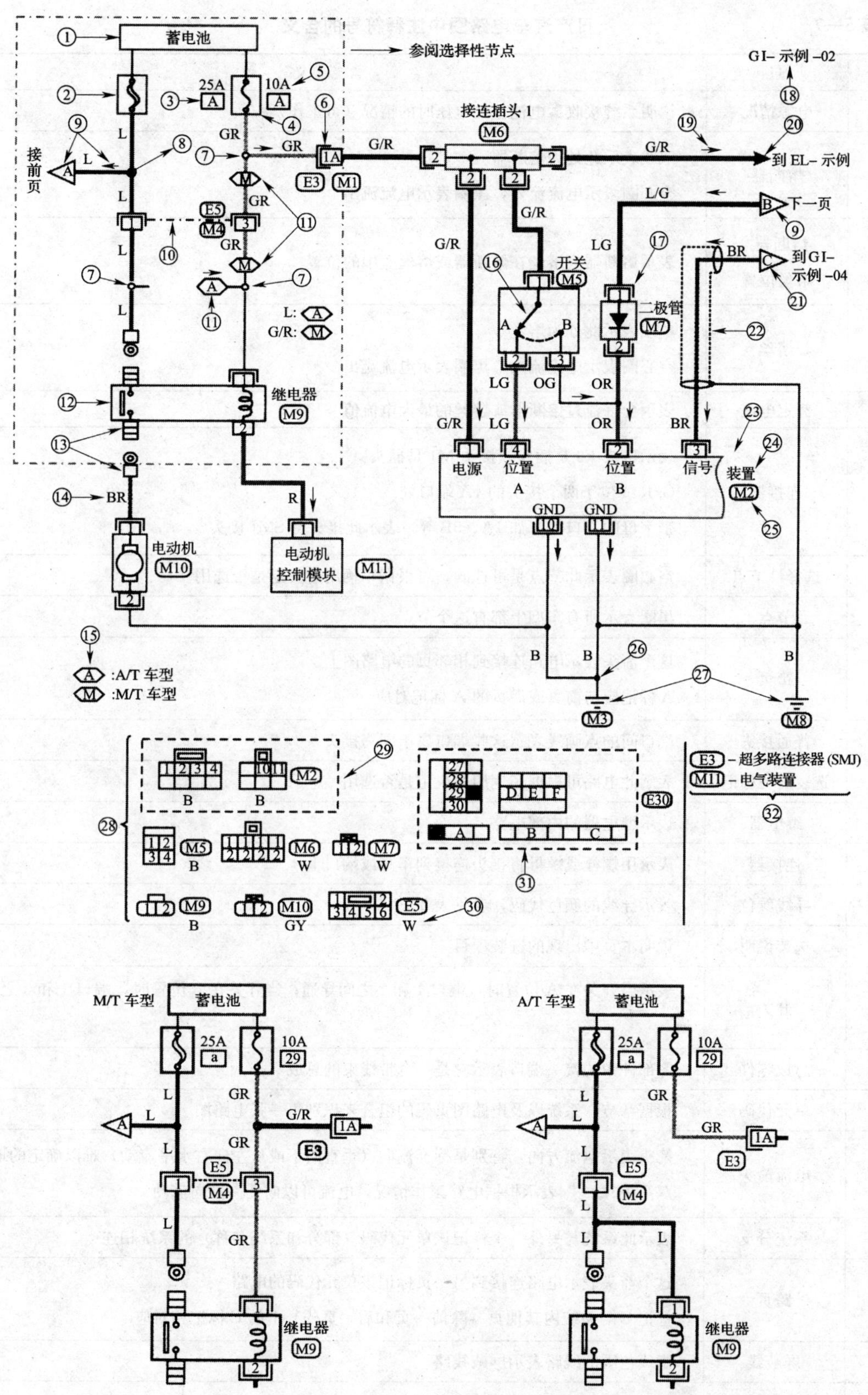

图 5—15　日产汽车电路图识读说明

表 5—7　　日产汽车电路图中注释符号的含义

编号	项目	含　义
1	电源情况	说明系统接收蓄电池正极电压时的情况（可工作）
2	熔断器	双线表示此处为熔断器 空心圈表示电流流入，黑圈表示电流流出
3	熔断器/熔丝位置	表示熔断器或熔丝在熔断器或熔丝盒中的位置
4	熔丝	单线表示此处为熔丝 空心圈表示电流流入，黑圈表示电流流出
5	额定电流	表示允许流过熔断器或熔丝的最大电流值
6	连接器	表示接头 E3 是插座，接头 M1 是插头 G/R 线位于两个接头的 1A 端口处 带字母的端口号（如 1A、5B 等）表示此接头是 SMJ 接头
7	选择性节点	空心圈表示此节点是可选的，可根据车辆用途决定是否选用
8	节点	黑圈表示所有车型上都有这个节点
9	跨页	这个箭头表示电路连接到相邻页的电路图上 A 标记应与前页或后页的 A 标记对应
10	普通接头	端口间的点画线表示这些端口属于同一接头
11	选装缩写标记	表示此电路可根据车辆用途决定是否选用
12	继电器	表示继电器的内部电路
13	连接器	表示用螺栓或螺母将接头连接到车身或端口上
14	导线颜色	表示导线的颜色代码，参见表 3—32
15	选装说明	说明本页中出现的选装项目
16	开关	表示当开关在 A 位置时，端口 1 和 2 之间导通；当开关在 B 位置时，端口 1 和 3 之间导通
17	总成零件	零部件中的接头端口表示它是一个带线束的总成
18	单元代码	根据章节、系统以及电路图页码的组合来识别每一张电路图
19	电流箭头	箭头表示电流方向，特别是标准流向（垂直向下或从左向右水平流动）难以确定的地方 双箭头"↔"表示根据电路工作情况，电流可以向任一方向流动
20	系统分支	表示此系统与另外一个标记该单元代码（部分和系统名称）的系统相连
21	跨页	这个箭头表示电路连接到另一页标记该单元代码的电路 标记 C 与系统内其他页（除前一页和后一页外）上的 C 标记相对应
22	屏蔽线	虚线包围的线路表示屏蔽线路
23	波浪线部件框	表示此零部件的另外部分出现在本系统内的其他页上（用波浪线表示）

续表

编号	项目	含　义
24	元件名称	表示元件名称
25	接头编号	表示接头编号 字母表示接头所在的线束 示例：M—主线束
26	搭铁	表示多根导线汇聚在一起搭铁
27	搭铁	表示搭铁
28	接头视图	表示本页电路图中零部件接头的端子排列图
29	同一部件	用虚线圈起来的接头属于同一零部件
30	接头颜色	表示接头的颜色代码
31	熔断器和熔丝盒	显示熔断器和熔丝的布置，用于查看供电搭铁和电路元件部分中的“电源供电线路”的接头，无阴影的正方形表示电流流入，有阴影正方形表示电流流出
32	参考	表示在手册末尾有更多的关于超多路连接器（SMJ）和连接接头的信息

自2006年开始，日产轩逸汽车采用了新型电路图，其识读说明如图5—16所示，图中指引线上的数字是注释符号，其含义见表5—8。

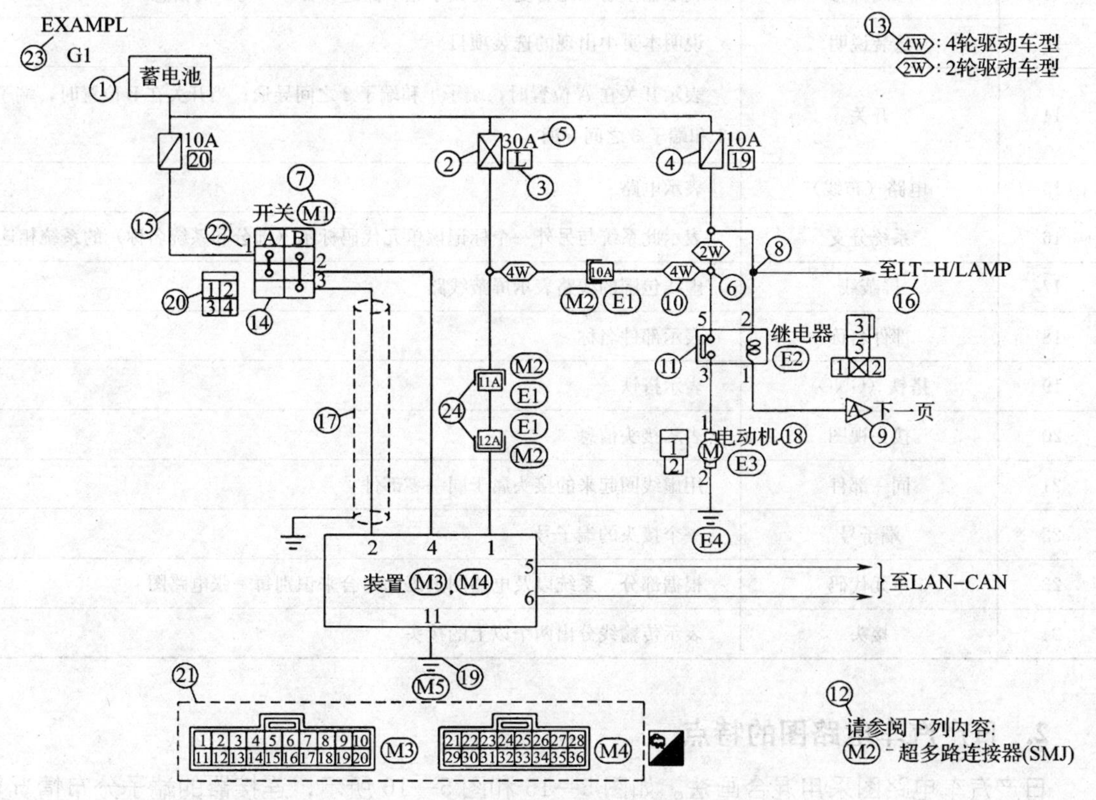

图5—16　日产轩逸汽车新型电路图识读说明

表 5—8　日产轩逸汽车新型电路图中注释符号的含义

编号	项　目	说　明
1	电源	表示熔断器或熔丝的电源
2	熔断器	图形符号“☒”中的“×”表示熔断器
3	熔断器/熔丝的数量	表示熔断器或熔丝的数量
4	熔丝	图形符号“▨”中的“/”表示熔丝
5	熔断器/熔丝的额定电流	表示熔断器或熔丝的额定电流
6	选择性节点	空心圆圈表示此节点是可选的，可根据车辆用途决定是否选用
7	接头编号	字母表示接头所在的线束，如 M 表示主线束
8	节点	实心圆圈表示节点
9	跨页	箭头表示电路连接到相邻页的电路图上。如 A 标记应与前页或后页的 A 标记对应
10	选装缩写标记	表示车辆电路在两个选择性节点之间的布线规格
11	继电器	表示继电器的内部电路
12	参阅部分	表示在手册末尾有更多的关于超多路连接器（SMJ）的信息
13	选装说明	说明本页中出现的选装项目
14	开关	表示开关在 A 位置时，端子 1 和端子 2 之间导通；当开关在 B 位置时，端子 1 和端子 3 之间导通
15	电路（布线）	表示电路
16	系统分支	表示此系统与另外一个标记该单元代码标示（部分和系统名称）的系统相连
17	屏蔽线	虚线包围的线路表示屏蔽线路
18	部件名称	表示部件名称
19	搭铁（GND）	表示搭铁
20	接头视图	表示接头信息
21	同一部件	用虚线圈起来的接头属于同一零部件
22	端子号	一个接头的端子号
23	单元代码	根据部分、系统以及电路图页码的组合来识别每一张电路图
24	接头	表示传输线分出两个以上的接头

2. 日产汽车电路图的特点

日产汽车电路图采用混合画法。如图 5—15 和图 5—16 所示，连接器的端子分布情况直接画在电路图中，查找线路的连接关系时比较方便。

二、日产汽车电路图常用符号

1. 连接器的表示方法

(1) 连接器视图。日产车系的连接器符号主要采用端子侧视图，连接器接线端子位置的表示方法见表5—9。

表5—9 连接器接线端子位置的表示方法

表示方法	图例	说明
单线框	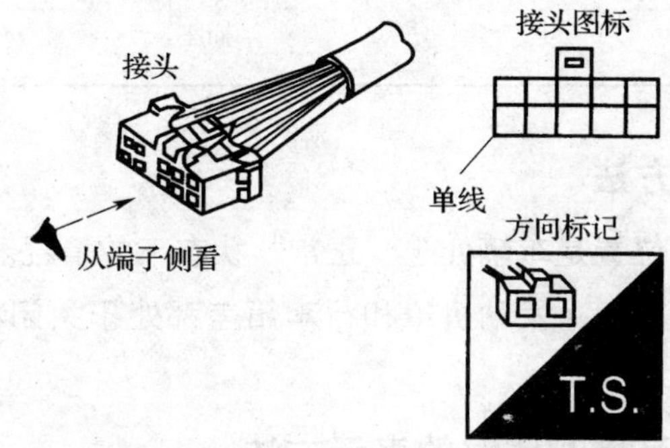 接头 从端子侧看 接头图标 单线 方向标记 T.S.	从端子侧看到的接线端子的位置
双线框	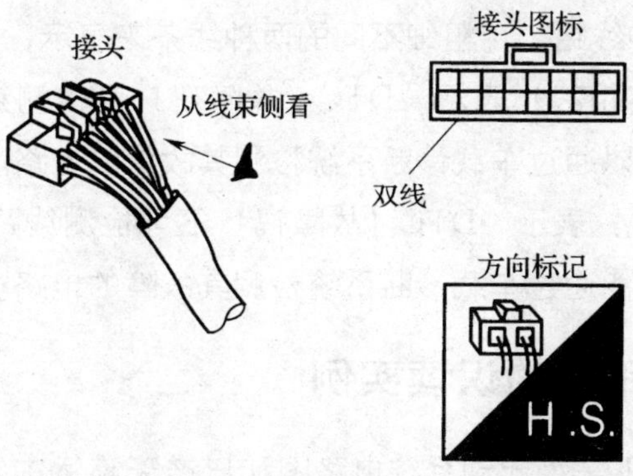 接头 从线束侧看 接头图标 双线 方向标记 H.S.	从线束侧看到的接线端子的位置

(2) 插头和插座。连接器插头和插座的表示方法见表5—10。

表5—10 连接器插头和插座的表示方法

名称	图例	表示方法
插头的图形符号	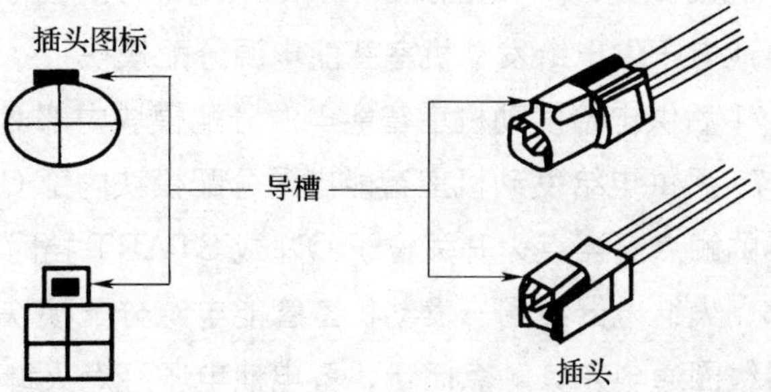 插头图标 导槽 插头	导槽被涂黑表示插头

续表

名称	图例	表示方法
插座的图形符号	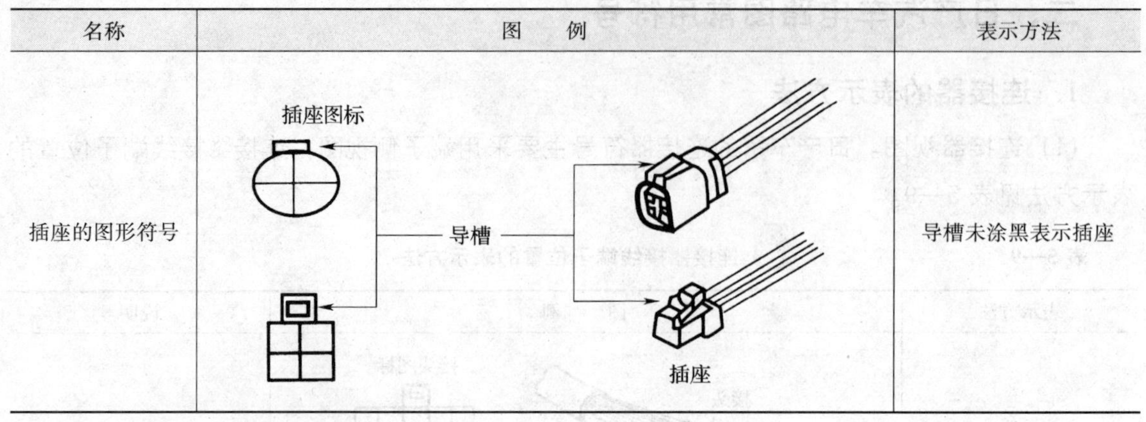	导槽未涂黑表示插座

2. 开关状态的表示方法

如图 5—15 所示的开关位置是车辆处于“正常”状态下的情况。车辆“正常”状态是指点火开关在“OFF”位置；车门、发动机罩和行李箱盖都处于关闭状态；踏板均未被踩下；驻车制动器处于松开状态。

3. 可检测线路和不可检测线路的表示方法

在某些电路图中有两种线路，用粗细不同的两种线条来表示，如图 3—52 所示。

(1) 标准宽度的线条（粗线）表示“DTC（故障码）可检测线路”。“DTC（故障码）可检测线路”是指 ECM 可以通过车载诊断系统检测其故障的电路。

(2) 较窄的线条（细线）表示“DTC（故障码）不可检测线路”。“DTC（故障码）不可检测线路”是指 ECM 不能通过车载诊断系统检测其故障的电路。

三、日产汽车电路图的识读实例

现以日产天籁轿车 A/T 车型起动系统电路图和日产天籁轿车发动机控制系统电路中的发动机控制模块（ECM）供电电路、质量型空气流量传感器电路、燃油泵电路图为例，简要介绍日产汽车电路图的识读方法。

1. 日产天籁轿车 A/T 车型起动系统电路分析

日产天籁轿车 A/T 车型起动系统电路图如图 5—17 所示。其电路分析如下：

(1) 供电电路。蓄电池电压供电给发动机室智能电源分配模块：

第一路经 15 A 熔丝 71 后供电给发动机室智能电源分配模块内部 CPU 的+B 端。

第二路经 15 A 熔丝 78 后供电给发动机室智能电源分配模块内部 CPU 的+B 端。

第三路到点火继电器的触点。当点火开关位于 ON 或 START 挡时，电源电压→发动机室智能电源分配模块内部点火继电器线圈→发动机室智能电源分配模块 38 端子→E1 或 E31 端搭铁。此时点火继电器线圈通电，其触点闭合，蓄电池电压经点火继电器触点后又分为两路：一路供电给发动机室智能电源分配模块内部 CPU 的+IG 端；另一路到 10 A 熔丝 83→

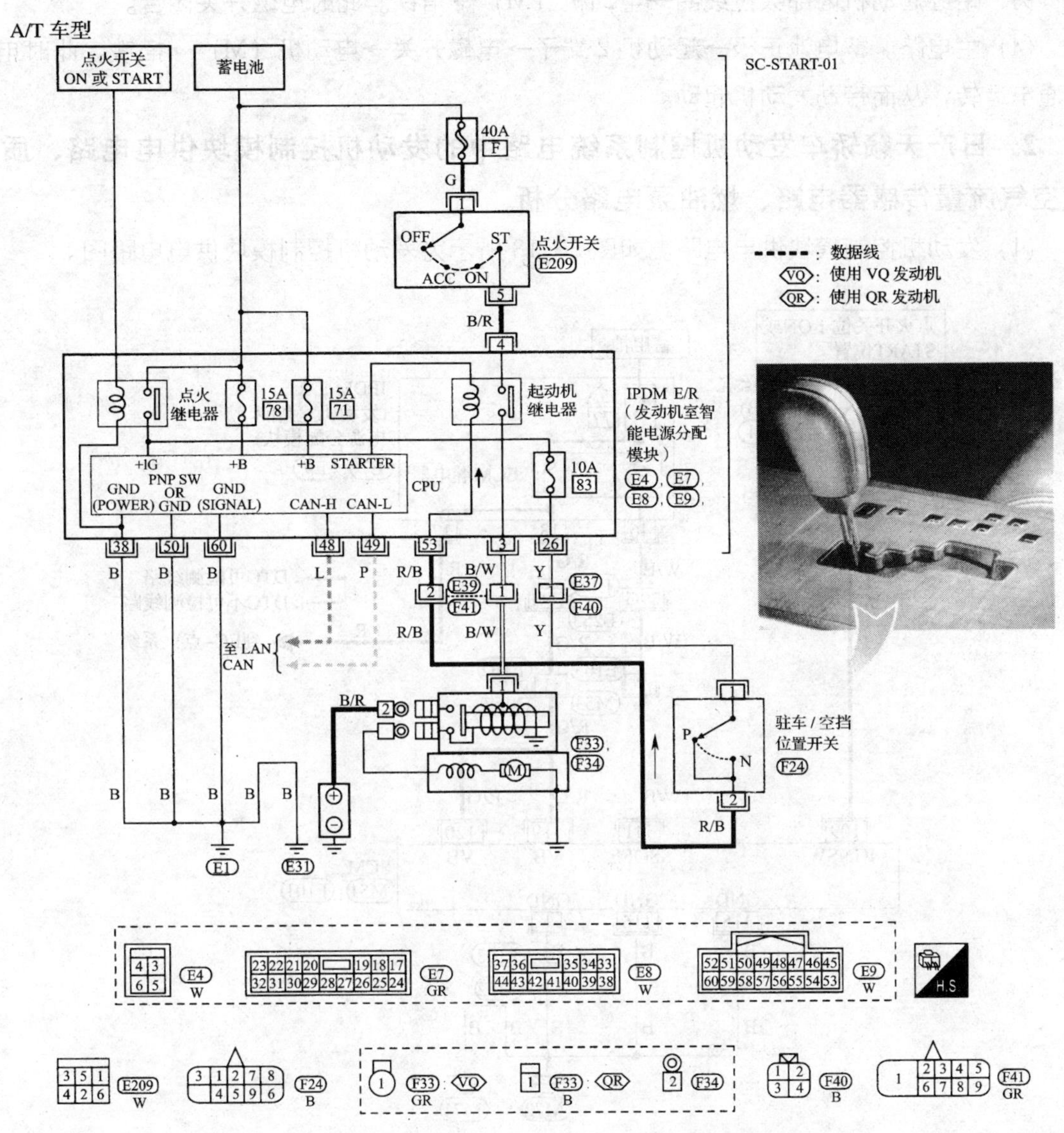

图 5—17　日产天籁轿车 A/T 车型起动系统电路图

发动机室智能电源分配模块的 26 端子。

(2) 第一级控制电路。当点火开关置于 ST 挡且驻车/空挡位置开关置于 P 或 N 位置时，起动机继电器线圈通电，其电路通电过程为：发动机室智能电源分配模块 26 端子→驻车/空挡位置开关 1 端子→驻车/空挡位置开关→驻车/空挡位置开关 2 端子→发动机室智能电源分配模块 53 端子→起动机继电器线圈→发动机室智能电源分配模块内部 CPU 的 STARTER 端子。此时起动机继电器触点闭合。

(3) 第二级控制电路。蓄电池电压→40 A 熔丝→点火开关→发动机室智能电源分配模块 4 端子→发动机室智能电源分配模块内部起动机继电器触点→发动机室智能电源分配模块 3 端子→起动机 F33（或 F34）的 1 端子，随后分为两路：一路经起动机内部保持线圈→搭铁；另一路经起动机内部吸拉线圈→电动机（M）→搭铁。此时电磁开关闭合。

（4）主电路。蓄电池正极→起动机2端子→电磁开关→电动机（M）→搭铁。此时电动机通电运转，从而带动发动机起动。

2. 日产天籁轿车发动机控制系统电路中的发动机控制模块供电电路、质量型空气流量传感器电路、燃油泵电路分析

（1）发动机控制模块供电电路。如图5—18所示为发动机控制模块供电电路图。

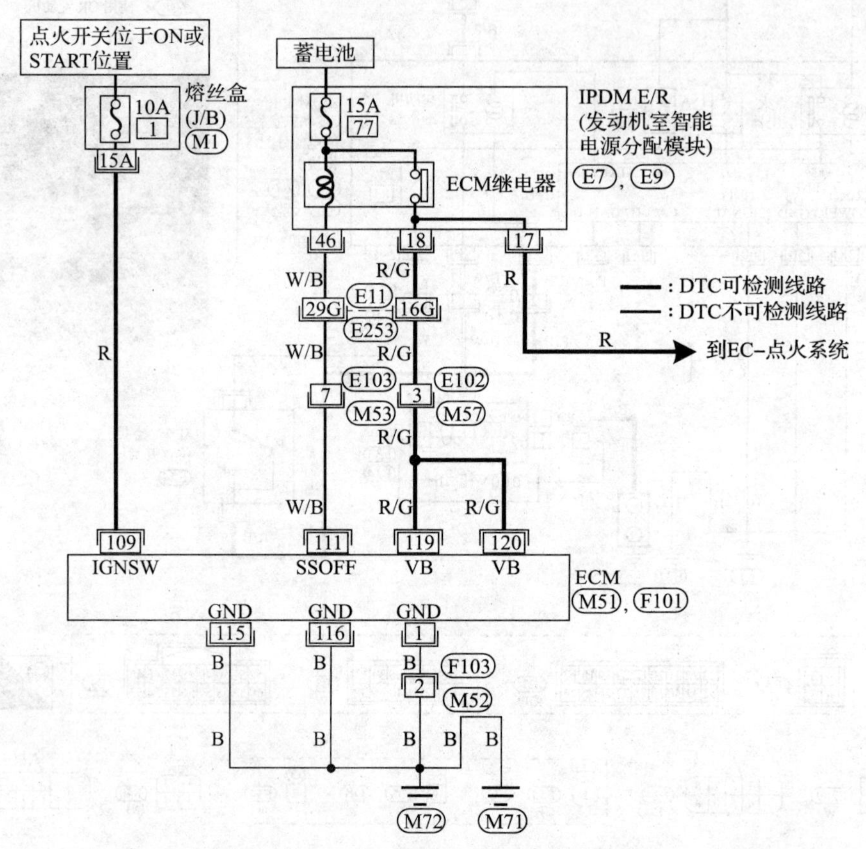

图5—18 发动机控制模块供电电路图

1）供电电路。当点火开关转到ON或START挡时，经点火开关后的蓄电池电压→1号熔丝（10 A）→发动机控制模块的109端子（IGNSW）上。发动机控制模块的111端子（SSOFF）输出低电压信号。蓄电池电压→77号熔丝（15 A）→ECM继电器线圈→发动机ECM的111端子，此时，ECM继电器线圈通电，其触点闭合。

蓄电池电压→77号熔丝（15 A）→ECM继电器触点，随后分为两路供电：一路供电给发动机ECM的119端子和120端子；另一路供电给点火系统。

2）搭铁电路。发动机控制模块的115端子、116端子与1端子都为搭铁端子，它们通过M72和M71搭铁。

（2）质量型空气流量传感器电路。质量型空气流量传感器电路图如图5—19所示。

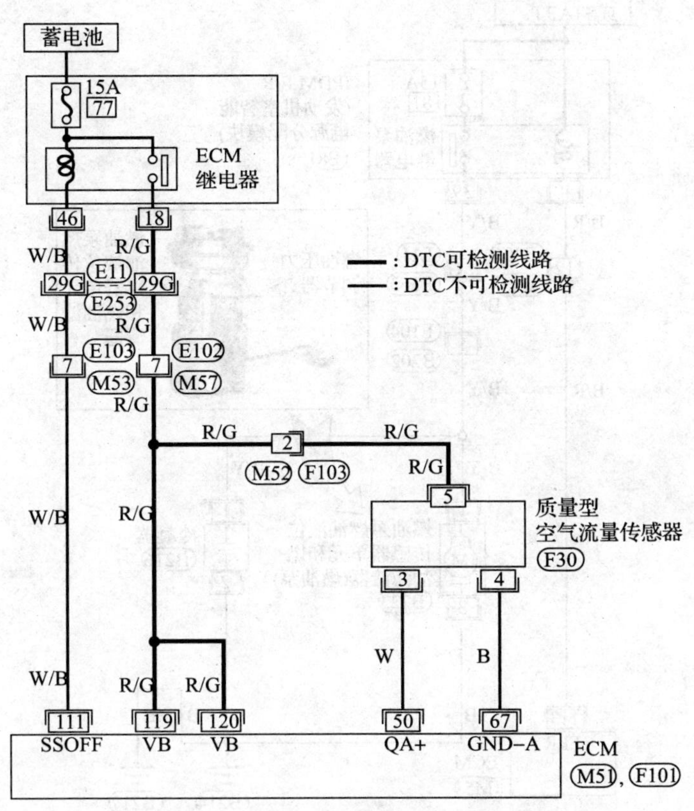

图 5—19　质量型空气流量传感器电路图

当点火开关转到 ON 挡时，发动机控制模块的 111 端子（SSOFF）输出低电压信号，ECM 继电器线圈通电，其触点闭合。蓄电池电压→77 号熔丝（15 A）→ECM 继电器触点后供电给空气流量传感器 F30 的 5 端子。F30 的 4 端子为搭铁端子，接发动机 ECM 的 67 端子；F30 的 3 端子为空气流量传感器信号输出端子，接 ECM 的 50 端子。

（3）燃油泵电路。燃油泵电路图如图 5—20 所示。

在点火开关开启后，ECM 从凸轮轴位置传感器接收到一个发动机转速信号，它获知发动机正在运转，则发动机 ECM 会从 113 端子输出一个低电压的控制信号，控制油泵工作。控制电路为：经点火开关后的蓄电池电压→燃油泵继电器线圈→发动机 ECM 的 113 端子。此时燃油泵继电器线圈通电，其触点闭合。经点火开关后的蓄电池电压→81 号熔丝（15 A）→燃油泵继电器触点→燃油泵燃油液位传感器单元和燃油滤清器（燃油泵）→B214 或 B217 搭铁。此时，燃油泵运转泵油。

如果在点火开关开启后没有接收到发动机转速信号，则发动机停转。发动机 ECM 的 113 端子会输出高电压信号，从而停止燃油泵的运行。

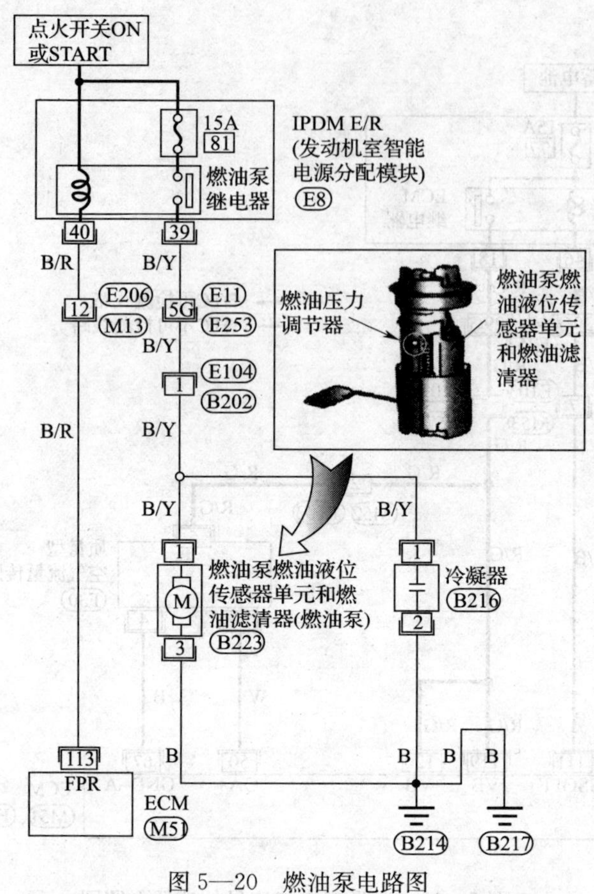

图 5—20 燃油泵电路图

§5—4 马自达汽车电路图的识读

一、马自达汽车电路图识读指南

1. 马自达汽车电路图识读说明

(1) 电气配线搭铁点的线路识读说明如图 5—21 所示，此电路将表明电气配线的搭铁点。

(2) 系统电路图/连接线示意图识读说明如图 5—22 所示。

(3) 路线示意图线路识读说明如图 5—23 所示。利用路线示意图，通过查寻一路及插接器的符号表明电气部件在系统电路图的哪个位置。

2. 马自达汽车电路图的特点

如图 5—22 所示，马自达汽车电路图中表明的是每个系统从电源到搭铁点的电路。电源在页面的上部，搭铁点在下部。如蓄电池符号总是放在电路图的左上角，而该系统的搭铁符号总是放置在左下角。每个电路图的下方放有该电路图涉及的连接器的端子排列图。电路图中表示的状态都是点火开关关闭（即断开）时的情况。

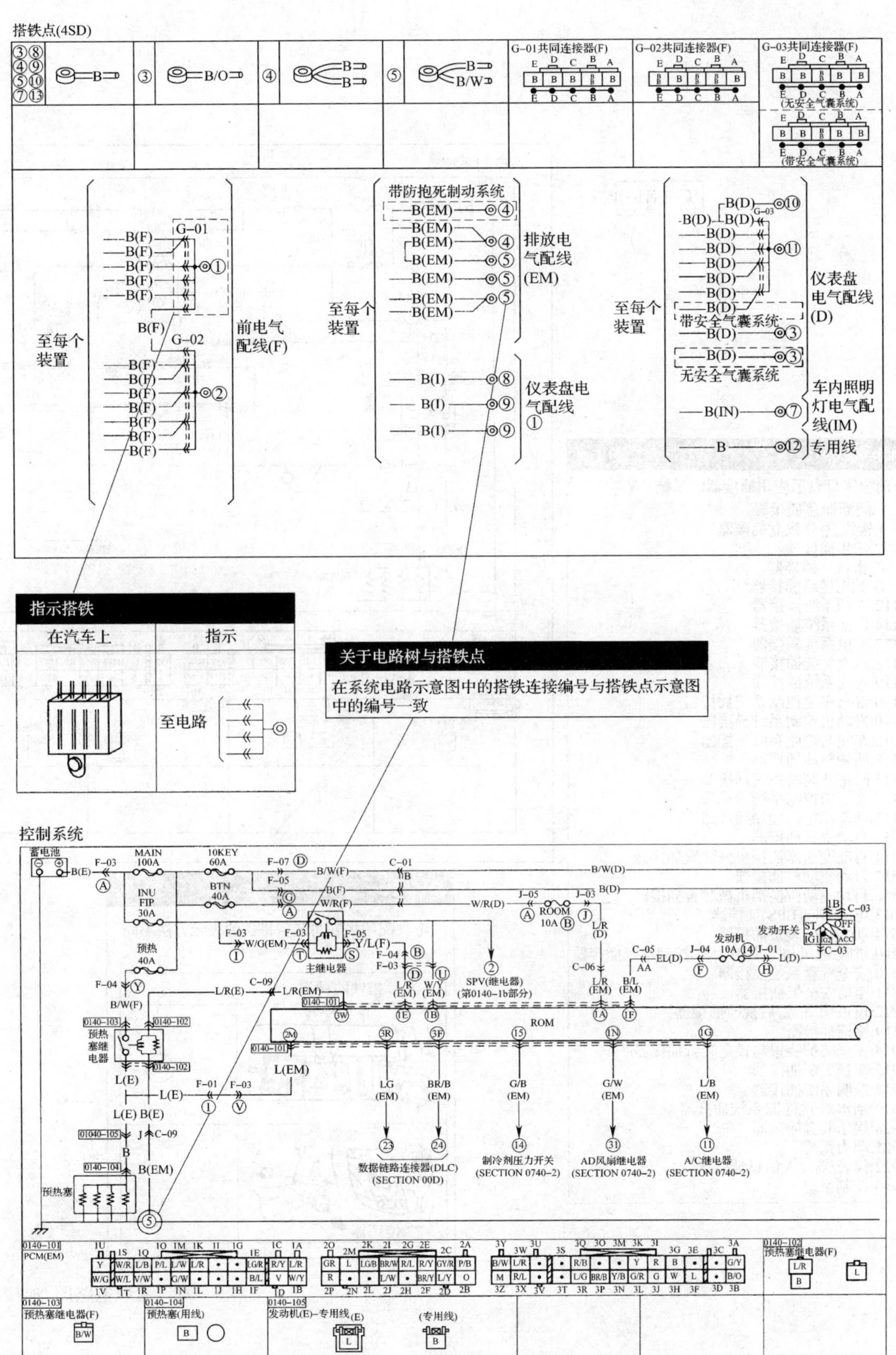

图 5—21 电气配线搭铁点的线路识读说明

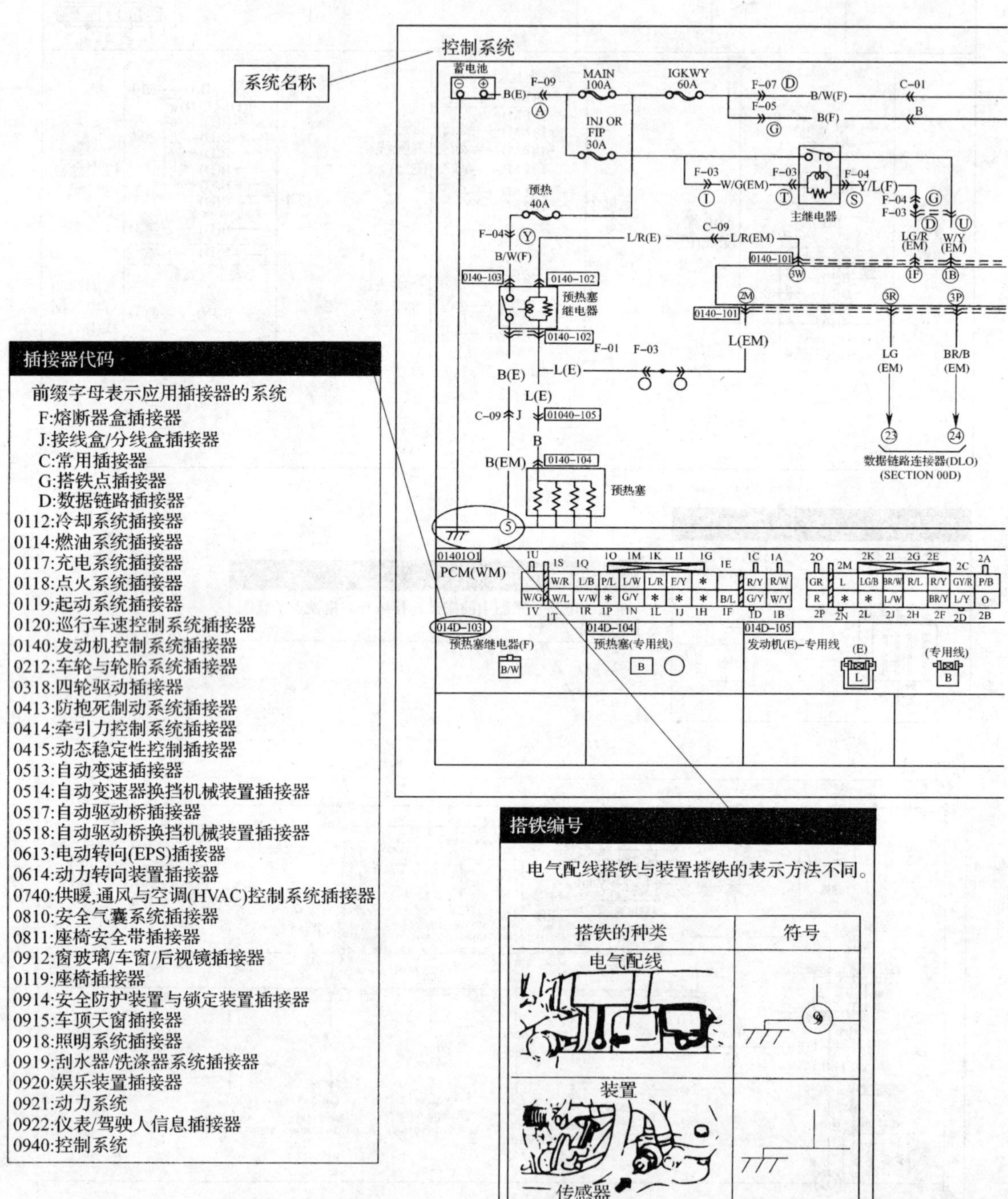

图 5—22 系统电路图/连接线

符号表明电路一直延续到相关的系统示意图
系统代码
0140-1a
数据链路插接器(DLC)(第000部件)
多路通信
表示与相连部件的通信。
部件在相连部件之间来回传送。
B/W(D)
B(D)
1B C-03
发动开关
ST OFF IG1 IG2 ACC
C-03
C-06 J-04 发动机 10A 14 J-D1
BL(D)
AA
L(D)
B/L (EM)
G/Y (EM) W/Y (EM) R/Y (EM)
电流符号
电流按箭头所指的方向流动。
G140-101
1F 1D 1A 1A
PCM
表明屏蔽线*
*屏蔽线:
防止电干扰产生的信号干扰
电线的外表覆盖金属网,用于搭铁。
1S 2A 2C 2B 2E
屏蔽线
R/Y (EM)
0140-107
进气温度1号传感器
G/B (EM)
P/B GY/R O
(EM) (EM) (EM)
B (EM)
14
制冷剂压力开关 (SEOTION 0740-1)
0140-106
增压传感器
4
插接器符号
在电路图与插接器示意图中,阴插接器用下述符号表示。
电路图中的符号
连接示意图中的符号
阳插接器
阴插接器
L
R
相同的插接器在插接器符号之间用短划线连在一起。
插接器示意图表明了在电气配线侧的插接器。接线端表示在电路配线侧的视图。
(示例)
电气配线侧的插接器
从电气配线侧的视图
除白色之外的插接器颜色在其位置中标明。
未使用的接线端用*标示。
0140-102
预热塞继电器(F)
L/R
B
L
0140-106
增压传感器(EM)
P/B GY/R O
0140-107
进气温度1号传感器(EM)
O R/Y
电线颜色代码(电气配线的符号)
双色电线用一个由两个字母组成的符号表示。第一个字母表示电线的基色,第二个字母表示条纹的颜色。
例如:
W/R表示一根带有红色条纹的白色电线
BP/Y表示一根带有黄色条纹的棕色电线
符号
(示例)
纯色电线
带有条纹的电线
黑色
B(F)
W/R
(F)
白色
(基色)
红色(条纹)
根据电气配线符号的规定,电气配线符号在( )里面

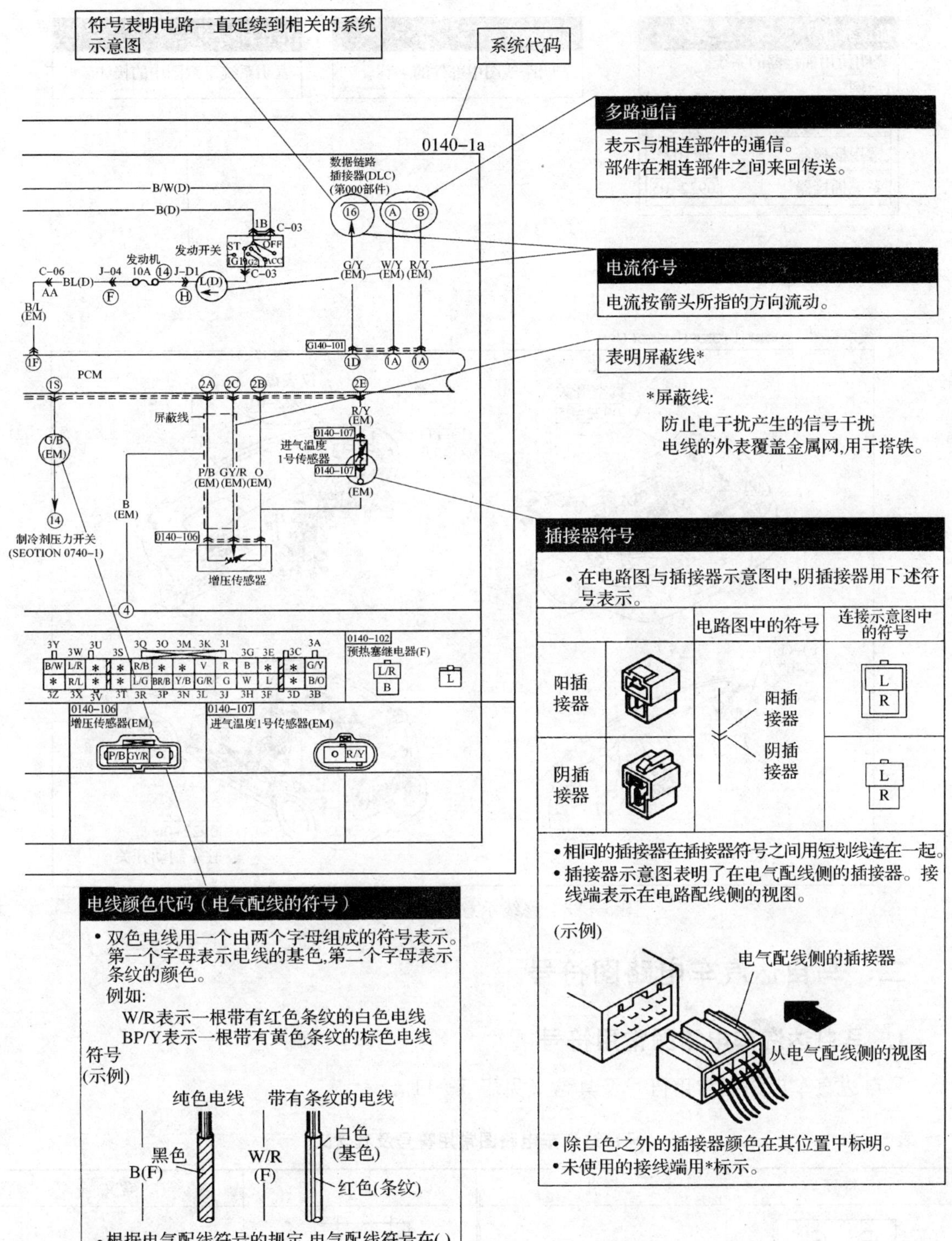

示意图线路识读说明

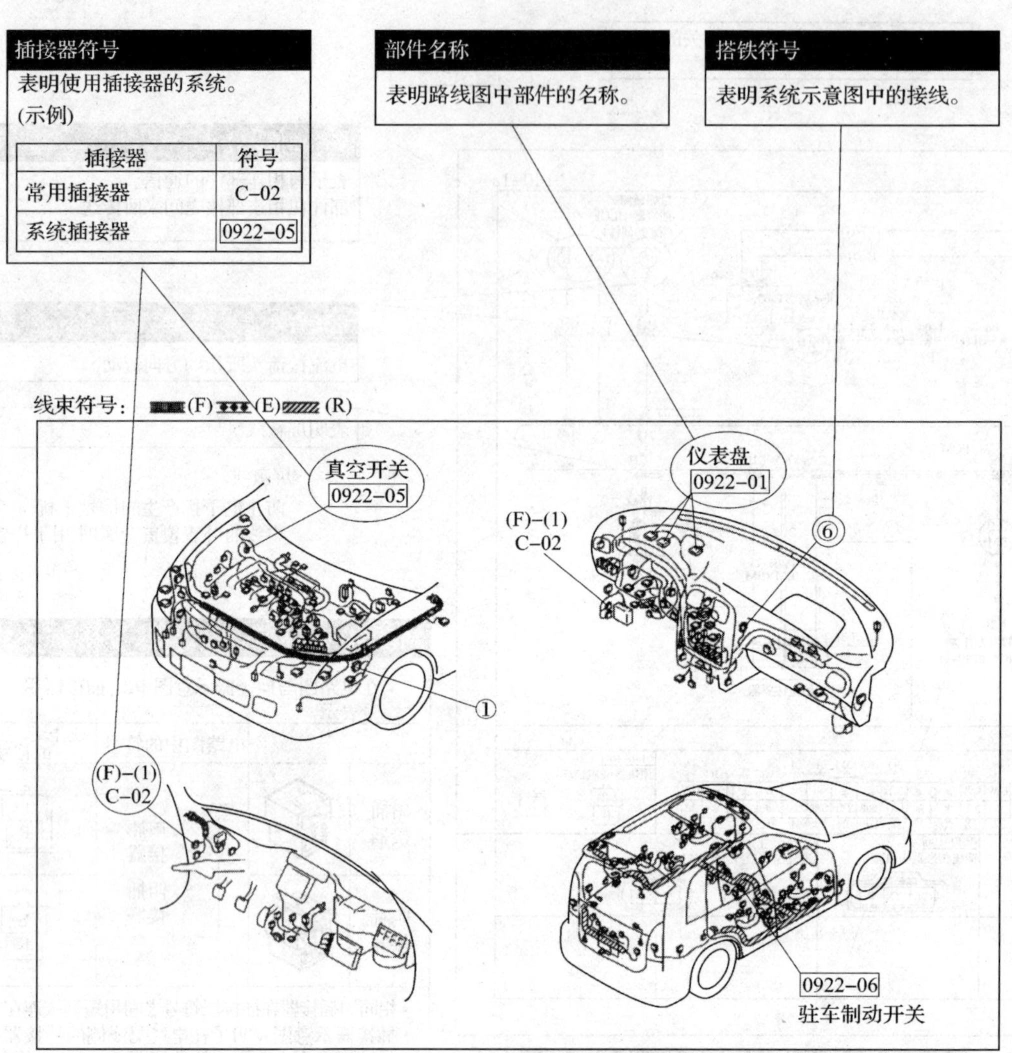

图 5—23　路线示意图线路识读说明

二、马自达汽车电路图符号

1. 马自达汽车电路图常用符号

马自达汽车电路图常用符号及其含义见表 5—11。

表 5—11　　　马自达汽车电路图常用符号及其含义

符号	含义	符号	含义
⊖ ⊕	蓄电池		继电器（常开）
I	通过导线搭铁		继电器（常闭）

续表

符号	含义	符号	含义
	通过元件外壳搭铁		点烟器
3~4W	灯	ST OFF ACC	点火开关
M	电动机		速度传感器

2. 马自达汽车线束符号

马自达汽车线束符号及其含义见表 5—12。

表 5—12　马自达汽车线束符号及其含义

线束名称	符号		线束名称	符号	
	线束代号	图形符号		线束代号	图形符号
前部线束	F		排放 2 号线束	EM2	——
前部 2 号线束	F2		排放 3 号线束	EM3	——
发动机线束	E		车门 1 号线束	DR1	——
前围板线束	D		车门 2 号线束	DR2	——
后部线束	R		车门 3 号线束	DR3	——
后部 2 号线束	R2		车门 4 号线束	DR4	——
后部 3 号线束	R3		底板线束	FR	——
仪表盘线束	I	——	内部照明线束	IN	——
排放线束	EM	——	空调线束	AC	——
燃油喷射线束	1NJ	——	手制动线束	HB	——

3. 马自达汽车插接器的表示方法

(1) 插接器的图形表示法。插接器的图形表示法见表 5—13。

表 5—13　　插接器的图形表示法

名称	图形	电路符号	说明
插接器的插头			双轮廓线表示插接器的插头
插接器的插座			一根轮廓线表示插接器的插座
插接器			线束连接时采用的插接器

在识读插接器接线端子时应选择正确的方向，对于电气部件与线束连接的插接器，应从线束侧往部件侧方向看，线束中间插接器的观察方向如图 5—24 所示。

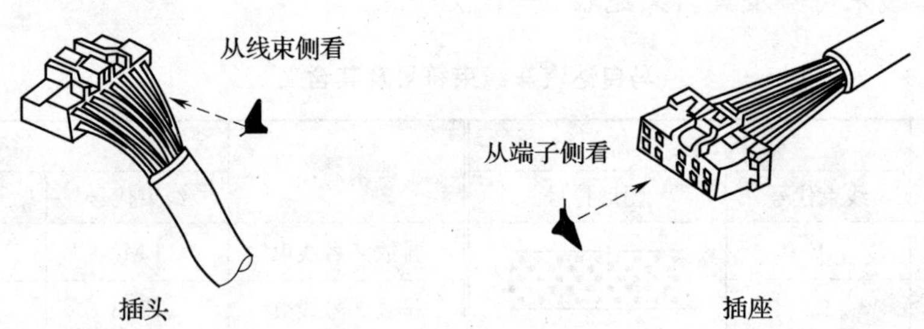

图 5—24　线束中间插接器的观察方向

(2) 插接器的表示方法。插接器的表示方法如图 5—25 所示。图中每个插孔中的代号表示此插孔中接线端子所连接导线的颜色代码，插接器边框周围的代号表示接线端子的代号。

1U	1S	1Q	1O	1M	1K	1I	1G	1E	1C	1A
LG/W	L/O	G/B	W/G	G/R	R/W	B/Y	*	*	B/L	L/R
G/Y	*	L/B	L/Y	BR	V	G/W	LG	LG/R	W	R/B
1V	1T	1R	1P	1N	1L	1J	1H	1F	1D	1B

——接线端子的代号
——此接线端子所连接导线的颜色代码

图 5—25　插接器的表示方法

三、马自达汽车电路图识读实例

如图 5—26 所示为马自达 M6 轿车喇叭系统电路图，此电路图比较简单，请读者自行识读。

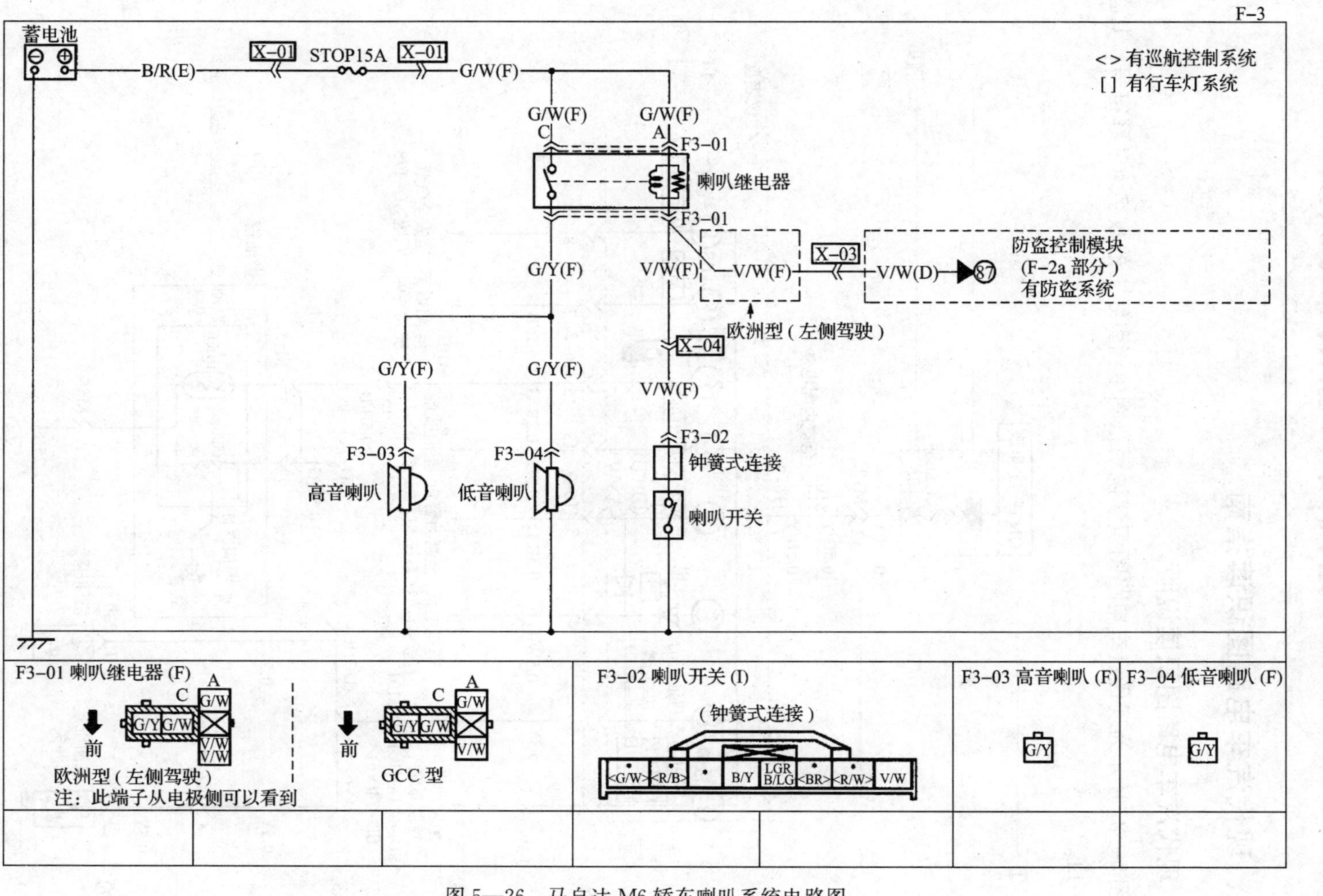

图 5—26　马自达 M6 轿车喇叭系统电路图

§5—5 现代汽车电路图的识读

一、现代汽车电路图识读指南

1. 现代汽车电路图识读说明

如图 5—27 所示为现代汽车电路图识读说明，图中指引线上的数字为注释符号，其含义见表 5—14。

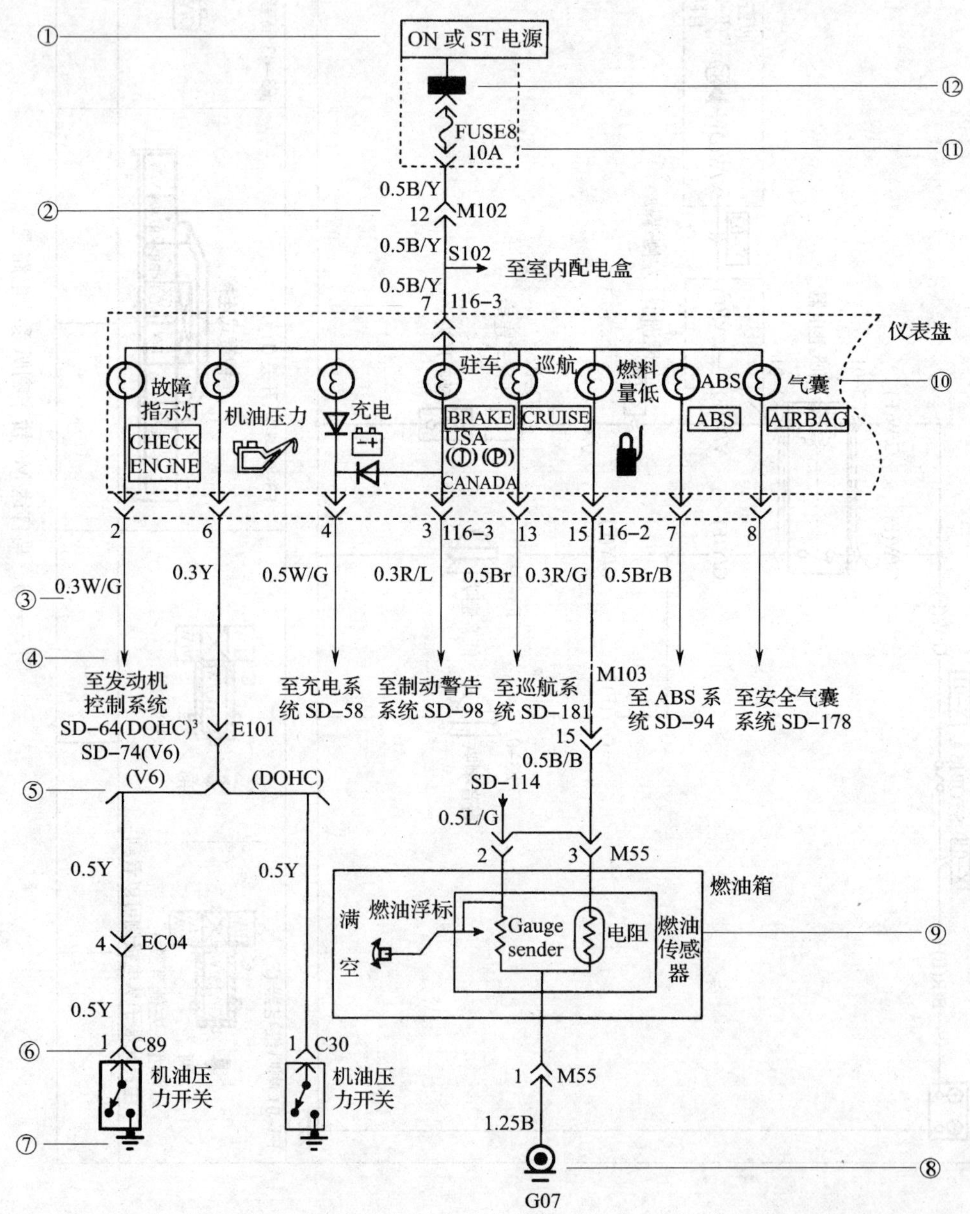

a)

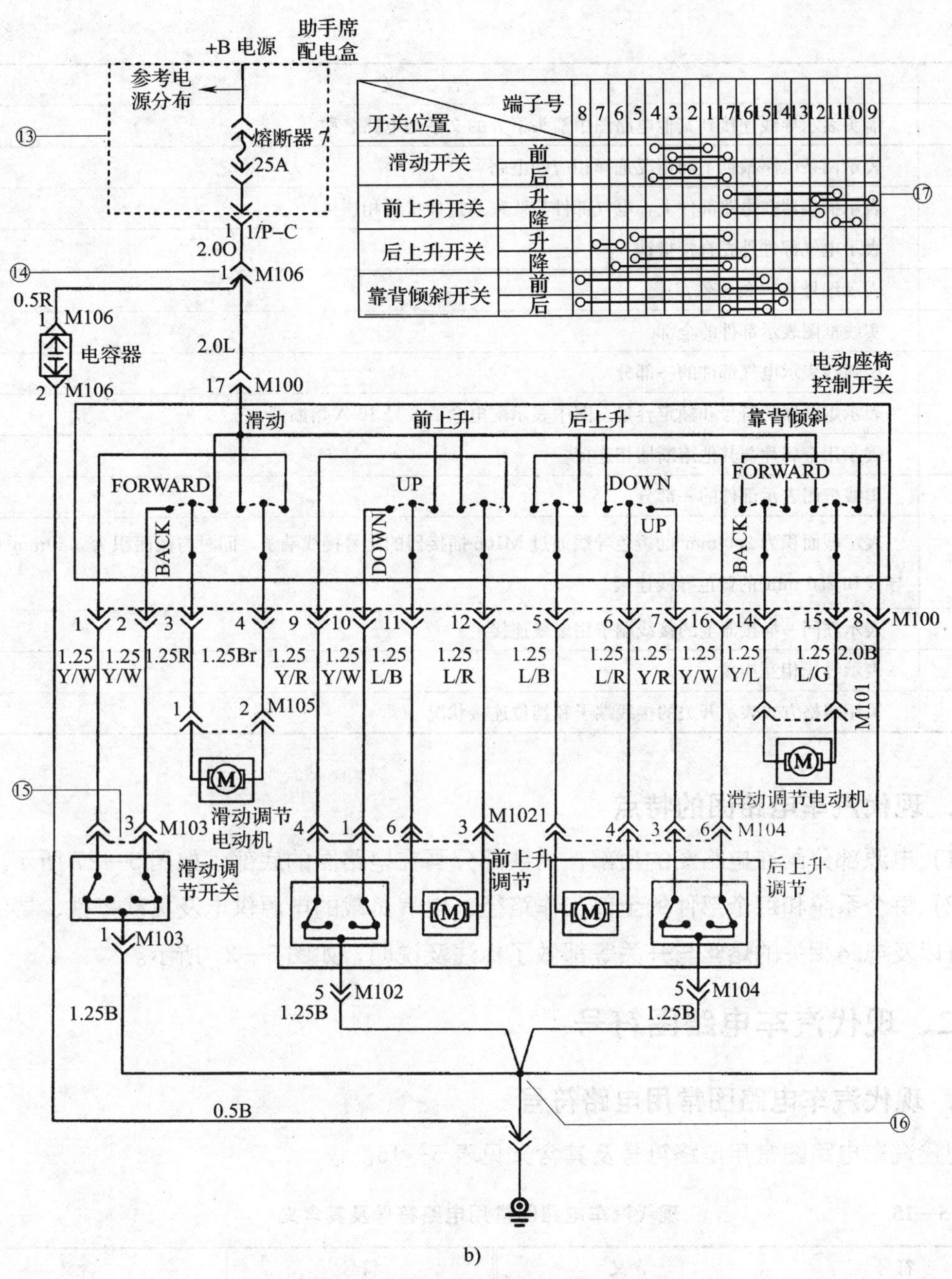

图 5—27 现代汽车电路图识读说明

表 5—14 图 5—27 中各注释符号的含义

编号	含 义
1	表示点火开关处于“ON”或“ST”挡时电源开始供电
2	表示插接器的符号。图中表示两根截面积为 0.5 mm^{2}的黑/黄色导线通过 M102 插接器的 12 号接线端子相互连接
3	表示导线的规格和颜色。图中 0.3 W/G 表示导线的截面积为 0.3 mm^2，“W” 表示导线绝缘层基本底色为白色，“G” 表示导线绝缘层上的条纹色为绿色

续表

编号	含　义
4	箭头表示导线连接到其他电路图中箭头下方的文字是电路名称
5	表示两条电路根据不同情况选择相应的电路
6	表示插接器在电路部件上，电气部件与线束通过插接器相连接
7	表示电气部件外壳直接搭铁
8	表示编号 G07 的搭铁点
9	实线框图表示部件的全部
10	用弧线表示电气部件的一部分
11	表示熔断器的符号和额定容量。图中表示配电盒的 8 号 10 A 熔断器
12	表示用金属片与其他熔断器相连接
13	虚线框图表示部件的一部分
14	表示截面积为 2.0 mm^2的橙色导线通过 M106 插接器的 1 号接线端子，同时与截面积为 0.5 mm^2的红色导线和 2.0 mm^2的蓝色导线连接
15	表示在同一插接器上的接线端子用虚线连接
16	表示导线相互连接
17	采用表格方式表示开关的接线端子和挡位连接状况

2. 现代汽车电路图的特点

(1) 电源部分画在电路图的顶部，搭铁部分画在电路图的底部，如图 5—27 所示。

(2) 每个系统和每个部件的全部工作路径、电气负载的电源供电及负载搭铁、导线插接器位置以及电路相关的熔丝与开关等都做了标注及说明，如图 5—27 所示。

二、现代汽车电路图符号

1. 现代汽车电路图常用电路符号

现代汽车电路图常用电路符号及其含义见表 5—15。

表 5—15　　　　现代汽车电路图常用电路符号及其含义

符号	含义	符号	含义
 （实线框）	表示部件全部	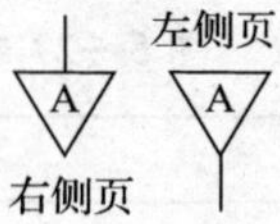 A 左侧页 A 右侧页	表示这根导线连接在所显示页，箭头表示电流方向
 （虚线框）	表示部件一部分	 0.5R 线路名称	箭头表示导线连接到其他线路

续表

符号	含义	符号	含义
制动灯开关 ① 踩下踏板时闭合 ②	①表示部件名称 ②部件名称下面写注释	① ② G06	①表示参照显示完整线路的电路图 ②参考搭铁分布图
① ④ 10 M05-2 ③ ②	①插头 ②插座 ③表示导线连接器代码 ④表示导线连接器的端子代号	0.5G 自动变速器 手动变速器 0.5G 0.5G	表示根据不同配置选择线路
	表示导线连接器在部件上	0.5R 3 0.5R 0.5Y/L E35 0.5Y/L	虚线表示两条导线均在E35导线连接器上
	表示导线连接器通过导线与部件连接		表示部件外壳搭铁
	表示导线连接器用螺钉固定在部件上	屏蔽电线 G06	表示屏蔽，屏蔽套要永久搭铁
熔丝及易熔丝 ON电源 ① ② 熔丝 室内熔丝盒 10A ③ ④	①表示点火开关“ON”时供电 ②表示金属片与其他易熔丝连接 ③熔丝识别 ④熔丝容量	G06	表示导线末端在车辆金属部分搭铁
常时电源 易熔丝 30A	发动机室熔丝/继电器盒	ON电源 熔丝 10A 室内熔丝和继电器盒 0.5L/W 参考熔丝分布 ①	①为仔细阅读分开的电路，参考所示电路图

续表

符号	含义	符号	含义
线路断路器	当过电流时断开，可以再使用 有些组件冷却时自动复位，其余的必须手动复位	短接点(连接) 0.5L SM 05 ① 0.5L 搭铁"G"	①短接点用导线上的点表示，其位置和连接方式随车辆不同
导线 0.85B	表示下页继续连接	继电器 常开触点 常闭触点	表示线圈无电流时的继电器状态。如果线圈通电，常开触点闭合
0.5Y/R	表示黄色底/红色条导线（两个以上颜色的导线）	开关 ② ①	①表示开关沿虚线摆动 ②细虚线表示开关之间的机械连接关系
短接连接器 4 M03 1 2 3 M03	表示多线路短接的导线连接器	警告灯① 指示灯② 安全气囊故障警告灯	①表示用灯泡显示的警告灯 ②与仪表盘内的其他指示灯连接

2. 线束识别标记

根据导线的不同位置可把线束分成几类，现代车系线束位置和识别符号见表5—16。

表5—16　现代车系线束位置和识别符号

线束名称	位置	符号
发动机线束	发动机室	E
主线束，底板、车顶、天窗、座椅加热器线束	室内、底板、车顶	M
控制线束	发动机室	C
后侧与行李箱盖（后车门）线束	后侧与行李箱盖	R
仪表盘罩线束	仪表盘罩防撞装饰板	I
车门线束	车门	D
安全气囊、空调线束	室内鼓风机电动机位置	A

3. 导线插接器识别代号

导线插接器识别代号由线束位置识别代号和导线插接器识别代号组成，导线插接器识别代号见表 5—17。

表 5—17　　　　导线插接器识别代号

连接方式	识别代码示例
部件与线束间连接	E 10 -1 -1：导线插接器分序列号 10：导线插接器主序列号 E：发动机线束
线束间的连接	M R 01 01：导线插接器序列号 R：后线束 M：主线束
与 BCM 模块的连接	BCM- C E E：发动机线束 C：导线插接器序列号 BCM-：车身控制模块的缩写
与接线盒的连接	I/P- A A：室内接线盒内的导线插接器名称 I/P-：室内接线盒的缩写
	E/R- A A：发动机接线盒内的导线插接器名称 E/R-：发动机室接线盒的缩写

三、现代汽车电路图识读实例

下面以图 5—28 所示的现代伊兰特轿车室外电动后视镜电路图为例，说明现代汽车电路图的识读方法。

现代伊兰特轿车电动后视镜控制电路主要由控制开关，左、右后视镜，左、右后视镜的

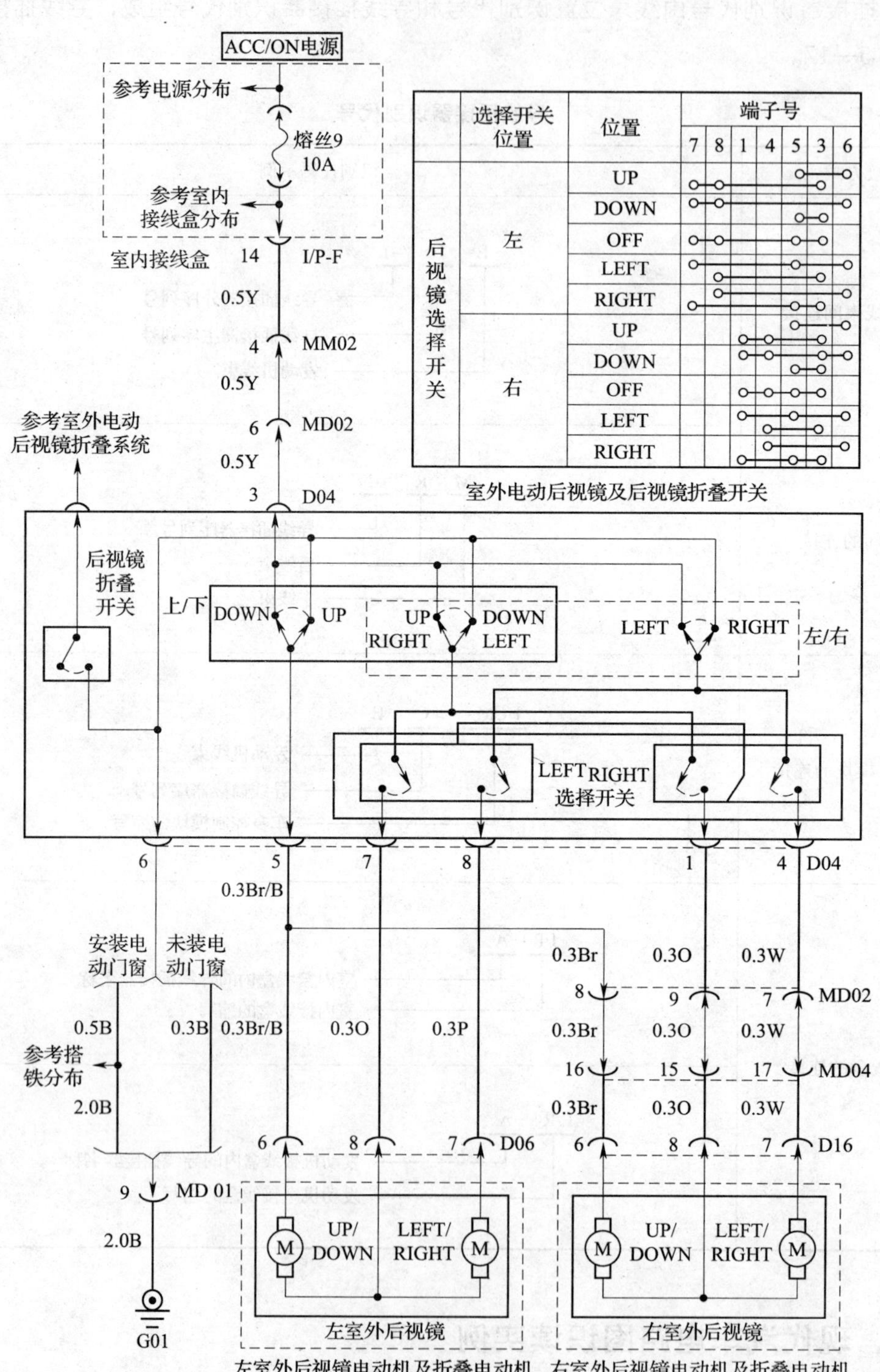

图 5—28 现代伊兰特轿车室外电动后视镜电路图

上下、左右驱动电动机及相关配线等组成。每个后视镜有两个可以正反转的电动机，一个电动机控制后视镜的上下移动，另一个电动机控制后视镜的左右移动。当点火开关处于“ACC”或“ON”位置时，就可通过电动后视镜开关控制后视镜的上下、左右位置，从而调整后视镜。

左、右后视镜转换电路主要由左、右后视镜选择开关控制，当选择开关处于向左接通状态时，选择开关左边的开关就接通，左侧后视镜处于位置调整状态；当选择开关处于向右接通状态时，选择开关右边的开关就接通，右侧后视镜处于位置调整状态。

1. 左侧后视镜位置调整电路分析

当选择开关的左边开关接通时，操纵控制开关上/下、左/右、右上/左下动作，可使左侧后视镜形成以下电路：向上调整的控制电路、向下调整的控制电路、向左调整的控制电路、向右调整的控制电路。

(1) 向上调整的控制电路分析。当控制开关上/下处于向右（即“上”）接通状态、右上/左下处于向左（即“右上”）接通状态时，升/降电动机通电运转，左侧后视镜向上移动。

左侧后视镜向上移动控制电路的电流通路为：蓄电池正极→点火开关处于“ACC”或“ON”挡→驾驶室配电盒9号10 A熔丝→I/P—F插接器的14号接线端子→0.5 mm^2的黄色导线→MM02插接器的4号接线端子→0.5 mm^2的黄色导线→MD02插接器的6号接线端子→0.5 mm^2的黄色导线→D04插接器的3号接线端子→室外电动后视镜及后视镜折叠开关→左/右控制开关的右上触点闭合→选择开关左边触点闭合→D04插接器的7号接线端子→0.3 mm^2的橙色导线→D06插接器的8号接线端子→升/降电动机→D06插接器上的6号接线端子→0.3 mm^2的棕黑色导线→D04插接器上的5号接线端子→上/下控制开关→右（即“上”）触点闭合→D04插接器的6号接线端子→0.5 mm^2的黑色导线→MD01插接器的9号接线端子→2.0 mm^2的黑色导线→搭铁（G01搭铁点）→蓄电池负极。

(2) 向下调整的控制电路分析。当控制开关上/下处于向左（即“下”）接通状态、右上/左下处于向右（即“左下”）接通状态时，升/降电动机通电运转，左侧后视镜向下移动。

左侧后视镜向下移动控制电路的电流通路为：蓄电池正极→点火开关处于“ACC”或“ON”挡→驾驶室配电盒9号10 A熔丝→I/P—F插接器的14号接线端子→0.5 mm^2的黄色导线→MM02插接器的4号接线端子→0.5 mm^2的黄色导线→MD02插接器的6号接线端子→0.5 mm^2的黄色导线→D04插接器的3号接线端子→室外电动后视镜及后视镜折叠开关→上/下控制开关的左（即“下”）边触点闭合→D04插接器的5号接线端子→0.3 mm^2的棕黑色导线→D06插接器的6号接线端子→升/降电动机→D06插接器的8号接

线端子→0.3 mm² 的橙色导线→D04 插接器的 7 号接线端子→电动后视镜控制开关→选择开关左边触点闭合→左/右控制开关的左下触点闭合→D04 插接器的 6 号接线端子→0.5 mm² 的黑色导线→MD01 插接器的 9 号接线端子→2.0 mm² 的黑色导线→搭铁（G01 搭铁点）→蓄电池负极。

(3) 向左调整的控制电路分析。当控制右上/左下开关处于向右（即左下）接通状态、左/右开关处于向左接通状态时，左/右电动机通电运转，左侧后视镜向左移动。

左侧后视镜向左移动控制电路的电流通路为：蓄电池正极→点火开关处于“ACC”或“ON”挡→驾驶室配电盒 9 号 10 A 熔丝→I/P－F 插接器的 14 号接线端子→0.5 mm² 的黄色导线→MM02 插接器的 4 号接线端子→0.5 mm² 的黄色导线→MD02 插接器的 6 号接线端子→0.5 mm² 的黄色导线→D04 插接器的 3 号接线端子→室外电动后视镜及后视镜折叠开关→左/右控制开关的左边触点闭合→选择开关左边触点闭合→D04 插接器的 8 号接线端子→0.3 mm² 的粉色导线→D06 插接器的 7 号接线端子→左/右电动机→左 D06 插接器的 8 号接线端子→0.3 mm² 的橙色导线→D04 插接器的 7 号接线端子→选择开关左边触点闭合→左/右控制开关的左下触点闭合→D04 插接器的 6 号接线端子→0.5 mm² 的黑色导线→MD01 插接器的 9 号接线端子→2.0 mm² 的黑色导线→搭铁（G01 搭铁点）→蓄电池负极。

(4) 向右调整的控制电路分析。当控制右上/左下开关处于向左（即右上）接通状态、左/右开关处于向右接通状态时，左/右电动机启动运转，左侧后视镜向右移动。

左侧后视镜向右移动控制电路的电流通路为：蓄电池正极→点火开关处于“ACC”或“ON”挡→驾驶室配电盒 9 号 10 A 熔丝→I/P－F 插接器的 14 号接线端子→0.5 mm² 的黄色导线→MM02 插接器的 4 号接线端子→0.5 mm² 的黄色导线→MD02 插接器的 6 号接线端子→0.5 mm² 的黄色导线→D04 插接器的 3 号接线端子→室外电动后视镜及后视镜折叠开关→左/右控制开关的右上触点闭合→选择开关左边触点闭合→D04 插接器的 7 号接线端子→0.3 mm² 的橙色导线→D06 插接器的 8 号接线端子→左/右电动机→D06 插接器的 7 号接线端子→0.3 mm² 的粉色导线→D04 插接器的 8 号接线端子→选择开关左边触点闭合→左/右控制开关的右触点闭合→D04 插接器的 6 号接线端子→0.5 mm² 的黑色导线→MD01 插接器的 9 号接线端子→2.0 mm² 的黑色导线→搭铁（G01 搭铁点）→蓄电池负极。

2. 右侧后视镜位置调整电路分析

参阅“左侧后视镜位置调整电路分析”进行识读，在此不再赘述。

§5—6　大众汽车电路图的识读

一、大众汽车电路图识读指南

德国大众汽车的电路图反映了汽车电路的接线关系，看起来要比简化了的原理图复杂。

1. 大众汽车电路图识读说明

如图 5—29 所示为大众汽车电路图识读说明。通过阅读图注，了解大众汽车电路图各部分的含义。

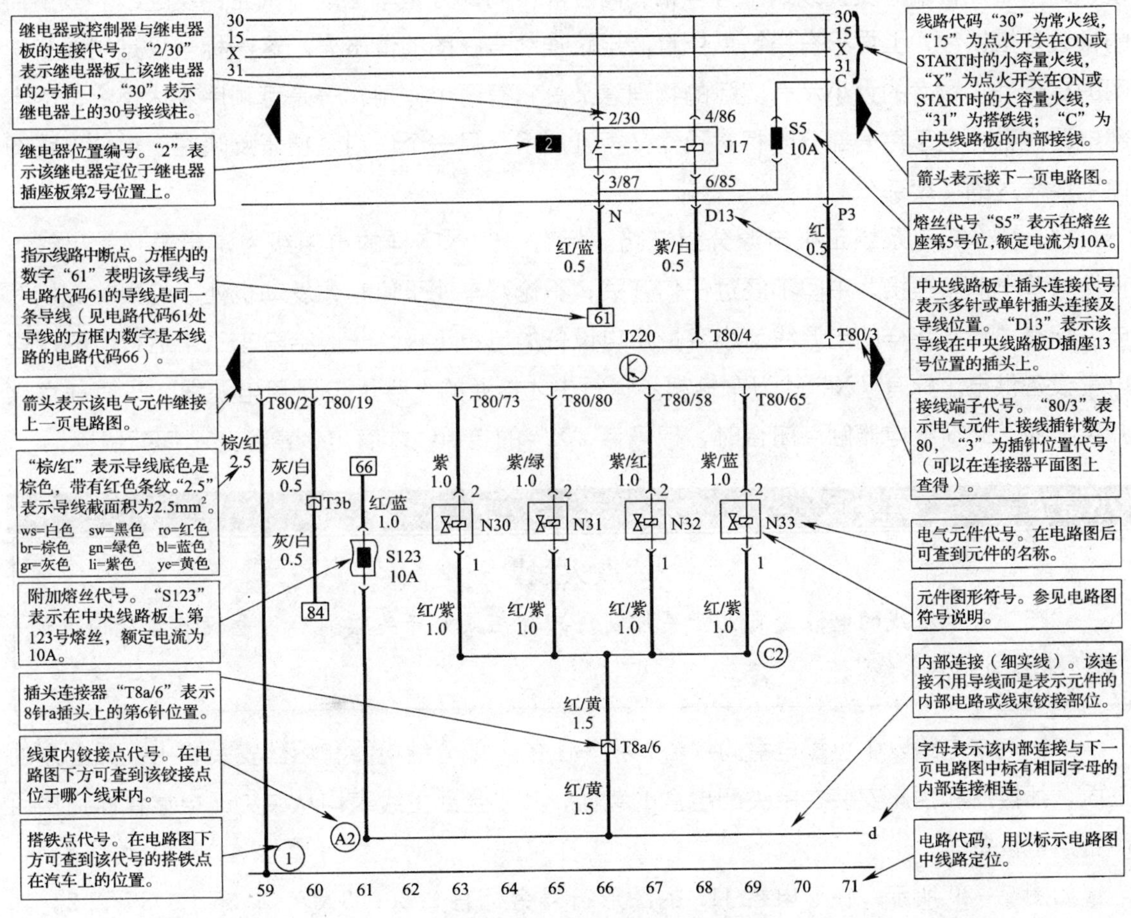

图 5—29　大众汽车电路图识读说明

①—搭铁点，在发动机控制单元旁的车身上　Ⓐ2—正极接线，在发动机线束内

T8a—发动机线束与发动机右线束插头连接，8 针，在发动机中间支架上　Ⓒ2—在发动机右线束内

S123—喷油器、空气计量计、AKF 阀、氧传感器加热元件熔丝　N30—第一缸喷油器　N31—第二缸喷油器

N32—第三缸喷油器　N33—第四缸喷油器　T80—发动机右线束与发动机控制单元插头连接，

80 针，在发动机控制单元上　J220—发动机控制单元　S5—燃油泵熔丝

2. 大众汽车电路图的特点

(1) 所有电路都按纵向排列、垂直布置的方式绘制。汽车上的基本电路按电源、起动机、点火系统、组合仪表、照明系统、信号与报警装置电路、刮水和洗涤装置电路、电动后视镜控制电路、中控门锁、空调电路、双音喇叭控制电路的顺序从左至右进行编排。就某一条线路而言，从头至尾不超过所在篇幅纵向的$\frac{3}{4}$，相同系统的电路归纳在一起。

(2) 用断线代号法来解决电路的交叉问题。这种方法可以使复杂的电路图看不到一根横线，从而使线路清晰、简洁，大大缩短了读图时间。

(3) 全车电路图分为三部分。最上面部分为中央配电盒电路，它标有熔丝的位置及容量、继电器位置编号及接线端子号等相关内容。中间部分是车上的电气元件及连线。最下面的横线是搭铁线，上面标有搭铁点位置。电路连续号在图的最下方。这一标号只是制图和识图的标记号，数字的大小没有实际的物理意义。它有两个作用：一是可顺序表达整个车的全部电路内容，便于每一部分既相对独立又相互联系；另一个作用是便于反映在一部分电路图中难以表达的接续部分。

(4) 整车电气系统正极电源分为三路。标有“30”字样的电源线为常电源（常火线)。直接与蓄电池相连接，中间不经过任何开关，不论汽车处于停车或发动机处于熄火状态均有电。标有“15”字样的电源线为小容量用电设备的电源正极，一般给汽车正常运行时的一些电气设备供电。标有“X”的为车辆起步运行中才接通的大容量电器用电源线，只有在点火开关接通、卸荷继电器触点闭合时，标号为“X”的电源线才有电，常称为“卸荷线”。

小常识

“点火线”

“15”号电源线的电源受点火开关控制，只有在点火开关接通后用电设备才能通电使用，常称为“点火线”。

(5) 汽车电路以中央配电盒为中心，汽车上的大部分继电器和熔丝安装在中央配电盒的正面，插接器和插座安装在中央配电盒的背面，几乎全部主线束均从中央配电盒背面插接通往各用电设备。

如图 5—29 所示，在继电器 J17 的图形符号旁标有 2/30、3/87、4/86、6/85 和 2。其中，分子上的 2、3、4、6 是继电器 J17 插接器的插孔编号，分母上的 30、87、86、85 为继电器 J17 插接器的插脚编号，2 表示继电器 J17 在继电器插座板第 2 号位置上。

(6) 如图 3—13 所示为奥迪汽车起动/充电系统控制电路图。电路图中的每一个电气元件都用规定的图形符号画出，并用框图辅以相应的标号表示。标号是一个由字母或字母和数字组成的编码，如 A 表示蓄电池、B 表示起动机等。电气元件的接线点都用标号标出，标号在元器件上可以找到，如在起动机 B 上的接线点分别标记为 15、30、50 等。

(7) 用不同的线条表示出不同的连接关系

1) 外线部分。如图 5—29 和图 3—13 所示，外线部分即连接导线部分，在电路图上用粗实线表示，集中绘制在图的中间部分。在每条线上都有导线的颜色和截面积的标注，线端用接线柱号或插口号标示其连接关系。

2) 内部连接部分。如图 5—29 和图 3—13 所示，内部连接部分即非导线连接部分，在电路图上用细实线表示。这部分连接是存在的，但线路是不存在的。标示线路只是为了说明这种连接关系，使电路图更加容易被理解。

二、大众汽车电路图常用符号

大众汽车电路图常用符号及其含义见表 5—18。

表 5—18　　大众汽车电路图常用符号及其含义

符号	含义	符号	含义
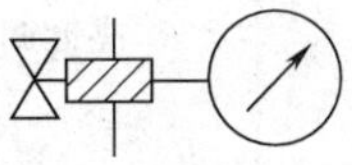	油耗指示器	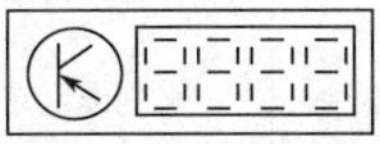	多功能指示器
	电控单元	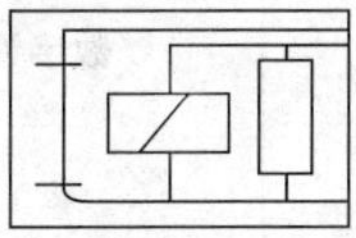	蜂鸣器
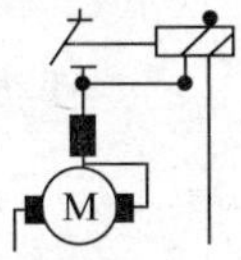	起动机	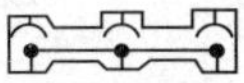	线束插接器
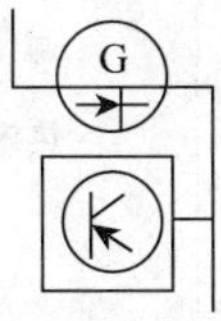	交流发电机	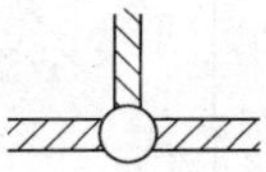	可分线束连接
	点火线圈	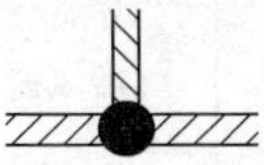	固定线束连接

续表

符号	含义	符号	含义
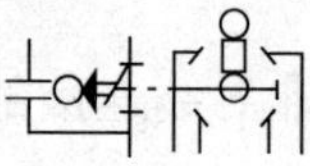	分电器（机械）	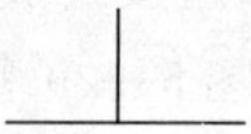	元件内部连接
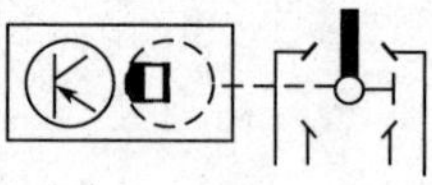	分电器（电子）		电阻线
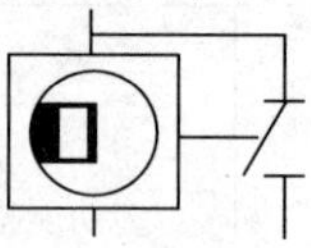	速度传感器	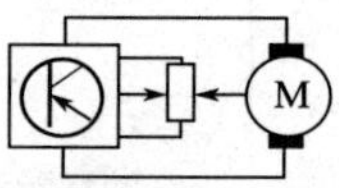	控制电动机前照灯亮度调整
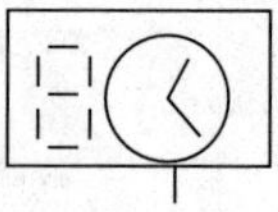	数字钟	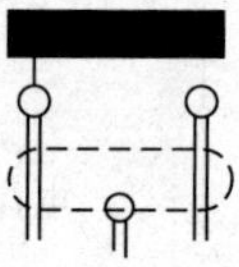	TDC传感器（感应传感器）
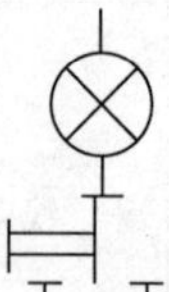	车内灯		手动开关
	点烟器		热敏开关
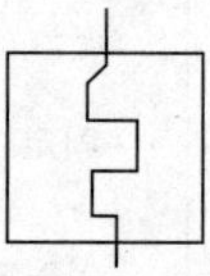	后风窗加热器		按键开关

续表

符号	含义	符号	含义
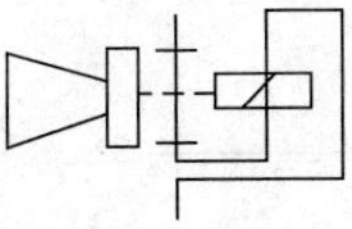	喇叭		机械开关
	推进插接器	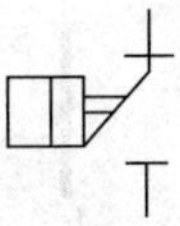	压力开关
	元件内多点插接器	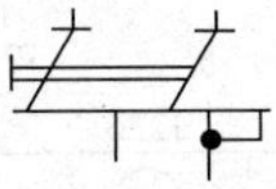	多挡手动开关
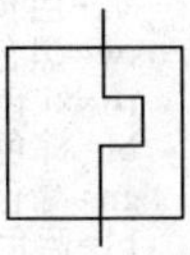	自动阻风门	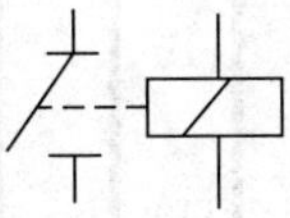	继电器
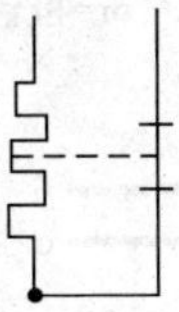	热敏定时开关	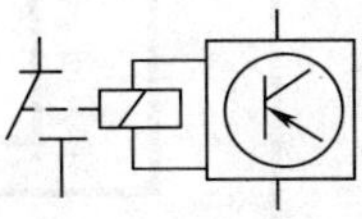	继电器（电子控制）
	预热调节器辅助空气阀	 M	电动机
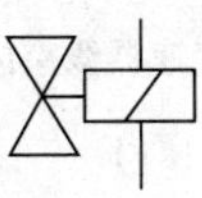	电磁阀	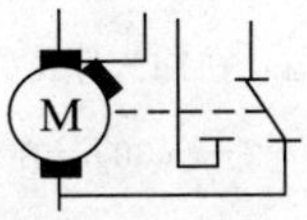 M	刮水器电动机（双速）

三、大众汽车电路图识读实例

下面以图 5—30～图 5—34 所示的大众捷达、宝来轿车采用的 01M 型自动变速器电子控制系统电路图（一）～（五）为例，说明大众汽车电路图的识读方法。

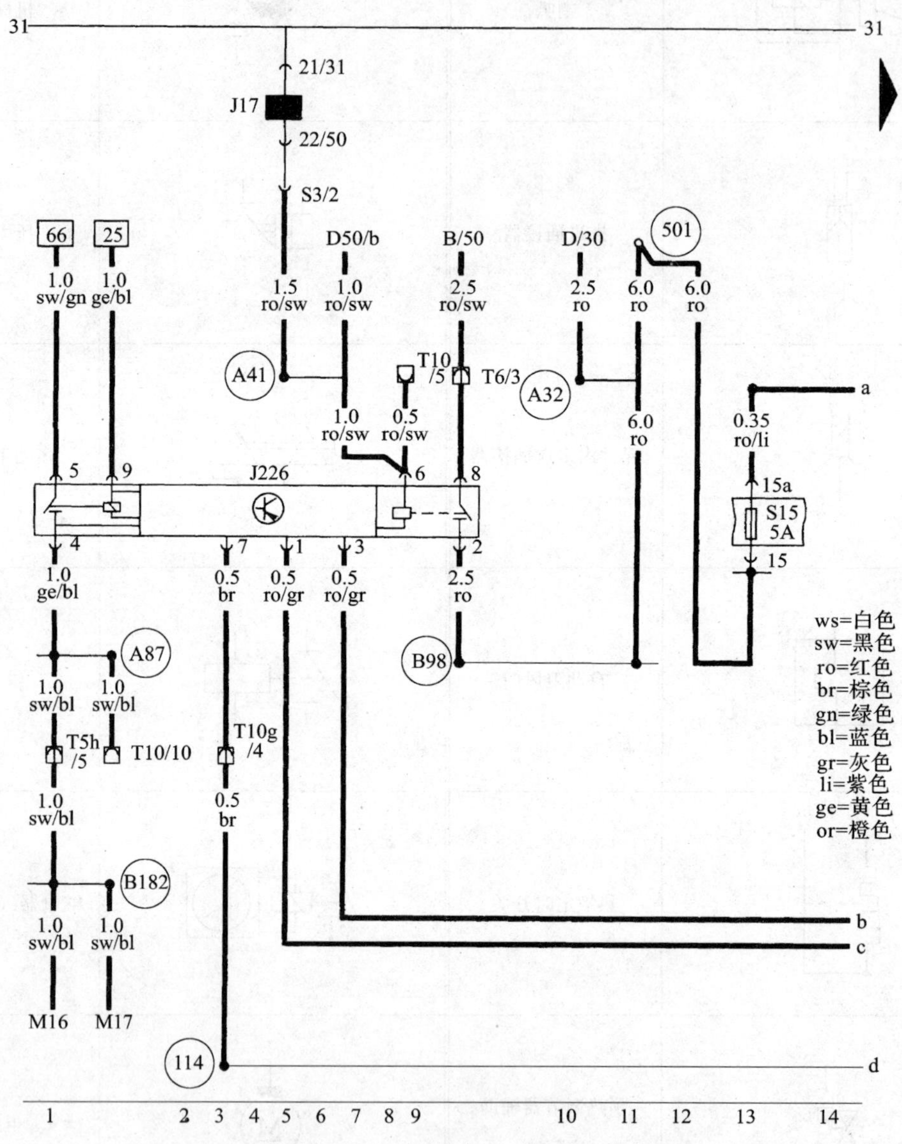

图 5—30 01M 型自动变速器电子控制系统电路图（一）

B—起动机 T10g—端子插头，灰色，在插头保护壳体内，流水槽左侧 D—点火开关

J17—燃油泵继电器 J226—起动锁止及倒车灯继电器，在附加继电器支架 13 位置上 M16—左侧倒车灯灯泡

M17—右侧倒车灯灯泡 S15—熔丝支架上 15 号熔丝 T5h—5 端子插头，在左侧 A 柱下部附近，在线束内

T6—6 端子插头，棕色，在插头保持壳体内，流水槽左侧 (114)—搭铁连接，在自动变速器线束内

(501)—螺纹连接－2－（30），在继电器盒上 (A32)—正极连接（30），在仪表盘线束内

(A41)—正极连接（50），在仪表盘线束内 (A87)—连接（RL），在仪表盘线束内

(B98)—正极连接－4－（0），在仪表盘线束内 (B182)—连接（RL），在车内线束内

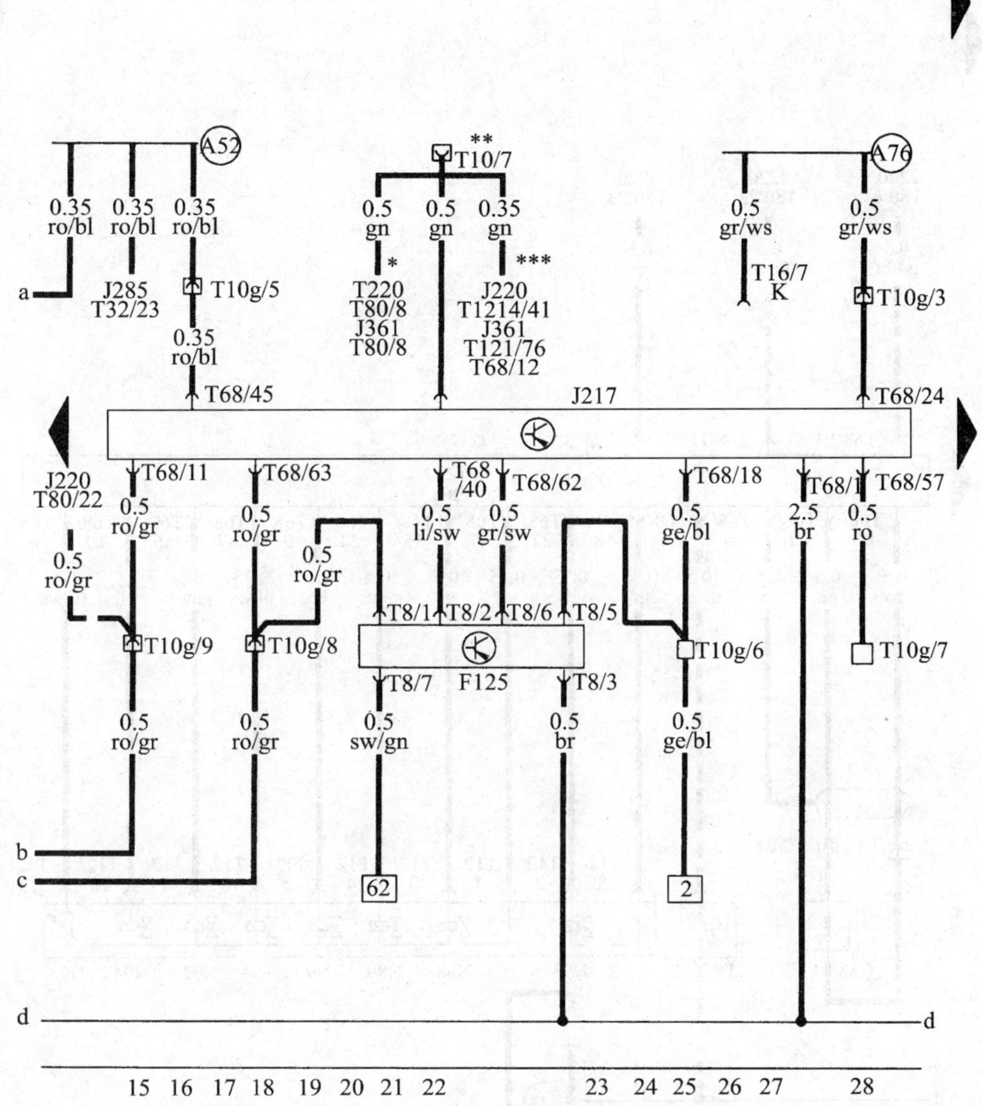

图 5—31　01M 型自动变速器电子控制系统电路图（二）

T32—32 端子插头，蓝色　T68—68 端子插头　J220—多点喷射控制单元　T80—80 端子插头

J285—带显示器的控制单元，在组合仪表内　T121—121 端子插头　J361—控制单元

T8—8 端子插头　T10—10 端子插头，橙色，在插头保护壳体内，流水槽左侧

T10g—10 端子插头，灰色，在插头保护壳体内，流水槽左侧

T16—16 端子插头，在仪表盘中部自诊断接口　A52—正极连接（30a），

在仪表盘线束内　A76—连接（自诊断 K 线），在仪表盘线束内

* —仅指 AGZ、AQY、APK、AGN、AEH、AKL 发动机　** —空调接线

*** —仅指 APF、ARZ、ATF、AZH、AYU 发动机

- - - —仅指 AQY、APK、AGZ 发动机

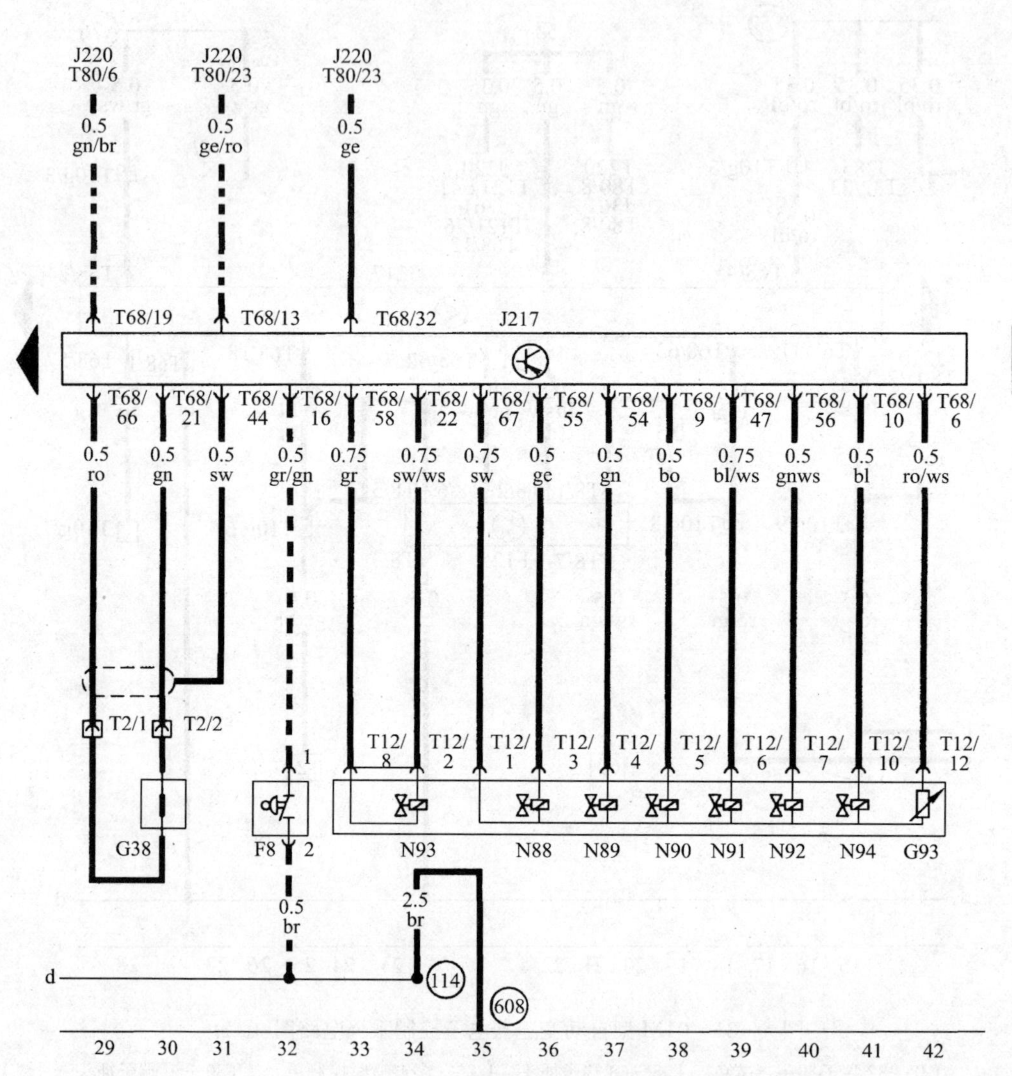

图 5—32 01M 型自动变速器电子控制系统电路图（三）

F8—强制降挡开关 G38—变速器转速传感器 T2—2 端子插头，在变速器上 G93—自动变速器油温度传感器 T12—12 端子插头 J217—自动变速器控制单元，在流水槽中 T68—68 端子插头 J220—多点喷射控制单元 T80—80 端子插头 N88—电磁阀 1 N89—电磁阀 2 N90—电磁阀 3 N91—电磁阀 4 N92—电磁阀 5 N93—电磁阀 6 N94—电磁阀 7 (114)—搭铁连接，在自动变速器线束内 (608)—搭铁点，在流水槽中部

-·-·-—仅指 AGZ 发动机 ----—仅指 AEH、ARL、AGZ、AQY、APK 发动机

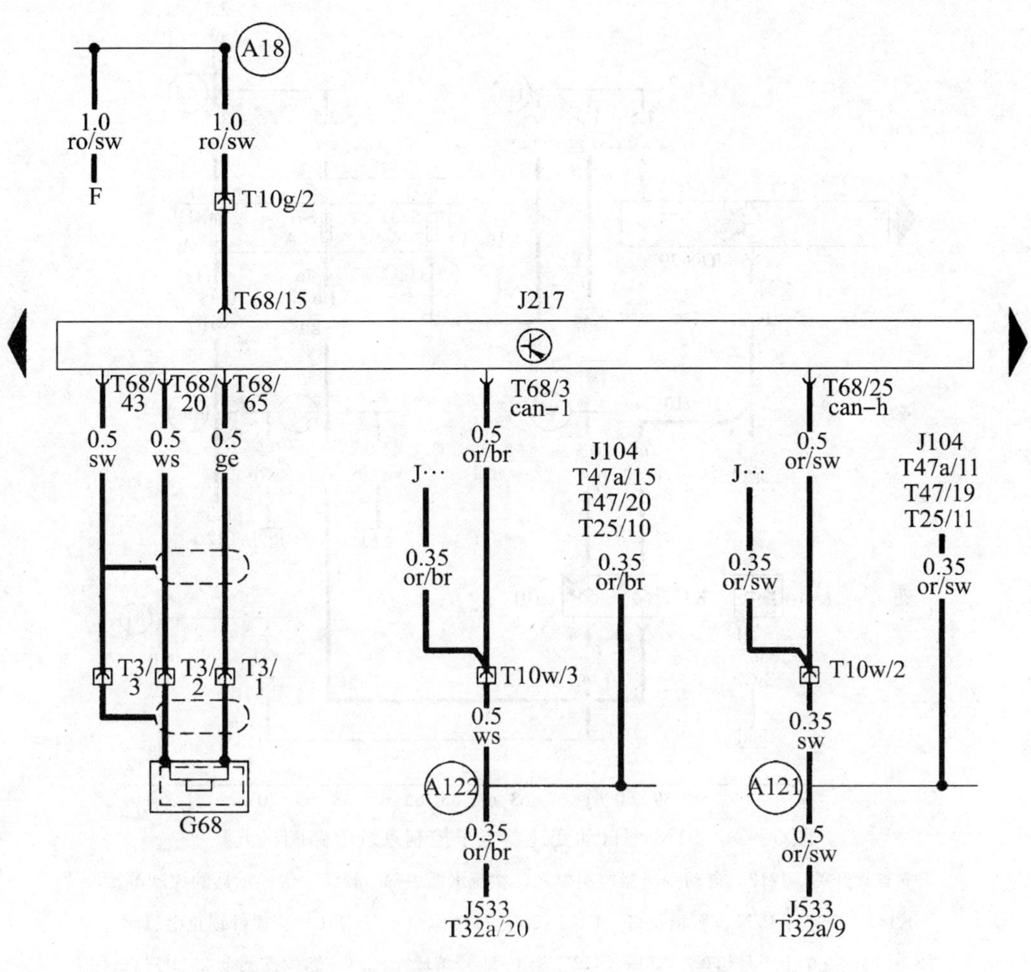

图 5—33　01M 型自动变速器电子控制系统电路图（四）

G68—车速传感器　J104—ABS 及 EDL 控制单元，在流水槽中部

J533—数据总线自诊断接口，在组合仪表上　J…—发动机控制单元

T3—3 端子插头，在变速器上　T10g—10 端子插头，灰色，在插头保护壳体内，流水槽左侧　T10w—10 端子插头，白色，在插头保护壳体内，流水槽左侧

T25—25 端子插头，在 ABS/ABS 及 EDL 控制单元上

T32a —32 端子插头，绿色，在组合仪表上　T47—47 端子插头，在 ABS 及 EDL/TCS/ESP 控制单元上（2000 年 7 月前）

T47a—47 端子插头，在 ABS 及 EDL/TCS/ESP 控制单元上（2000 年 8 月后）

T68—68 端子插头　Ⓐ18—连接（54），在仪表盘线束内

Ⓐ121—连接（high—bus），在仪表盘线束内　Ⓐ122—连接（low—bus），在仪表盘线束内

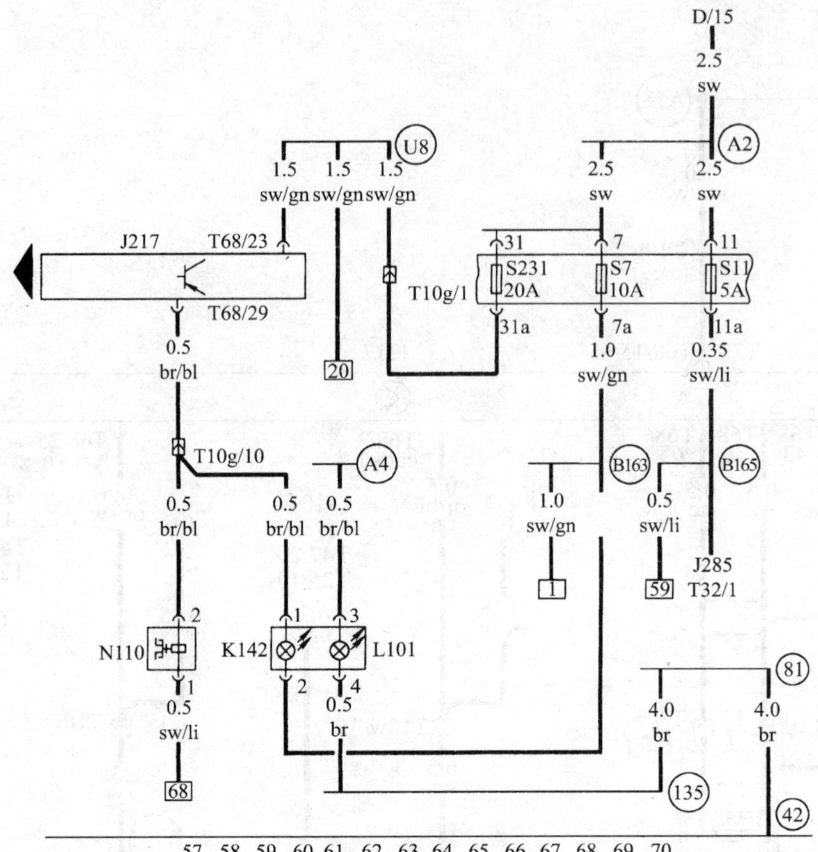

图 5—34 01M 型自动变速器电子控制系统电路图（五）

D—点火开关 J217—自动变速器控制单元，在流水槽中部 J285—带显示器的控制单元
K142—变速杆 P/N 位置指示灯 L101—变速杆挡位照明 N110—变速杆锁止电磁阀
S7—熔丝支架上 7 号熔丝 S11—熔丝支架上 11 号熔丝 S231—熔丝支架上 231 号熔丝
T10g—10 端子插头，灰色，在插头保护壳体内，流水槽左侧 T32—32 端子插头，蓝色
T68—68 端子插头 ㊷—搭铁点，在转向柱附近 ㊽—搭铁连接－1－，在仪表盘线束内
(A2)—正极连接（15），在仪表盘线束内 (A4)—正极连接（58b），在仪表盘线束内
(135)—搭铁连接－2－，在仪表盘线束内 (B163)—正极连接－1－（15），在车内线束内
(B165)—正极连接－2－（15），在车内线束内 U8—连接（15a），在自动变速器线束内

电控自动变速器（ECAT）的电子控制系统电路主要包括电控单元电源电路、信号输入电路（各种传感器及开关）和执行器电路。

1. 电控单元电源电路

自动变速器电控单元 J217 的电源有常火、点火和搭铁，分别如下：

(1) 蓄电池正极→30 号电源线→6.0ro 导线→熔丝 S15（5 A）→0.35ro/li 导线→插接器 T10g/5 号端子→0.5ro/li 导线→自动变速器电控单元（以下简称 J217）的 T68/45 号端子。

(2) 蓄电池正极→点火开关 15 号电源线→2.5sw 导线→熔丝 S231（20 A）→插接器

T10g/1 号端子→1.5sw/gn 导线→J217 的 T68/23 号端子，作为点火供电。

(3) J217 的 T68/1 号端子→2.5br 导线→自动变速器线束内搭铁点→流水槽中部搭铁点，作为 J217 的搭铁。

2. 信号输入电路

自动变速器电控系统中信号输入主要有多功能开关信号、节气门位置传感器信号、变速器转速传感器信号、车速传感器信号、油温传感器信号、制动灯开关信号等。为了便于分析电路，从原图中将相关信号输入装置绘制成如图 5—35 所示的 01M 型自动变速器信号输入电路原理图。

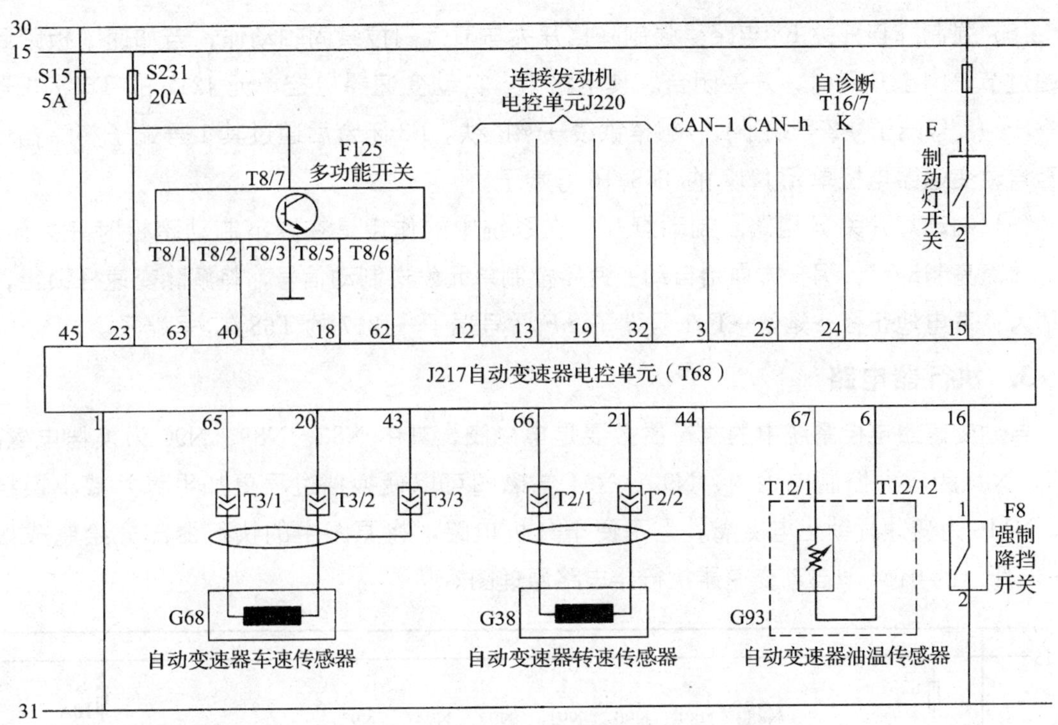

图 5—35　01M 型自动变速器信号输入电路原理图

自动变速器电控系统中所需的节气门位置传感器信号、发动机转速传感器信号是通过发动机电控单元与自动变速器电控单元之间的数据总线相互连接的，以下仅介绍电路图所体现的输入装置电路。

(1) 自动变速器车速传感器 G68 电路。自动变速器车速传感器安装在自动变速器壳体内，属于电磁感应式传感器，当自动变速器输出轴转动时，在传感器内部线圈中产生交变电压，其电路为 G68 传感器的 T3/1 号和 T3/2 号端子分别连接 J217 的 T68/65 号和 T68/20 号端子，作为信号输入；信号采用屏蔽方式由 G68 的 T3/3 号端子连接于 J217 的 T68/43 号端子。

(2) 自动变速器转速传感器 G38 电路。自动变速器转速传感器同样采用电磁感应式传感器，其电路为自动变速器转速传感器 G38 的 T2/1 和 T2/2 号端子分别连接 J217 的 T68/

66 和 T68/21 号端子，作为信号输入；信号线采用屏蔽方式，屏蔽线连接于 J217 的 T68/44 号端子。

(3) 自动变速器油温传感器 G93 电路。自动变速器油温传感器安装于自动变速器油底壳内，采用负温度系数的热敏电阻，用于检测自动变速器油的温度，其电路为 G93 的 T12/1 和 T12/2 号端子连接 J217 的 T68/67 号和 T68/6 号端子，作为信号输入。

(4) 多功能开关 F125 电路。多功能开关的主要作用是向自动变速器控制单元提供变速杆的挡位信号。供电电路为：D/15→S231 熔丝→F125 的 T8/7 号端子；信号电路为：F125 的 T8/1、T8/2、T8/5、T8/6 号端子分别连接 J217 的 T68/63、T68/40、T68/18、T68/62 号端子，向 J217 发送变速杆的挡位信号。

(5) 强制降挡开关 F8 电路。强制降挡开关与节气门拉索同轴动作，当加速踏板踏到底并超过节气门全开点时，开关闭合。其电路为：自动变速器电控单元 J217 的 T68/16 号端子→F8（1 号端子→2 号端子）→⑪⁴搭铁线→⑥⁰⁸搭铁。F8 闭合后通过其 1 号端子将降挡信号送至自动变速器电控单元 J217 的 T68/16 号端子。

(6) 制动灯开关 F 电路。制动灯开关在系统中的作用是在踩下制动踏板时开关闭合，一方面点亮制动灯；另一方面给自动变速器控制单元发送制动信号，将解除变速杆锁止，其电路为：蓄电池正极→熔丝→F/1 号端子→F/2 号端子→J217 的 T68/15 号端子。

3. 执行器电路

自动变速器电控系统中的执行器主要是电磁阀，其中 N88、N89、N90 为换挡电磁阀，N91、N93 为压力控制电磁阀，N92、N94 电磁阀可以使换挡过程更加平稳并减小换挡冲击，N110 为变速杆锁止电磁阀。为了便于分析电路，将原图中的执行器部分绘制成如图 5—36 所示的 01M 型自动变速器执行器电路原理图。

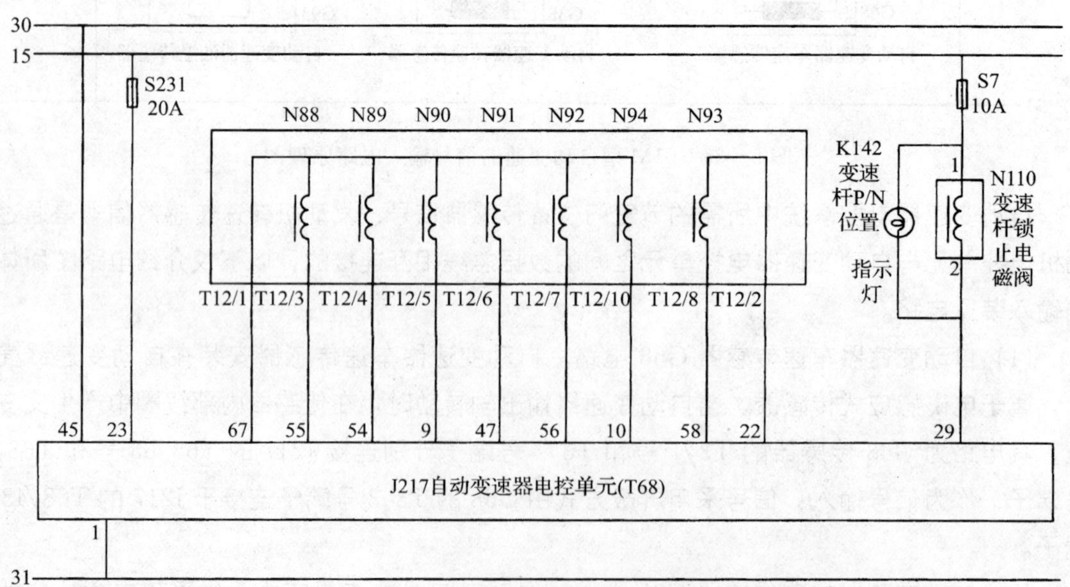

图 5—36 01M 型自动变速器执行器电路原理图

(1) N88、N89、N90、N91、N92、N94 电磁阀电路。N88、N89、N90、N91、N92、N94 电磁阀的一端并联连接，由 J217 的 T68/67 号端子连接电磁阀总成的 T12/1 号端子为其提供电源，J217 的 T68/55、T68/54、T68/9、T68/47、T68/56、T68/10 号端子分别对电磁阀的 T12/3、T12/4、T12/5、T12/6、T12/7、T12/10 号端子进行搭铁控制。

(2) N93 电磁阀电路。J217 的 T68/58 号端子和 T68/22 号端子分别对电磁阀总成的 T12/8 和 T12/2 号端子进行控制。

(3) N110 变速杆锁止电磁阀电路。变速杆锁止电磁阀 N110 位于变速杆上，踩下制动踏板时，自动变速器电控单元 J217 使 N110 搭铁，自动变速器变速杆锁止被解除。其电路为：点火供电经熔丝 S7 (10 A) 将电源正极加至 N110 的 1 号端子，其 2 号端子连接 J217 的 T68/29 号端子，由 J217 对其进行搭铁控制。

§5—7　奔驰汽车电路图的识读

一、奔驰汽车电路图识读指南

1. 奔驰汽车电路图识读说明

如图 4—5 所示为奔驰轿车电路原理图。通过阅读图注，了解奔驰汽车电路图各部分的含义。

2. 奔驰汽车电路图的特点

(1) 用横、纵坐标来确定电气元件在电路图中的位置。如图 4—5 所示，用数字作为横坐标，用字母作为纵坐标。

(2) 电气符号用代码及文字标注。如图 4—5 所示，代码前部的字母表示电气元件的种类，代码后部的数字表示编号。奔驰汽车电路图中常用电气元件代码字母及其含义见表 5—19。在电气元件代码之下一般注明电器名称。插接器（代码字母为 X）和搭铁点（代码字母为 W）仅有代码不注明文字。

表 5—19　　奔驰汽车电路图中常用电气元件代码字母及其含义

代码字母	电器种类	代码字母	电器种类	代码字母	电器种类
A	仪表	H	喇叭、扬声器	S	开关
B	传感器	K	断电器	T	点火线圈
C	电容	L	转速、速度传感器	W	搭铁点
E	灯	M	电动机	X	插接器
F	熔断器盒	N	电控单元	Y	电磁阀
G	蓄电池、发电机	R	电阻、火花塞	Z	连接套

(3) 奔驰汽车除了使用单色导线和双色导线外，还采用了三色导线。

二、奔驰汽车电路图常用符号

奔驰汽车电路图常用符号及其含义见表 5—20。

表 5—20　　奔驰汽车电路图常用符号及其含义

符号	含义	符号	含义
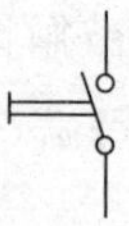	手动开关	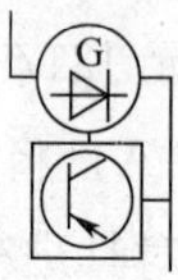 G	发电机
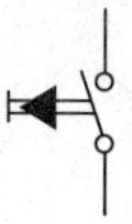	手动按键开关	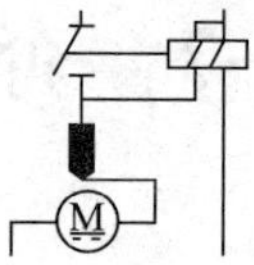 M	起动机
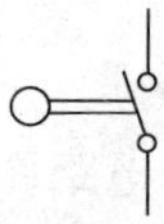	自动开关	 M	直流电动机
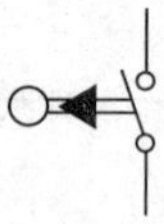	压簧自动开关		火花塞
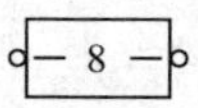 8	熔丝	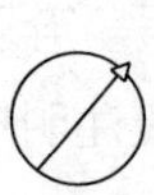	指示仪表
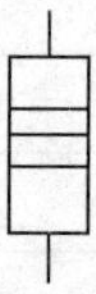	加热器加热电阻		电位计
	点火线圈	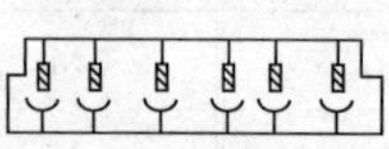	插接板

三、奔驰汽车电路图识读实例

下面以图5—37所示的奔驰M202型轿车充电、起动系统电路图为例，简要介绍奔驰汽车电路图的识读方法。

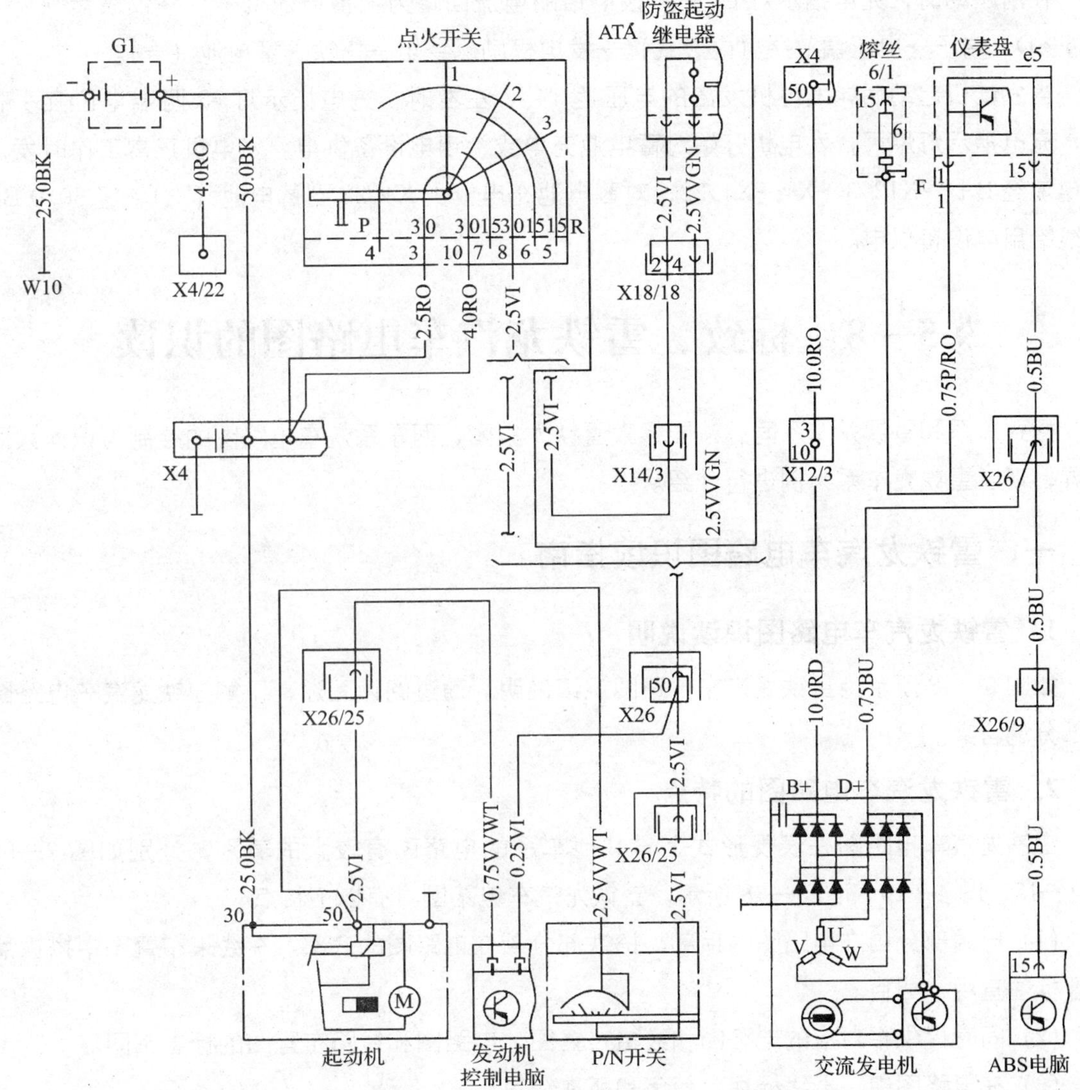

图5—37　奔驰M202型轿车充电、起动系统电路图

1. 起动电路

点火开关置于起动位置，点火开关的8端子有电。当防盗电脑（ATA）解除防盗状态（即防盗起动继电器工作）时，起动机的电磁开关线圈得电。

起动机的电磁开关控制电路的电流回路为：蓄电池（＋）→点火开关的8端子→X26→P/N开关（空挡起动开关）→起动机的50端子→起动机的电磁开关线圈→搭铁→蓄电池（－）。起动机电磁开关动合触点闭合，起动机工作，发动机被起动。

起动机的电磁开关主回路的电流回路为：蓄电池（+）→起动机的30端子→起动机电磁开关动合触点（闭合）→电枢绕组→搭铁→蓄电池（-）。

松开点火开关的钥匙，起动机的50端子无电，起动机停止工作。

2. 充电电路

在刚起动时，充电指示灯e5亮。该电路的电流回路为：蓄电池（+）→仪表盘→e5→X26→D+端子→电压调节器（内装式）→发电机励磁绕组→搭铁→蓄电池（-）。

当发动机起动后，发电机发出的电压达14 V左右时，充电指示灯e5两端电位几乎相等，充电指示灯熄灭，发电机开始对蓄电池充电或给用电设备供电。发电机正常工作时发出的电流经B+→X12/3→X4→X4/22，对蓄电池充电或由X4/22到蓄电池（+），经50.0 BK导线给用电设备供电。

§5—8　标致、雪铁龙汽车电路图的识读

标致车系和雪铁龙车系同属法国标致雪铁龙集团，两车系汽车电路图的绘制与识读大同小异，现以雪铁龙车系为例进行介绍。

一、雪铁龙汽车电路图识读指南

1. 雪铁龙汽车电路图识读说明

如图5—38所示为雪铁龙汽车电路图识读说明。通过阅读图注，了解雪铁龙汽车电路图各部分的含义。

2. 雪铁龙汽车电路图的特点

雪铁龙汽车电路图在表现形式上与其他车系的电路图有较大的差别，分别如图3—9、图4—17、图4—20和图5—38所示，雪铁龙汽车电路图具有以下特点：

（1）电源部分画在电路图的顶部，搭铁部分画在电路图的底部。在线束布置图中搭铁点位置标注直观、醒目。

（2）同时提供相对应的电路图和线路布置图，电路图和线路布置图的标志相同。

（3）在电路图中，导线标注出颜色和所在线束。

（4）在电路图和线束布置图中，标注出插接器和插头护套的颜色。

二、雪铁龙汽车电路图常用符号

1. 雪铁龙汽车电路图常用图形符号及其含义

雪铁龙汽车电路图常用图形符号及其含义见表5—21。

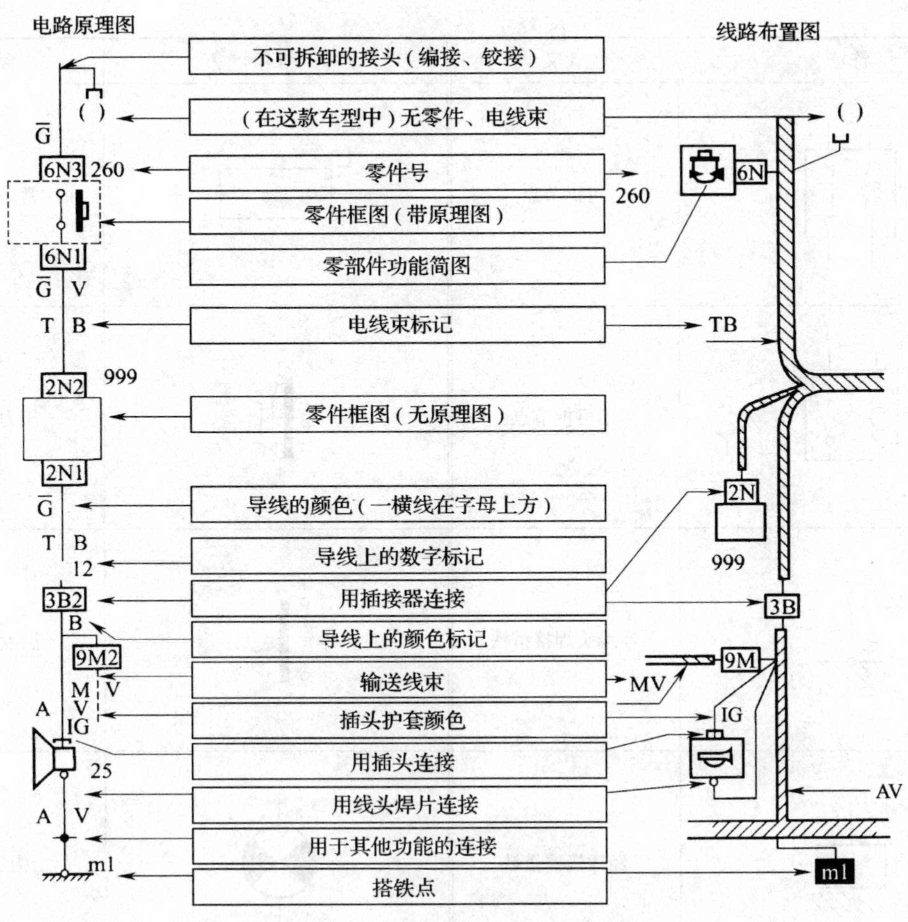

图 5—38 雪铁龙汽车电路图识读说明

表 5—21 雪铁龙汽车电路图常用图形符号及其含义

符号	含义	符号	含义
	手插头节点		手动开关
	插接器节点		转换开关
	带有分辨记号的插接器节点	M	常开触点

续表

符号	含义	符号	含义
	可拆节点		常闭触点
	不可拆节点		压力开关
	经线头焊接搭铁		温度开关
	经插接器搭铁		指示灯
	经零件外壳搭铁		电动机
	屏蔽装置		双速电动机
	摩擦式触点		零件框图 (带原理图)

续表

符号	含义	符号	含义
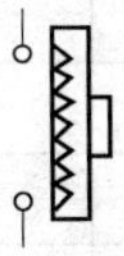	带电阻的手动开关（点烟器）		零件框图（无原理图）
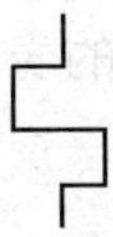	分流器		零件部分框图
	热断路器		零件部分框图
	接线柱		氧传感器

2. 雪铁龙汽车电路图中的常见标记

(1) 零件号。如图 3—9 和图 4—17 所示，在电路图和线路布置图中，各电气元件均用数字编号，即为零件号。通过图注或零件清单表可查得该数字所表示的部件。

(2) 线束标记。如图 3—9 和图 4—17 所示，各条导线都标注了其所在线束的代号，为寻找线路的方位和走向提供方便。雪铁龙轿车线束代码见表 4—2。

(3) 导线颜色标记。如图 3—9 所示，导线颜色用字母代码标记。单色导线的颜色代码一般标注在电路的左边，双色导线则将表示两种颜色的代码分别标注在电路的两侧，左侧代码表示导线底色，右侧代码表示条纹颜色。为便于区别线束代码，有的在导线颜色代码的上方加了一条横杠。

雪铁龙车系导线颜色代码见表 5—22。

表 5—22　　雪铁龙车系导线颜色代码

导线颜色	颜色代码	导线颜色	颜色代码	导线颜色	颜色代码
黑色	N	柠檬黄	J	紫罗兰	Vi
栗色	M	翠绿	V	灰色	G
大红	R	湖蓝	Bl	白色	B
粉色	Ro	深紫	Mv	透明	Lc
橙色	Or				

(4) 插接器标记。各种插接器均用线框表示，并通过标注相应的字母和数字来标记插接器的类型（或颜色）、端子数和端子的位置。雪铁龙车系中不同类型插接器的表示方法见表 5—23。

表 5—23　　雪铁龙车系中不同类型插接器的表示方法

类型	图形符号	标注说明
单排插接器	8 B 2	1. 左边的数字表示端子（孔）数，如“8”表示有 8 个端子（孔） 2. 中间的字母表示颜色，如“B”表示白色 3. 右边的数字表示第几号线，如“2”表示第 2 号线
双排插接器	15 M A 6	1. 上排数字表示端子（孔）数，如“15”表示有 15 个端子（孔） 2. 上排字母表示颜色，如“M”表示栗色 3. 下排字母表示列数，如“A”表示 A 列 4. 下排数字表示第几号线，如“6”表示 A 列的第 6 号线
前围板插接器（见图 5—39）	7 端子接线板： 7 C 6 4 2 端子接线板： 2 C 9 1	1. 上排左边数表示端子（孔）数，如“7”表示有 7 个端子（孔） 2. 上排中间字母“C”表示是前围板插接器 3. 上排右边数字表示组数，如“6”表示第 6 组插接器 4. 下排数字表示第几号线，如“4”表示该插接器的第 4 号线
14 脚圆插接器	14 N 2	1. 左边的数字表示端子（孔）数，如“14”表示有 14 个端子（孔） 2. 中间的字母表示颜色，如“N”表示黑色 3. 右边的数字表示第几号线，如“2”表示第 2 号线

小常识

前围板插接器

前围板插接器位于风窗玻璃左下侧的车身内，用于前部线束和仪表盘线束的连接。如图 5—39 所示为前围板 62 孔插接器布置图，它共有 62 个插孔，由八个 7 脚接线板和三个 2 脚接线板与之连接。

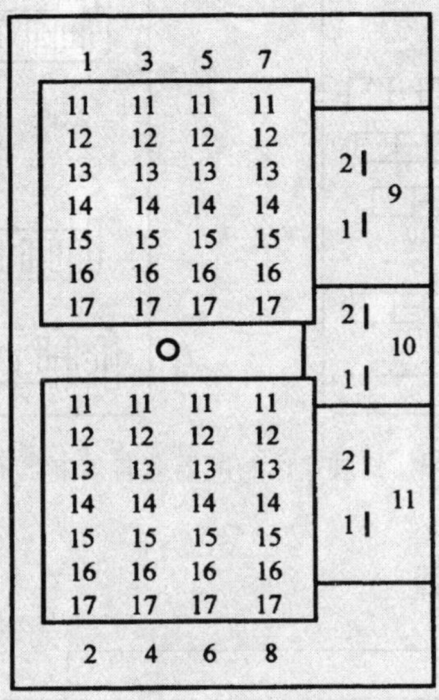

图 5—39 前围板 62 孔插接器布置图

三、雪铁龙汽车电路图识读实例

现以雪铁龙富康汽车充电和起动系统电路图为例，简要介绍雪铁龙汽车电路图的识读方法。

1. 雪铁龙富康汽车熔断器盒的布置

雪铁龙富康汽车熔断器盒有两个，一个在驾驶室内，另一个在发动机舱内。

(1) 驾驶室内熔断器盒。驾驶室内熔断器盒在仪表盘左下方盖内，盒内有 13 路熔断器，各熔断器布置图如图 5—40 所示。熔断器接口电路如图 5—41 所示。

(2) 发动机罩下熔断器盒。发动机罩下熔断器盒各熔断器布置图如图 5—42 所示。熔断器接口电路如图 5—43 所示。

2. 雪铁龙富康汽车充电和起动系统电路分析

雪铁龙富康汽车充电和起动系统电路图如图 3—9 所示。雪铁龙富康汽车充电和起动系统电器位置图如图 5—44 所示。

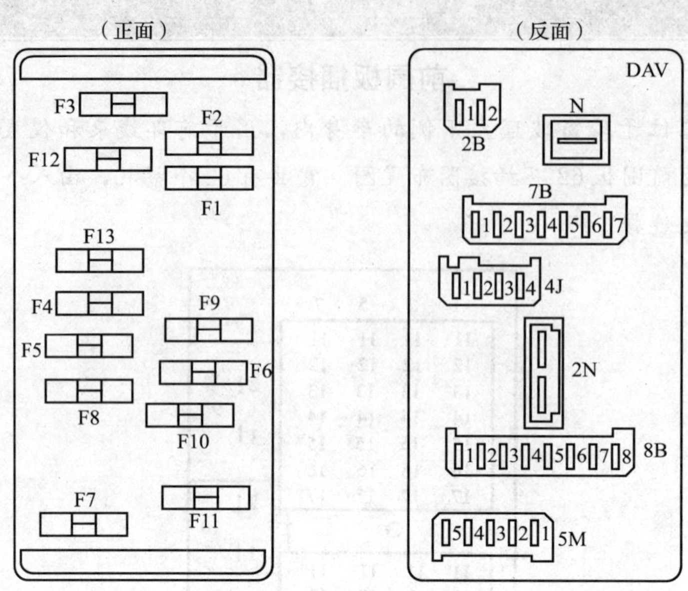

图 5—40　驾驶室内熔断器盒各熔断器布置图

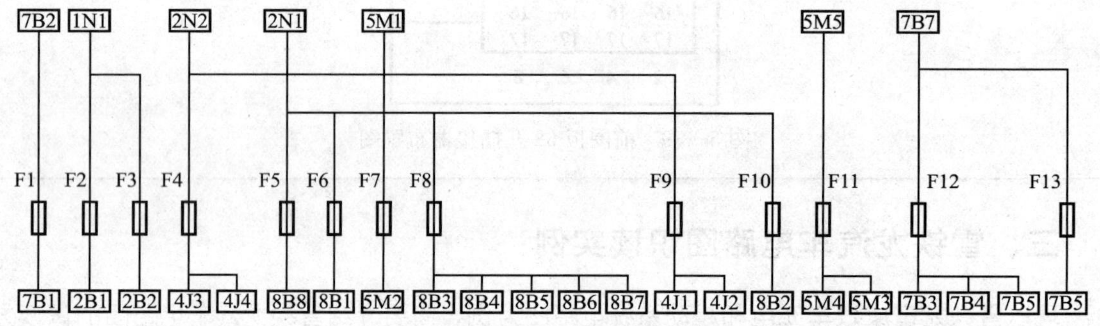

图 5—41　驾驶室内熔断器接口电路

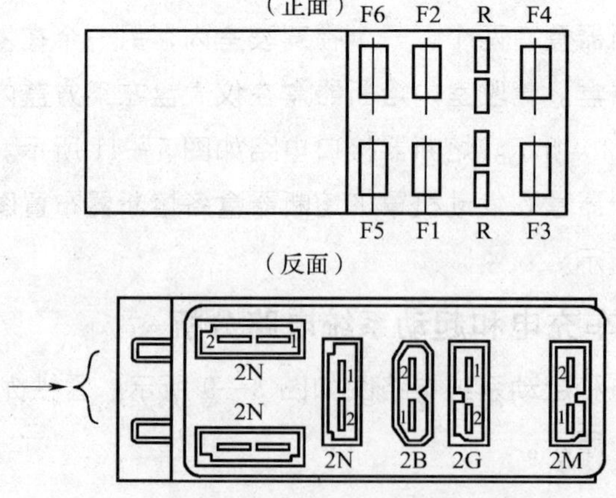

图 5—42　发动机罩下熔断器盒各熔断器布置图

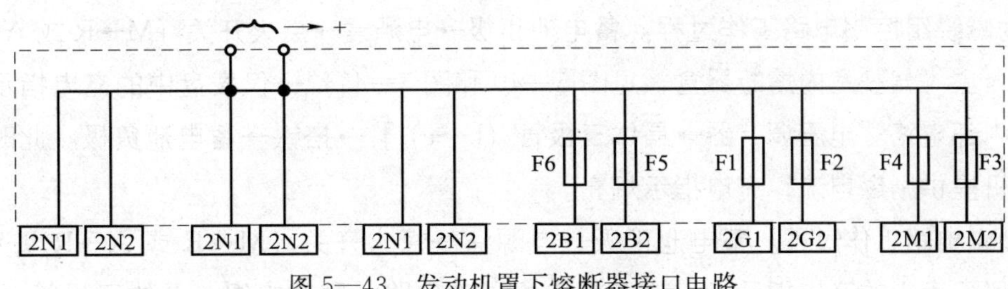

图 5—43 发动机罩下熔断器接口电路

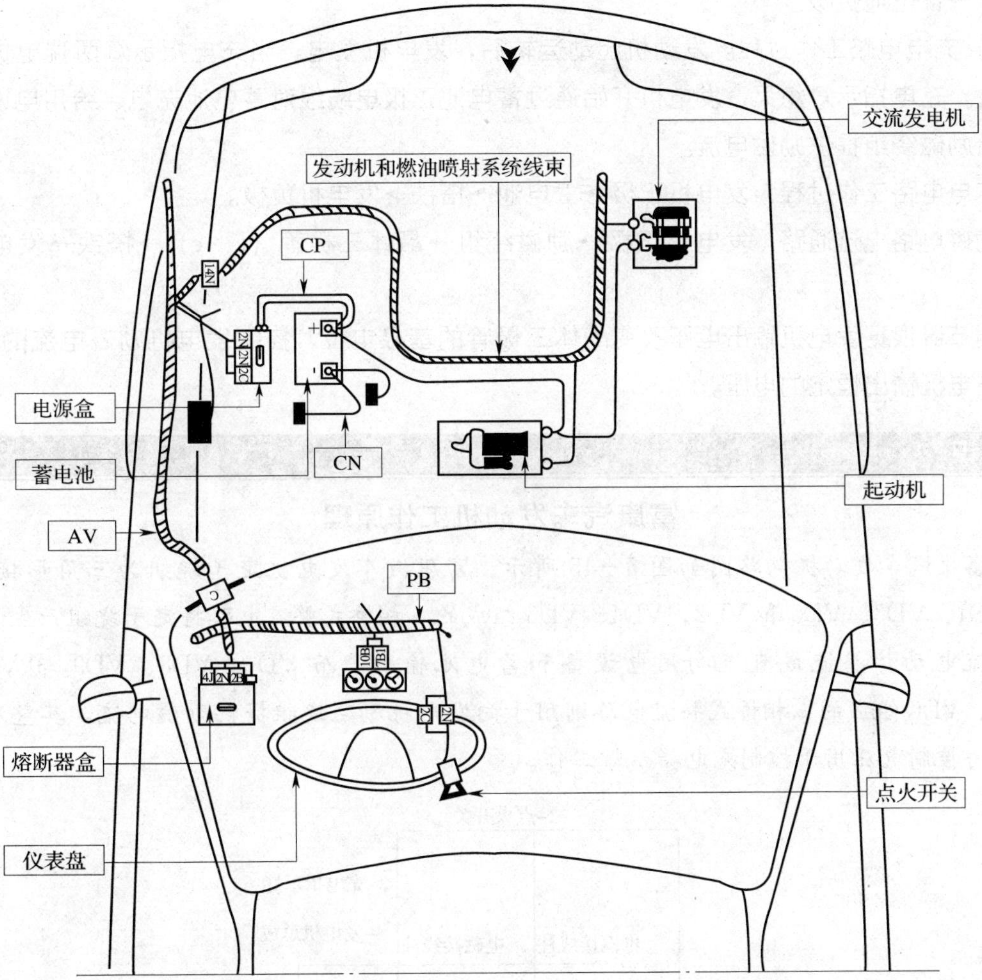

图 5—44 雪铁龙富康汽车充电和起动系统电器位置图

(1) 起动电路。当点火开关位于 D 挡时：

1) 起动机控制电路。蓄电池正极→电源盒（发动机罩下熔断器盒，见图 5—42 和图 5—43）→点火开关（M→D）→起动机内部电路（吸拉线圈和保持线圈）→搭铁→蓄电池负极。起动机内部的电磁开关闭合。

2) 起动机主电路。蓄电池正极→起动机内部的电磁开关触点→起动电动机→搭铁→蓄电池负极。起动机进入工作状态，启动发动机。

(2) 充电电路。当点火开关位于 A 挡或 M 挡时：

1）励磁绕组控制电路工作过程。蓄电池正极→电源盒→点火开关（M→R 或 A→R）→内接熔断器盒（驾驶室内熔断器盒，见图 5—40 和图 5—41）→仪表盘中的充电指示灯→交流发电机内部电路［电压调节器→晶体三极管（b→e）］→搭铁→蓄电池负极。此时，蓄电池为发电机提供励磁电流，充电指示灯亮。

2）励磁电路工作过程。蓄电池正极→电源盒→点火开关（M→R 或 A→R）→内接熔断器盒→仪表盘中的充电指示灯→交流发电机内部电路［励磁绕组→晶体三极管（c→e）］→搭铁→蓄电池负极。

3）充电电路工作过程。发动机起动运转后，发电机发电。当充电指示灯两端电位几乎相等时，充电指示灯熄灭，发电机开始通过蓄电池正极电缆线对蓄电池充电、给用电设备供电、给励磁绕组提供励磁电流。

充电电路工作过程：发电机正极→蓄电池→搭铁→发电机负极。

励磁电路电流通路：发电机正极→励磁绕组→晶体三极管（c→e）→搭铁→发电机负极。

调节器根据发电机输出电压改变晶体三极管的基极电位，控制发电机励磁电流的大小，保证发电机输出恒定的电压。

小常识

富康汽车发动机工作原理

富康汽车发动机电路图如图 5—45 所示。富康汽车发电机定子绕组为三角形接法，由 VD1、VD3、VD5 和 VD2、VD4、VD6 组成的三相桥式整流电路将定子绕组产生的三相交流电动势整流成直流向用电设备和蓄电池输出，而 VD7、VD8、VD9 与 VD2、VD4、VD6 组成的三相桥式整流电路则用于向发电机励磁绕组提供励磁电流，其整流电压作为控制电压用于控制充电指示灯工作。

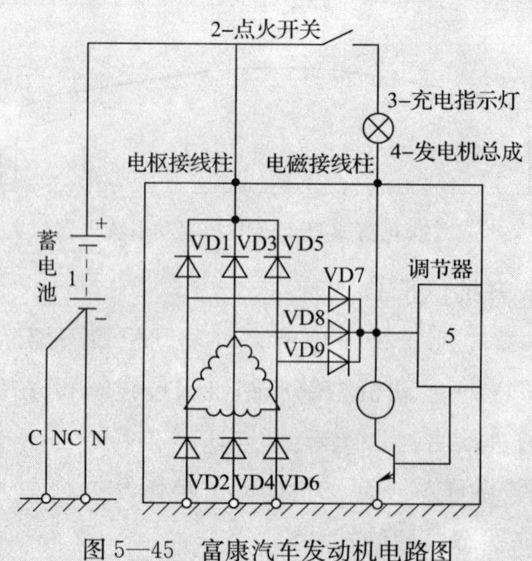

图 5—45　富康汽车发动机电路图

§5—9 通用汽车电路图的识读

一、通用汽车电路图识读指南

1. 通用汽车电路图识读说明

如图 5—46 所示为上海通用别克轿车自动变速器控制电路图识读说明。图中指引线上的数字是注释符号，其各部分的含义如下：

1—电源接通说明。在电路图上方用黑框表示，框内文字说明框下熔丝在什么情况下发热（电源接通)。如果图中框内文字是“常电源”，表示该电路任何时刻都有电，电压为蓄电池工作电压；如果图中框内文字是“钥匙在 RUN、START 位置或检测时供电”，表示线路在点火开关处于 RUN 或 START 挡时有电，电压为蓄电池工作电压。

2—表示 27 号 10 A 的熔丝。

3—电路配电盒。虚线框表示没有完全表示出接线盒全部，只是接线盒（配电盒）中的一部分。

4—接线盒插接器连接标注。表示导线由发动机机罩下熔丝接线盒的 C2 连接插头的 E2 插脚引出。连接插头编号 C2 写在右侧，插脚编号 E2 写在左侧。该标注表示 339 号电路从 C2 插头的 E2 号端子引出。

5—表示密封圈代号。P100 表示贯穿式密封圈，其中 P 表示密封圈，100 为其代号。

6—电路标注。表示该电路导线的横截面积、颜色和电路编号。其中，左边的数字表示导线横截面积，右边的数字为电路编号，中间标注导线的颜色。图中的“0.35 粉红色”表示导线横截面积为 0.35 mm^2，线的颜色为粉红色。数字“339”是车辆位置分区代码，表示该线束的位置在乘客室。

7—元件标注。表示 TCC（液力变矩器中的锁止离合器控制）开关，图中表示 TCC 开关处于接通状态，其开关信号经过 P101 和 C101，由动力系统控制模块（PCM）中的 C1 插头 30 号插脚进入 PCM 中。

8—线间插接器标注。右侧“C101”表示连接插头编号（其中 C 表示连接插头），左侧“C”表示直列型插接器的 C 插脚。

9—表示输出电阻器。这里用来把 TCC 和制动灯开关的信号以一定的电压信号的形式输出给动力系统控制模块 PCM 的内部控制电路。

10—表示动力系统控制模块 PCM 是对静电敏感的部件。

11—表示搭铁。

12—表示在自动变速器内部的 TCC 锁止电磁阀。此电磁阀控制液力变矩器内部锁止离合器的接合。它在点火开关处于点火或起动挡时，通过 23 号 10 A 的熔丝供电。

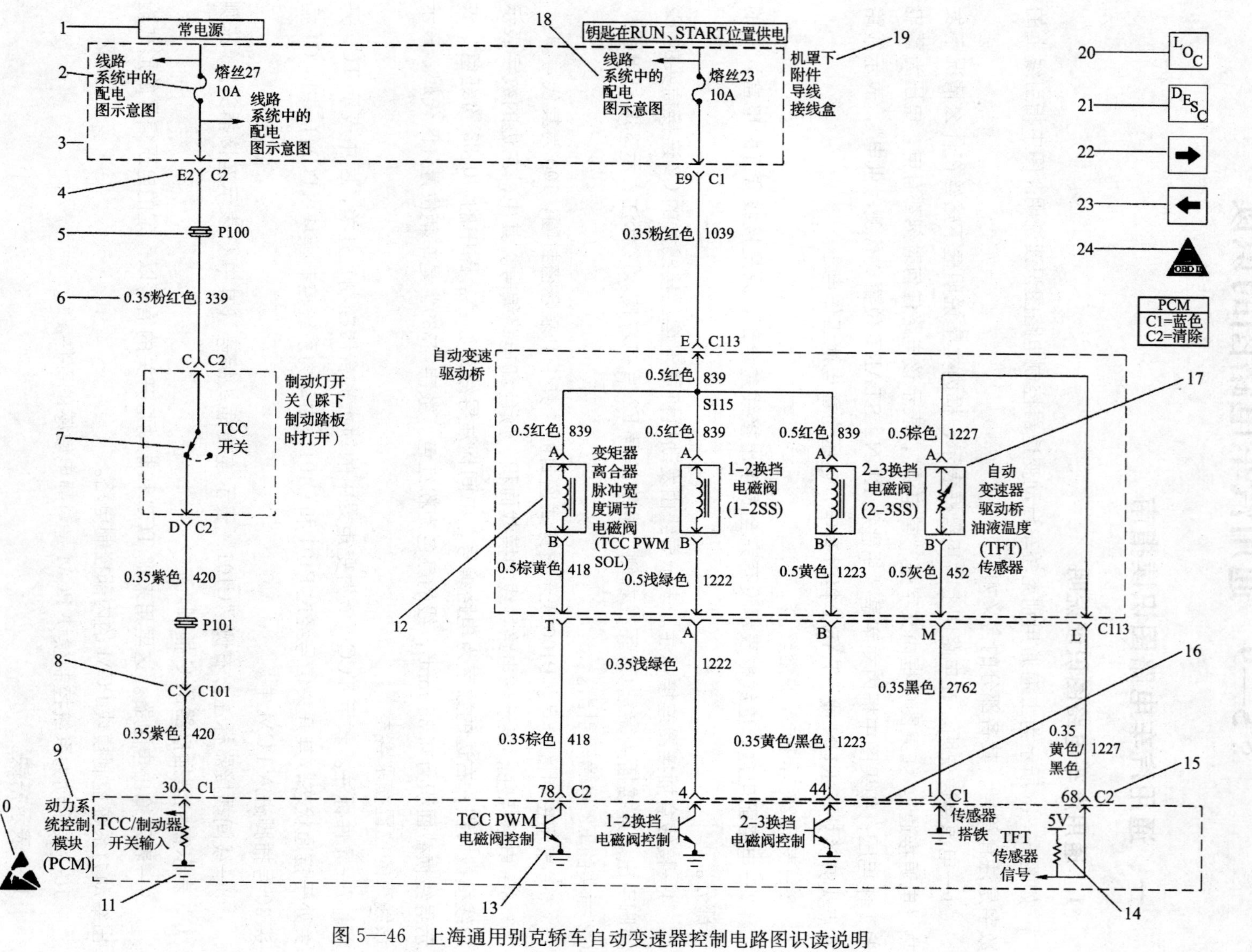

图 5—46 上海通用别克轿车自动变速器控制电路图识读说明

13—表示带晶体管半导体元件控制的集成电路。这里为 PCM 内部集成的控制电路，控制电磁阀驱动电路，通过 PCM 搭铁。

14—表示输出电阻。PCM 提供 5 V 稳压通过内部串接电阻与自动变速器油温传感器（TFT）连接，同时将自动变速器油温传感器（NTC 型电阻）信号传给 PCM。

15—表示动力系统控制模块的 C2 连接插头的 68 插脚。

16—虚线表示 4、44、1 插脚均属于 C1 连接插头。

17—表示自动变速器内部的自动变速器油温传感器，它是一个随温度增加阻值减小的 NTC 型电阻。

18—电路省略标注。用文字注明了连接的电路，那些电路与本电路不一致，故而省略。在图中表示导线通往发动机罩下附件熔丝接线盒的其他电路，对目前所显示的电气系统没有作用，是一种省略的画法。

19—元件标注。用文字注明部件的名称及所处的位置。该发动机罩下附件熔丝接线盒位于发动机的左侧（从车的前面看）。

20—主要部件列表图标。示意图上的图标用于链接“主要电气部件列表”。

21—说明与操作图标。示意图上的图标用于链接“特定系统的说明与操作”。

22—下一页示意图图标。示意图上的图标用于进入子系统的下一页示意图。

23—前一页示意图图标。示意图上的图标用于进入子系统的前一页示意图。

24—本图标表示车载诊断（OBDⅡ）图标。

2. 通用汽车电路图的特点

（1）通用汽车电路图通常分为电源分配简图、熔丝盒图、系统电路图和搭铁电路图四类。

1）电源分配简图如图 5—47 所示。

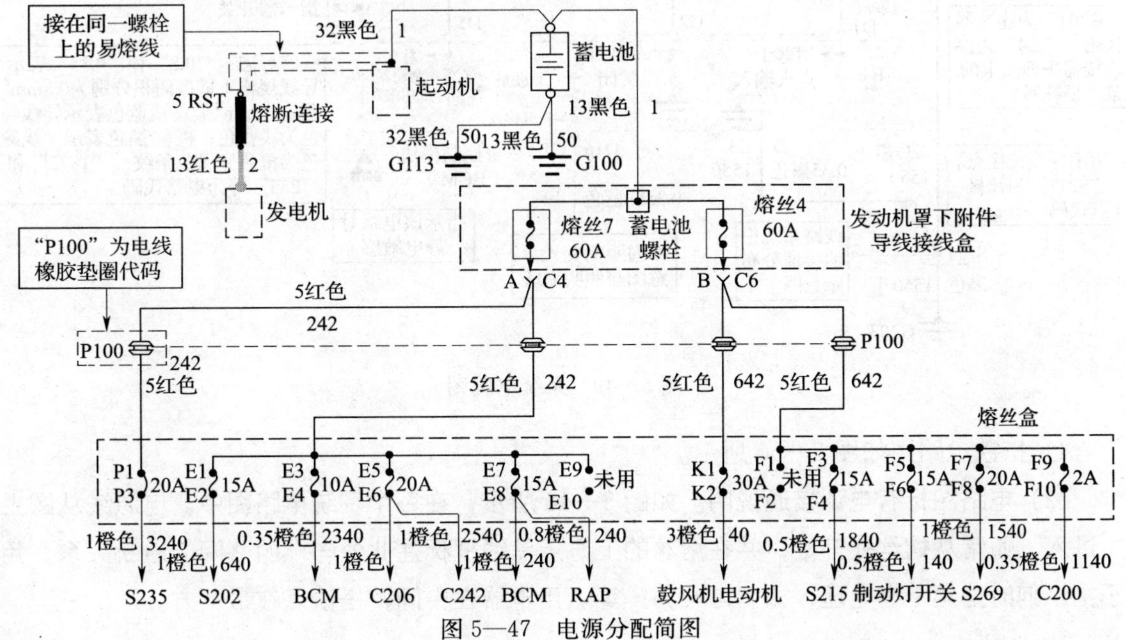

图 5—47 电源分配简图

2) 熔丝盒图如图 5—48 所示。

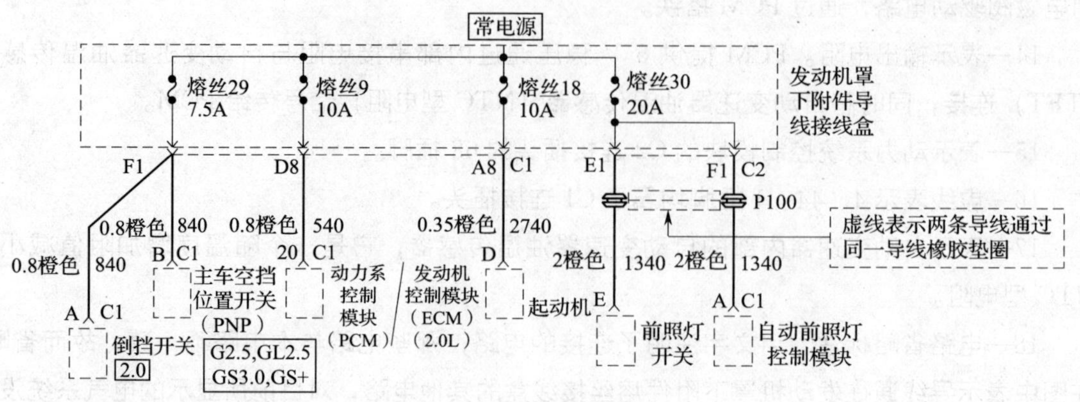

图 5—48 熔丝盒图

3) 系统电路图如图 5—49 所示。

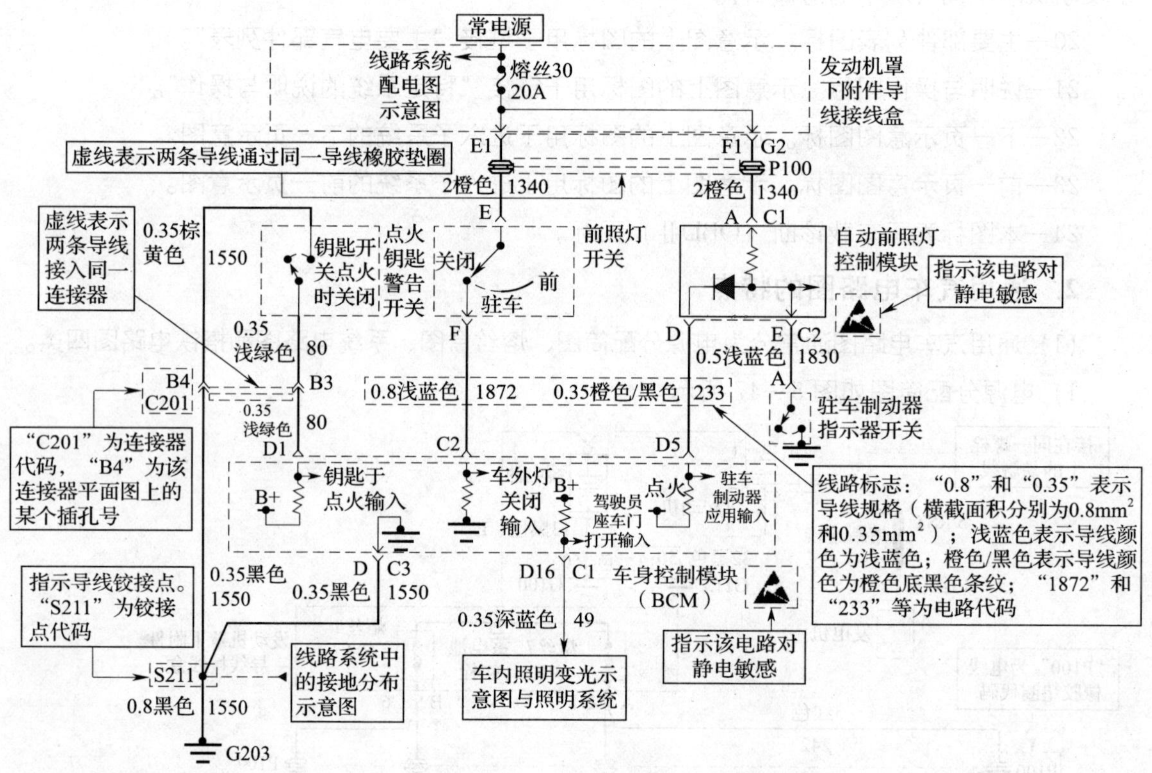

图 5—49 系统电路图

4) 搭铁电路图如图 5—50 所示。

(2) 电路图标有电源接通说明。如图 5—46 所示,在每个系统电路图中,电源线从图上方进入,通常从熔丝处开始,并在熔丝的上方用黑线框标注此处与电源之间的通断关系,用于指示何时熔丝上有电压,如"常电源"等。用电器在中间,搭铁点在最下方。

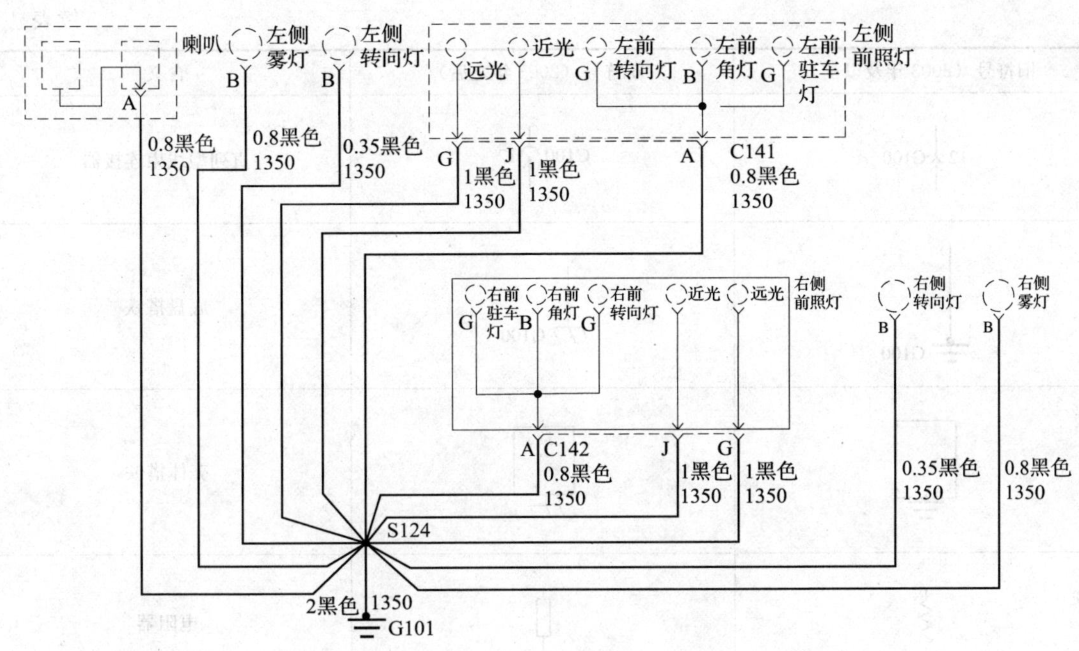

图 5—50　搭铁电路图

如果是由电子控制的系统，在电路图中，除该系统的工作电路外，还会包括与该系统工作有关的信号电路，如传感器等。

(3) 电路图中标有图标符号。如图 5—46 所示，注释 20、21、22、23、24 所指的均为提示图标符号。

二、通用汽车电路图常用符号

1. 通用汽车电路图常用图形符号

通用汽车电路图常用图形符号及其含义见表 5—24。

表 5—24　　通用汽车电路图常用图形符号及其含义

旧符号（2003 年及以前）	新符号（2003 年之后）	含义
		熔丝
12	12	部件上的连接器
12	12	带引线的连接器

续表

旧符号（2003 年及以前）	新符号（2003 年之后）	含义
12 C100	C100 12	直列型线束连接器
G100	G100	底盘搭铁
		壳体搭铁
		电阻器
		加热芯
		单丝灯泡
		发光二极管
M	M	电动机
		电磁阀
		线圈
		天线

续表

旧符号（2003年及以前）	新符号（2003年之后）	含义
	E-	开关
		单极单掷继电器（常开）
		单极双掷继电器

2. 电路编号

如图5—46所示，电路编号常用数字表示。通过电路编号可以知道该电路在车上的位置，以方便识图和查找故障。

3. 分区代码

车辆位置分区代码用数字表示，如图5—51所示。车辆位置分区情况见表5—25。

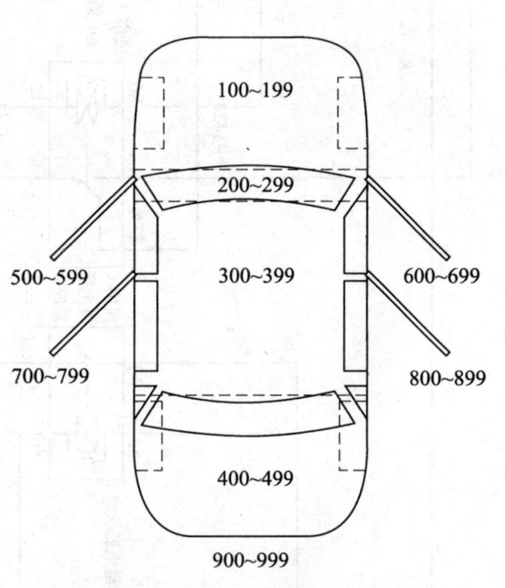

图5—51　车辆位置分区代码

三、通用汽车电路图识读实例

现以图5—52所示的上海通用别克君越轿车冷却风扇控制电路图为例，简要介绍通用汽车电路图的识读方法。上海通用别克轿车的电路图已经过转化，这样阅读起来比较方便。

表5—25　车辆位置分区情况

分区代码	区位说明	分区代码	区位说明
100～199	发动机舱（全部在仪表盘前部）	700～799	位于左后车门内
200～299	位于仪表盘区域内	800～899	位于右后车门内
300～399	乘员室（从仪表盘到后车轮罩）	900～999	位于行李箱盖或储物仓盖
400～499	行李箱（从后轮罩到车辆后部）	备注	001～099代表发动机舱内附加号（仅在使用完所有100～199后使用）
500～599	位于左前车门内		
600～699	位于右前车门内		

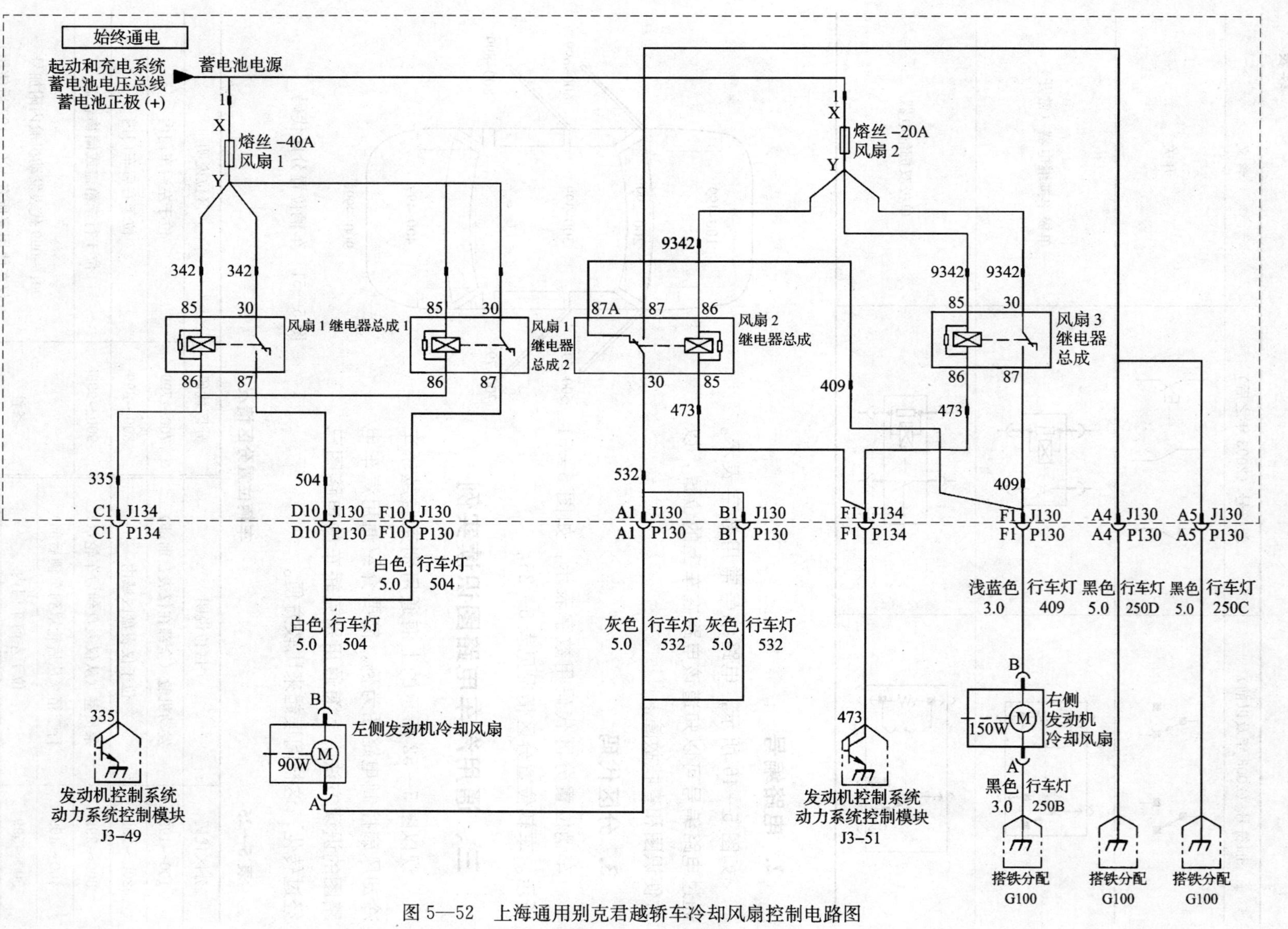

图 5—52 上海通用别克君越轿车冷却风扇控制电路图

如图 5—52 所示，上海通用别克君越轿车冷却风扇控制电路分析如下：

别克君越轿车冷却风扇系统由两个电动冷却风扇和四个风扇继电器组成，并由发动机控制模块（ECM）控制。冷却风扇和风扇继电器从发动机舱熔丝盒获得蓄电池正极电压，搭铁通路由 G100 提供。

1. 风扇低速运行电路分析

ECM 在下列条件下指令冷却风扇低速运行：发动机冷却液温度高于 100℃；收到空调请求且环境温度高于 4℃；空调制冷剂压力高于 1 241 kPa；车辆熄火后，如果发动机冷却液温度高于 117℃，而系统电压高于 12 V，风扇将持续运行约 3 min。

低速运行时，J3—49 端子为低电平，通过左侧冷却风扇继电器控制电路为风扇 1 继电器控制电路提供搭铁回路。使风扇 1 继电器线圈通电，继电器触点 87 和 30 闭合，向左侧发动机冷却风扇和右侧发动机冷却风扇提供蓄电池正极电压。此时左侧发动机冷却风扇和右侧发动机冷却风扇串联，每个风扇的工作电压为供电电压的一半，左、右两个冷却风扇同时低速运转。

风扇低速运行电路的电流路径为：蓄电池电源（+）→（左侧）风扇 1 熔丝（40 A）→风扇 1 继电器触点（30→87）→左侧冷却风扇电动机→风扇 2 继电器触点（30→87 A）→右侧冷却风扇电动机→搭铁分配（G100）。

2. 风扇高速运行电路分析

ECM 在下列条件下指令冷却风扇高速运行：发动机冷却液温度高于 105℃；空调制冷剂压力高于 1 655 kPa；设置了某些故障诊断代码；只要发动机冷却液温度高于 123℃，ECM 将指令冷却风扇接通，而不管车速如何。

高速运行时，J3—49 端子为低电平，通过左冷却风扇继电器控制电路为风扇 1 继电器控制电路提供搭铁通路。经 3 s 延时后，J1—54 端子为低电平，通过右冷却风扇继电器控制电路为风扇 2 继电器和风扇 3 继电器提供搭铁通路。使风扇 2 继电器线圈通电，继电器触点 87 和 30 闭合，为左侧发动机冷却风扇提供搭铁通路。同时，也使风扇 3 继电器线圈通电，继电器触点 87 和 30 闭合，将风扇 2 熔丝的蓄电池正极电压提供给右侧发动机冷却风扇。风扇高速运行时，两个发动机冷却风扇都有各自的搭铁通路。结果形成一个并联电路，使两个风扇都以高速运转。

左侧发动机冷却风扇的电流路径为：蓄电池电源（+）→（左侧）风扇 1 熔丝（40 A）→风扇 1 继电器 1 触点（30→87）→左侧发动机冷却风扇→风扇 2 继电器触点（30→87）→搭铁分配（G100）。

右侧发动机冷却风扇的电流路径为：蓄电池电源（+）→（右侧）风扇 2 熔丝（20 A）→风扇 3 继电器触点（30→87）→右侧发动机冷却风扇→搭铁分配（G100）。

§5—10 福特汽车电路图的识读

一、福特汽车电路图识读指南

1. 福特汽车电路图识读说明

如图 5—53 所示为福特汽车电路图识读说明。通过阅读图注，了解福特汽车电路图各部分的含义。

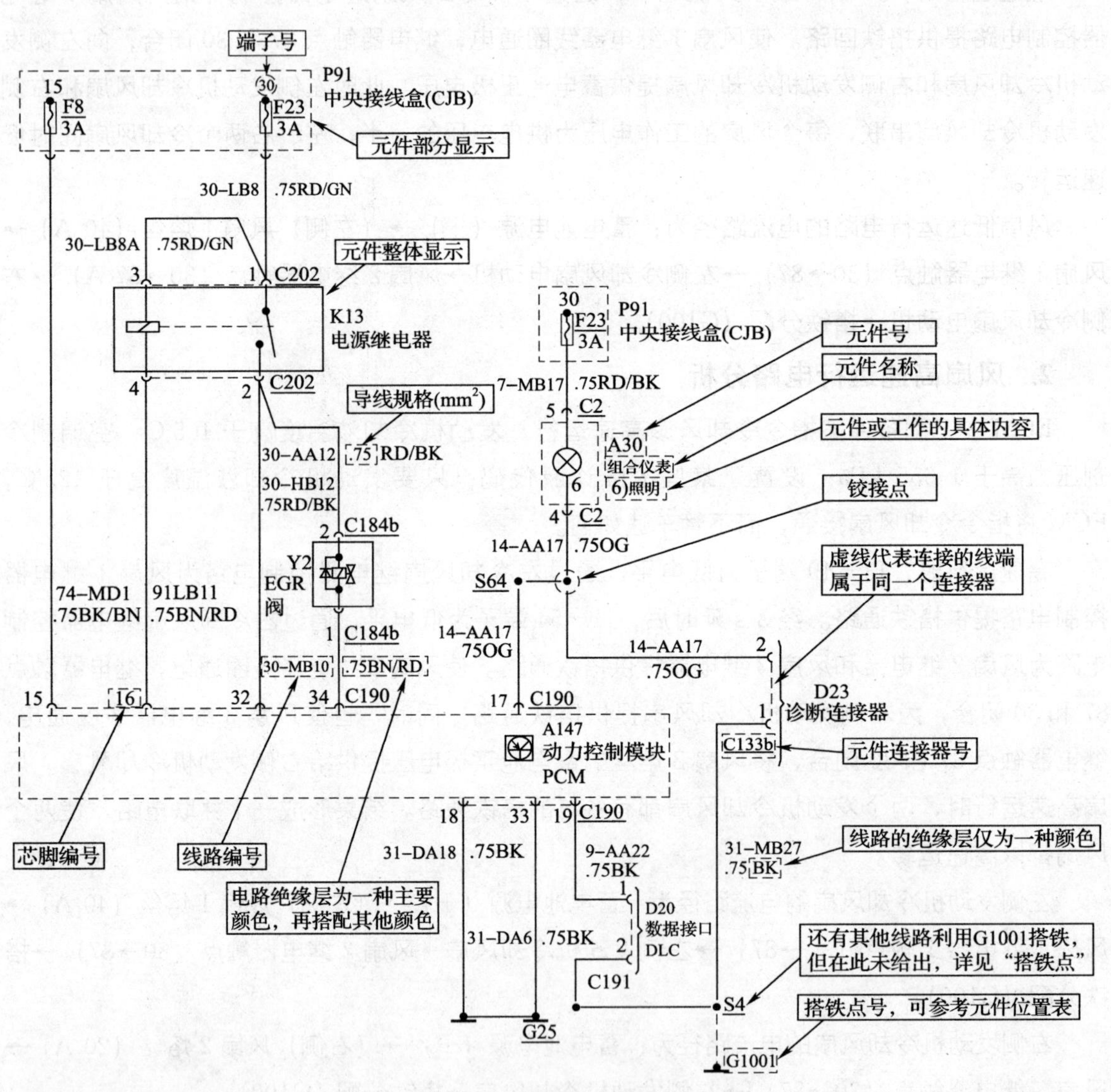

图 5—53 福特汽车电路图识读说明

2. 福特汽车电路图的特点

(1) 每一个电路都独立而完整地在一个单元中绘出，其他连接在该电路上的电气组件如果对该电路无影响，都可能未绘出。

(2) 如图 5—54 所示为熔丝及继电器盒布置图，它标出了全部熔丝及继电器。

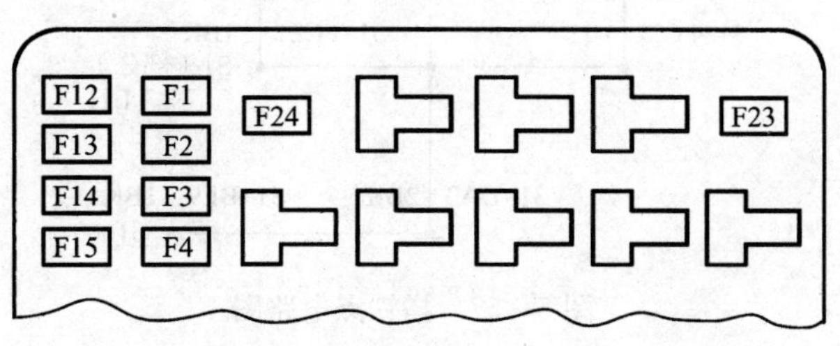

图 5—54 熔丝及继电器盒布置图

(3) 动力分配系统单元显示了供电电路。如图 5—55 所示为动力分配系统部分电路图，该电路图显示了从蓄电池到点火开关及所有熔丝的电路。

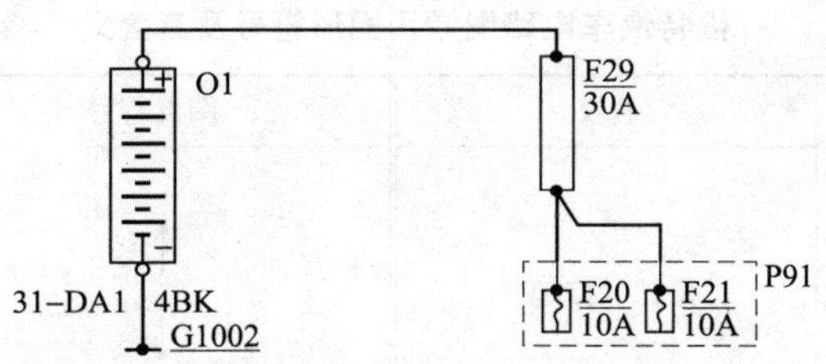

图 5—55 动力分配系统部分电路图

(4) 熔丝明细图指出了每个熔丝所保护的电路，该电路依次从熔丝到各电气组件。在熔丝及第一个组件间的所有细节（如导线、连接处、连接器等）都指示在了图上，如图 5—56 所示。

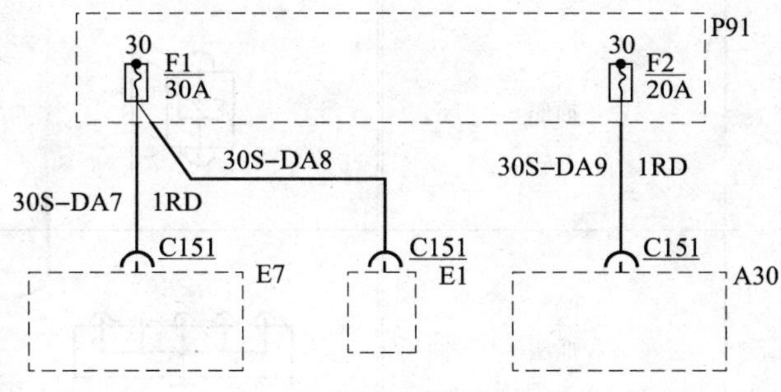

图 5—56 熔丝明细图

(5) 搭铁点电路图说明了每一搭铁点或搭铁线的全部细节。这对于一个故障同时影响几个组件的诊断是很有用的，如搭铁不良等。搭铁点电路图如图 5—57 所示，在搭铁点及组件间的所有细节都已列出，如导线、节点、连接器等。

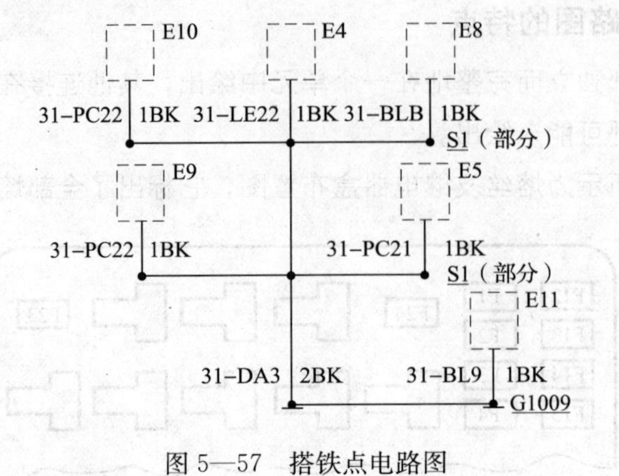

图 5—57 搭铁点电路图

二、福特汽车电路图常用图形符号

福特汽车电路图常用图形符号及其含义见表 5—26。

表 5—26 福特汽车电路图常用图形符号及其含义

图形符号	含义	图形符号	含义
	搭铁（接地）		断电器
	连接器		易熔线
	插座		信号喇叭或扬声器
	插头		短路条连接器
	直接接到组件的连接器		温控计时继电器

续表

图形符号	含义	图形符号	含义
	连接组件导线的连接器	M	永磁双速电动机
	电路电阻	2 1	单刀双掷开关

三、福特汽车电路图识读实例

现以福特蒙迪欧汽车风扇电动机控制电路和空调压缩机离合器控制电路为例，简要介绍福特汽车电路图的识读方法。

1. 风扇电动机控制电路

如图 5—58 所示为福特蒙迪欧汽车风扇电动机控制电路。图中 GEM 模块通过蓄电池节省继电器来控制风扇电动机控制模块的供电。GEM 模块在控制风扇电动机模块的同时，也对风扇电动机继电器进行控制，从而达到对风扇电动机实施控制的目的。因此，只有两条回路都处于导通状态时，风扇电动机才工作。

（1）风扇电动机继电器（K14）控制电路。风扇电动机继电器（K14）控制电路的电流路径为：蓄电池正极→熔丝 F1. 33（5 A）→风扇电动机继电器（K14）线圈（39 端子→38 端子）→GEM 模块的 C1BP02—A28 端子→搭铁（当 GEM 模块的 28 端子输出低电平时）→蓄电池负极。风扇电动机继电器线圈通电，动合触点闭合，风扇电动机继电器的端子 36 与端子 37 接通，为风扇电动机的运转做好准备。

（2）风扇电动机供电电路。当风扇电动机继电器线圈通电时，继电器开关闭合。风扇电动机供电电路的电流路径为：蓄电池正极→熔丝 F1. 28（40 A）→风扇电动机继电器开关（36 端子→37 端子）→风扇电动机（1 端子→2 端子）→风扇电动机控制模块的 C2H123—A1 端子（该端子为信号控制端子）→搭铁（当 C2H123—A1 端子输出低电平时）→蓄电池负极。

2. 空调压缩机离合器控制电路

如图 5—59 所示为福特蒙迪欧汽车空调压缩机离合器控制电路。图中空调压缩机离合器主要受动力控制模块的控制。

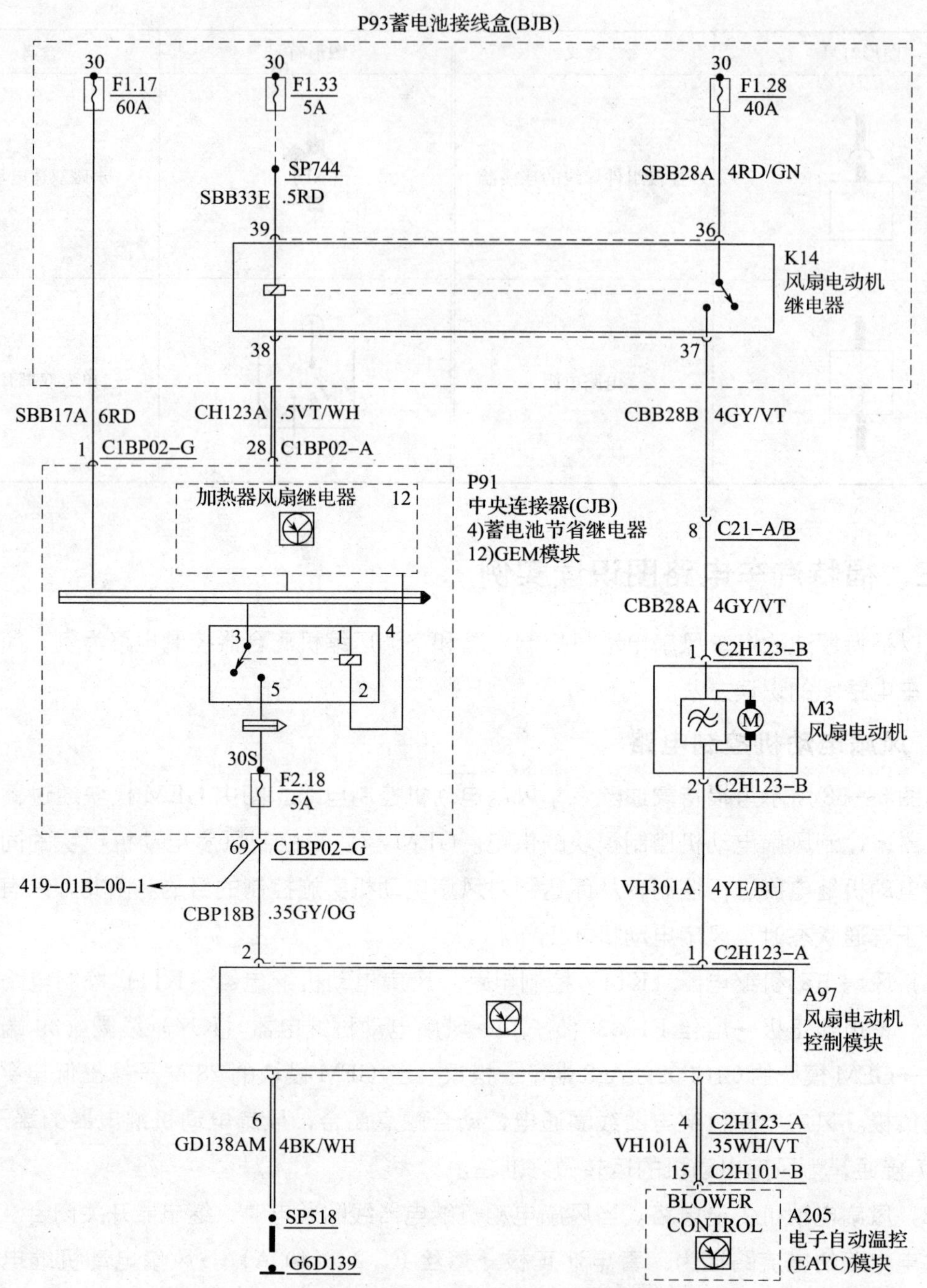

图 5—58 福特蒙迪欧汽车风扇电动机控制电路

(1) 空调压缩机离合器控制电路。空调压力传感器（B308）的 2 端子是供电端子，接动力控制模块的 C2 端子；空调压力传感器的 3 端子是信号输出端子，接动力控制模块的 F1 端子。空调压力传感器的信号输入动力控制模块，由动力控制模块的 B2 端子输出控制信号，控制空调压缩机离合器是否动作。当动力控制模块的 B2 输出低电平时，离合器继电器线圈通电。

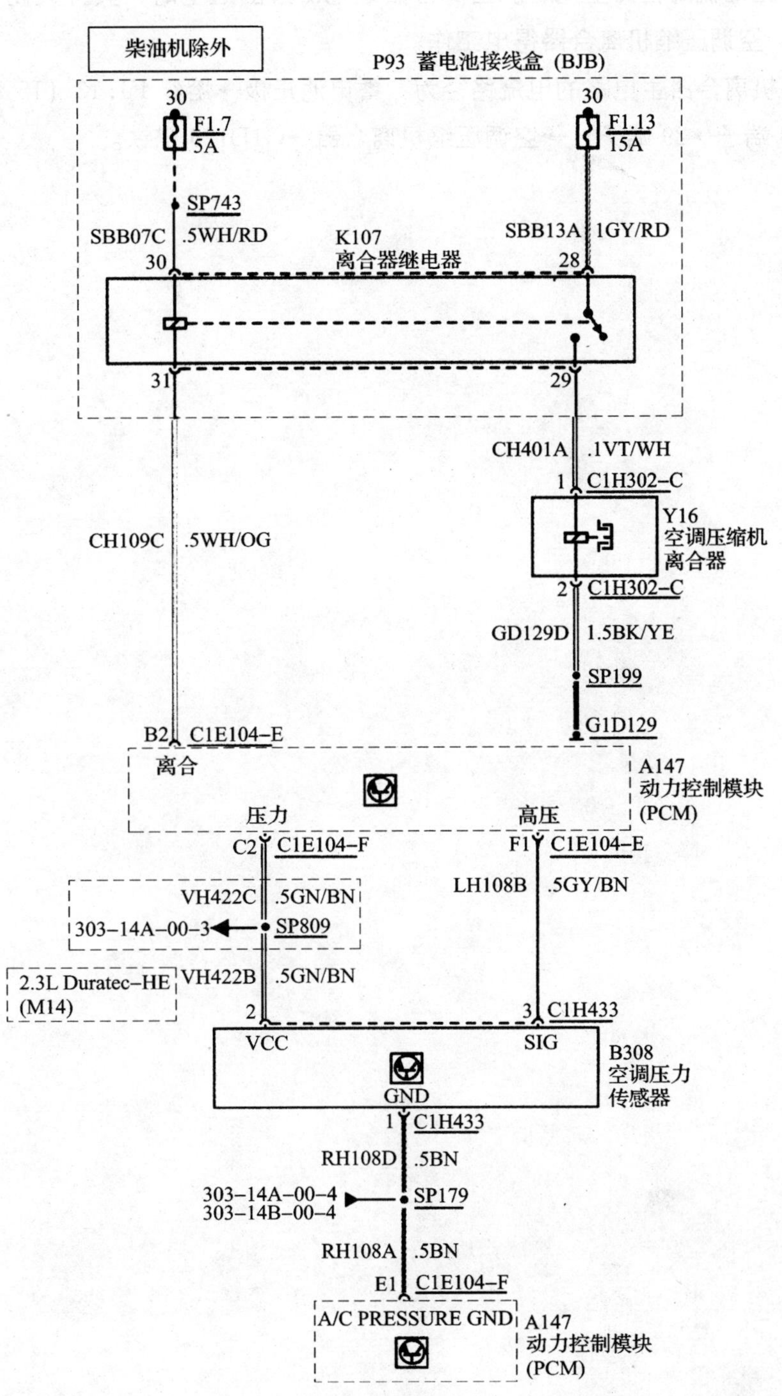

图 5—59　福特蒙迪欧汽车空调压缩机离合器控制电路图

空调压缩机离合器控制电路的电流路径为：蓄电池正极→熔丝 F1.7（5 A）→离合器继电器线圈（30 端子→31 端子）→动力控制模块的 B2 端子→搭铁（当 B2 端子输出低电平

时）→蓄电池负极。

(2) 空调压缩机离合器主电路。当离合器继电器线圈通电时，其开关闭合，端子 28 与端子 29 接通，空调压缩机离合器得电工作。

空调压缩机离合器主电路的电流路径为：蓄电池正极→熔丝 F1. 13 (15 A) →离合器继电器开关 (28 端子→29 端子) →空调压缩机离合器→G1D129 搭铁。